KB236967

Great Lives

위대한 생애 ⑲

헤밍웨이의 생애

김심온/옮김

일신서적출판사

서　문

　　1961년 7월 2일, 여러 비평가들에 의해 금세기 최고의 작가라 일컬어졌던 사람, 인생에 대한 열정과 천재적인 작품으로 노벨상 및 풀리처상을 받은 사람, 모험적인 기질로 아이다호 주 소토스 산맥에 집을 지어 겨울에는 수렵을 했던 사람, 또 뉴욕에 아파트를 짓거나 특별히 치장을 한 요트를 타고 멕시코 해협에서 낚시를 하곤 했던 작가가 칠월 어느 날 산탄총(散彈銃)으로 자살을 하고 말았다. 다른 남자들의 선망의 대상이었던 헤밍웨이가 자살한 이유는 무엇일까?

　　나는 헤밍웨이가 죽기 전까지 14년 동안에 걸쳐 친교를 맺어왔다. 복잡하고 특이하면서도 유머러스하고 과격한 즐거움을 즐겼던 어네스트 헤밍웨이의 모험과 얘기, 꿈과 환멸, 승리와 패배를 모두 알고 있는 나로서도 그의 자살 이유는 알 수 없다. 아니 그것은 누구도 알 수 없을 것이다.

　　그러나 그의 인생을 말하는 데 있어 나는 그의 죽음과 그와 관련된 모든 일들을 모조리 밝히지 않으면 안 된다. 그러나 이 책을 쓰기 전에 나는 많은 고민을 했다. 그 동안 헤밍웨이에 대해 내가 느꼈던 점을 모두 밝혀야 할 것인가, 아니면 그의 불미한 부분은 밝히지 않아야 하는지에 대해 나는 많은 고민을 했던 것이다. 그러다가 나는 결국 헤밍웨이가 나에게 피츠 제럴드에 관해 말했던 부분에서 힌트를 얻어 이 책의 서술 방법을 결정했다. 그는 이렇게 말했었다.

　　“모든 인간의 인생 종말은 똑같다. 다만 어떻게 살며, 어떻게 죽을 것인가라는 부분만이 어떤 한 남자를 구별하는 요인이다.”

　　이 말은 지금 생각해보면 자기 자신을 위해 했던 것 같다. 즉 그는 한 인물에 대해 서술하기 위해서는 그의 진실을 말해야 하며, 독자에게 그 인물의 황홀함, 비애, 후회의 감정 등을 남김없이 보여주어야 하고, 그 당시의 기후 상황까지도 밝혀 그의 심리 상태의 변화까지도 면밀히 감지해야 한다는 것이다. 그것이야말로 내가 무엇 하나 은폐하지 않고 시도하지 않으면 안 되었던 점으로 이것은 그의 ‘자살 이유’에 최대한 접근할 수 있는 방법이라고 생각된다.

A. E 호체너

차 례

제 1 부

제1장 아바나 1948년

1948년 봄에 나는 별로 내키지는 않았지만 어네스트 헤밍웨이에게 '문학의 장래'라는 원고의 집필을 부탁할 용건으로 아바나에 특파되었다. 당시 나는 잡지 〈코즈모폴리딘〉의 편집원이었고 그때 편집징은 '모든 분야의 징래'라는 특집 기획을 세우고 있었다. 건축의 장래에 관해서는 프랑크 로이드 라이트, 자동차는 헨리 포드 2세, 예술은 피카소, 그리고 방금 말했듯이 문학은 헤밍웨이가 원고를 집필하기로 했다.

물론 대다수의 사람과 마찬가지로 작가도 자신이 무엇을 쓸 것인가 하는 주제 이외에 미래의 문학에 관한 깊은 숙고는 없을 테지만 아무튼 나는 헤밍웨이를 만나 〈코즈모폴리턴〉을 위해 문학의 장래에 관한 의견을 제시해 달라고 부탁하기 위해 내셔널 호텔에 여장을 풀었다.

나는 용감한 편은 아니었다. 그러나 세인트루이스의 솔던 고등학교 시절 처음으로 헤밍웨이의 《해는 다시 떠오른다》를 읽은 뒤부터는 나의 세대에 공통적으로 나타나는 헤밍웨이 숭배라는 엄청난 병을 앓고 말았다. 나는 닉 애덤즈(대체로 당시의 나와 나이가 비슷한 헤밍웨이의 수많은 단편의 주인공)가 술에 만취한 복서, 살인 청부업자, 자살하는 인디언, 마약 상습자나 창녀 등의 암울한 세계 속에서나 이탈리아 전선에서의 전장의 가혹함에서 살아남는 병사의 모습에서 내 자신을 발견하기도 하는 등 고교생다운 공상에 잠겼다. 제2차 대전 중에 나는 공군장교로 프랑스에 있었는데 그때 전시(戰時) 특파원으로 전선에 나온 헤밍웨이를 보고 더욱 존경했었다. 백래넘 대령의 제22보병연대와 함께 노르망디에 상륙한 그는 룩셈부르크의 참담한 전투와 푸르트겐 포레스트의 공포──여기서는 3200명의 장병 가운데 2060명이나 되는 사상자가 나왔다──속에서도 기자답지 않은 호전적인 태도로 이 부대에 참가했던 것이다.

이때의 나는 그 〈코즈모폴리턴〉의 업무를 가급적 피하려 했었지만 회사에서는 이 어처구니없는 원고를 받아오든가 아니면 다른 것이라도 써달라고 해서 갖고 오라는 지시를 내린 것이다. 그런데 이 다른 것이라는 것이 보통 일이 아니었다. 왜냐하면 당시의 나는 20대 중반으로 공군에서 제대할 때 받은 퇴직금으로 근근이 1년 동안 파리에서 보낸 뒤 어렵사리 얻은 편집 일을 시작한 지 겨우 반 년이 지난 터였기 때문이다. 나는 아바나에서 20분 걸리는 교외(郊外) 샌프란시스코 데 파울라라는 조그만 도시 이름이 적힌 헤밍웨이의 주소를 갖고 갔는데 그곳에 가서 편집장이 시킨 대로 헤밍웨이와 단독 교섭을 할 생각을 하니 온몸이 얼어붙을 것만 같았다. 나는 겁에 잔뜩 질려서 내셔널 호텔의 풀장에서 이틀 동안이나 멍하니 앉아 있었다. 그러다가 마지막에 가서 '아무러면 어떠냐, 다른 직장을 알아보는 한이 있더라도 헤밍웨이를 찾아가는 것만은 그만두자.'고 결심했다. 전화번호부에는 없는 전화번호를 알고 있다 해도──사실은 몰랐지만──헤밍웨이에게 전화를 건다는 것은 엄두도 못 낼 일이 아니겠는가.

그래서 나는 겁쟁이들이 흔히 쓰는 방법으로 짤막한 편지를 써서 소생(小生)은 이러 저러한 터무니도 없는 일로 파견되어왔으나 당신을 방해하고 싶지 않기 때문에 그냥 돌아가려 한다, 대신에 원고 청탁을 거절한다는 의미의 몇 말씀을 간단히 써주신다면 핫치너(이 책의 저자)의 장래를 위해 참으로 고맙겠다고 썼다.

이튿날 이른 아침에 전화가 걸려왔다.

"핫치너 군인가?"

"예."

"나는 헤밍웨이인데 편지는 받았네. 자네가 나를 만나지 못하고 돌아간다면 허스트 계(系)의 잡지에 자네 체면이 서지 않겠지. 그렇게 되면 문둥이 병원에서 쫓겨나는 꼴이 될걸세(허스트 계열의 저널리즘에 미움을 사면 편집자로서는 끝장이라는 뜻). 다섯시쯤 한 잔 하러 오지 않겠나? 〈라 플로리다〉라는 술집이 있네. 택시를 타고 행선지만 일러주면 될걸세."

당시 플로리다 술집은──원래 그런 이름이었으나 모두들 플로리다타라고 불렀다——옛 스타일의 술집 겸 식당으로 천장 위에 선풍기가 달려 있고 제멋대로의 옷차림을 한 웨이터들이나 음악을 연주하는 사내 셋이서 어슬렁거리며 돌아다니거나 바에서 가까운 테이블에 걸터앉아 있었다. 바는 두툼하고 광을 잘 낸 마호가니로 꾸며졌으며 의자는 높다랗고 앉기에 편했다. 바텐더는 명랑하고 솜씨가 좋은 베테랑으로 훌륭한 칵테일을 만들어 주었다. 벽에는 라 플로리다에서 가장 인기있고 값비싼 음료 헤밍웨이 다이킬리 또는 파파 두브레라고 불리는 칵테일을 헤밍웨이 내외가 마시고 있는 사진 몇 장이 액자에 넣어 걸려 있었다. 대개의 여행자가 주문하는 이 파파 두브레라는 칵테일은 바카르디의 흰 라벨의 램을 두 잔 반, 라임 주스 2, 그레이프 후르츠 1/2, 말라티노 여섯 방울을 얼음 조각과 함께 믹서에 넣어 고루 섞은 뒤 큼직한 고플렛에 따른다. 나는 오버스푼 스트리트 바 한 구석, 액자에 넣은 사진 밑에 자리를 잡은 후 파파 두브레를 주문했다.

아바나를 떠나기 전에 헤밍웨이의 전기를 찾아보았으나 없었다. 내가 아는 그의 약력이라면 1899년 7월 21일, 시카고에서 약간 떨어진 일리노이 주(州) 오크 파크에서 6형제의 둘째로 태어났다는 것과 의사였던 아버지를 몹시 좋아했다는 것, 아버지가 낚시나 사냥에 대한 강한 관심과 솜씨를 어린 헤밍웨이에게 가르쳤다는 정도였다. 그러나 어네스트는 어머니와 사이가 좋지 않아 이것이 그의 가정을 혼란에 빠뜨리게 했고 결국 오크 파크 고교를 졸업한 직후 집에서 나왔다.

18세가 되기 전에 캔자스 시티의 〈스타〉 신문사의 기자가 되었으나 이듬해 시력 장애로 미육군의 징병 검사에서 불합격이 된 뒤 적십자에 지원하여 구급차 운전수로서 이탈리아 전선에 출동했다. 1918년 7월 포사르타 디 피아베에서 오스트리아 군의 수류탄에 부상을 입었다.

전후에 그는 수술한 다리에 깁스를 한 채 미국으로 귀환하여 토론토의 〈스타〉 지에서 일을 하게 되었다. 1920년 세인트 루이스 출신의 아가씨 허들리 리차드슨과 결혼하여 아들을 낳았다. 그러나 그는 1927년에 그녀와 이혼을 했으며 그 후 〈보그〉의 파리 특파기자였던 폴린 화이퍼와 결혼, 그녀는 두 아들의 어머니가 되었다. 1940년에 다시 폴린과 이혼, 작가 마더 겔혼이 세 번째 부인이 되었으나 1946년에 역시 문필가였던 메어리 웰슈로 바뀌었다.

20년대 초에 허들리와 결혼했던 그는 파리에서 살면서 그의 세대(世代)를 그린 장편 《해는 다시 떠오른다》를 썼는데 이 작품으로 삽시간에 명성을 떨쳤으며 그의 명성은 그 이후로 계속되었다. 이윽고 미국으로 귀국, 키 웨스트에 살며 완성시킨 《무기여 잘 있거라》로 문학적 지위를 더욱 높였으며 그의 작품 중 《가진 자와 못 가진 자》는 이 키 웨스트 시대의 반영이다.

작품을 쓰는 동안 그는 여행을 하며 고래나 다랑어, 청새치를 낚거나 아프리카로 수렵여행을 하거나 스페인에서 투우 시합을 쫓아다니기도 했다. 그러다가 그는 스페인에서 내란이 일어나자 공화파측에 가담하여 싸운 뒤 《누구를 위하여 종은 울리나》를 썼는데, 이것이 그의 모든 작품에서도 가장 널리 읽힌 작품이었다. 내가 그에 대해 알고 있는 것은 이것이 전부였다.

헤밍웨이는 약간 늦게 왔다. 그는 카키색 반바지를 입고 'Gott Mit Uns (신은 우리와 함께 계시다란 뜻)라는 글씨가 새겨진 큼직한 버클이 달린 폭넓은 가죽 허리띠를 매고 흰 리넨의 스포츠 셔츠를 바지 밖으로 내놓고 양말은 신지 않은 채 갈색 가죽 로파를 신고 있었다. 머리는 짙고 어두운 회색이며 관자놀이에는 흰 반점이 드문드문 있고 입 언저리까지 수염이 자라 있었다. 키는 6피트 1인치를 겨우 넘었고 체중도 보통이어서 어느 곳에서도 비범함은 느낄 수 없었지만 마주했을 때는 어떤 위압감 같은 것을 느끼게 했다. 체중 이백 파운드의 한 부분이 허리에서 위로 집중되어 있다. 늠름한 어깨, 단단한 근육으로 단련된 팔──왼손은 까칠까칠한 상처자국이 있고 팔꿈치가 자유롭게 구부러지지 않았다. 두툼한 가슴에 배가 나와 있었는데 그에 비해 엉덩이나 장딴지는 작았다. 무엇이 그를 이런 꼴로 만들었을까? 격렬하고 동전기적(動電氣的)이었으나 컨트롤이라는 점에서 본다면 고삐 묶인 경주마 같았다. 걸음을 멈추자 유창한 스페인 어로 음악을 하는 한 사람에게 말을 걸었는데 그러한 그의 모습에서 유유자적함을 느낄 수 있었다. 일찍이 이토록 즐거움과 행복한 분위기를 느끼게 하는 인물은 본 적이 없었다. 그가 그 분위기에 젖어 있으면 그 자리에 있는 사람들도 모두 같은 반응을 보였다. 실제로 그를 보면 사진에서 느껴지는 것 이상의 그 무엇인가가 느껴졌다.

카운터에 다가와서 바텐더에게 무엇인가 말을 걸을 때, 왼쪽 눈 위 이마 근처에 큼직한 장방형으로 부르튼 자리가 보였는데 마치 살색 찰흙이 어쩌다 거기 붙은 것처럼 보였다.

"핫치너." 그는 악수하면서 말했다. "캡 클럽에 잘 왔네."

그의 손은 두텁고 네모지며 손가락이 약간 짧고 손톱은 짧게 깎여 있었다. 바텐더가 우리 앞에 원추형 잔에 담긴 얼린 다이킬리 두 잔을 놓았는데 그것은 내가 지금까지 마셔온 것보다 두 배는 더 큰 것이었다.

"자아, 다이킬리 작자(作者)의 예술에서 최고 작품을 음미하세." 헤밍웨이가 말했다. "이 술집에서는 하룻밤에 열여섯 잔이나 내놓은 적이 있다네."

"이 크기로 말입니까?"

"우리 가게의 신기록이랍니다."

우리의 이야기를 듣고 있던 바텐더가 말했다.

헤밍웨이는 입 안 가득히 다이킬리를 품고서 오랫동안 그대로 있다가 조금씩 속으로 넘기는 식의 본보기를 보여주었다. 그는 내가 잘 따라마시는 것을 보고는 고개를 끄덕였다.

"핫치너……무척 드문 이름일세. 어디 출신인가?"

"세인트 루이스입니다만."

"어느 지역인가, 초토 아베뉴인가? 자네 할아버지께서는 나트 시겔과 싸우셨나?"

"세인트 루이스를 아십니까?"

"그 전의 세 아내가 세인트 루이스 출신이었다네." 그는 슬픈 듯이 고개를 내저었다. "그래서 세인트 루이스는 잘 안다네. 내가 아는 사람으로 그 고장을 떠나지 않은 단 한 명의 훌륭한 사람은 마더 겔온의 어머니였어."

바텐더가 껍질이 그대로 달린 새우가 가득 담긴 접시를 우리 앞에 놓았다.

"이 년 전이네만." 헤밍웨이는 새우 한 마리를 집어들며 말했다. "나는 새우먹기 협회를 창설했다네. 자네도 입회하지 않겠나?"

"네에, 뭘 하면 되는 겁니까?"

"회원은 머리와 꼬리를 먹는다네."

그는 새우의 머리를 깨물더니 즐거운 듯이 우걱우걱 먹어버렸다.

나도 새우의 머리를 씹어먹었으나 별로 즐겁지 않았다.

"이제 좋아질걸세."

그는 다시 다른 새우를 집어들면서 말했다. 다시 두 잔의 다이킬리가 왔다. 바텐더가 헤밍웨이에게 편지를 건네자 그는 발신인의 이름을 보고는 한가운데를 접더니 주머니에 넣었다.

"바스크의 친구인데 늘 편지를 보내지만 어느 편지나 똑같은 문장으로 끝난다네. 돈을 보내달라고 말일세."

몸집이 크고 유쾌한 기타 연주가, 성실해 보이지만 웃지 않는 기타 연주가, 마르고 피부가 거무튀튀한 가수(歌手), 이 자는 마라카스도 하는데 이 트리오가 명랑한 곡으로 연주하기 시작했다.

"내 친구들일세." 헤밍웨이가 말했다. "내가 써준 가사로 노래를 부른다네. 메어리가 여기 있었으면 좋았을 텐데. 그 여자가 노래를 가장 잘 부른다네. 어느 날 밤인가 우리가 여기서 즐겁게 놀고 있을 때였는데 젊은 세 친구들이 술을 마시러 들렀다네. 슬쩍 보기만 해도 FBI인 줄 알겠더군. 그래서 내가 말을 걸어줬더니 한밤중에 영어로 '해피 버스데이'를 부르지 않겠나. 모두가 합창했는데 '해피 버스데이, FBI'라고 불러줬지. 그랬더니 그 세 명 중 J. 에드거즈(FBI의 장관. 에드거 후버를 빗대어 한 말)가 기겁을 하고 도망치지 않겠나."

우리는 계속해서 다이킬리를 마시며 아바나에서의 생활이며 일에 관해 이야기했다.

"나 같은 인간에게." 하고 헤밍웨이는 말했다. "다른 좋은 장소도 얼마든지 있는데 어째서 이 고장을 택했느냐고 모두들 궁금히 여기지. 평소에는 그 이유를 설명할 생각이 들지 않는다네. 복잡하고 까다롭거든. 티없이 맑고 시원한 아침, 일이 무척 잘 되는데 마침 그 시각에 블랙 독이 잠을 깨고 쌈닭이 첫 홰를 친다네. 닭을 조련시켜 싸움을 시키고, 더구나 내가 눈독들인 놈에게 돈을 걸자 그게 법률위반이 안 되는 나라가 어디에 또 있겠나. 투계는 잔인하다는 식으로 말하는 녀석도 있지 않은가. 더구나 쌈닭이 싸움을 안 하면 어떻게 하겠는가?"

"하지만 철도 바뀌지 않는 이런 곳에 일 년 내내 계시면 생활이 단조로워지지 않겠습니까?" 나는 물어보았다. "뉴잉글랜드 같은 봄이나 가을이 그립다는 생각은 드시지 않습니까?"

"이 고장에도 계절의 변화는 있다네." 그가 말했다. "뚜렷한 실체(實體)

기 있지만 뉴잉글랜드처럼 불쑥 찾아오지는 않지. 내 부모가 그곳에서 옮겨왔네만 수확도 나쁘고 무엇보다 땅이 틀려먹었다는 거야. 하지만 몬태나주의 레드 롯지, 아니 와이오밍의 코디도 좋고 웨스트 옐로우 스톤도 좋지. 빅 짐 서벳지가 함께 있어줘서 갑판 안쪽을 청소해주면 남자 운세는 무척 신나게 보이고 또 토요일 밤의 비링스도 좋다네. 아니, 메어리가 태어난 석유의 고장인 캐스퍼도 상당한 데야.”

헤밍웨이가 존경하는 로버트 플라허티의 기록 영화(‘알랑’을 가리킴)나 테드 윌리엄스에 대한 것, 〈북 오브 더 맨스〉 클럽이며 리나 혼, 플루스트, 텔레비전, 청새치 낚는 법이며 미약(媚藥), 인디언 등을 화제로 삼는 동안 다이킬리가 잇달아 나와 8시가 되기 전에 헤밍웨이가 종전에 가지고 있던 다이킬리 신기록에 육박했으며 핫치너의 종신기록인 7잔이 넘어버리고 말았다. 헤밍웨이는 다이킬리를 들고 길로 나와 스테이션 왜건의 프론트 시트에서 운전사의 옆자리에 앉고 나는 술로 흐리멍덩해진 머리를 흔들며 겨우 정신을 가다듬었다. 그리고 내일 아침 그의 보트로 데려다 줄 테니까 그때 다시 오겠다는 고마운 말씀을 들었다. 나는 다시금 큰 마음을 먹고——어떤 식으로 했느냐고 물어보아도 소용없지만——〈코즈모폴리턴〉 편집장을 위해 우리의 대화를 기록하기로 했다. 이것이야말로 내가 그를 알고 난 뒤부터 모든 기간에 걸친 그에 대한 노트의 시작이었다. 우리가 여행할 때 갖고 다닌 포켓 테이프 트랜지스터에 우리의 대화를 녹음하여 이 일기를 적기 시작했던 것이다.

헤밍웨이의 인생에는 ‘필라르’란 이름이 두 번 나오게 되는데 하나는 《누구를 위하여 종은 울리나》에 나오는 의욕적인 파르티잔이며 또 하나는 검정과 녹색의 선실이 달린 40피트짜리 요트——양쪽 모두 스페인의 신전(神殿)에서 이름을 딴 것이다——였다. 바다로 가는 ‘필라르’는 아바나 항에 정박되어 있어 우리가 갔을 때는 이미 출항 준비가 되어 있었다. 윗부분이 조정실로 되어 있는 플라잉 브리지, 밖에는 10파운드의 릴낚시를 할 수 있는 낚싯대가 의장(艤装)되어 있으며 동시에 네 개를 사용하여 고기를 낚을 수가 있었다. 어네스트는 오랜 친구를 대하듯이 나를 요트 낚시에 초대했다.

최초로 내가 소개받은 사람은 가냘픈 몸매의 인디언 같은 살결을 한 사내로 1938년 이후 '필라르'의 승무원으로 일하는 그레고리오 펜테스였다.

"네 살 때부터 바다에 나갔었다네." 하고 어네스트가 말했다. "카나리아 제도(諸島)의 란사로테 바다로 말일세. 그때 폭풍을 피해 드라이 톨튀가스에 정박했을 때 그를 처음 만났지. 그레고리오 전에 카를로스 구티엘레스라는 훌륭한 승무원이 있었는데 내가 스페인 전쟁에 나가 있는 동안에 어느 녀석이 돈을 더 많이 줘 빼갔다네. 하지만 그레고리오는 대단해. 완벽한 뱃사나이 근성으로 폭풍을 세 번이나 극복했으며 빨판상어 요리솜씨도 최고거든."

큼직한 엔진이 움직이기 시작했다. 어네스트는 위로 올라가 배를 항구에서 출발시켜 모로 캐슬을 지나 7마일쯤 북쪽인 코히마르의 어촌으로 향하게 했는데, 이 마을은 《노인과 바다》에 나오는 마을이었다. 그레고리오가 낚싯줄 4개를 드리웠는데 그 중 2개는 털바늘, 나머지 2개는 물고기의 낚싯밥으로 했다. 나는 어네스트와 함께 조타석에 있었다. 그가 테킬라를 내놓고 알맞게 차가운지를 확인하기 위해 둘이서 마셨다.

"이제 곧 도착하네." 그가 말했다. "지난번에 자네와 함께 갔었더라면 좋았을걸. 승무원들한테 십 일간의 휴가를 주어 바하마의 카이살과 더블헤드 키로 데려갔었지. 천팔백 파운드의 청새치, 큼직한 바닷거북이가 세 마리에 가재는 산더미만큼이나 잡혔고 헤엄도 쳤네. 우리는 모두 무척이나 즐거웠다네."

'필라르'에 대해 열띤 얼굴로 말하기 시작했다.

"그녀는 일곱시에 자네만 전시 중에는 아홉시에 잤네."

"전쟁에 나갔었나요?"

"1942년부터 44년까지 큐보트[구잠정]로 모두 무장하여 쿠바의 북해안 앞 바다까지 순찰을 했다네. 대잠용이지. 해군 정보부 밑에서 일했지. 고기잡이 배인 체 위장했네만 '필라르'의 의장을 여러 차례 바꿨으니까 지금까지 물고기만 잡고 있던 보트처럼은 보이지 않게 했지. 기관총이나 바주카포(砲), 고성능 폭탄 같은 건 모두 다른 것으로 위장해놓았고, 우리가 호출당한 위치까지 출동 훈련을 해서 바다 위로 떠오르고 있는 잠수함 옆에 댈 것을 명령받았거든. 경계가 느슨했던 잠수함은 우리의 공격을 받은 셈이지. 승무원은 스페인 인, 쿠바 인, 미국인 등 모두가 일에 관한 한 유능하며 용감했고 우리의 포착 계획은 잘했다고 생각하네.”

“하지만 실제로 그 계획을 실천에 옮긴 건 아니잖습니까?”

“그야 그렇지만 잠수함이 있는 곳을 파악하여 정확한 정보를 보냈으며 몇 척의 나치 잠수함 소재를 해군 정보부에 알리기도 했는데 나중에 해군이 폭뢰 공격으로 격침시킨 것으로 판단된다네. 그 일 하나로 훈장을 탔으니까.”

“그레고리오도 함께였나요?”

“그래. 아무튼 아무리 격침시키고 싶어도 ‘필라르’로는 잠수함과 단판승부를 낼 수는 없거든. 승무원에게 위험을 설명했지만 그레고리오는 기꺼이 출항했다네. 일인당 만 달러의 보험을 걸어줬지. 자신이 그만한 값어치가 있으리라고는 생각들을 못 했으니까. 배는 좁았지만 승무원들의 사기는 높았다네. 전투는 없었어. 언젠가는 오십칠 일간이나 바다에 나가 있었다네.”

“물고기다. 물고기! 파파, 물고기다!”

그레고리오가 배 뒤쪽에서 외쳤다. 우리는 현(舷) 쪽으로 급히 눈을 돌렸다. 갈색으로 빛나는 것이 보였는데, 영낙없는 잠수함 모양이었다.

“청새치다.”

어네스트가 말했다.

“자아, 간다!”

그는 조타석의 레일을 잡고는 껑충 뛰어내렸다. 그레고리오가 고기의 미끼를 단 장대를 건넸다.

“이런 보트를 탄 적이 있나?”

어네스트가 물었다.

“이런 바다에서의 낚시는 처음입니다.”

“그렇다면 자네도 이걸로 해보게.”

그가 낚싯대를 주었다. 나는 약간 동요되었다. 여기 있는 사람은 세계에서 최고의 낚시 대가(大家)이며 또 믿을 수 없을 만큼의 크고 번갯불처럼 빠른 청새치이며 그만큼 크고 복잡한 장치의 낚싯대를 가지고 있건만——나는 기껏해야 롱 아일랜드, 사우스홀드의 친구인 샘 엡스타인과 보트를 저어 10파운드의 농어를 낚았을 뿐 그보다 더 큰 것을 낚은 경험이 전혀 없다.

그런데도 나는 직접 내 눈으로 관찰하고 이후로 몇 번이나 같이 낚시를 즐기게 된 어네스트의 본질에 관해서는 깨닫지 못했다. 상대방에게 가르칠 때의 그 뛰어난 수완이나 비상한 인내심을 말이다. 큼직한 바늘을 물고기가 물도록 하기 위해서는 언제 당기느냐 하는 것부터 시작하여 물고기를 당겨올릴 때가 되면 언제 낚싯줄을 끌어당기느냐 하는 것에 이르기까지 어네스트는 부드럽고 언제나 변함없는 목소리로 나에게 모든 단계를 가르쳐주었다. 30분 뒤에 우리는 갑판에 끌어올려진 아름다운 청새치를 내려다보았다.

"우리는 이제 새로운 범죄 집단을 결성한걸세. 핫치너·헤밍웨이·마린 조달 조합 말이야."

어네스트가 말했다. 나는 그가 앞으로 모험을 함께 즐길 상대자로 나를 선택한 것이라고 생각했다. 그리고 그로부터 13년간 상쾌하고 즐겁고 교육적이며, 분개하거나 추켜세우기도 하고 또 지치거나 놀라운 일들을 그와 함께 겪게 되었던 것이다. 보트에서 내려 내셔널 호텔로 돌아오는 길에 어네스트는 '문학의 장래'에 관해 내가 보낸 편지에 대해 단 한 번만 언급했다. 나는 이튿날 아침 뉴욕으로 돌아가기로 되어 있었으나 호텔 로비에서 악수했다.

"솔직히 말한다면 나는 무슨 일에 관해서나 장래에 관한 것은 아무것도 모른다네."

그가 불쑥 이런 말을 꺼냈기 때문에 나는 깜짝 놀랐다.

"네에, 그러시겠죠. 좋습니다. 그럼……."

"고료는 얼마인가?"

"만오천 달러."

"음, 문학의 장래라는 걸 아는 체하고 받기엔 충분한 보수로군. 이렇게 하기로 하지. 자네의 잡지에 게재하기로 예정돼 있는 다른 대가들이 쓴 논문의 복사본이나 원고를 보내주지 않겠나. 그렇게 하면 쓸 것이 생길 것 같네. 그것과 계약서, 작품 조건은 일 년 이상 국외에 체재하는 비거주자로서 계약하며 미국·외에서 씌어진 원고에 대해서는 무세(無稅)라는 항목을 법적으로 실어주게. 그렇게 하면 나의 생각을 성실하게 쓸 것이며 열심히 생각해보겠네.

　1956년과 57년은 별도로 친다 해도 그 당시 몇 년 동안을 줄곧 로마에서 살았던 나는 적어도 1년에 한 번 또는 그 이상으로 자주 쿠바에 있는 어네스트를 방문했기 때문에 플로리다의 다이킬리나 비둘기 사냥, 또는 '필라르'의 배 여행, '핑커'에서 보낸 나날들에 익숙해 있었다. 아바나나 세계의 어느 곳에서건 어네스트를 만나기 위한 여행에는 대개 '일'을 하기 위해서라는 이유가 뒤따랐는데, 일에 관해 말을 꺼내면 그는 매우 우유부단해졌다. 나는 어김없이 최소한 이틀 동안은 여행 때문에, 그리고 그는 집필을 하지 않을 경우에는 그 자신도 뚜렷이 알 수 없는 압박에서 벗어나기 위해 소일하는 것이었다. 우리는 그 지방의 특색에 몰두함으로써 기분 전환을 했다. 예를 들면 쿠바에서는 낚시질이나 비둘기 사냥 그리고 하이 알라이의 시합을 보러 가서는 돈을 걸어 어네스트의 친구인 쌈닭을 싸우게 하고, 또 아이다호 주에서는 물오리, 타조, 꿩, 사슴, 비둘기 등을 사냥해서 그것을 요리해 먹었으며 스페인에서는 투우 구경을 다니고 식사를 하며 술을 마시거나 했다. 내가 방금 최소한 이틀 동안이라고 했는데 그러면 최고의 경우는 어떠했겠는가.
　나는 콜롬비아 방송(CBS)에서 헤밍웨이의 원작을 각색하여 드라마 시리즈로 제작하는 건에 대해 상의하기 위해 1959년 6월에 스페인으로 갔었다. 그리고 6월 28일에 알리칸테에서 헤밍웨이를 만났으며 8월 17일에 우리가 투우장에서 자동차로 돌아오는 도중에 그가 말했다.
　"그 텔레비전 대본에 대한 걸 줄곧 생각했었다네. 어디 그걸 한번 상의해 볼까."
　그를 만난 지 반 년쯤 지나 나는 다시 아바나로 갔다. 만오천 달러를 선불해주었건만 '문학의 장래'는 받지 못했었다. 그 대신 어네스트는 대안(代案)이 있으므로 상의하러 와달라고 했다. 어네스트의 '핑커 비지어(眺望農場)'가 있는 샌프란시스코 데 파울라라는 조그만 도시는 그야말로 빈곤에 시달린 판잣집의 집단을 이루고 있었다. 그러나 헤밍웨이의 소유지는 울타리에 둘러싸인 13에이커의 꽃밭, 5,6마리의 소가 있는 방목지, 과수원 그리고 이젠 쓸모가 없게 된 테니스 코트에 큼직한 수영장, 약간 부숴지긴 했으나 제법 품위가 있고 나지막한 석회암으로 만들어진 정자가 있었다. 정문에서 어네스트의 이른바 '매력적인 폐허'인 안채까지의 긴 언덕길에는 18종의 망고가 우거져 있었다. 저택 바로 앞에는 부우즈교(敎)가 숭앙하는 평야의 큰 나무가 있었다.

어네스트의 방은 수많은 편지며 신문, 잡지를 스크랩한 다발, 육식 동물의 이빨을 수장(收藏)한 조그만 주머니, 밥을 주는 일이 결코 없는 시계가 둘, 신발 주걱 몇 개에 얼룩말의 목각이며 돼지 모양을 한 나무 토막, 한 줄로 나란히 놓여 있는 악어와 사자의 박제품 등 참으로 갖가지 기념품이며 추억의 물건 등과 행운을 가져다 주는 부적 따위가 가득차 있었다. 그는 책상에 앉아 일을 한 적이 없었다. 그 대신 침대 옆의 책장 위나 선 채로 원고를 쓸 수 있는 장소를 사용했다. 휴대용 타자기가 그곳에 내팽개쳐져 있었으며 종이가 책상 위에 마구 흩어져 있었다. 침실 벽 위로 동물의 머리 몇 개가 걸려 있으며 타일을 깔은 마루에는 닳아빠지고 약간 작은 얼룩무늬 영양(齡羊)의 가죽을 깔아놓았다.

'핑커'의 고용인으로는 잔심부름을 하는 르네, 운전사인 판, 중국인 요리사에 정원사가 셋, 대장간 일을 하는 사람 하나와 하녀 둘, 투계(鬪鷄) 일을 돌보는 사람이 있었다. 하얀 탑은 30마리의 고양이를 기르기 위한 명분으로 메어리가 세운 것이었는데, 어네스트가 침실의 아무 데서나 닥치는 대로 일을 하기보다는 좀더 작업하기에 적합한 곳을 마련해주려는 배려도 있었다. 그러나 그 배려는 고양이에게는 효과가 있었으나 어네스트에게는 효과가 없었다. 탑의 1층은 고양이의 방으로 수면, 식사 및 출산 등의 특별한 시설이 갖추어져 있고 특별히 총애를 받아 저택에서 살기를 허락받은 독실한 기독교인과 절친한 형제 이외에는 모두 여기서 생활했다. 탑의 맨 꼭대기 층은 종려나무 끝을 스치며 바다까지 잇닿은 초록빛 언덕을 바라볼 수 있는 방으로 대작가(大作家)에게 어울리는 위풍당당한 책상과 책장, 쾌적한 독서용 의자가 갖추어져 있었으나 어네스트는 이 방에서 아직 한 줄의 글도 쓰지 않았다——때때로 초교의 인쇄물을 교정보는 일은 있었지만.

'핑커'를 처음으로 찾아갔을 때 아내와 나는 접대용의 저택에서 묵을 수 있었는데, 무척이나 발랄한 여성 메어리 헤밍웨이는 준비를 미처 못했다고 미안해하면서 우리를 맞아주었다.

"장 폴 사르트르가 뜻밖에도 어제 여자분과 함께 오셨다우." 하고 그녀는 말했다. "그래서 아직 시트를 갈아놓지 못했어요."

안채로 가는 도중에 어네스트가 털어놓았다.

"어젯밤, 식사 때 사르트르가 뭐라고 했는지 아나? '실존주의'란 말은 신문기자가 만든 것으로 자기 그러니까 사르트르와는 관계가 없다고 하더군."

모두가 거실에 들어서자 어네스트는 갑자기 고개를 들어 천장을 올려다보았다.

"지난 주에 윈저 공(公) 내외분이 오셨는데, 칠이 벗겨진 데를 보고 감탄하신 모양이네."

그때 내 눈에 어네스트의 팔꿈치 위에 세 줄기의 길고 깊은 할퀸 상처가 보였기 때문에 왜 그러느냐고 물어보았다.

"사자가 그랬다네." 그가 말했다. "이 근방에 다섯 살짜리 멋진 사자 두 마리가 있는 서커스가 왔었거든. 그 두 마리는 형제인데 아침에 녀석들이 울부짖는 소리가 참으로 멋지다네. 조련사와 친해졌는데 그놈들과 상대할 수 있게 해준다고 하지 않겠나. 나는 신문을 둘둘 말아 그놈들을 상대했는데 등을 보이면 안 되겠더군. 아마 그건 멋진 쇼처럼 보였을걸세. 그 조련사는 나를 지난날의 유명한 미국 조련사라고 하며 지금은 은퇴했지만 여러분을 즐겁게 해드리기 위해 특별 쇼를 보여드리겠다 어쩌구 하며 소개하지 뭔가. 그런데 이 쇼가 한창일 때 그만 내가 넘어져 녀석들이 내 가슴에 앞발을 걸쳤다네. 그때 방금 배운 수를 쓰면서 녀석들을 다루었는데 그래도 두 번쯤 긁혔지 뭔가."

나는 작가로서 자기 작업을 계속해야 할 사람에게 있어서 사자와의 장난은 아무래도 위험한 것이 아니겠느냐고 말했다.

"메어리도 자네와 똑같은 의견이라네." 어네스트는 말했다. "대작을 끝낼 때까지는 고양이와 놀지 않겠다고 약속했다네. 내가 녀석들을 귀여워하다가 긁혔을 때 그녀는 외출 중이었지. 나는 그녀 남편이니까 자신의 즐거움을 위해 그런 것을 하는 건 좋지 않겠지. 하지만 다른 일에선 그런 따위는 아무래도 좋다는 생각이네."

그날 밤 식사가 끝난 뒤 어네스트는 저택 안을 안내해주었다. 서재의 책장에서 그에게 증정한 제임스 조이스, 스코트 피츠 제럴드, 거투르드 스타인, 셔우드 앤더슨, 존 도스 파소스, 로버트 벤치리, 포드 매독스 포드, 에즈라 파운드나 그 밖의 초판본(初版本)을 보여주었다. 오랜 사진과 스크랩북도 보여주었다. 연대(年代)가 적힌 한 권의 앨범에는 다섯 살인가 여섯 살 때의 어네스트 사진이 들어 있었다. 뒷면에 그의 어머니 필적으로 '어네스트는 2½(두 살 반) 때 아빠로부터 사격을 배웠으며 4세 때에는 권총을 다룰 수 있게 되다.'라고 적혀 있었다.

또한 매우 젊디젊은 얼굴의 마르레이네 디트리히의 사진도 보았는데 '깊은 사랑으로 어네스트에게.'라고 적혀 있었다.

"우리가 어떻게 해서 알게 됐는지 아나? 크라우트(디트리히의 별명)와 내가 말일세." 어네스트가 물었다. "그 당시는 내가 빈털터리 시절이었는데, '이'(당시의 대서양 항로의 여객선인 '일 드 프랑스'호를 말함)의 삼등객실 손님이었지. 그런데 일등실에 있던 친구가 여분으로 갖고 있던 턱시도를 내게 빌려주고는 식사 때 나를 슬쩍 끼어들게 해줬다네. 어느 날 밤 살롱에서 친구와 내가 식사를 하고 있는데 계단 위에 순백의 드레스를 입은 믿을 수 없을 만큼 멋진 그녀가 나타나지 않겠나. 물론 크라우트였지. 크라우트가 의자에 앉으려 하자 사내들이 모두 달려들어 자신의 옆 자리 의자를 권했는데 그때 그녀는 속으로 계산해보았다네. 모두 열두 명. 그러니 그녀의 자리는 열세 번째가 된 거지. 그러자 그녀는 죄송합니다만 저는 십삼이라는 숫자에 예민합니다라고 말하고는 그 자리를 떠나려고 하더군. 그래서 그녀가 돌아서려 할 때 내가 그 자리를 떠맡아 그녀의 자리를 열네 번째로 만들어주었지. 그 덕분에 파티는 잘 진행되었네. 이게 그녀와 나의 첫 만남이라네. 로맨틱하지 않나?"

거실로 돌아오는 도중에 잉그리드 버그만의 서명이 든 큼직한 사진 앞을 지났다. 나는 걸음을 멈추고 바라보았다.

"어떤 여성의 사진을 걸어두어도 메어리는 질투하지 않는다네."
어네스트가 말했다.

거실로 들어서자 어네스트는 큼직하고 빛바랜 '파파의 의자'에 걸터앉았다. 블랙 독이 발치에 몸을 납작하게 웅크리고 있었다. 이 블랙 독은 사냥용 스파니엘이라고도 할 수 있는 개였는데 어느 날 추위와 굶주림으로 산

봐리에 있는 어네스트의 스키 별장에 잘못 찾아들었다는 것이다. 어네스트는 그 개를 쿠바로 데려와 인내와 애정으로 돌봐서 체중을 회복시켜주었다는 것이다.

"이놈은 열 시간이나 잠을 자는데 언제나 지쳐 있다네. 그럴 수밖에 없는 것이 언제나 나를 충실하게 따르거든. 내가 책을 읽을 때는 이놈도 행복하겠지만 작업을 시작하면 이놈한테는 힘겨운 모양이라네."

화제는 블랙 독에서 벽에 걸린 사냥한 짐승들의 머리며 아프리카에 대한 것으로 옮겨졌다.

"영국인 친구가 있는데 말일세." 어네스트가 말했다. "화살로 사자를 쏴보고 싶다고 하더군. 한 백인 사냥꾼에게 거절당하고 또 다른 사냥꾼한테도 거절당한 끝에 겨우 스웨덴 사냥꾼이 동행을 해줬다네. 이 영국인은 사냥에 포터블 비를 준비해가는 그런 종류의 사람이있다네. 스웨덴 친구는 매우 우수한 사냥꾼이었기 때문에 그 영국인에게 실제로 화살을 사용하는 건 그만두는 게 좋다고 경고했지. 그런데 그 영국 나으리께선 꼭 총을 쏴야겠다고 해서 스웨덴 인은 할 수 없이 그에게 사자에 대한 강의를 해줬다네 ――4초에 백 야드를 달린다든가 그림자밖에 볼 수 없다든가 50야드 거리에서 첫 화살을 쏴야 한다는 걸 모두 가르친걸세. 일행이 마침내 사자를 추적하여 에워싸게 되었는데 사자가 덤벼들자 영국인은 활 시위를 당겨 50야드에서 사자의 가슴을 명중은 시켰다네. 그런데 사자는 화살을 물어뜯고는 그대로 앞으로 다가왔다더군. 그때 스웨덴 인이 끝장을 내기 바로 전에 원주민 흑인 가이드 하나를 죽였지 뭔가. 영국인은 떨 수밖에. 원주민 가이드와 사자가 나란히 있는 피투성이 광경을 봤으니. 스웨덴 인이 이렇게 말했다네. '자아, 각하. 이제는 활을 버려도 되겠죠?' 영국인이 말했지. '그렇게 합시다.' 그 영국인을 나이로비에서 만났는데 부인과 함께 있더군. 젊은 아일랜드계의 미녀였는데 예고도 없이 내게 몰래 찾아왔지 뭔가. 이튿날 밤 그 영국인이 호텔의 바에서 한 잔 하자고 권하더니 어네스트하고 당신은 신사니까 아무것도 하지 않았겠지만 아내는 남편인 나를 웃음거리로 만들어서는 안 된다고 하더군.

메어리는 화제를 동물에 대한 것으로 돌리려고 했다. 어네스트는 서부(西部)에 있던 매우 거대하고 교활한 흑곰에 대한 이야기를 해주었는데, 이

22

곰은 길 한가운데 서 있는 인간을 보면 반쯤 죽여놓았으며 차가 와도 비켜서지 않는다는 것이었다. 그 바람에 아무도 길을 지날 수 없게 되어버렸다. 그러나 어네스트는 그 곰에 대한 이야기를 듣자 차를 타고 곰을 찾으러 나섰다. 과연 갑작스레——곰은 나타났다. 정말로 거대한 곰이었다. 뒷발로 서서 비웃기라도 하듯이 윗입술을 까뒤집고 있다. 어네스트는 차에서 내려다가갔다. 어네스트는 소리를 질러 분명히 말해주었다.

"이놈아, 네놈은 한심하기 짝이 없는 흔해빠진 곰이다. 북극곰이나 잿빛 곰처럼 조금의 값어치도 없는 곰 주제에 교활한 꼴로 버티고 서서 자동차를 방해하다니."

이 말에 기가 질린 듯이 그 곰은 고개를 떨구더니 네 발로 엉금엉금 기어 길에서 도망쳐버렸다고 했다. 어네스트는 그놈을 압도한 것이다. 이후로 그 곰은 자동차가 오기만 하면 나무 그늘로 도망쳐 어네스트가 자기를 해치러 온 것이 아닐까 하는 공포에 사로잡힌다는 것이었다.

우리가 '핑커'에 묵은 지 사흘째가 되는 날 어네스트는 《문학의 장래》대신에 집필할 다른 계획을 내놓았다. 그것은 두 편의 단편소설을 쓰겠다는 것이었다. 그의 단편, 이를테면 《프랜시스 매코머의 짧고 행복한 생애》는 〈코즈모〉에 발표되었으며 역시 그의 본령(本領)인 소설을 쓴다면 원래가 본령이 아닌 에세이를 발표하는 것보다는 그로서나 잡지로서도 좋지 않겠느냐는 것이었다. 그렇다고는 하나 두 단편의 고료가 에세이 한 편과 같아서는 곤란하니 뒤에 고료 2만5천 달러를 증액하라고 요구했었다.

그 당시 '핑커'의 야식(夜食)에 참석하는 단골 중 한 사람은 30대 후반이 되어 머리가 벗어지고 귀도 먼, 편견없고 다정하며 헌신적인 스페인 사람 로베르토 헤렐라였다. 어네스트의 말로는 그는 스페인에서 5년 동안 의학을 공부했으며 내란(內亂) 당시 공화파로 싸우다 투옥된 뒤 겨우 풀려나와 쿠바로 이주해온 인물이었다. 그리고 신스키 듀나베이시아가 있었는데 그는 떠들어대며 술을 마시고 놀기를 좋아하는 바스크 출신의 선장(船長)으로 미국에서 쿠바행 화물선을 타는데, 이 항구에 들어오면 어김없이 '핑커'로 찾아왔다. 검은 승려라는 별명의 돈 안드레스 신부는 내란이 일어났을 당시에 빌바오 카테르라르에 있던 바스크 사람이었다. 돈 안드레스는 설교단에서 교구(敎久) 사람들에게 총을 들고 거리로 뛰쳐나가 쏴라. 교회 같은 데서 꾸물거려서야 되겠느냐고 설교했다. 그 뒤 자신은 공화파 군대의 기관총수로 입대했다. 전쟁이 끝나자 그는 스페인에서 쿠바로 망명처를 요구했는데 교회는 그의 과거의 행동에 냉담한 태도를 취하여 조건이 가장 나쁜 지역의 가장 가난한 교구를 담당케 했다. 이것이 검은 승려의 유래이다. 어네스트는 프랑코 정권에서 쫓겨난 사람들과 친했기 때문에 그와도 곧 친해질 수 있었다. 검은 승려는 밝은 색의 스포츠 셔츠를 입고 교회에서 휴가를 얻어내고는 '핑커'에 찾아와 먹거나 마시거나 풀에서 수영을 즐기며 어네스트나 로베르토를 상대로 추억담을 나누는 것이었다. 그 밖에도 손님은 많았다. 내란 당시 어네스트가 사귀었던 스페인의 고관(高官), 훨씬 더 옛날인 키 웨스트 시절에 사귄 도박사며 바티스타 정권에 반대——비밀이긴 합니다——했던 쿠바의 정치가 내외, 지난날에는 매우 유명했으나 지금은 거의 은퇴한 것이나 다름없는 펠로타(스페인이나 라틴 아메리카에 서 유행하는 테니스 같은 경기)의 선수 등이 있었다.

"월요일과 목요일만은 매우 조용히 지내지요." 하고 메어리가 말했다. "하지만 주말에는 대개 야단법석을 떨며 신나게 논답니다. 파파는 딴 집에 가기를 싫어한다우. 먹을 음식이나 술이 입에 맞지 않는다면서요. 마지막으로 남의 집 저녁식사에 초대받아 간 것도 벌써 일 년이나 지났다우. 달짝지근한 샴페인을 정중하게 받아 마셔야 하거든요. 그래서 그 샴페인을 몸에서 말끔히 몰아내는 데 열흘이나 걸렸다우."

1949년 초기에 배를 타고 베니스로 여행하기 전에 어네스트는 '핑커'에서 뉴욕의 나에게 전화를 걸어주었다. 트루먼 대통령이 듀이에게 승리한 이야기부터 시작하여 마지막에 가서야 겨우 핵심되는 화제를 꺼냈다.

"지난번에 말한 두 개의 단편 건이네만, 십이월 말까지 단편 두 편을 쓰되 만약 쓰지 못하면 원고료는 반환, 괜찮겠지? 자네가 돌아간 뒤 하나는 썼네만 〈코즈모폴리턴〉에서 보면 아무래도 너무 노골적인 것 같아 단행본을 위해 보류해두었네."

"무슨 단행본인가요?"

"새 단편집일세. 또는 새로운 단편의 책——어느 쪽이건 자네 좋을 대로 해도 되네. 베니스에 가면 여가가 있으리라는 따위의 생각은 말아주게.

하지만 오월 초순에는 아이들을 데리고 쿠바에 돌아올 생각이네. 그리고 자네를 위해 훌륭한 단편 두 개를 쓰겠네. 완성된 단편은 잠시 그대로 두면서 다시 손질을 하게 되는지 모르겠네만 운수 나쁜 일만 없으면 마감까지는 꼭 두 편을 써놓겠네. 마침 방금 완성된 단편은 사천오백 단어쯤 되는데 최근에 잡지에 나온 이브린 워의 휴지 같은 단편보다는 훨씬 나을걸세. 아무튼 자네를 위해 한번 일을 저질러보겠네."

1949년 봄에는 계속해서 어네스트로부터 몇 통의 편지를 받았는데, 베니스의 그리티 팰리스 호텔에서 온 것이거나 북부 이탈리아의 멋진 스키장, 콜티나 단페츠오의 빌라 아프릴레에서 온 것 등이었다. 그리고 메어리가 스키를 타다가 사고로 다리가 골절되었으며 그 상처에 병균이 감염되어 치료를 받았다는 것 등을 알려주기는 했으나 단편에 대한 말은 전혀 없었다.

이 기간 중에 어네스트는 나에게 찰스 스크리브너 쥬니어를 만나도록 권했었는데 후에 이렇게 말했다.

"자네가 찰리를 좋아했으면 하네. 그는 거의 아무에게도 호의를 갖지 않는 사람인데 자네를 무척 좋아하는 것 같네. 작가를 싫어하거든."

스크리브너는 은발에 몸이 유연하고 매력적인 인물로, 기지와 유머도 있으며 어네스트를 명성을 떨친 아들처럼 사랑했다. 어네스트는 언젠가 스크리브너에 대해 이렇게 말했었다.

"맥스 퍼킨스가 죽었기 때문에 내가 점유권을 확보하는 걸 도와줄 사람은 찰리밖에 없게 돼버렸네."

어네스트는 1949년 여름 쿠바로 돌아왔으며 7월 하순에 〈코즈모폴리턴〉에 단편 두 편을 쓰기로 했던 계획을 변경하고 싶으니 9월에 자기에게 와달라는 전화를 했다. 나는 이번에 갈 때에는 바라델로 해변의 카와마 클럽의 별장을 빌릴 생각이며 헤밍웨이 내외의 신세를 질 생각은 없다고 말했다.

"신세질 일은 없네." 어네스트는 말했다. "바라델로는 아름다운 곳이지. 자네가 오면 이삼 일 작업을 중지하고 보트를 바라델로로 돌릴 테니 한껏 즐겨보세. 칠월과 팔월에 논 만큼 일을 하니까 그만큼 휴가도 낼 수 있을걸세."

"아더가 걱정하고 있습니다만." 나는 〈코즈모폴리턴〉의 편집장 아더 고든의 이름을 꺼낸 뒤 "만 달러를 더 선불해드릴까요?" 하고 물었다.

"아닐세. 아더한테는 정말 고맙다는 말을 전해주게나. 하지만 돈은 걱정하지 않아도 돼. 우리 집 쌈닭이 마흔두 번 싸움에서 서른여덟 번을 이겼거든. 그 단골가게는 우리가 먹을 걸 만들어주네. 냉장고에 꽉 차 있네. 나는 비둘기 사냥에 열을 올리고 있어 삼천이나 사천은 그냥 굴러들어온다네. 아이들에게는 모두 방을 할당해주고 리라(이탈리아의 화폐 단위)도 쥐어줬네. 자, 화요일이면 출발일세. 그리고 맨 위의 아들 말인데, 잭은 베를린 주둔의 대위로 재직하여 지금은 자립해 있다네."

나는 필요한 것이 있으면 보내도록 하겠다고 말했다.

"글쎄." 그는 말했다. "만약 구할 수만 있다면 메존 글래스로 벨거 캐비아 통조림과 스미스 콜로나 포터블, 피카 타입의 것을 갖다 주게나. 단편 말인데, 자네도 조금은 기뻐해줄걸세. 화끈 달아올랐거든——작업 말일세——상 로렌쇼에서 요리하는 로스브보나 더 화끈하다네."

기뻐해준다는 말은 어네스트가 〈코즈모폴리턴〉에 약속한 단편, 원제(原題) 《어느 단편》을 이탈리아에서 입원 중에 착수했다는 것이다. 그의 말을 빌린다면 다급해진 자기 장례식의 비용을 마련하기 위해 쓰기 시작했다는 것이었다. 그러나 집필이 진행되면서부터 이 소설은 그 당시 하나의 장편소설이 될 징후를 고루 갖출 정도로 발전해버렸다. 어네스트는 그 작품을 《강을 건너 숲속으로》라고 불렀다.

"내 책은 모두 처음에는 단편으로 시작했다네." 하고 그는 말했다. "차분히 시간을 내어 장편을 쓰기 시작해본 적은 없었다네."

필라르 호에 올라타자 나에게 제1장을 건네준 그는 옆에 걸터앉아 그 원고를 읽어주었다. 귓전에 그의 숨소리가 들려 나는 자신이 무엇을 읽는 것인지 멍청하게 있었을 뿐이었다. 그 뒤 몇 년이고 진행 중이던 작품은 모두 이런 식으로 읽게 되어 어느 사이에 습관이 되어버렸다. 편하지는 않으나 마지막에는 내 어깨가 닿도록 붙어 앉은 작가에게 신경을 쓰지 않아도 되었다. 그런데 이때의 자기 작품에 대한 어네스트의 태도는 나를 당황케 했다. 왜냐하면 다른 작가가 쓴 원고처럼 여러 부분에서 웃거나 해설을 덧붙였기 때문이다.

그 뒤로도 어네스트는 《강을 건너서》의 건(件)으로 자주 전화를 주었다.

"요즘 와서는 지독해졌다네." 언젠가는 그렇게 말했다. "블랙 독도 지쳐 있다네. 작품이 그놈은 완성되면 기뻐할 테고, 나도 마찬가지겠지만 당분간은 그렇게 안 될걸세. 방금 멋진 장(章)을 끝냈지. 썩 호조일세. 모두 마치면 앞의 두 페이지만은 무척이나 매혹적일걸세. 어젯밤 로베르트가 세어봤는데, 세는 건 질색이네만, 정확히 세어보더니 오늘 아침까지 모두 사만삼천칠백사십오 단어라네. 그쯤 되면 정예부대인 셈이네. 육만 단어 내지는 그보다 약간 적어질 걸로 생각해주게나. 그런데 원고료 건인데 자네도 좀 연구해주게나. 원고가 완성되기 전에 계약하고 싶다네. 내가 쓴 작품 가운데서는 정말 최고라고 생각하네만. 물론 쓴 당사자야 멋대로 생각하게 마련이 아니겠나. 앞으로 두 게임이면 시합이 끝이거든."

이 계약에 대한 〈코즈모폴리턴〉의 회답은 어네스트가 허스트 계의 잡지로서는 오랜, 그리고 가치있는 권주이므로 그쪽에서 먼저 고료를 정해달라는 것으로, 내가 이 멋진 내용을 전보로 알리자 그는 다시 전화를 걸어왔다.

〈코즈모폴리턴〉에서는 대개의 경우 장편 연재에 어느 정도를 지불하느냐고 묻는 것이었다. 나는 7만 5천 달러라고 대답했다.

"오케이." 그는 말했다. "나로서는 십만 달러로 올려도 당연하다고 생각하네. 마치 조지 패튼처럼 기갑부대를 거느리면서도 지상에는 하늘을 나는 비행기가 한 대도 없는 상태라고 모두에게 전해주게. 브루클린의 톨스토이들이여, 그대들의 월계관을 벗고 초교쇄를 집어던져라. 나는 자유를 위해 파리 진격에 참가 중이다. 아무튼 장편을 끝내기까지 어쩌면 살아 있지 못할 것 같거든. 그러니 어떻다는 건가?"

브루클린 태생의 어윈 쇼는——어네스트라는 대포(大砲)가 언제나 표적으로 삼았는데——마침 《젊은 사자(獅子)들》을 출판한 직후였다.

나는 옛날부터 그를 알았던 것은 아니기 때문에 그 당시는 미처 알지 못했으나 이토록 자주 그에게 전화를 건다는 것은 어네스트로서는 매우 이례적이었다. 나중에 설명을 들을 수 있었는데, 전화로 허물없이 이야기할 수 있는 상대란 극히 한정된 4,5명 정도인 모양이다. 마르레이네 디트리히가 그 중의 하나였다. 보통의 경우 어네스트는 전화에 대해 암울한 시기심과 의심의 눈을 돌려 실제로 배후에서 살며시 다가서곤 했다. 매우 조심스럽게 수화기를 집어들고는 거기서 딸가닥거리는 소리가 들리는가를 알아보려는 듯한 투로 수화기를 조심스럽게 귀에 댄다. 말을 할 때는 목소리가 죄어 들어가는 듯하며 미국인이 외국인과 말할 때 말투가 달라지듯이 말하는 리듬도 달라져버렸다. 그리고 전화가 끝나면 어김없이 육체적으로 피로하여 땀을 흘리거나 폭주(暴酒)를 하는 것이었다.

그런데 어네스트는 마르레이네에게 전화 걸기를 좋아했다. 그의 말로는 오랫동안 서로 사랑하는 사이였으며, 언제나 각자의 신변에 관해서는 무엇이건 말하며 특별한 경우를 제외하고는 거짓말도 하지 않았으며 설사 거짓말을 할 때가 있다 해도 그것은 그때뿐이라는 것이었다.

훗날에 나도 마르레이네를 잘 알게 되었는데, 그녀는 이렇게 말했다.

"나는 어네스트에게 조언을 청한 적은 없었어요. 하지만 언제나 가까이에 있어 서로 이야기를 나누거나 편지를 받을 수 있었고 그 이야기나 편지는 내 문제에 도움이 되었답니다. 내 문제에 대해선 전혀 알지 못한 채 몇 번이고 나를 도와준 셈이죠. 그는 멋진 말을 여러 가지로 해주었으며 그것이 모두 여러 문제의 해결에 결정적인 도움이 되었던 거예요. 바로 몇 주일 전에도 그와 전화로 얘기했어요. 어네스트는 혼자서 '핑커'에 있었는데 하루의 집필을 마친 뒤 말을 하고 싶었던 모양이에요. 중간에서 내 작업은 어떻게 됐느냐고 묻기에——가령 그런 것이 있다는 전제 아래 말이죠—— 마이애미의 나이트 클럽에 무척 수입이 좋은 일거리가 있기는 하지만 아직 결정을 못 내리고 있다고 대답했죠. 어째서 그렇게 결단을 내리지 못하오? 하고 그는 물었어요. '일을 해야 하는데 시간은 낭비할 수 없다고 생각하니까요. 런던에서 한 차례, 라스베가스에서 일 년에 한 번, 그걸로 이미 충분해요. 하지만 저는 아무래도 자신에 대해 너무 관대한 것 같아요. 이번 일을 떠맡아도 된다는 식으로 자신을 납득시키려던 참이었으니까요.' 그러자 잠시 말이 없었는데 마치 어네스트의 아름다운 얼굴이 생각에 잠겨 있는 것이 눈앞에 보이는 것 같았어요. 한참 있다 겨우 말을 꺼내더군요. '당신이 진정으로 하고 싶지 않는 일이라면 하지 말아야 해요. 행동과 행위를 혼동하지 말아야 하니까.' 이런 짤막한 말로 나에게 자신의 철학을 모두 준 셈이 된 거죠. 그런 점이 그의 매력이에요.—— 친구의 문제를 자기 자신의 일처럼 생각한다는 것. 멀리 떨어져 있는 어느 거대한 바위 같죠. 언제나 꿈쩍도 않고 거기 서 있는 거예요. 친구로서는 더할 수 없이 믿음직스럽건만 실상 그런 친구는 아무한테나 있는 게 아니죠. 내가 생각하기에 어네스트의 가장 훌륭한 점은 우선 대개의 남자가 꿈꾸기만 하는 것을 스스로 찾아낸다는 것 그리고 용기, 앞장서서 한다는 것, 시간이며 여행을 즐긴다는 것, 무엇이건 소화해낸다는 것, 어떤 의미에서는 쓰고 창조하는 그 모두를 갖추고 있죠. 그의 내부에는 일종의 조용한 계절 같은 것이 있어 나타났다가 사라지곤 하는데 그게 어떤 리듬처럼 완전히 새로워지며 회복되어 다시 나타난답니다. 진짜 남성은 모두 다정하듯이 그도 다정하답니다. 다정함이 없는 남성 따윈 홍미가 없어요.”

“크라우트와 나에 대한 것인데.” 마르레이네가 나에게 들려준 말을 전했을 때 그가 한 말이었다. “우리는 ‘일 드 프랑스’에서 처음으로 만난 1934년 이후 서로 사랑했으나 잠자리를 같이 한 적은 없었지. 재미난 일이네만 사실일세. 동시성을 가지지 못한 정열의 희생자라고나 해두지. 내가 실연에 절망하고 있을 때 크라우트는 다른 녀석을 상대로 로맨틱한 관계에 애를 태우고 있었으며 디트리히가 수면에 나타나 그 아름답고 갈망하는 듯한 눈을 보이며 헤엄치고 있을 때면 나는 물 속에 잠겨 있었지. 최초의 항해에서 몇 년이 지난 뒤 우리는 역시 ‘일 드 프랑스’로 항해한 적이 있었는데, 이때 딱 한 번, 아주 이상할 정도로 나는 저 시시껄렁한 M 아무개(마더 겔혼을 말 하는 듯함)를 사랑했고 크라우트는 크라우트대로 저 시시한 R 아무개(아마 에리히 마리아 르마르크를 말하는 듯함)에게 끌려 있었다네. 우리는 마치 가진 돈을 모두 도박으로 날려 이젠 하는 수가 없으니 정신 차려야겠다고 결심을 하는 젊은 기병대의 사관 같았지.”

제 2 장 뉴욕 1949년

어네스트는 1949년 10월 말, 《강을 건너 숲속으로》의 원고를 갖고 뉴욕으로 왔다. 어네스트에게 있어서 뉴욕은 다만 잠시 들르는 장소, 보다 더 중요한 곳에 가거나 그곳에서 돌아올 때에 1주일쯤 묵는 곳에 지나지 않았다. 이 뉴욕에는 그가 어김없이 연락하는 얼마 안 되는 친구 그룹이 있었으며 그를 찾아오는 많은 지기(知己)들도 있었다. 벌써 몇 년 동안을 두고 그가 단골로 삼은 호텔은 셸리 네이더랜드 호텔이었다. 그러나 그는 1959년에는 셸리 네이더랜드 호텔에서 떠나 이스트 62번가에 방이 셋 있는 고급 아파트를 구하여 쓰게 되었다. 이곳은 지난날에는 호화로운 대저택이었는데 지금은 일반인들이 쓰는 분양 아파트로 되어버린 곳이다.

뉴욕에서의 어네스트는 언제나 안절부절했으며 그가 잘 찾아가는 다른 도시와는 달리 이곳에 묵기를 싫어했다. 그러나 메어리는 뉴욕을 좋아했다. 그래서 나는 그가 그녀를 위해 몇 번이고 뉴욕에 왔으리라고 생각했다. 연극, 오페라, 발레 등은 원래부터 좋아하지 않았으며 음악을 즐기기는 했어도 클래식이건 재즈건 콘서트나 그 밖의 음악행사에는 거의 참석하지 않았다. 그러나 정말로 멋진 젊은이가 싸우는 복싱 시합만은 꼭 보러 다녔으며 때로는 일류 선수가 선수권을 겨루는 시합을 보기 위해 여행하기도 했다. 미국에 있으면 텔레비전으로 중계해주는 프로 풋볼에 열중했는데——쿠바에서는 미국의 프로그램이 방영되지 않았다——직접 그 시합을 보러 가는 일은 없었다. 야구를 몹시 좋아했기 때문에 어떠한 시합이라도 보러 갔다. 월드 시리즈를 보기 위해 곧잘 뉴욕으로 오기도 했다.

어네스트가 단골로 다니는 술집은 투트 쇼어의 술집과 올드 사이델버그 그리고 팀 코스테로의 술집뿐이었다. 그 당시 나는 어떤 소문에 관해 물어본 적이 있다. 그가 존 오하라를 상대로 어느 쪽 머리가 더 단단하냐고 말다툼을 벌인 끝에 어네스트는 코스테로의 술집 카운터 뒤에 있던 몽둥이를 가지고 숲속으로 들어가 박치기를 하여 부러뜨림으로써 논쟁의 결말을 지었다는 이야기였다. 나는 어네스트에게 이 소문은 엉터리가 아니냐고 물었다.

그는 소리내어 웃으면서 이렇게 대답하는 것이었다.

"부정할 수 없는 좋은 이야기라네."

뉴욕에 머물렀을 때의 그에 대해서는 여러 가지 이야깃거리가 있는데, 그 중에서도 그가 가장 기뻐했던 때는 링링 형제의 서커스가 찾아올 때였다. 서커스단에 속해 있는 동물은 다른 동물과는 달리 훨씬 영리했으며 인간과 늘 협력하여 일을 하기 때문에 그놈들의 개성이 매우 발달했다는 것이 그의 지론(持論)이었다.

　나는 처음으로 그와 서커스 구경을 갔는데 동물을 보고 싶다는 한 가지 이유로 입장 시간보다 한 시간이나 앞서 매디슨 스퀘어 가든에 갔던 것이다. 문이 열려 있지 않자 어네스트는 5번가로 돌아 옆 입구까지 가서 직원이 나타날 때까지 계속 문을 두드렸다. 직원이 우리를 몰아내려고 하자 어네스트는 옛 친구인 링링 노즈의 서명(署名)이 든 카드를 제시했는데, 그 카드에는 이 카드를 가진 사람은 언제 어느 곳에서건 입장할 수 있다고 적혀 있었다. 우리는 안으로 들어가 동물들이 갇혀 있는 우리를 보며 다녔다. 어네스트는 고릴라에 홀딱 반해버렸다. 사육 담당자는 무척 신경질적이었으며 너무 가까이 접근하지 말라고 했으나 어네스트는 이 동물과 친해지기를 원했다. 우리 가까이에 다가가서 짤막하고 단속적(斷續的)인 카덴차로 고릴라에게 말을 걸면, 똑똑히 알아들으려는 고릴라의 표정이 매우 진지하여 감동적이었다. 고릴라는 당근 접시를 머리 위에 올려놓더니 안타까운 소리를 지르기 시작했다. 사육 담당자의 말로는 틀림없는 애정의 표현이라는 것이었다.

　어네스트는 북극 곰의 우리 앞에서는 비좁은 공간에서 몸을 둔하게 움직이고 있는 곰을 유심히 관찰하기 시작했다.

　"이놈은 성질이 매우 고약하답니다. 헤밍웨이 씨." 곰 사육 담당자가 말했다. "이쪽 갈색 놈과 얘기를 나눠보십시오. 유머를 제법 이해한답니다."

　"이 녀석과 해보겠네."

　어네스트는 북극 곰 앞에서 이렇게 말했다.

　"하기야 요즘은 곰과 별로 얘기를 못 해봤기 때문에 녹이 쓸었는지도 모르겠습니다."

　사육 담당자가 싱긋 웃으며 말했다.

　어네스트는 난간 쪽으로 몸을 내밀고는 부드럽고 음악적인 목소리로 고릴라에게 말을 걸 때와는 전혀 다른 목소리로 곰에게 말을 걸자 그때까지 어슬렁거리던 곰이 걸음을 멈추었다. 어네스트는 말을 계속했다. 그 말은, 아니, 소리에 가까운 그 말은 내가 전혀 들어보지도 못한 것이었다. 곰은 약간 물러서더니 으르렁거리다가 이윽고 털썩 주저앉고는 어네스트를 똑바로 쳐다보면서 한참이나 콧소리를 내며 끙끙거렸다. 마치 심한 코감기에 걸린 나이 지긋한 신사 같은 소리였다.

"놀랐는걸."

사육 담당자가 말했다. 어네스트가 곰에게 미소짓자 곰은 어이가 없다는 듯이 그의 뒷모습을 지켜보았다.

"인디언의 울음소리라네." 어네스트가 말했다. "나는 어느 정도 인디언으로 통한다네. 곰은 나를 좋아하는걸세. 언제나 그렇지."

쿠바에 있을 때 어네스트는 거실에서 영화보는 것을 좋아했는데 뉴욕에 와서 영화를 볼 때는 자기의 장편이나 단편이 영화화된 작품만을 보았는데 그것도 스스로에게 강요하다시피하는 것 같았다.

어느 날 그는 《무기여 잘 있거라》를 보러 간 뒤 르 보 도르의 오찬회에 참석할 계획을 세웠다. 이 영화는 데이빗 셀즈닉이 제니퍼 존스, 록 허드슨을 주연으로 하여 다시 영화화한 것이었다. 어네스트는 35분간이나 참으며 견뎌냈다. 그 뒤 우리는 5번가로 나와 말없이 북쪽을 향해 걸었다. 결국 어네스트가 먼저 입을 열었다.

"여보게, 핫치. 그런 작품을 써서 몇 년씩이나 인기가 지속되면 나중에는 저런 식으로 창피를 당하는 법이라네."

우리는 《해는 다시 뜬다》를 1957년도의 월드 시리즈가 시작되기 전날에 야구를 관람하기 위해 시내로 나왔다가 생각을 바꿔 보게 되었다. 메어리가 영화를 본 감상을 묻자 어네스트는 이렇게 대답했다.

"에롤 프린이 출연자 가운데에서 가장 나은 연기를 한 영화라면 영화 감상 따윈 필요없어."

어네스트 자신이 직접 관련했던 영화는 《노인과 바다》였다. 각본을 본 뒤 페루의 바다에서 몇 주 동안 촬영팀과 함께 보냈는데 테크닉 컬러 촬영 때 적당한 시간에 잡힌 적이 없던 거대한 다랑어를 낚았다. 과연 영화에 나옴직한 다랑어답게 이놈은 칼봐 시티의 수조(水槽)에 있는 스폰지 라버의 물고기처럼 털썩거리며 뛰노는 것이었다. 어네스트는 예외적으로 이 영화만은 처음부터 끝까지 지켜보았다.

"스펜서 트레이시처럼 살찌고 재산 많은 배우가 어부로 나온 꼴이지 뭔가."

그의 감상은 이것뿐이었다.

　뉴욕에 묵는 동안 그는 내가 각색한 텔레비전 드라마를 봐주었다. 나는 이러한 드라마를 CBS의 클로즈드 서킷 세트에서 볼 수 있도록 했던 것이다. 가장 그의 마음에 들었고 또 나도 자신이 있었던 작품은 닉 애덤스를 주인공으로 한 단편을 바탕으로 한 에피소드 형식의 드라마 《닉 애덤스의 세계》였다. 로버트 맬리건이 멋지게 연출한 것이었는데 어네스트는 이 드라마를 보고 나서 시사실에 불이 켜지자,
　“여보게 핫치. 내가 종이에 쓴 것과 다름없을 만큼 제대로 스크린에 표현했네.”
하고 말했다.
　이것이야말로 나에게 있어서는 최고의 칭찬이었다. 《도박사, 수녀(修女), 라디오》를 그가 보려고 하지 않았던 것은 나에게는 행운이었다. 이 드라마는 처음부터 끝까지 엉망이었기 때문이다. 3시간짜리 대작(大作) 《누구를 위하여 종은 울리나》는 대체로 마음에 들었던 모양인데 이것은 2회 연속으로 〈플레이 하우스 90〉에서 방송한 것으로 제이슨 로버즈, 마리아 셸, 엘러이 와락, 모린 스티플루턴 등이 주연했다. 그런데 그는 내가 민족주의자의 묘사에 좀더 자료를 잘 소화시켰어야 했다고 생각했다.
　“하지만 자네는 민중의 마음을 그들의 기질이나 몸을 씻지 않은 냄새로 묘사하고 있더군. 그 점이 좋아. 영화는 봤나? 게리 쿠퍼와 잉그리드 버그만은 대(大) 러브 신에서 코트조차 벗지 않더군. 코트를 입고 슬리핑 백에 들어가 사랑을 하는 사내가 도대체 어디에 있겠나. 더구나 잉그리드는 맞춰 입은 드레스에 머리는 예쁘게 파마까지 해서 나오고 말일세.”
　어네스트는 뉴욕을 쇼핑할 때도 영화구경을 할 때와 마찬가지로 며칠을 두고 이것저것 궁리한 끝에 마지막에 가서야 간신히 그 난행(難行)에 착수했다. 상점 안에서만큼 그가 수줍어하는 적은 없었다. 카운터나 점원을 보기만 해도 땀에 흠뻑 젖거나 맨 처음에 보여주는 것을 당장에 사든가, 아니면 상품을 선반에서 내려놓으려 하기도 전에 뒤도 안 돌아보고 뺑소니를 치거나 했다. 이러한 쇼핑 가운데 오직 하나의 예외는 아바크론비 앤드 피치에서였는데 그것도 특히 총포 매장과 신발 코너였다. 그래서 아바크론비 백화점 옷가게의 점원 아가씨는 우선 어네스트의 소맷자락을 단단히 잡은 다음에 그에게 등을 돌려 선반에서 트렌치 코트를 꺼내야만 했다.

　실제로 어네스트의 옷차림은 거의 정해져 있는 것으로 말하자면 유니폼으로 되어 있었는데, 가죽 조끼에 털실로 짜서 만든 갈색 모자, 전사(戰死)한 나치병사에게서 슬쩍하여 언제나 착용하는 Gott Mit Uns라고 씌어진 가죽 벨트——그의 허리 둘레는 너무 굵기도 했지만 아무튼 웃옷 밖으로 착용했다——등. 홍콩에서 맞춘 웃옷에 바지 둘, 구두 한 켤레, 내의는 없다. 나는 그가 백을 사기 위해 5번가의 마크 클로스에 갔을 때에도 따라갔었다. 점원은 열 벌의 양복이 들어갈 수 있는 3백 달러짜리 가방을 내보였다.

　"가방은 살 수 있다네." 어네스트가 말했다. "하지만 양복은 아홉 벌 살 수 없으니까."

　여기서 어네스트가 《강을 건너 숲속으로》의 원고를 갖고 셸리 네이덜랜드에 묵던 1949년 10월의 어느 날로 이야기를 돌려보자.

　그날 아침, 하버트 메이즈——이 사람은 우리의 친구인 아더 고든의 후임으로 〈코즈모폴리턴〉의 편집장이 된 사람이다——가 나를 사무실로 불러 8만 5천 달러라는 고료는 아무리 생각해보아도 터무니없는 금액이라고 하면서 나에게 헤밍웨이에게 그 뜻을 전하여 5만 달러로 해달라고 교섭을 하라는 것이었다. 나는 원고료는 애당초부터 약속되어 있었기 때문에 이제 와서 다시 변경할 수는 없다는 입장을 보였다. 그래서 메이즈가 어네스트와 직접 교섭하도록 두 사람을 만날 수 있게 하겠다고 했다. 그러자 메이즈는 상당히 원망스런 표정을 지으며 원고료는 처음 약속대로 하자고 하여 나는 원고를 받으러 셸리 네이덜랜드로 달려갔다.

　내가 가보았더니 어네스트의 방에는 사람들이 꽉 차 있었다. 거실 한가운데의 둥근 테이블에 마르레이네 디트리히, 메어리 헤밍웨이, 지기 비아텔, 찰스 스크리프너, 쥬니아 조지 브라운 등이 둘러앉아 있었다. 그리고 반대쪽 끝에는 속기용 메모지를 무릎에 놓은 〈뉴요커〉의 리리안 로스가 앉아 있었다. 배드 슐버그의 전 부인이며 당시 피터 비아텔과 결혼한 지기 비아텔은 이 무렵 헤밍웨이 내외와 사귀어 언젠가는 함께 '엘 드 프랑스'를 타고 항해하기로 되어 있었다. 조지 브라운은 어네스트의 옛 친구 가운데 한 명으로서 교제하기 시작한 때는 일찍이 복싱계(界)의 엘리트들의 아성

(牙城)이며 훗날 조지가 손을 떼고 만 브라운즈 체육관에 있던 시절부터
였다. 어네스트가 평소에도 자주 하던 말은, 온 뉴욕의 매니저며 트레이너
가 아무리 많다 해도 조지가 권투에 대해 훨씬 더 잘 안다는 것이었다.

리리안 로스는 〈뉴요커〉에 어네스트의 프로필을 게재하기 위해 자기 자
리에서 분주히 속기(速記)하고 있었다. ——"누구보다 훌륭한 속기사였
네." 하고 몇 달 뒤에 어네스트도 인정하지 않을 수 없었다. ——(리리안 로스
는 〈헤밍웨이
의 프로필〉을 발표했는데 그 글은 헤밍웨이
를 잘 관찰한 회견기(會見記)로 평이 좋았다.)

어네스트는 손님들에게 나를 소개한 뒤 '투웬티 원(21)'에서 식사를 함께
들자고 했다. 그의 말로는 '투웬티 원'은 그가 불봐트의 조그만 방에 살고
있을 무렵에 처음으로 갔던 곳이며 1920년대의 그의 모교(母校) 같은 곳이
라고 했다. 당시 집세도 줄 수 없게 되어 1주일 동안이나 식사다운 식사 한
번 해보지 못했을 때 '투웬티 원'의 공동 경영자였던 잭 클랜들러가 무허가
술집의 2층에서 열렸던 멋진 파티에 불러주었다는 것이다. 그날 밤 어네스
트는 한 이탈리아 아가씨를 소개받았다. 그의 말로는 과거나 현재를 통해
어느 나라에서 만난 아가씨보다——얼굴이며 몸매도——뛰어나게 아
름다웠다고 했다.

"영낙없이 진짜 르네상스 시대의 미인이었다네. 까맣고 부드러운 머리에
눈은 아래가 불룩하여 탐스러웠으며 마치 보티첼리의 그림 같은 살결, 비
너스의 탄생 같은 가슴이었지. 그 모임이 끝난 뒤 모두가 돌아가려고 할 때
그 아가씨와 나는 주방에서 술을 마셨다네. 계단 아래까지 청소하는 데 두
세 시간은 걸릴 테니까 잭은 그때까지 있어도 된다고 했네. 우리는 얘기를
하거나 술을 마셨는데 난데없이 그 주방에서 관계를 갖게 되어 잭과의 약속
은 지킬 수가 없었네. 그러다가 아침 다섯시가 되어 그 여자가 이젠 돌아가
자고 했네만 간신히 계단 있는 데까지밖에 못 갈 정도였으니——그 '투웬
티 원'의 계단 밑의 홀, 알지? 거기까지 내려가긴 했네만 거기서 다시 그
걸 해버렸지 뭔가. 마치 미처 날뛰는 거친 폭풍우의 바다에 있는 것 같더
군. 파도가 밀려와서는 곤두박질을 치는 대로 몸을 맡긴 채 이제 잠잠해졌
구나 싶자 바다의 신비를 밝히는 데까지 왔다는 느낌이 들었다네. 그 아가
씨를 집까지 바래다주었는데 이튿날 불봐트의 다람쥐 울(자기 방을 이
르는 말)에서 눈
을 뜨자마자 맨 처음 생각한 것은 다시 한 번 그 아가씨를 만나야겠다는 거

였지. 그런데 웃옷을 입자 주머니에서 초록 빛깔의 무엇이 삐죽 나와 있더군——지폐로 삼백 달러지 뭔가. 나는 급히 '투웬티 원'으로 갔는데, 내가 들어서자 잭이 나를 방 한구석으로 끌고 가더군. '이것 봐, 어니.' 하지 뭔가. '잠시 피해 있는 게 좋겠어. 내가 미리 주의를 시켜뒀어야 했는데——그 여자는 렉즈 다이아몬드의 계집〔情婦〕이라네. 더구나 렉즈가 다섯시에 여기로 돌아오게 돼 있어.'라지 뭔가."

'투웬티 원'의 자리를 예약한 뒤 어네스트는 나를 침실로 데리고 가서 낡아빠진 가죽의 서류가방을 열어 장편의 원고를 꺼냈다.

"자네가 와주면 좋을 텐데." 그가 말했다. "이번 가을은 즐거울걸세. 내가 아는 베니스 아가씨가 파리에 가겠다고 편지를 보내왔거든. 작전이 필요한데, 자네가 초교쇄를 가져다 주면 함께 얘기를 나눌 수 있을 텐데."

그는 궁리하는 듯이 수염을 쓰다듬었다.

"그런 일이라면 파파." 나는 말했다. "어떻게 되지 않겠습니까."

"잘 되도록 자네가 공작(工作)하게나, 도련님."

그러고는 원고를 집어들어 마지막 쪽에서부터 몇 장인가를 별도로 갈라 놓았다.

"자아, 이걸 편집장에게 갖다 주게나. 마지막 몇 장(章)은 아직 덜 됐지만 나머지는 몽땅 갖고 왔다고 하게나. 이건 좀더 퇴고해야겠으니 내가 갖고 있도록 하겠네."

내가 그 원고를 하버트 메이즈에게 주면서 헤밍웨이의 이야기를 전하자 그는 의자에서 껑충 뛰다시피 하면서 소리쳤다.

"마지막 몇 장이 아직 남아 있다니 무슨 소리야! 그것 봐, 그 작가는 신용할 수 없어! 그처럼 마셔대니! 다시 원고료를 주어도 마지막 부분은 받아내지 못할 거야! 그러니 자네가 함께 붙어다니게나! 어디를 가건 따라다니는 거야! 절대로 눈을 떼지 말라구! 원고는 일월 초까지 무슨 일이 있어도 들어와야 돼!"

그날 저녁, 셸리 네이덜랜드로 돌아오자 어네스트는 하얀 테니스용 모자를 쓴 채 팔걸이의자에 앉아 책을 읽고 있었다. 내가 방 안에 들어서자 눈을 들지도 않은 채 말하였다.

"자넨 언제 출발할 작정인가?"

제3장 파리 1950년

어네스트와 메어리는 호텔 리츠의 반돔을 마주한 쪽인 단골로 묵는 방에 들었다. 지기는 부부의 방에서 두 방을 건너뛴 안쪽 방에 묵었고 나는 야릇한 향수가 있어 일부러 뒤 트론셰의 조그맣고 음산한 모텔 오파르에 묵었다. 이 호텔에는 전시 중에 비록 짧은 가간이긴 했으나 묵었던 적이 있다. 당시는 이 호텔도 그렇게 형편없지는 않았다.

헤밍웨이 내외와 지기는 '일 드 프랑스'로 항해했고 나는 며칠 늦게 비행기로 날아왔기 때문에 동시에 도착했다. 어네스트는 때마침 이 해 가을의 경마(競馬)가 오튀유 보와 드 브로뉴의 한가운데에 있는 에메랄드의 경마장에서 이튿날부터 시작된다는 것을 알자 무척 기뻐하며 함께 가자고 했다.

"멋진 리듬이 탄생한다." 그는 이렇게 말했다. "날마다 야구를 하는 것이나 다름없으며, 더구나 경마장 상황을 잘 알 수 있으니 결코 잃지는 않는다. 경마장 트랙 위에 훌륭한 식당이 있어 맛있는 음식을 먹을 수도 있으며 더구나 나 자신이 경마에 나가는 듯한 기분으로 레이스를 볼 수 있네. 또 각 레이스의 마권을 거기서 살 수 있어서 식사하다 말고 황망하게 마권 판매장을 오르내릴 필요도 없거든."

우리는 자금을 모아 헤밍웨이가 명명(命名)한 '헴핫치 신디케이트'를 결성했는데, 이 조직의 자금은 처음의 출자액을 결코 웃돌아서는 안 된다는 규칙이 있었다. —— 후년에 우리의 활동이 여러 가지로 다양해지자 어네스트는 뉴저지에 헴핫치 상회라는 유한 책임회사를 발족시켰다.

물론 형식적이었지만 신설 회사의 발족을 축하하고 또 유럽식으로 지갑에 명함을 넣는 습관을 기르기 위해 예쁘고 멋진 활자로 다음과 같은 명함을 만들었다.

어네스트 헤밍웨이 및 A.E. 핫치 두 명은 여기서 우정의 선물이며 경마 및 투우, 물오리, 꿩, 플라밍고를 사냥할 사업에 전념하는 헴핫치 상회의 발족을 선언하는 바이다.

그러나 그 해 가을 파리에서 우리가 한 단순한 공동 출자는 경마 신디케이트뿐이었다. 오튀유에 갈 때에는 그 경마가 개최되는 날 오후면 어김없이 리츠의 '리틀 바'에 들르는 것이 습관처럼 되어 있었으며, 술집 주인인 베르탕이 향기 좋은 '브라디 메어리'라는 칵테일을 만들어주는 동안 우리는 출마표를 살피며 말을 걱정하곤 했다. 때로는 조르쥬나 베르탕, 혹은 이 술집의 단골 손님들이 우리가 거는 말에 돈을 걸기도 했다. 베르탕은 경마만 시작되면 그야말로 지칠 줄 모르는 연구가가 되었는데 과학적인 분석이라기보다 다분히 미신인 방법으로 어떤 때는 어네스트에게 그날 8레이스에서의 승리마를 여덟 마리까지 예상한 리스트를 준 적도 있었다. 어네스트는 그 리스트를 보고는,

"좋아, 이렇게 하지. 베르탕, 나는 이놈에게 만 프랑씩 걸텐데 배당(配當)은 설반으로 나누도록 하세."
하고 말했다.

어네스트는 베르탕의 예상마 덕분에 걸었던 돈을 몽땅 잃고 말았으나 그래도 돌아갈 때에는 베르탕에게 5천 프랑이나 주며 이렇게 말했다.

"당신의 예상마 한 마리가 출장을 포기했기 때문에 그놈한테 걸었던 돈은 남은 셈일세."

파리에서 경마에 열중했던 나날의 즐거움은 도저히 여기에 모두 표현할 수가 없다. 르느와르가 그리는 그림 같은 풍경에 드가가 그린 듯한 말이며 기수(騎手), '메어리가 사랑으로써'라고 새겨진 어네스트의 은제 술병, 예상마가 적중하여 돈을 땄을 때의 그 흥거운 야단법석, 발주(發走)한 말을 지켜보는 망원경, 기수에게 보내는 열렬한 성원, 어네스트의 향수와 은밀한 그리움.

"이것 보게 핫치. 내가 인생을 살아가면서 가장 좋아하는 건 아침 일찍 새가 지저귀고 창이 활짝 열려져 있어 말이 뛰어다니는 소리를 들으며 일어나는 것이라네."

우리는 관객석 맨 윗자리에 앉았고 날씨는 약간 흐리며 어네스트는 헐렁한 트랜치 코트를 입고 머리에는 손으로 뜬 갈색 털실 모자를 썼으며 수염은 단정하게 깎았다. 경마장의 식당에서 점심식사를 든다. 베론 굴에 햄과 싱싱한 야채로 만든 오믈렛, 샐러드에 폰 레베크의 치즈, 싸늘한 상세르의

포도주. 제7 레이스에는 걸지 않기로 했기 때문에 어네스트는 목에 망원경을 두 개나 건 채 몸을 내밀듯이 하여 트랙으로 천천히 들어오는 말을 지켜본다.

"젊은 시절에 파리에 있으면서 메존 라피트 교외의 아셀이나 샹티리에서 개인 전용 훈련용 목장에 얼굴 하나로 출입할 수 있었던 건 나뿐이었네."

그는 가끔 생각난 듯한 표정을 짓고는 계속 말을 이었다.

"시계 담당을 시켜주더군. —— 보통 같으면 마주만이 스톱 워치를 사용하게 되는데 ——그 덕택에 내 예상은 적중하게 됐지. 에피나르에 대해 안 것도 그런 일 때문이었네. 이탈리아 전선에서 같은 동료였을 때부터 사이가 좋았던 녀석인데, 미국에서 유럽에 와 정착한 J. 패트릭이란 트레이너가 가르쳐준 거라네. 진 리라는 사람이 한 세기에 한 마리 있을까 말까 한 순종말을 갖고 있다지 뭔가. '세기(世紀)의 말'이란 J. 패트릭이 한 말이라네. 이러더군. '어니, 이 숫놈은 어미가 바타호스 에피누 브랑슈, 아비가 록민스터라네. 이만한 말은 그라디아튜르, 라 그랑드 에큘리 이후로 프랑스에는 나오지 않았어. 그러니까 내 얘기를 듣고 —— 동냥을 하건 빌리건 훔치건 상관없으니 있는 대로 돈을 끌어모아 이 두 살짜리 말이 레이스에 처음으로 나가거든 몽땅 걸어보게나. 그 뒤부터는 딴 친구들도 모두 걸 테니 큰 재미를 못 볼걸세. 딴 녀석들이 그 이름을 알기 전인 첫 출장을 노리는 걸세.' 하고 말일세." 그는 말을 이었다. "그 무렵의 나는 그야말로 '밑바닥' 시절이었거든. —— 밤비(^{헤밍웨이의 장남 패
트릭의 어릴 때 이름})에게 먹일 우유조차 살 형편이 못 되었는데 패트릭이 하는 말은 뭐든지 믿었거든. 닥치는 대로 팔아 몽땅 현금으로 바꿨네. 단골 이발소에서 천 프랑을 빌리기까지 하고, 전혀 모르는 사람한테 돈을 빌리려고도 했지. 온 파리를 뛰어다니며 푼돈까지 끌어모으고는 드디어 에피나르가 도빌의 야크레프상(償) 레이스에 데뷔하기로 결정되자 몽땅 거기다가 걸었지. 배당률은 오십구 대 십이었지. 이놈이 깨끗이 이긴 덕택에 딴 돈으로 팔 개월쯤은 먹고 살 수 있었다네. 당시 패트릭은 프랑스 경마계에서 이름을 날리던 최고의 친구들을 나에게 소개해줬네. 프랑크 오일, 프랑크 키그, 짐 윙크필드, 샘 부슈, 정말 위대한 기수였던 조르쥬 팔프레몽 같은 친구들 말일세."

"벌써 몇 년이나 지났는데 용케 그 이름들을 기억하시는군요." 하고 나는 말했다. "그 뒤 그 사람들과 만난 적이 있으셨나요?"

"아니, 나는 꼭 기억해두고 싶은 건 모두 머리에 새겨두지. 노트나 일기에 쓰지는 않아. 다만 기억 재생의 단추를 누르기만 하면 이렇게 된다네. 만약 나오지 않으면 간직해둘 만한 값어치가 없었던 셈일세. 이를테면 팔 프레몽 같은 사나이는 지금도 자네를 보듯이 선명하게 떠오르며 그가 마지막으로 한 말도 아직 내 귓전에 남아 있지. 리버풀 그랜드 내셔널의 레이스에 출전하여 제임스 헤네시의 소유마인 뤼튀르 3세를 타고 프랑스 기수로서는 처음으로 이겼거든. 그때의 레이스는 온 세계에서 가장 험난한 코스였는데 조르쥬는 레이스 전날에서야 처음으로 그걸 자기 눈으로 확인했다네. 영국의 트레이너가 그 녀석을 끌어내어 대 장애물 경기를 보여줬는데, 조르쥬가 그때 모두에게 한 말을 내게 가르쳐줬다네. '장애물이 크다는 건 별 문제가 아니다——장애 레이스에서의 위험은 공간에 있을 뿐이다.'라고 말일세. 가엾은 조르쥬. 이 예언이 맞았다네. 훗날 그는 앙기앙에서 있었던 시시한 레이스의 마지막 장애물에 걸려 죽었는데 장애물의 높이는 겨우 삼피트 정도였지. 옛날의 앙기앙은 낡아빠지고 고장투성이였지만 아무도 불평을 하지 않았었다네. 아직 통로에 관람석이나 말의 출구를 딱딱한 콘크리트로 하지 않았던 그 당시로는 가장 내 마음에 들었던 경마장이었다네. 차분하고 허물없는 분위기였지. 맨 마지막에 갔을 때——이반 시프만, 이 친구는 작가였지만 그보다 경마의 프로였는데 그와, 당시 '시카고 트리뷴'의 파리판(版)에 '피터 피칼'이란 이름으로 쓰고 있던 헤롤드 스탠즈와 함께였는데——헤롤드 스탠즈는 경마신문을 믿은 덕택에 그날은 몽땅 잃고 말았지. 나는 여덟 레이스 가운데 여섯 레이스까지는 적중시켰어. 헤롤드는 내가 이기니까 화가 머리끝까지 나서 어떻게 그처럼 운이 좋으냐, 비결이 있거든 가르쳐달라고 하지 않겠나. '별게 아니라네.' 하고 말해줬지. '나는 경기가 시작되기 전에 말이 있는 데 가서 냄새를 맡거든.' 정말 말에 관해서는 언제나 과학이나 이성보다는 코가 더 효과가 있는 법이지."

어네스트는 이렇게 말하고 일어나 창구에 몰려든 사람들을 돌아보았다.

"젖은 페이브먼트를 밟는 말의 말굽 소리를 들어보게나." 그는 말했다. "이처럼 아지랑이가 갠 듯한 햇빛 아래에서는 무척이나 아름다운 법이라네. 드가 같으면 그럴 수 있을 것 같네. 그 빛을 포착하니까 우리가 지금 보고 있는 것보다 훨씬 더 실감 있게 캔버스에 그린다네. 캔버스건 인쇄된 그림이건 드가가 사물을 진실하게 포착하니까 그 훌륭함은 언제까지나 남는 걸세. 저널리즘과 문학의 차이도 바로 거기에 있네. 문학은 극히 적지. 우리가 생각하는 것보다 훨씬 적다네.”

어네스트는 주머니에서 경마 신문을 꺼내더니 잠시 살피고는 다시 말을 이었다.

“이것이야말로 진짜 예술 소설이라네. 하기야 오늘은 운이 없는 편이네. 나 스스로는 아직 냄새를 맡는다고 생각은 하네만 더 이상 그 냄새에 의존할 수는 없네. 여태껏 패배를 모르던 내 코가 처음으로 쇠약하기 시작한 건 존 도스 파소스와 함께 동계(冬季) 경마 때문에 이곳에 왔을 때부터라네. 둘 다 장편을 쓰고 있었는데 그 해 겨울을 보내기 위해 돈이 필요했던걸세. 내가 말의 대기장에서 냄새만 맡으면 틀림이 없다고 도스에게 말했더니 있는 돈을 모두 끌어모았지 뭔가. 제 7 레이스의 말 한 마리가 내게는 무척이나 좋은 냄새를 풍겼기 때문에 단발(單發)을 노렸지. 그런데 처음 점프에서 넘어졌지 뭔가. 돌아올 때는 한푼도 없으니 여기서 왼쪽 기슭(세느강 좌측 기슭)까지 걸어갈 수밖에.”

한번은 런던 사투리를 지껄이는 두 주정뱅이가 어네스트에게 와서 다음 레이스에서 틀림없이 재미볼 수 있는 말을 알려주겠다고 했으나 어네스트는 이 자들을 정중하게 물리쳤다.

그러나 관람석 통로에 서서 트렌치 코트를 입는 핸섬한 청년이 어네스트를 보고는 약간 망설이는 듯한 태도를 보이며 다가왔다.

“헤밍웨이 씨.” 하고 청년은 프랑스 어로 말을 걸었다. “나를 기억하십니까?”

어네스트는 잠시 유심히 보더니 난처한 듯한 표정을 지었다.

“리처드입니다만.”

그러자 어네스트의 얼굴에 생각난다는 듯한 표정이 넘쳐흘렀다.

“리키!”

어네스트는 청년에게 팔을 내밀며 끌어안았다.

“리키 아닌가!”

그는 다시 한 번 청년을 보았다.

"무리도 아니지. 군복차림이 아닌 자네는 처음 보니까. 아니, 이젠 군복과는 관계가 없다고 하는 편이 좋겠구먼."

리키는 일찍이 어네스트 휘하의 부정규병(不正規兵)이었다고 한다. 발지작전이 있은 뒤 어네스트가 편성한 정예부대의 일원이었던 것이다. 어네스트는 어디까지나 '코리야즈'의 전시 특파원으로서 활약할 임무만을 띠고 있었으나 실제로는 전투에 직접 참가했으며 그와 그가 지휘하는 프랑스 및 미국의 의용병은 파리에 최초로 들어선 점령군이라는 명성을 얻었다.

실제로 어네스트와 그의 동료들은 곧장 리츠를 해방시켜 정 르크레르크 장군이 자기가 최초로 파리 점령의 깃발을 올린다고 믿으며 행진하고 있을 때 술집에서 엄청난 양의 샴페인으로 이 일을 축하하고 있었던 것이다.

어네스트는 자기가 선발하고 편성한 여러 동료에 대한 소식을 리기에게 물었는데, 그가 좋아하는 한 친구가 지금은 몹시 어려운 처지에 놓였다는 말을 듣자, 형편이 어렵다면 자기를 찾아오도록 하라며 그에게 자기의 주소를 가르쳐주었다.

어네스트와 리키가 이야기를 나누는 동안 나는 종군 카메라맨인 로버트 캐퍼가 언젠가 어네스트의 의용군 부대에 대해 들려주었던 이야기를 떠올렸다. 그는 한동안 함께 행동했는데, 모두 어네스트가 장군이 아니라는 사실을 좀처럼 믿으려 하지 않았다는 것이다. 그럴 수밖에 없는 것이 정보장교인 중위를 부관(副官)으로 데리고 다니며 주방장, 운전병, 사진 보고반이 딸려 있었고 더구나 특별한 술까지도 그에게 배급되는 형편이었기 때문이다. 캐퍼의 말로는, 이 부대는 상상할 수 있는 한의 미군과 독일군의 무기를 장비(裝備)하고 있었으며 그의 인상으로는 1개사단 이상의 탄약과 술이 언제나 준비되어 있었던 것처럼 보였다고 한다.

캐퍼가 동행했을 때 어네스트의 부대는 전원이 독일군의 하사관복을 입고 미군의 종군기장을 달고 있었다. 그런데 캐퍼는 극히 짧은 기간만 함께 있었던 것이다. 훨씬 뒤에 그가 지프를 타고 파리에 진입했을 때, 물론 다른 병사들보다 몇 마일이나 앞지르고 있었건만 리츠로 차를 몰고 가다가 어네스트의 운전병인 아취 펠키를 만났다는 것이다. 그는 리츠의 입구에서 카빈총을 어깨에 메고 보초를 서고 있었다.

“이것 봐, 캐퍼.”

펄키는 헤밍웨이 식의 말투를 쓰고 있었다.

“파파는 좋은 호텔을 차지했다네. 지하 속에는 기막힌 것이 얼마든지 있으니 가보게나.”

리키가 떠난 뒤 우리는 술집으로 갔는데 어네스트는 라임을 반쯤 짜서 넣은 스카치 위스키를 주문했고 나는 샴페인을 주문했다.

“엄청난 녀석이었지, 아까 그 리키 말일세.” 하고 그는 말했다. “상당한 일을 했거든……”

그는 과거로 되돌아간 듯한 얼굴로 위스키 한 모금을 입 안에서 덥힌 뒤 목으로 넘겼다. 그러고는 다시 한 잔의 위스키를 청한 뒤 냅킨 뒷장에 연필로 무엇인가를 연달아 쓰고는 그 종이를 꾸겨 테이블 밑에다 버렸다. 한참을 그러노라니까 술집에는 이제 두세 명만이 남게 되었다. 그는 리키와 레이스의 소란스런 흥겨움에 사로잡힌 기분으로 〈국경을 넘어서〉라는 16행의 시를 썼다.

리키와의 갑작스러운 해후는 그에게 매우 감동적이었으며 이제는 지나가버린 전쟁의 망령이 다시금 그를 사로잡았던 모양인지 며칠 뒤 그는 〈조그만 나라를 노래하는 조그만 시〉를 썼는데 이 시는 전쟁에서 쓰러진 그의 부하들을 위한 만가(挽歌)였다. 이런 종류의 짤막하고 내면의 충격에 사로잡힌 듯한 시는 흔히 어네스트가 스스로의 감정을 그대로 털어놓기라도 한 것처럼 글자 자체도 무척이나 거칠었다.

오뙤유의 경마가 없는 어느 날 우리는 시내 구경을 나갔다. 하늘은 회색의 모슬린을 둘러친 것 같았으며 무자비한 바람이 수많은 나무에서 마치 마지막 잎을 쥐어뜯기라도 할 것 같은 추운 12월의 오후였다.

메어리와 어네스트, 지기와 나 네 사람은 몽파르나스의 언덕에서 플라스 듀 테르트르로 향했다. 여행자의 모습은 볼 수 없었으며 그림엽서도 없고 화가도 보이지 않았다. 옛날에 파리로 왔던 어네스트가 주머니 형편이 좋지 않을 때에 몇 번인가 들렀던 레스토랑 ‘오우 클레론 데 숏슬’은 광장의 모퉁이에 있었다. 그 레스토랑의 맨 꼭대기, 건물에 끼어 있는 대리석에는 금문자(金文字)로 '이곳은 1790년에 몽마르트르 코뮌 최초의 관청이었다.' 라고 적혀 있었다.

그 레스토랑에는 손님이 한 명도 없었으며 늙은 수염을 기른 주인 프랑소와 드메트르 씨는 어네스트가 들어서자 반가운 듯이 그의 이름을 부르며 끌어안았다. 밖의 추위를 떨치게 하기 위해 그는 우리에게 아페리티프를 따라주었다. 우리가 아페리티프를 마시고 있을 때 드메트르 씨의 늙은 개 비를르가 비틀거리며 걸어와 어네스트의 관심을 불러일으키려고 그의 발치에 몸을 기대었기 때문에 어네스트도 그 개를 보았다.

우리는 큼직하고 닳아빠진 원탁에 앉았는데 드메트르 씨가 불룩한 난로를 가까이 당겨다 주었다.

멋진 점심식사를 마친 뒤 메어리와 지기는 엘리자베스 아덴의 미용실로 갈 시간이 되어 훈훈하게 타오르는 난로와 역시 훈훈해지는 샤또느프 뒤 파프의 맛에서 떠나야만 했다.

"폴린과 나는 바로 이 근처의 아파트에 살았다네." 어네스트가 말했다. "다정하고 그리운 폴린. 마이크 워드의 일로 농담을 했지──마이크란 내가 아는 자 가운데 가장 억센 녀석으로, 가는귀를 먹었어도 내가 하는 말은 뭐든지 알아듣기 때문에 폴린이 이랬지. '만약 어네스트가 어머니를 죽인다면 마이크는 이러겠지. 거야 뭐 할 수 없지, 자기 어머니쯤이야.' 하고 말일세. 당시, 육 일 동안 계속되었던 자전거 경주의 최종 결과에 대한 기사를 집에서 쓰고 있을 때 《무기여, 잘 있거라》를 교정하고 있었는데 이때 일을 잊을 수 없다네. 비싸지는 않지만 질이 좋은 샴페인이 있었으며 배가 고프면 '멕시켄 클럽'이나 '푸르니에'까지 갔지. 나는 그 원고의 마지막 부분을 삼십이 회나 고쳐 썼는데 마침 그때는 삼십 회쯤에서 마무리지으려 했어. 그런 어느 날 밤, 방으로 마이크가 찾아왔는데 스카시(^{영국의 당구}_{를 가리킴})로 명예의 부상을 입었다고나 할까, 그런 식으로 손이 부어오르더라네. 자리에 앉더니 마이크는 어젯밤 헨리의 술집에 있었다고 설명하지 않겠나──이곳은 파리에서도 유명한 술집으로 벽에는 부도 수표를 잔뜩 붙여놓았다네──그런데 마이크는 가는귀가 먹었거든, 문턱에 앉아 있는데 옆 자리의 두 손님이 내 이름을 들먹거리더란 말일세. 하지만 무슨 말인지 내용을 알아들을 수 없거든. 그래서 마이크는 그 중의 한 사람에게 다가가서 '당신들, 어니의 친구요?' 하고 물었다는걸세. 사내가 그렇지 않다고 하자 마이크가 한 대 갈겼던 모양일세. '당신 친구도 아닌 녀석이 당신에 대해 말할 권리는 없어.'라면서 그는 나에게 다시 '하지만 어니, 내가 한 짓은 나빴지?'라고 하지 않겠나. 그 무렵 뉴욕에서 알게 된 사람으로 역시 억세지만 몸집이 작은 마티 마카티라는 사내가 있었지. 이 녀석은 부두에 들락거렸는데 스스로는 '월 스트리트'에 사무실이라도 있는 듯한 얼굴로 다녔다네. 술을 마시러 와서는 이러는걸세. 이것 봐 어니, 나는 매일 '월 스트리트'의 사무실에서 앰파이어 스테이트 빌딩과 쿠건즈 브래프 근방의 크리스타 빌딩을 거쳐 온다네. (이 말은 월 스트리트, 엠파이어 스트리트, 클라이슬러 빌딩을 잘못 기억하고 있는 것. 쿠건은 당시의 재키 쿠건을 가리키며 말하자면 쿠건의 허풍이라는 뜻이 된다) 그러고는 밤마다 아이들이 깨운다는 얘기만을 몇 번이고 되풀이한다네——메어리라는 아이는 배가 아프면 물을 마시고 싶다면서 대여섯 번은 깨우고, 베티란 아이는 이빨이 아프고——그가 올 때면 영낙없이 아이들이 뭔가 잘못되고 있는걸세. 죽을 때까지 그랬는데 장례식에 내가 가보았더니 그는 결혼한 지 이십 년이나 되건만 아이는 하나도 없다는 걸 알았지 뭔가."

그 레스토랑에서 돌아오는 길에 살을 에는 듯한 바람을 피하여 좁은 골목을 들어가 어느 서점 앞을 지나자 어네스트는 진열장에 놓인 책을 보려고 걸음을 멈추었다. 거기에는 최근에 출판된 어느 젊은 작가의 인기높은 작품이 줄지어 놓여 있었다. 그리고 창에는 '이 작가는 찬란한 전도가 촉망되고 있다.'는 광고가 붙어 있었다.

"이런 걸 읽어봤나?"

어네스트가 물었다.

"읽지 못했습니다."

"나는 읽었지."

그가 말했다. 그러고는 주머니에서 연필을 꺼내더니 그 밑에 '광고는 몽땅 엉터리다.'라고 적었다.

어네스트가 파리에 처음 와서 살았던 곳을 보기 위해 우리는 뤼 노트르 담 데 샹을 걷기 시작했는데 그곳은 바로 제재소 위였다. 그 근방을 천천히 걸어가다보니 지난날의 레스토랑, 술집, 상점가들이 쟈르당 듀룩산블과 미술관까지 아직 남아 있었는데 여기서 어네스트는 소설작법에 대한 이야기를 내게 들려주었다.

편집장 하버트 메이즈로부터 나머지 원고를 언제 받아오겠느냐는 전보가 왔기 때문에 나는 뤼 드노의 뉴욕 바에 가는 길에 잠깐 전신국에 들러 현재 마지막 장(章)을 쓰고 있으니 걱정하지 말라는 회신을 보냈다.

어네스트는 하리의 술집에서는 가장 오랜 단골 손님이었다. 이 술집이 특별히 좋았던 것은 아니었으나 '무척 별난' 술집이었으며 옛 친구인 하리 에게는 여전히 호의를 가졌기 때문에 가끔 이곳을 찾았다. 서리가 낀 문에 는 '손님 환영'이라고 씌어 있었다. 술집 안의 벽에는 미국 각지의 대학 페 넌트며 지폐 따위를 붙여놓았으며 카운터에는 화폐까지 붙여놓았다. 술집 천장에는 밀짚으로 만든 원숭이 인형이 복싱 글러브를 낀 채로 매달려 있 었다. 더구나 '스포츠 카의 스탬프를 모으고 있습니다. 가지신 분은 연락바 랍니다.'라는 광고까지 붙어 있었다.

"이곳에 필요한 것은 노엘 카와드의 지휘로 주가(州歌)를 부르는 일이로 군."

어네스트가 목소리를 낮추며 말했다. 그러고는 플레쉬 라임을 반쯤 섞은 스카치 위스키를 주문했다.

"옛날 일이네만 이곳은 훌륭하고 신용있는 술집의 하나였지. 전에 권투 선수였던 녀석이 애완용 사자를 곧잘 데리고 왔었어. 그 녀석이 여기에 앉 아 있노라면 그 사자도 곁에 앉는다네. 훈련이 잘 돼 있고 무척 호감이 가 는 사자인데——물론 울부짖거나 으르렁대지는 않았지만——그래도 사 자라서 이따금 마룻바닥에 변을 본다네. 이건 물론 장사에 영향을 주기 때 문에 하리는 되도록 정중하게 사자를 데리고 오지 말아달라고 부탁할 수밖 에. 하지만 이튿날에도 여전히 권투 선수는 사자를 데리고 오고 또 사자는 변을 보고 마시던 친구들은 언짢은 얼굴을 하게 마련이라네. 그래서 하리 는 다시 부탁하고 그 다음날은 다시 마찬가지 일이 벌어지지. 이대로 간다 면 가엾은 하리는 장사가 안 돼 굶어 죽을 수밖에 없잖은가. 그래서 나는 옛날의 웰터급 복서 하나를 데리고 와서 그 친구를 두들겨 쫓아버렸다네. 그러고는 사자의 갈기를 낚아채어 밖으로 끌어냈지. 길로 쫓겨난 사자는 나를 보고 험상궂은 얼굴을 하더니만 그대로 얌전히 가버리더군."

　그는 잠시 있다가 다시 말을 이었다.

　"기묘한 일이긴 하지만, 그래서 《무기여 잘 있거라》를 쓰기 시작한걸세——라이온에게 그토록 공격적일 수 있다면 어디 한번 내 정력을 작품에 쏟아보자는 생각이 든걸세. 당시 파리에 살았던 나 같은 작가는 벌써 오래전에 전쟁에 관한 걸 작품으로 쓰고 있었기 때문에 나도 전쟁에 관한 책을 쓸 때가 되었다고 느꼈지. 이웃 중에서 아직 시집을 안 간 마지막 처녀 같은 느낌이 든걸세. 그러나 몇 해를 두고 나는 훌륭한 전쟁의 얘기를 거의 다른 작가들에게 얘기해버린 뒤이며 그 친구들이 모두 그걸 자기 작품에 써먹었다는 걸 알았지. 그래서 마침내 나의 전쟁 소설에 착수하게 됐을 때 아직 작품으로 씌어지지 않은 나라는 이탈리아뿐이라는 걸 알았지. 이탈리아에 대해 쓴다면 안심이지 뭔가. 가본 친구들도 별로 없으며 이탈리아에서의 전쟁에 관해 아는 녀석은 거의 없을 테니까. 내게는 언제나 그러한 문제가 있었다네——다른 작가가 내 소재를 슬쩍 하거든. 제이차 대전 중에 옛날부터 잘 아는 작가와 함께 무척이나 많이 돌아다녔지. 그 녀석과는 여러 가지 얘기를 했거든. 친구한테 얘기하듯이 말일세. 하루는 술을 마시고 있을 때인데 그가 나에게 가장 확실한 공습경보는 벌판에 있는 소를 보면 안다는 걸 어떻게 발견했느냐고 물었네. 그래서 나는 '소떼를 보고 있노라면 적기가 접근해오는 소리가 들리기 훨씬 전부터 알게 돼. 소는 몸이 굳어지며 되새김질을 않거든. 그놈들은 알고 있는 거야.' 하고 말했지. 이틀쯤 지나서 다른 특파원들이 그 작가를 칭찬하지 않겠나. 내가 소 얘기를 들려준 그 친구를 말일세. 내가 왜 그러느냐고 물었더니 '그는 소가 공습에 어떠한 반응을 보이는지에 대한 기사를 써서 신문사에 보냈다네.' 하고 말하지 않겠나. 내가 조사해봤더니 이 친구는 오래 전부터 내 머릿속에 있던 걸 표절하여 내가 자신의 기사에 쓸 작정이었던 소재를 바탕으로 해서 연재물의 르포르타주를 쓰고 있었던걸세. '이 녀석아.' 하고 나는 그 작가에게 말했네. '이번에 다시 내게서 훔쳐내면 죽여버리겠다.' 하고 말일세. 그러고는 이틀 뒤에 그는 태평양 전선으로 전속돼버렸다네. 그 밖에도 '이름있는' 작가로 내가 쓰는 속도만큼 재빨리 단편을 날치기하여 등장 인물의 이름과 무대만 바꾸어 내가 받는 원고료 이상을 받고 팔아먹은 녀석도 있었네. 하지만 나는 그놈을 방해할 수 있는 방법을 발견했지. 이 년 동안 아예 쓰지를 않았더니 그 멍텅구리는 굶어 죽더군."

르 투르 당 르 뮈르의 입구는 카페 드 라 페의 반대쪽인 블봐르 데 캐프 시느에 있었는데, 그 이름(벽의 구멍이란 는 의미가 있다)처럼 미처 알지 못한 채 지나쳐버리는 수가 있었다. 어네스트는 복수심에 사로잡힐 때면 이 거울로 된 방에——현재보다도 20년대에 유명했다——갔음을 나에게 이해시키려고 했다.

"《해는 다시 떠오른다》가 출판된 그 이튿날이었는데." 하고 어네스트가 말했다. "로버트 콘의 모델이었던 해롤드 레이브가 나를 보기만 하면 죽여버린다는 말을 전해들었다네. 나는 전보로 사흘 밤을 줄곧 이 벽의 구멍에 있을 테니까 곧 발견될 것이다, 라고 말해줬지. 자네도 봐서 알 수 있듯이 사방의 벽이 모두 거울이니까 안쪽의 이 의자에 앉아 있노라면 문을 열고 들어오는 녀석을 곧 알 수 있다네. 이틀간이나 기다렸는데 해롤드는 나타나지 않았네. 일주일 뒤에 상 제르망의 립스에서 식사하고 있을 때였는데, 그곳도 거울투성이로 되어 있었어. 그런데 해롤드가 들어오는 것이 보이더군. 내가 다가가서 손을 내밀었더니 해롤드 녀석은 우리가 불구대천의 원수인 줄을 잊어버렸는지 악수하려들지 않겠나. 그러다가 문득 생각난 듯이 황망히 손을 빼어 뒤로 돌리더군. 나는 함께 마시자고 했는데 녀석은 거절하더군. '좋아.' 나는 내 자리로 돌아갔네. '그럼 혼자서 마시겠어.' 하고 말해줬지. 그는 식당에서 나갔으며 복수는 이걸로 끝난 셈이지. 블렛은 뉴 멕시코에서 죽었어. 자네가 그렇게 부르고 싶다면 다프 트와이스덴 부인이라고 불러도 되네. 하지만 내가 그녀에 대해 생각할 때는 블렛으로서일세. 폐병이었지. 그녀의 나이는 그때 사십삼 세였지. 관을 든 사내들은 모두 그녀의 애인이었던 친구들이지. 마지막 의식이 끝나 교회에서 나올 때 관을 든 한 친구가 교회의 계단에서 미끄러져 관이 떨어지면서 부숴졌다네. 당시 다프 트와이스덴 부인이 가엾은 레이브의 생애를 엉망으로 만들어버렸지. 그 일뿐만 아니라 다른 일도 있었네. 그는 굿겐하임 자금으로 유학을 제대로 했는데 그 추천에 그만 보답하지 못했어. 그뿐만이 아니지. 확실히 거부당하고 말았으니까."

"레이브와 다프 트와이스덴 이외에 그 작품의 등장 인물 가운데서 판프로나에 함께 갔던 실재의 사람은 있었나요?"

"물론이지. 전부 작품의 모델이네. 패트 스웨이지는 그 작품의 마이크 캠

벨과 유사하고 빌 스미스는 함께 낚시하기도 했던 무척이나 좋은 녀석인데 그는 빌 고튼과 매우 가깝다네. 제이크 번즈……음, 제이크는……내가 이탈리아 전선에서 수류탄 파편을 음낭에 맞아 비뇨과 병동에 잠시 수용되어 있을 때 함께 있었는데 그곳에는 알맹이가 몽땅 달아나고 만 가엾은 친구들만 우글거렸다네. 대부분의 친구들은 두 다리 사이에서 터지는 대인용 지뢰로 당한걸세. 병사에게서 고환을 앗아가는 이상으로 사기를 죽이는 건 없다는 식의 그야말로 흉노족 전법이지 뭐겠나.”

“하지만 제이크의 고환이 날라간 건 아니잖습니까?”

“음, 바로 그러니까 그는 매우 중요한 인간이라네. 고환은 제대로 달려 있지. 그것만은 갖고 있지만, 보통의 인간이 느끼는 건 뭐든지 느끼지만 그일만은 못하네. 다시 말해서 부상은 육체적인 상처로 심리적인 상처는 아니라는 것이 중대하다네.”

“하지만 가엾은 제이크와 그의 비극적인 숙명에도 불구하고 그 그룹에서는 ‘상실된’ 것을 전혀 느낄 수 없답니다. 나는 전쟁을 경험하여 황폐한 상황이었음을 반영하고 있는 데 불과할는지 모르겠습니다만, 그 작품의 마지막 부분에 가면 그 등장 인물들에게서는 ‘잃어버린 세대’의 구원에 대한 철저한 절망은 말끔히 잊어버리고 어떤 부활의 힘 같은 것을 느끼게 합니다.”

“잃어버린 세대라는 것은 거트루드 스타인이 지어낸 말이지 내가 한 말은 아닐세.”

그는 단호하게 말했다.

거트루드는 미디에 있는 갤러지의 소유자가 견습공을 두고 그녀에게 〈유누 제네라시온 벨듀, 유누 제네라시온 벨듀(형편없는 인간)〉라고 한 것을 자기도 되풀이했네. 아무튼 거트루드 식으로 말한다면……태초에 말씀이 있으니 그 말씀이 바로 말씀이니라 하는 셈이지. 그걸 내가 《해는 다시 떠오른다》의 첫머리에 써먹었을 뿐이며, 내가 생각했던 것이 그 녀석과 맞아들어간 것뿐이라네. 그 성경의 한 구절이 상실된 것으로 들리나? 거트루드는 투정만 부렸던걸세. 그래서 자기 불평으로 세대를 호도하려고 한걸세. 하지만 그런 건 시시하다네. 자기들을 다다이즘의 황야로 이끌어주는 마마[聖母]를 찾아 우왕좌왕하는 할망구 취향의 허무주의자에겐 행동도 없으며 힘찬 유대도 없다네. 거기 있었던 것은── 모두 같은 연대로 전쟁을 경험했으며 그때부터 쓰거나 작곡하기 시작한 친구들과 전쟁에 나가지 못해 전쟁에 나가고 싶다는 녀석, 전쟁에 대해 쓰기를 원하는 녀석, 전쟁에 가지 않았음을 자랑하는 자들이 있었네. 그 당시에 내가 아는 친구들 가운데에서 잃어버린 세대라는 비단을 걸쳤다고 스스로를 생각하는 따위의 녀석은 보지도 못했으며 그런 얘기는 들은 적도 없다네. 우리는 매우 건전한 자들이었지. 《해는 다시 떠오른다》에 나오는 인물은 비극적이긴 하지만 진짜 주인공은 대지(大地)로서 그 승리가 영원히 지속된다는 감각을 알 수 있다네."

오퇴유의 경마가 없는 어느 날, 역시 어네스트가 열심히 다니던 그리운 장소, 클로즐리 데 리라에서 점심식사를 들기 위해 우리는 폰 로와이알을 섰다. 노중에 어네스트는 높고 길쭉한 어느 건물을 가리켰다. 그것은 지난날 어네스트와 폴린이 함께 살았던 곳이다.

"그 방에서 우리는 즐거웠다네." 어네스트는 계속해서 말을 이었다. "햇살이 가득 들어 방 안을 밝게 해줬거든. 젤리 케리라는 보헤미안 예술가가 어느 날 우리를 찾아왔는데 사실 그는 전락한 다다이스트였네. 돌아갈 때 화장실에 들어갔었지. 그런데 수세식 화장실의 물통 끈을 당긴다는 것이 천장에 달려 있던 창문의 끈을 당겼지 뭔가. 천장에 나 있던 유리가 머리 위로 떨어졌지. 나는 공교롭게 바로 그 밑에 있다가 그것에 맞아 머리가 깨졌다네. 피가 흐르는 걸 보고 무엇보다 먼저 생각난 건 단벌뿐인 내가 입은 옷을 더럽혀서는 안 된다는 것이었네. 그때 나는 재빨리 욕실로 뛰어들어 세면대에 머리를 들이밀었기 때문에 옷은 더럽혀지지 않았지. 동시에 팔딱거리는 관자놀이를 엄지손가락으로 눌러 출혈을 막으려 했지만 엄청나게 피가 흘렀다네. 폴린이 어취 매클리쉬(시인. 어취벌드 매클리쉬. 시극, 방송극, 평론에서도 이름을 떨쳤다)를 부르자 그가 아메리카 병원에 있는 칼 와이스 박사란 친구를 불러줬는데 그는 몇 년 뒤에 휴이 롱(민주당 출신의 루이지애나 주지사였으나 독재자라는 이유로 암살당했다)을 암살한 인물이었다네. 이 의사는 어찌나 거칠게 치료를 했던지 상처에다 반창고만 붙이고 돌아갔기 때문에 내가 화를 내자 그 상처가 터져버렸다네. 나중에 세면대에 흐른 피를 보았더니 엄청나더군. 그 당시는 소설에 관한 것 말고는 폴린 때문에 무척이나 애를 먹었지. 《해는 다시 떠오른다》를 썼기 때문에 걸린 자기 암시 탓인지, 아니면 허들리와 이혼한 직후의 반동 때문이었는지 모르지만 나는 무척이나 지쳐 있었다네. 나와 폴린이 정사를 즐기던 그 당시는 언제나 잠자리만은 원만했는데, 허들리가 나와 헤어져 우리가 결혼한 뒤부터 나는 갑자기 제이크 번즈 이상으로 섹스를 할 수 없는 꼴이 되어버렸지. 폴린은 매우 참을성이 있고 또 이해심도 있어 온갖 방법을 다 시도해봤지만 아무 소용도 없었다네. 나는 그만 기가 푹 죽었지 뭔가. 몇몇 의사한테 진찰도 받았지. 무당 같은 돌팔이에게도 가보았는데 머리와 다리에 전극을 달아 전기를 흘려 넣었다네. 거기다가 소의 피를 매일 한 잔씩 마시고. 무슨 짓을 해도 절망적이야. 그런 어느 날, 폴린이 말하더군. '이것 봐요, 어네스트. 기도를 하러 가면 어떨까요?' 폴린은 매우 경건한 카톨릭 신자였지만 나는 그렇지 못했네. 하지만 그녀는 무척이나 훌륭했기 때문에 하다 못 해 그녀를 위해 그 정도는 해주어야겠다고 생각했네. 집에서 두 블럭쯤 떨어진 곳에 조그만 교회가 있거든. 짤막하게 기도를 외어봤지. 그러고는 집으로 돌아왔지. 폴린은 침대에서 기다리고 있더군. 나는 옷을 벗고 침대에 들어가 우리들만이 섹스의 영위를 창조하기라도 한 것처럼 그걸 했다네! 그런 뒤로는 아무 지장도 없더군. 그때부터 나도 카톨릭 신자가 되었다네."

추위 때문에 거의 꿈쩍도 않고 바이올린을 켜는 노인과 마주치자 어네스트는 걸음을 멈추어 정중한 투로 인사를 한 뒤 그 노인의 무릎에 천 프랑의 지폐를 놓았다. 그리고 우리는 다시 걷기 시작했다.

"일단 《잘 있거라》(무기여 잘 있거라)에 착수하자 마치 듀젠버그처럼 질주했다네. 물론 대부분은 내가 경험한 것이 투영되고 있는 셈이지만 반드시 그런 것만은 아니었지. 이를테면 카포렛의 후퇴 장면처럼 말일세. 카포렛의 후퇴에 나는 참가하지 않았거든——나의 저주스런 과거를 후벼내고 들추는 창백한 대학교수의 연구서에 씌어 있는데도 말일세——하기야 언젠가는 누가 이것을 입증하기 위해 책을 쓰겠지. 나는 입원하고 있을 때 어떤 친구에게서 듣거나 여러 가지를 물어본 뒤 그 부분을 썼던걸세. 《해는 다시 떠오른다》를 썼더니 일인칭이 독자에게는 매력적이고 또 쓰기 쉽다는 걸 알게 되어 《무기여 잘 있거라》에서도 다시 그걸 써먹었는데, 훗날 《가진 자와 못가진 자》나 《누구를 위하여 종은 울리나》에서는 삼인칭을 채택했지. 삼인칭일 경우 쓰는 쪽에서도 힘들지만 여러 모로 이야기를 전개시킬 수 있는 이점도 있거든. 《무기여 잘 있거라》의 집필은 여행기 같은 것이었네. 파리에서 쓰기 시작한 뒤 키 웨스트에서도 계속되었으며, 그런 뒤에는 아칸소 주, 피곳 미즐리 주, 캔자스 시티, 와이오밍 주, 빅 혼, 그러고는 다시 파리로 돌아와 열심히 썼지. 하지만 《무기여 잘 있거라》가 완성될 거라는 건 쓰기 시작한 첫머리에서 이미 알고 있었네. 이 작품을 읽는 사람은 첫머리부터 특별한 것으로서 다루게 마련이거든. 십 대 일의 비율로 내기를 건다면 —— 다시 말해서 자네가 그리고 있는 원래의 현실보다 열 배나 강한 진실, 바로 현실을 쓰고 있다는 것인데 —— 자네는 작품에서 사는 셈이지. 완성된 원고를 〈스크리브너즈〉의 맥스 퍼킨스에게 보냈는데 그도 기뻐하더군. 맥스는 무척이나 수줍음을 잘 타서 사무실에선 언제나 모자를 쓰고 있지 —— 이 두 가지에 무슨 관련이 있다는 걸 입증할 수는 없지만 어쩌면 관련이 있을는지도 모르네. 뉴욕으로 돌아와 맥스와 이 작품에 대해 상의했는데 맥스는 한 군데만 바꿔 써달라고하지 않겠나. —— 말로는 좋다고 하면서도 군대에서는 태연히 쓰이는 흔해빠진 외설스런 말인데, 그대로 인쇄하면 발매 금지를 당할 그런 말만은 피해달라는 거지. 맥스는 그 말을 입에 올리기가 부끄러웠던지 캘린더의 노트에 적었네. 나는 그렇게 해주기로 동의했지. 그래서 일이 끝나자 함께 식사나 즐겁게 들자고 했네. 마침 세시쯤인데, 우연히 무슨 상의가 있다고 하면서 찰리 스크리브너가 퍼킨스의 사무실에 왔어. 그런데 퍼킨스는 자리에 없었어. 책상에 다가가 어디 간 곳을 적어놓았나 싶어 살폈지. 열두시에 여성의 음부를 지칭하는 대명사가 적혀 있지 뭔가. 그날 오후 늦게서야 찰리는 책상 앞에 앉은 퍼킨스를 보고 사정이라도 하듯이 '맥스, 오늘은 이제 쉬어도 되네. 어째서 돌아가지 않나? 오늘은 일도 끝났는데.' 하지 않겠나."

우리는 계속해서 산책을 했으며 뤼 보나팔트 거리로 나왔다. 어네스트는 이야기를 하면서도 이따금 골동품 가게의 쇼윈도를 바라보았다. 그러고는 총의 손잡이에 진주가 박힌 결투용 권총을 보고 걸음을 멈추었다.

"거트루드 스타인이 아리스 B. 토클러스 자전(自傳)을 출판할 때 피카소와 나는 여간 실망한 것이 아니었다네."

그가 말했다.

"어째서죠?"

52

내가 물었다.

"거짓말만 썼기 때문이네."

클로즐리 데 리라로 향하는 도중, 그는 열심히 모든 관심을 골동품에만 기울였는데, 클로즐리 데 리라에서는 어슴푸레하고 조용한 술집에 자리를 잡았다. 한 바텐더가 어네스트를 알아보았으나 나머지 종업원들은 모두 새로운 얼굴들이었다.

"조이스는 나와 함께 몇 번인가 이곳에 왔었네. 그와는 1921년부터 죽을 때까지 사귀었지. 파리에서는 동료들이나 아첨꾼들에게 둘러싸인 채 말일세. 우리가 토론을 하면 무척 흥분하여 언젠가는 조이스가 심한 모욕이라도 당할 것 같았다네. 그 친구도 좋은 사람이긴 하나 좀 천한 데가 있어. 특히 누군가가 그의 작품에 대해 말하다가 그게 빌미가 되어 시끄러워지기라도 하면 잔뜩 골이 난 채 돌아가버려 뒷마무리를 내가 하곤 했지. 조이스는 무척이나 자존심이 세고 또 몹시 무례했지. 특히 풋내기한테 말일세."

여기까지 말한 어네스트는 페르노를 마시고 다시 말을 이었다.

"술을 좋아하여 언제까지나 눌러앉아 마시려는 그를 몇 번이고 집에 끌어다놓았다네. 그런데 그의 마누라 노라가 문을 열고는 뭐라고 하는지 아나? 어머머, 작가이신 제임스 조이스께서 또 어네스트 헤밍웨이와 곤드레가 되어 돌아오시는구려, 하지 뭔가."

그는 조용히 술을 마시며 계속 조이스에 대해 생각하더니 이윽고,

"그는 정말 번갯불을 싫어했지."

라고 말했다.

급사장(給社長)이 두 장의 메뉴를 들고 와서 어네스트에게 사인을 부탁했다. 그가 사라지자,

"이곳 친구들은 모두 잘 대해줬네. 밀러와 함께 왔을 때도 그랬어. 밀러와 나는 사이가 좋았거든. 우리는 모두 열심히 일을 했는데 작품은 둘 다 팔리지 않았다네. 내 작품은 몽땅 반송 딱지가 붙어 되돌아왔으며 밀러의 팔리지 않는 그림은 화실에 산더미처럼 쌓였지. 그 중에 내가 좋아하는 그림이 한 장 있었지 —— 남쪽에 있는 그의 농장을 그린 것이었는데 —— 나는 홀딱 반해 무일푼인데도 그것이 갖고 싶어졌지. 하지만 우리는 친구였으니까 우선 살 사람을 찾아보자고 주장했네. 그래서 결국 어떤 사람에게

이천 달러라는 엄청난 돈을 받고 팔았네. 그런데 그 친구는 사기꾼이나 다름이 없었어. 여섯 번에 나눠 받기로 한 돈을 받지 못했어. 결국 모든 게 허탕이었지 뭔가. 나는 빈털터리였기 때문에 이 클로즐리에서 술만 마실 수밖에. 바텐더가 무슨 속상한 일이라도 있느냐고 묻더군. 그래서 그림에 대한 설명을 해줬지. 그러자 바텐더는 내 얘기를 모두에게 전하여 즉석에서 주머니 돈을 모아 그 그림을 내게 사줬다네.”

“그럼 쿠바의 집에 걸려 있는 그 〈사냥장〉이 바로 그거군요?”

“그래. 십만 달러의 보험이 걸린 거라네. 내가 이 술집을 좋아하게 된 까닭을 알겠지? 이건 다른 경우의 얘기네만 이 근방에 아파트를 빌리려 한 적이 있었는데 가구도 없고 돈도 없었으니 아파트에 세 들 상대로는 최하가 아니겠나. 마침 아파트의 주인은 파리에 없었고 내 친구가 관리인이었는데 주인이 돌아올 때까지 살게 해주더군. 주인이 돌아올 그 전날이 되자 내 친구 중의 한 명이 지위도 제법 높고 훌륭한 미술품 수집가였는데 그에게서 세잔느 두 장, 반 고호 석 장, 반 다이크 두 장에 티치아노 한 장을 빌려왔지. 자선 전람회에 출품해달라는 구실로 말일세. 그 그림을 온 방 안의 벽에 걸어놓았더니 아파트 주인녀석이 내 ‘콜렉션’에 깜짝 놀라 가구라고는 하나도 없건만 일 년이나 살게 해주더군. 그 아파트에선 무척 행복했지. 적어도 스코트 피츠제럴드가 찾아오기까지는 아무런 말썽도 없었으니까. 스코트는 여전히 리츠 시절의 사람이었지. 딸 스코티와 함께 온걸세. 우리가 얘기하고 있는데 스코티가 오줌이 마렵다고 하기에 나는 스코티에게 화장실은 아래층이라고 가르쳐줬지. 그 녀석은 스코티에게 화장실은 멀어서 안 되니까 복도에서 용변을 보라고 하지 않겠나. 관리인이 위층에서 물방울이 뚝뚝 떨어지자 웬일인가 싶어 올라오더군. ‘실례합니다.’ 스코트를 보고 관리인이 매우 정중하게 말하더군. ‘아가씨는 화장실을 사용하시는 편이 훨씬 기분도 좋으시리라 생각됩니다만?’ 하지 않겠나. 그러자 스코트가 말하더군. ‘네 녀석은 너의 그 더러운 방에 처박혀 있어. 그렇잖으면 그 머리를 화장실에 처박아버릴 테니까.’ 관리인이 화가 날 수밖에. 내 방에 들어와서는 벽지를 갈기갈기 찢으며 벗겨내기 시작하더군. 이 벽지는 오래돼 조금 찢어져 있었거든. 내가 집세도 밀리는 형편이니 제발 그만해달라고 사정했네만 소용없더군. 결국 아파트 경영자는 방 안의 모든 수리비를 내게 떠안겼지. 하지만 스코트는 내 친구이니 나는 우정의 이름으로 엄청난 바가지를 쓴 셈이 아닌가?"

"그렇지만 그러고도 피츠제럴드와 용케 친구일 수 있었어요?"

"음, 우리가 사귀던 시절의 관계를 얘기한다면 그야말로 충실 바로 그것이었네. 그는 헌신적인 친구였으며 자기 일보다 내 일에 진정으로 홍미를 가졌었지. 〈스크리브너즈〉에서 그를 담당했던 편집장 맥스 퍼킨스에게 내 단편 《5만 달러》를 읽도록 권한 것도 바로 스코트였다네. 스코트는 그 당시 유행 소설을 쓰던 작가였기 때문에 편집장에게 거센 압력을 넣었던걸세. 그때 이 소설은 〈코즈모폴리턴〉의 편집장 레이 롱에게 딱지를 맞았거든. 아무튼 주로 복싱에 관해 쓴 것이었으니 홍미가 없을 수밖에. 맥스 퍼킨스는 이 작품이 마음에 들어 〈스크리브너즈 매거진〉의 편집장에게 넘겨주었고 그 편집장은 만약 오백 단어를 생략해준다면 이백오십 달러를 내겠다고 하지 않겠나. 나로서는 더 이상 줄일 수 없을 정도로 삭제했는데 말일세. 그래서 그쪽에서 원한다면 첫머리의 오백 단어를 삭제하라고 해줬지. 나는 때때로 내 작품을 그런 식으로 고치는 수가 있거든. 이 작품은 그런 짓을 해도 결코 좋아지지 않으며, 이번 경우는 전혀 내 잘못은 아니지만 이 작품만은 뚜렷한 형태로 발표하고 싶었거든. 그러나 젊은 편집장에게 걸려들면 여기저기 뜯어고치려 하기 때문에 작품의 의미가 전혀 없어지거든. 결국 원래의 형태대로 완전한 하나의 작품으로서 발표된 건 《아틀란틱 맨슬리》였다네, 그 이후로는 복싱 소설을 써달라는 주문이 제법 많이 들어왔네만 나는 무엇이건 하나만을 쓰도록 평소부터 노력해왔지. 왜냐하면 쓰고 싶은 일이 있을 때에는 펜실라 시계가 더 빨리 움직인다는 걸 스스로 알기 때문이라네."

"파파, 궁금한 게 있습니다……남에게 대답하기엔 어려운 문제이리라 생각됩니다만……."

이렇게 말을 꺼내고 보니 아차 하는 생각이 들었지만 용기를 냈다.

"실은 저도 전후(戰後)에 한동안 파리에 살았습니다만 그때는 제대할 때 받은 퇴직금을 쓰면서 즐겁게 지냈었습니다. 그런데 지금——우리가 함께 보낸 몇 주간 동안——당신 덕분에 파리를 훨씬 잘 이해할 수 있었으며 직업이며 내 나라까지 팽개치고 이 땅에서 진지하게 살며 작가가 되어 보겠다는 생각이 든답니다. 좀 머리가 돈 녀석 같은 선언입니다만 내 뜻을 이해하실 줄 믿습니다. 다시 말해서 뉴욕에서의 여러 가지 일의 면에서 나를 아는 친구들은 입을 모아 지금 자기가 하는 일이 마음에 들지 않으며 언젠가는 그런 일을 포기하고 자기가 하고 싶은 일을 할 것이라고 늘 스스로에게 다짐한답니다. 작품을 쓴다는 것은 그러한 사람들이 좋아하는 가나안과 같답니다. 장편이나 희곡의 줄거리를 얘기합니다만 그것이야말로 세계가 애타게 기다리는 작품이랍니다. 하기야 나로서는 그러한 동료 의식——소설을 쓰지 못하는 소설가 플라스트레이션 단체——에 끼어들고 싶지는 않습니다만 동시에 편집 일을 그만두고 베레모를 쓰고는 휴대용 타자기만 갖고 세느 강 좌안(左岸)의 어느 골방에 들어간다는 것도 지나치게 로맨틱하다는 생각이 듭니다. 다만 나는 아직 젊고 당신이 전에 말씀하신 망설임은 나이가 들수록 늘어난다는 방정식은 알고 있을 뿐입니다.”

어네스트는 잠시 동안 자기 술잔에 시선을 떨구더니 이윽고 고개를 들어 술집 안쪽의 얼룩투성이 거울에 비친 우리의 모습을 응시한 채로 그 거울 속에 비친 나를 보고 말했다.

“음, 어려운 조언이 되겠군. 자신에게 무엇이 있는지 끌어내보기 전에는 아무도 모르지. 아무것도 없었다든가 약간밖에 없었다는 그런 꼴이 되면 그 충격은 한 인간을 죽이고도 남음이 있을걸세. 마치 지금의 자네가 스스로의 길을 개척하려고 하듯이 내가 작가가 되기 위해 토론토의 〈스타〉 신문사 외국 특파원을 그만두었을 때는 무척이나 고생을 했다네. 죽기보다 싫었던 저널리즘에서 벗어나자 스스로 마음에 정하고 있던 좋은 작품을 드디어 쓸 수 있게 되었지. 하지만 매일처럼 당시 내가 살던 몽파르나스의 제재소에 있는 가구조차 없는 방의 문틈으로 반송된 원고가 되돌아오더군. 원고에 첨부된 것은 이 세상에서 가장 쓰라린 징계처분——인쇄된 반송장이라네. 이 반송장은 굶주린 배에는 가장 쓰라린 것이며 낡은 나무 테이블에 앉아 스스로도 마음에 들어 열심히 쓰고 또 내가 생각해도 잘 되었다고 여겨지던 소설에 첨부된 반송장을 읽을 때는 눈물이 나서 견딜 수 없더군.”

“당신이 울다니 상상도 못 하겠군요.”

내가 말했다.

“나도 때론 운다오, 도련님.” 어네스트가 말했다. “무척 심하게 상처를 입었을 때는 운다네.”

그는 깊은 생각에 잠기듯이 술잔을 흔들었다.

“그러니 핫치, 작품을 쓰느냐 쓰지 않느냐의 조언은 하는 게 아니며 흔해 빠진 말을 하는 이외에 조언이란 있을 수도 없는 법일세. 그리고 이게 또 룰렛처럼 적중되지 않거든. 더구나…….”

그는 거울에 비친 나에게서 시선을 떼고 친근감있고 특징적인 말투로 나를 쳐다보며 말했다.

“그러니 이건 안내로 여기고 생각해보게나. 이것만은 정말로 내가 아는 일이니까. 만약 자네가 운좋게도 청년 시절을 파리에서 살았더라면 나머지 인생을 어디서 보내건 파리는 자네를 따라다니지. 파리는 이동 축제일이니까.”

나중에 호텔 방에 돌아온 뒤 나는 어네스트의 말을 낱낱이 적어놓았다. 어네스트의 유작이 된 파리 시절의 회상, 이것은 제목이 없는 채로 남겨진 것으로 훨씬 뒷날에 가서 메어리 헤밍웨이가 그 제명(題名)을 정하려 했을 때 나는 그 ‘이동 축제일’이라는 말이 생각나서 그것을 그녀에게 가르쳐주었다. 이 말은 《강을 건너 숲속으로》에서도 나오는데 주인공인 대령은 행복을 이동 축제일로 부르는 대목은 물론 어네스트의 어의(語義)로는 파리와 행복은 같은 뜻의 말이었던 것이다.

오튀유의 마지막 주(週)에 우리 헴핫치 상회의 회계 검사를 한 결과 약간 흑자였음을 알았으나 우리 회사가 경마에 소비한 시간과 능력, 감정, 정력 등을 고려하면 ‘약간’이라는 말은 겨우 만족할 수 있는 성적이었다. 그러나 이 경마가 끝나기 이틀 전, 정확하게 말한다면 12월 21인데, 경마에 돈을 거는 사람들에게는 이따금 일어나는 일이긴 하나 우리 회사의 자산은 급격한 상승세를 보이기 시작했다.

아침 6시에 전화가 걸려왔다.

“여기는 경마 예상가인 헤밍스타인이오. 자넨 일어났나?”

“아닙니다.”

“그럼 어서 깨게나. 오늘은 대단한 날이 될 거니까. 바로 조금 전에 조르쥬에게서 오늘의 레이스에 좋은 말이 출장한다는 연락이 있었네. 조르쥬가 홀딱 반한 최초의 말이니까 우리는 여느때보다 좀더 빨리 만나 우리 나름의 검토를 해야 하거든.”

어네스트는 리츠의 급사장인 조르쥬에게 관심을 가졌었는데, 그는 경마에 관해서는 프로이므로 이 연락을 진지하게 생각했던 것이다.

리츠의 엘리베이터는 버튼을 누르면 ‘OK’의 사인이 나오는데 이 긴급 회의에 출석하는 내 마음속에 있던 것도 역시 마찬가지였다. 어네스트는 낡은 욕의(浴衣)를 입고 편히 앉은 채 으레 착용하는 Gott Mit Uns의 벨트를 매고 조그만 구식 책상 앞에 앉아 이미 경마 신문에 몰두하고 있었다.

“조르쥬가 여섯시에 전화를 걸어왔을 때 나는 벌써 두 시간 전에 깨어나 있었다네. 새벽녘에 깨었지만 실제로 집필하는 것이 꿈에 나와……이따금 그런 일이 있다네……진짜 문장이 꿈에 떠오르면 깨어나 그대로 써야 하거든. 그렇지 못하면 순식간에 모두 사라져버리니까. 화장실 문을 닫고 변기에 걸터앉은 채 화장지에 적었다네. 그렇게 하면 메어리를 깨우지 않아도 되거든.”

“어서 옷을 갈아입으세요.”

메어리가 말했다.

어네스트의 말로는, 그 경마는 바타클랑 2세이고 이 말의 이름은 전에는 표면에 드러나지 않았으며 이번에 처음으로 출주(出走)하게 되어 그 비율은 27대 1이라는 것이었다. 그는 이미 기수(騎手)의 이야기도 듣고 하여, 우리로서는 우리 회사의 모든 자금과 그 밖에도 끌어모을 수 있는 모든 돈을 이 유망한 말에 걸어야 한다는 결론에 이르고 있었다.

“파파, 열한시에 조르쥬를 만나기로 했잖아요. 벌써 열한시예요. 어서 옷을 갈아입으세요.”

메어리가 말했다.

“키트너.” 하고 어네스트는 고집스럽게 말했다. “내게 까다롭게 굴지 말아요. 내 부적을 찾지 못해 큰일이야. 부적이 없으면 오늘 야단이 난다구.”

“찾아보겠어요.”

메어리가 말했다.

“저도 찾아보겠습니다.”

내가 말했다.

58

"맴의 술병에서 뗀 샴페인의 코르크 마개라네. 전시 중에는 아들 밤비가 준 빨간 돌이 부적이었어. 그런데 영국에 갔을 때 RAF(영국 공군기)로 비행하게 된 날 아침에 내가 묵은 호텔 하녀가 세탁집에서 찾아온 바지를 갖고 왔는데 주머니에 그 돌을 넣어둔 게 생각났지 뭔가. 그걸 세탁집 녀석이 버렸단 말일세. 비행장으로 가는 RAF의 차가 밖에서 기다리고 있었는데 부적없이 독일 상공을 비행할 생각을 하니 진땀이 나더군. 그래서 하녀에게 말했지. '뭐든지 좋으니 부적을 줘요. 어떤 것이라도 괜찮아. 내 행운을 빌어주는 것이라면 돼.' 하고 말일세. 그런데 하녀는 주머니에 아무것도 없었기 때문에 내가 전날 밤 마신 맴의 술병에서 코르크 마개를 빼어서 내게 주더군. 엄청난 부적인 셈인데……. 그날의 폭격비행에서는 모두가 어딘가를 다쳤지만 우리가 탄 비행기만은 무사했네. 사실 지금까지 내가 가지고 있었던 것 중에서 나에게 행운을 가져다 주는 것이 별로 없었다네. 아들이 준 부적도 지금까지는 큰 행운을 가져다주진 못했네. 그런데 비록 사소한 것일지라도 내 마음을 의지할 물건을 갖고 있지 않으면 내 영혼이 어디론가 빠져나갈 것 같으니 어쩌겠나. 그래서 난 다시 한 번 호텔에 가서 아들이 준 부적을 찾아봤으나 어디에서도 보이지 않았어. 그래서 부탁이 있다네. 핫치, 자네가 돈을 끌어모으는 동안에 뭐든지 좋으니 내게 갖다 주게나. 주머니에 들어갈 정도의 것이라면 뭐든지 좋겠네. 언젠가 찰스 스크리브너에게 부탁했더니 말발굽을 갖다 주더군. 그래서 내가 말해줬지. '이건 정말 좋군. 단단한 행운의 부적인데. 찰리, 이걸 어떻게 말에서 떼왔나?' 하고 말일세."

파리에서 내가 경마 자금을 구할 방도는 많이 국한되어 있었는데, 약속 시간에 리츠의 술집으로 왔을 때에는 그래도 옛날 여자친구를 비롯해서 지금은 '아메리칸 익스프레스'의 수송부 주임으로 근무하는 공군 시절의 옛 친구며 프랑스 출판사의 사장 부인, 희곡을 쓰는 여자——상연된 적은 없지만——오페라 극장에서 노래하는 젊고 서정적인 소프라노 가수, 어느 선술집 주인들에게서 생각 밖의 자금을 끌어모을 수 있었다.

내가 도착해보니 어네스트는 조르쥬를 상대로 정신없이 상의하고 있었다. 한쪽에는 칵테일 '브래디 메어리'가 놓여 있었고 테이블 위에는 출주표며 예상신문, 쓰다 버린 종이 쪽지 등이 흩어져 있었다. 어떠한 일에 앞서 이렇게 작전을 세우는 것은 어네스트에게서만 볼 수 있는 특징으로 다른 어떤 일을 할 때도 이러한 메모를 적어둔다. 그의 호기심과 탐구심은 그의 작품에도 나타나 상세한 항목에 이르기까지 낱낱이 이를 추구하고 반추하였는데 《오후의 신(神)》이라든가 《위대한 두 마음에 있는 강》에 나오는 것과 같이 바다 낚시며 사냥하는 모습을 쓴 페이지에서 그 절정을 이루었다. 이때 그는 바타클랑 2세에 열중하고 있었다.

나는 미안함을 느끼면서 초라한 프랑스 지폐 뭉치를 테이블 위에 놓았다. 어네스트는 지저분한 종이 쪽지 밑에서 한 장의 종이를 꺼내어 나의 출자 금액을 추가해서 적어 넣었다.

"우리 회사는 출자자의 출신 분야가 다양하군. 토요일 오후에 테레사 호텔에 모이는 인사들보다 더 화려하네." 하고 그가 말했다. "이 가게의 웨이터들도 조금씩 출자했고 플러스 조르쥬, 플러스 베르탕, 미스 메어리, 지기, 뤼 칸봉의 아파트 관리인, 우울한 클로드, 화장실의 보이, 그리고 모리스. 만약 바타클랑 그놈이 예상과는 달리 제대로 달리지 못하면 오늘 밤에라도 당장 호텔을 옮겨야 될걸세."

지기와 메어리는 이 존엄스런 회합에 참석하기 위해서 술집에 왔는데, 지기는 이곳에서 처음으로 한 잔 마셔볼 생각이 들었다.

"정말 술을 마신 적이 없나?"

어네스트는 흠칫 놀래는 듯이 물었다.

"지금까지는 마시고 싶은 생각조차 들지 않았답니다."

이 엄청난 뉴스에 아무리 어네스트라 해도 잠시 경마를 잊을 수밖에 없었다. 그러고는 (a) 30대의 지기는 지금까지의 금주(禁酒)를 포기할 것인가, 만약 포기한다면 (b) 난생 처음으로 마셔야 하는 술을 무엇으로 해야 하는가를 생각해야만 했다. 그 해답은 (a)의 경우, 썩 좋은 일이었으며 (b)에 대해서는 어네스트가 '브래디 메어리'에서 마티니에 이르기까지 신중하게 생각한 끝에 각자의 어려움을 들어 범위를 좁힌 끝에 위스키 사워가 가장 좋겠다는 결론이 나왔다. 위스키 사워는 베르탕이 최고의 정성을 다하여 만들어 마치 엘리자베스 여왕의 정신(廷臣)이 새로운 술을 바치듯이 하여 지기 앞에 놓았다. 어네스트는 지기에게 한 모금 듬뿍 입에 머금은 뒤에 입 안에서 음미하듯이 덥힌 뒤 마시라고 가르쳤다. 그녀는 시키는 대로 했기 때문에 우리는 반응이 어떻게 나타날까 지켜보았다. 그녀 얼굴에서 웃음이 번지자 어네스트는 좋은 징조구나 싶어 다시 경마에 대해 상의하기 시작했다.

그러나 또다시 훼방거리가 생겼다. 이번에는 수사복을 입은 몸집이 작고 살찐 사내가 "돈 에르네스토!" 하고 말을 걸어온 것이었다.

"검은 수사(修士)로군!"

어네스트는 자리에서 벌떡 일어나 스페인 방식으로 포옹했다. 1개월간의 피정을 가던 검은 수사는 프랑스 북부의 조그만 도시로 가는 도중 파리에 들렀던 것이다. 쿠바에서 사귄 프랑스 인이 시작한 새로운 도기 공장에 지금까지 저축해온 푼돈을 투자할 작정이라는 것이었다. 그 새로운 공동 경영자의 신용에는 어네스트도 같은 생각이었으나 약간 주저하게 되면서도 평생에 단 한 번의 기회이니 위험을 무릅쓰겠다는 생각이 들었던 것이다.

테이블에 앉아 '브래디 메어리'를 마시면서 어네스트가 경마 전의 작전 회의에서 마권에 걸 자금을 최종적으로 어떻게 끌어모을 것인지를 궁리하는 모습을 보고 있었다.

"상대를 해줄 수 없어 미안하네만." 어네스트가 말했다. "우리는 지금 운명을 건 투기에 열중하고 있다네. 오늘 밤 여덟시에 함께 식사나 하지 않겠나."

"돈 에르네스토."

검은 수도사는 스페인 어로 엄숙하게 말했다.

"당신 작전에 대해 듣고 있었는데, 당신과 함께 경마장에 가서 도기 공장에 투자하는 대신 경마에 내 자금을 내놓겠네."

"고맙긴 하지만." 어네스트도 스페인 어로 말했다. "큰 위험이 따르는 만큼 책임은 질 수 없네."

결국 서로 입에 거품을 물 정도로 열띤 토론이 벌어졌다. 수도사는 걸겠다고 주장하고 어네스트는 거절하고 한 끝에 검은 수도사는 도기 공장에 투자하는 자금의 반만을 바타클랑 2세에 걸겠다는 것으로 협상이 이루어졌다.

문을 향해 가면서 어네스트가 나에게 말했다.

"그런데 부적이 있어야겠는데."

우리는 서로 바꾸어 갖기로 했고 나는 이렇게 말했다.

"샹젤리제에서 콩코드로 나오는 도중 머리로 떨어진 거랍니다. 멋지게 윤이 나죠."

어네스트는 내가 준 호두를 받아 콧등에 약간 비빈 뒤 머리를 끄덕이고는 바지 주머니에 넣었다.

"신비함에 신앙을 잃어서는 안 돼."

그는 이렇게 말한 후에 회전문을 밀고 밖으로 나갔다.

어네스트는 말이 출장하기 전의 퍼레이드에서 우리의 말과 다른 말을 비교하며 검토했다. 그리고 관람석에 들어가 바타클랑이 트랙에 나왔을 때 그는 이렇게 말했다.

"우리가 조심해야 할 말은 구리꽈와 키리비로군. 키리비는 냄새가 좋나네. 하지만 내 마음에 든 건 역시 그 마지막 놈이야."

런던 사투리를 쓰는 사내와 그의 동료——그는 전에 소개받은 적이 있다——둘이서 어네스트에게 오더니 확실히 보증하겠다면서 예상마를 권했으나 어네스트는 상대하지를 않았다. 우리가 걸기로 한 돈은 상당한 액수였기 때문에 창구가 닫히기까지 다른 사람들이 눈치채게 하고 싶지 않았다. 최종의 비율은 19대 1이 되어 있었다. 내가 스탠드로 돌아왔을 때는 마침 말이 달리기 시작한 참이었다. 바타클랑이 선두로 나섰으나 오르막길의 백 스트레치에서 두 번째로 처지더니 워터 점프에서 다시 뒤처져 키리비, 크리파, 바타클랑의 순서가 되었다. 마지막 장애를 앞두고 우리에게 달려올 때에는 바타클랑과 선두마 사이는 20마신쯤 되어 절망적이었다. 나는 신음 소리를 냈다.

"망원경으로 잘 살펴라."

어네스트가 말했다.

키리비가 비교적 낮은 장애물을 뛰어넘을 때 크리파가 달라붙었는데, 기수가 채찍질을 하자 그 동작으로 장애물에 닿아 보조(步調)가 흐트러지는가 싶더니 잔디밭에 넘어지며 기수가 뒹굴었다. 뒤따르던 크리파가 그 장애물을 뛰어넘으며 쓰러진 키리비를 피하려 했으나 잘 되지 않아 키리비의 머리 위로 쓰러지며 기수는 낙마했다.

바타클랑의 기수는 사태를 충분히 파악할 시간이 있었기 때문에 다른 장애물을 뛰어넘어 5마신(馬身)이나 앞지를 수가 있었다.

우리 일행은 모두 스스로의 감정을 억제하려 하지 않았다. 의기양양하게 술집을 향해 영광의 탈출을 시작했는데 도중에서 검은 수도사가 갑자기 걸음을 멈추었다.

"잠깐, 잠깐 가만히 있게나, 가만히."

그는 계속 말했다. 그리고 우리 주위의 스탠드에 있던 사람들이 없어지자 급히 사방을 둘러보고는 약간 비껴서는 것이었다. 발 밑에는 바타클랑의 마권이 있었다.

"옳거니." 어네스트가 말했다. "하느님은 과연 계시는군."

다른 사람들이 술집에서 샴페인을 마시는 동안 마권을 모두 현금으로 바꾸었으며 그 돈은 만 프랑이나 되었다. 어네스트는 검은 수도사의 몫을 떼어주었다.

"검은 수도사한테 이쯤은 있어야 할걸세. 지금까지 무척이나 고생해왔으니까."

어네스트는 언제나 특별히 맞춘 경마용 재킷에 역시 홍콩에서 특별 주문한 트위드 코트를 입고 있었는데 이것은 소매치기를 예방하기 위해 홍콩 제품 중에서도 파격적일 정도로 안주머니가 깊은 것이었다. 주머니마다 돈을 집어넣어 그의 배는 옆에서 보면 아이를 밴 곰처럼 보였다. 어네스트가 한창 지폐를 집어넣고 있을 때 아까의 두 사람이 지나갔다.

"아이구." 하며 그 중 한 명이 모자에 손을 올리고는 어네스트에게, "신사께서 도사이신 줄을 미처 몰랐습니다요." 했다.

검은 수도사는 술집 한쪽 구석에 서서 눈을 반짝이며 왼손으로 돈을 움켜쥐고는 오른손으로 즐겁다는 듯이 세고 있었다. 마침 한 남자가 지나치며 모자를 벗더니,

"안녕하십니까, 신부님."

하고 말을 걸자 검은 수도사는 돈에서 눈은 떼지 않은 채 지금까지 돈을 세고 있던 손가락으로 황급히 십자가를 가슴에 긋고는 다시 돈을 세기 시작하는 것이었다.

12월 24일에 벌어들인 바타클랑의 배당금 중 대부분은 프랑스에 보낼 크

리스마스의 자금이 되었다.

12월 24일, 우리는 최종적으로 호텔에서 나와 2개월 계획으로 ——전속 운전사에 대형 파카드로 애당초의 목적지인 ——베니스로 향했다. 어네스트는 운전사인 샤를르 곁에 앉았는데 그는 이 자리를 가장 적합한 것으로 생각했다. 지방의 지리적인 관련이며 기후, 풍속, 역사, 전투, 수확, 포도밭, 과수원, 지저귀는 새들, 놀고 있는 새들, 포도주, 요리, 방목된 소, 야생화, 도덕, 건축물, 관개(灌漑), 정부(政府), 그리고 외국인이 접근하기 쉬운 각 지방 여자들에 관한 그의 지식은 정말로 놀라웠으며 그러한 화제를 즐거운 듯이 자주 나에게 들려주었다.

그러나 잇달아 스쳐가는 시골 풍경에 그는 많은 관심을 보여 그와 여행할 때는 언제나 시간이 지체되었다. 파리에서 에이잔 프로방스까지는 보통 하루면 닿게 마련인데 우리는 5일이나 걸렸다. 메어리와 지기는 뒷자리에 앉고——파리에서의 마지막 날 함께 어울렸다——피터 뷔아텔과 나는 넉넉한 점프 시트를 차지했다. 우리의 여행을 지연시킨 것은 아침 안개와 오랜 시간이 걸리는 점심식사, 조그만 도시의 거리에서 볼 수 있는 시장 풍경 등이었다. 그러한 시장의 사격장에는 볼 베어링 정도 크기의 빨간 눈을 한 종이 비둘기가 나와 있었다. 어려운 표적이었다. 고물이 다 된 2구경총을 써서 세, 네 발로 종이 비둘기의 빨간 눈을 적중시키면 그 가게 주인의 호의로 사격장의 1등상인 샴페인 한 병을 받을 수 있었다.

어네스트와 나는 종이 비둘기를 여러 차례 맞췄으며 메어리는 그녀의 특기인 공중에 매달린 반지 표적을 맞춰 매우 좋은 성적을 올렸다. 어네스트는 사격장에 몰려든 구경꾼들에게 그 샴페인을 주었다.

이리하여 오제르, 솔뤼, 바란스, 아비뇽, 님, 에귀몰트, 르 그로 뒤 로아, 아를르, 칸느, 알프스 등으로 여행을 계속하며 마음껏 먹고 거의 타벨 로제만을 마시며 종이 비둘기를 맞추었다. 뷔아텔 내외와는 칸느에서 헤어졌으며 우리는 베니스로 갔다. 처음 보는 고장이었기 때문에 나는 신기해하며 대운하(大運河)를 바라보고 있었는데 어네스트가,

"여보게 핫치, 이 도시 이름은 베니스라네. 자넨 아직 모를 테지만 이젠 이곳이 자네 고향이 될걸세. 나처럼 말이야."

하고 말했다.

그러나 그렇게는 되지 않았다. 왜냐하면 얼마 후 나는《강을 건너 숲속으로》의 마지막 장(章)을 갖고 뉴욕으로 돌아가야만 했기 때문이다. 이 원고는 펜으로 썼으므로 뉴욕에 돌아가기 전에 파리에 있는 어네스트의 타이피스트인 그로 부인에게 타이핑을 부탁해놓았다. 베니스에서 파리까지는 심포론 오리엔트 급행을 탔었다. 흔히 이 급행 열차에서는 세관의 검사가 없었으며 있어도 아주 간단했는데 이번 여행에서는 세관사가 무슨 이유에서인지 가방을 샅샅이 조사하는 것이었다.

호텔에 도착하여 마담 드로에게 전화를 걸기 전에 나는 어네스트의 원고가 들어 있는 봉투가 없어진 것을 알았다. 나는 그 순간부터 유창한 프랑스어를 말할 능력을 익혔다. 그럴 수밖에 없는 것이 파리 철도의 직원이며 화부(火夫), 철도 보안관, 포터, 보선공을 상대로 하여 무엇이 어떻게 되고 있는지 영문을 알 수 없는 악몽이 계속되었기 때문이다. 그들은 한결같이 철도성(鐵道省)이 시키는 대로 따르도록 권했는데 그렇게 하면 '유실물' 접수 창구에서 기다리거나 짜증스러운 조사를 받아야만 했다. 원고를 되찾기도 전에 우리가 탄 차량은 청소를 마치고 대기선(待機線)에 들어가버렸기 때문에 유실물이 남아 있을 가능성은 거의 없으리라는 것이었다. 하기야 원고는 9인치나 12인치 정도의 마닐라 봉투 크기였으므로 객차에 있다면 아무래도 눈에 띄게 마련이었을 것이다.

그러나 프랑스의 관료주의적 기질이 많은 직원들조차도 반미치광이가 되어 집요하게 물고 늘어지는 미국인 앞에서는 무너질 수밖에 없었던 모양인지 마침내 새벽 2시에 휑하니 넓기만 한 암울한 철로의 구내에 가느다란 철사 같은 수염을 기른 나이 많은 야경꾼의 안내로 그날 내가 탔던 객차를 뒤지기로 하였다. 대기선 구내에는 수백´량의 객차가 아무렇게나 흩어져 있어, 우선 내가 타고 온 객차를 찾아내기 위해 낱낱이 번호를 확인해야만 되었다.

결국은 새벽 4시에 겨우 객차를 찾아냈는데 그 뒤로는 더욱 사태가 악화되어 분실된 봉투는 끝내 찾지 못하고 말았다. 온갖 방법을 다하여 어네스트에게 사정을 털어놓을 작정이긴 했으나 모든 것은 절망적이었다. 나는 야경꾼의 회중전등을 받아들고 객차를 찾아다녔으나 허탕이었다. 다시 한번 찾아보았으나 역시 소용없었다. 하는 수 없이 포기하고 돌아가려 할 때

야경꾼이 봉투를 찾아냈다. 원고는 객차 벽에 프랑스의 풍경 사진이 액자에 걸려 있었는데 봉투는 그 아비뇽의 풍경 액자 틈에 끼어 있었다.

　나는 어네스트에게 털어놓지 않았다. 한두 번쯤, 말을 꺼낼 뻔했으나 끝내 말문을 열지 못했다. 만약 솔직하게 털어놓았더라면 우리의 관계가 그대로 계속되지는 않았을 것이다. 어네스트의 작품 가운데에서――사물을 재발견하는 행위는 그 이전의 부주의나 신뢰할 수 없는 행위를 상쇄하지 못한다――만약 담을 넘을 때 폭탄이 폭발했는데도 사람을 죽이지 않았으니 운이 좋았다고는 말할 수 없다. 폭탄은 폭발한 것이다. 그렇지 않느냐는 대목이 있었다. 때문에 어네스트에게는 끝내 말하지 않았다.

　그 밖의 다른 아무에게도.

제 4 장　아바나 1951년~53년

　어네스트의 단편 《세계의 수도(首都)》를 발레화할 일로 내가 쿠바로 향하기 직전이었던 1951년 봄에 그에게서 조울증에 걸려 있다는 편지를 받았다. 이 어려운 병의 성질을 자상하게 적어 보내지는 않았으나 불길한 그림자를 떨구고 있어 나는 최악의 사태까지 각오하고 있었다.

　나를 맞기 위해 '핑커'의 계단을 내려온 그는 겉으로 보기에는 그러한 징후가 전혀 보이지 않았다. 그러나 그날 뒤늦게 가서야 조금은 차분하고 평소보다 생각에 잠기는 횟수가 많음을 알았으며 그러한 것이 조울증의 특징임을 눈치챌 수 있었다.

　그날 밤, 식사가 끝난 뒤 메어리는 일찍 자기 방으로 갔는데 어네스트와 내가 주방 테이블에 앉아 붉은 포도주를 마시고 있는 동안 고양이 두 마리가 아직 접시에 남은 음식들을 먹어치우며 돌아다녔다.

　"이렇게 우울한 모습을 보여서 미안하네." 어네스트가 말했다. "평소에는 자네도 알다시피 명랑하네만 이번엔 노도없이 강의 흐름에 떠맡긴 기분이라네. 이렇게 된 것도 따지고 보면 보트를 탔기 때문이라네. 어떤 미인을 데리고 갑판에 나와 있을 때는 외팔이 한국인보다 더 기분도 좋았고 바빴었는데――날씨가 무척이나 고약하게 거칠어져 내가 그레고리오와 조타석을 교대했을 때 그녀를 선창에 가두어두었지. 그런데 나는 방화 설비에 머리를 부딪혀 뇌진탕을 일으켰지 뭔가. 기절하지는 않았지만 차츰 악화되는 타입이었던지 혈관을 뚫고 출혈을 했지 뭔가. 밧줄을 매어둔 낚싯줄이 두 개골을 푹 찔렀다네. 적어도 작가에겐 이런 상태가 별로 도움이 못 되더군. 그 순간에 손잡이를 잡고 어깨로 지탱했는데 '필라르'는 15톤, 바다는 훨씬 크며 나는 이백십 파운드니까 호되게 당할 수밖에. 하지만 재빠르게 일어났더니 예쁘고 빨간 게 흩어진 걸 보고 그레고리오에게 선실로 갈 테니까 그는 후미, 로베르토는 이쪽 갑판으로 옮기도록 일렀지. 로베르토는 '더 틴 키드'에서 고기를 낚고 있었어. 그래서 메어리는 화장지 한 뭉치를 갖고 오게 하여 그걸 풀어 덩어리를 만들어 상처에 댔지. 그녀는 재빨리, 당황하는 기색도 없었고 로베르토가 왔을 때는 거즈와 반창고로 왼쪽 눈 언저리의 응급 조처를 마친 뒤였다네. 이걸로 출혈을 막아 '펑커'는 무사했다네. 《아메리칸 머큘리》에 팔아도 될 정도로 참으로 좋은 얘기지 뭔가. 로베르토가 없었더라면 나는 틀림없이 엄청나게 출혈했을걸세. 하지만 이젠 시력도 괜찮고 그녀가 종이와 거즈, 반창고로 치료를 해줘 상처도 깨끗해지고 아픔도 없어졌네만 살을 빼기에는 아직 이르다는걸세. 나는 다치거나 할 때는 변비에 걸려 애를 먹지. 여자와도 잘 안 되고. 좋은 책도 없고 《모닝 텔레그래프》도 없으니 침대에 누워 있을 생각이 들지 않아 잠자리에는 아예 늦게 들기도 했다네. 정말 머리에 상처를 입으니 여간 우울한 게 아니라네. 1944년인가 45년 무렵에 심한 상처를 세 번 입었지. 43년에 두 번, 또 1918년 무렵에도 당했지. 자넨 무슨 얘기를 들었는지 모르겠네만 내가 부주의했다든가 스스로 내 자신을 죽음으로 몰고 가는 심층이 원인이었다는 따위와는 관계가 없다네. 나는 적어도 그런 일로 다친 적은 없으며 그때그때 부상입은 걸 모두 기억할 수 있다네. 아무튼 '필라르'에서의 일이 이번 우울증의 시작이었다네. 다시 한 번 오튀유에 가서 이 우울한 기분을 전환시켜야 할는지도 모르겠네. 그 경마는 정말 재미있었지. 안 그런가? 나의 충실한 하인인 칼바도스(술의 한 종류)를 만나보거나 혹은 보지 못하더라도 봄이 되어 오튀유나 앙갱에서 시작되는 경마에 가보지 않겠나? 조르쥬 녀석, 큰 걸 노리고 있을걸세."

나는 참 멋진 이야기라고 하면서 장애물 레이스로 화제를 바꾸었는데 어네스트는 여전히 자신의 우울증을 설명하고 있었다.

"거기다가 이 우울증에 부채질을 한 게 한국전쟁이었다네. 내가 참가하지 못한 첫 번째 전쟁이고, 또 음식은 맛도 없는데다가 자식도 못 낳는 터에 애정이라니, 제기랄."

"좀 피로하신 모양인데 다쳤을 때부터 그랬나요?"

"며칠 지나서부터라네. 두 다리가 아프기 시작하더군. 정말 몹시 아팠네. 의사 말로는 이건 이름도 없는 병이지만 마음에서 오는 병이라지 뭔가. 그래서 잘 진찰해보라고 했지. 뢴트겐 사진을 찍어봤더니 오른쪽 장딴지에 포탄 파편이 일곱 개, 왼쪽에 열한 개, 그리고 역시 왼쪽에 탄창의 일부가 들어 있는데 그 중의 하나가 신경을 건드렸던걸세. 의사는 빼내자고 하더군. 하지만 여행도 시작한 터이고 그때는 아픔도 가셔 제대로 잘 들어박힌 줄로만 알았다네. 세포에 감싸인 셈이니 포탄 파편에게는 장딴지가 안성맞춤인 장소가 아니겠나. 하지만 다른 면에서는 모두 정상이라네. 혈압은 사십 내지 칠십까지 내렸으며 이젠 약도 안 먹지. 《강을 건너서 숲속으로》는 사람들의 흥미를 끌 만큼 재미있는 작품이었는데도 악평을 받았기 때문에 나는 그 작품을 읽지 않기로 했다네. (《강을 건너서 숲속으로》의 비평은 악평이 지배적이었으며 이것이 그의 주요한 우울증의 원인이었던 모양이다)"

"존 오하라가 〈뉴욕 타임즈〉에 쓴 비평에서는 당신을 셰익스피어 이후의 대작가(大作家)라고 했던데요."

내가 가르쳐주었다.

"그런 소리를 들으면 혈압이 다시 전처럼 이백사십까지 올라가버리네. 나는 비평가에게서 배운 게 아무것도 없네. 이 작품에서 나는 미적분을 했네. 우선 산수부터 시작하여 대수, 기하로 옮겨, 그 다음으로는 삼각이 되는걸세. 그걸 모르겠다면 제기랄, 멋대로 하게나."

"윌리엄 포크너 씨는 당신이 확고하게 발을 디디고 걸은 적이 없다고 발언함으로써 당신을 공격하는 입장에 섰답니다. 당신에게는 용기가 없다, 독자가 사전을 뒤적이도록 할 정도로 말의 사용법을 모른다고 했답니다."

"가엾은 포크너. 위대한 감정이 소외된 언어에서 나온다고 정말 생각한단 말인가? 그 친구는 내가 호사스런 말을 모른다고 생각해. 나는 알고 있다네. 하지만 보다 더 오래 되고 단순한 좋은 말이 있지. 나는 그런 말만을 쓰겠네. 그 녀석의 최근 작품을 읽었나? 지금은 소스를 듬뿍 친 소설이라네. 옛날에는 좋았던 적도 있었네만. 소스를 치기 전에는 본인도 어떻게 다루는가를 알고 있었지. 그의 《곰》이라는 작품을 읽었나? 그걸 읽으면 지난날의 그가 얼마나 좋았나를 알 수 있다네. 그러나 지금은……. 하기야 침묵을 전문으로 하는 작가치고는 무척이나 떠들어대는군. (이것은 노벨상을 받았을 때의 포크너의 말에 대한 야유) 좋아, 우울증을 테마로 써보겠네. 그러면 사회자도 기꺼이 토론의 화제를 바꾸겠지. 자네 작품은 어떻게 되었나? 메이즈의 문학적 성새(成賽)에서 탈출한 이후로 잘 되어가고 있나?"

"잘 하고 있습니다. 지난 삼 개월에 다섯 잡지가 잡문을 썼으며 단편도 둘을 팔았습니다."

"그거 대단하군. 하지만 기억해두게나. 펜 하나로 살아간다는 건 맨 땅에서 세컨드 베이스를 지키는 것과 같다네——공이 어디서 바운드를 할지 모르니까——밥 먹을 돈이 떨어지면 내게 오도록 하게나. 서로 어디서 밥을 먹어야 하는지 알고 있기 때문에 즐겁게 해나갈 수 있을걸세. 나는 언제나 자네를 훌륭하고 진정한 친구로 여기고 있으니 만약 나로 말미암아 자네 일이 잘 안 된다면 매우 유감스러울걸세. 우리는 우리가 처해 있는 어려운 상황과 싸워 이길 준비는 언제나 되어 있으니 걱정말게. 그런데 방금의 연설은 약간 감상이 지나쳐서…… 좋아, 울고 싶으면 울게나. 그런데 와인은 샤토누프 뒤 파프이니 이거야, 원. 정말 눈물 날 지경이 아니겠나."

로베르토가 왔기 때문에 그 눈물이 날 와인을 그에게 따라주었다. 로베르토는 아바나에서 있었던 하이 알라이의 시합을 구경하고 돌아온 참이었기 때문에 어네스트와 스페인 어로 그 이야기를 했다.

두 사람이 이야기를 나누는 동안 나는 〈뉴요커〉를 손에 들고 E.B. 화이트가 쓴 《강을 건너서 숲속으로》의 팰론디, 《거리를 지나 요릿집 안으로》라는 제목의 풍자문을 읽었다.

내가 다 읽고 나자 어네스트는 이야기를 중단하고 나에게 말을 걸었다.

"그러한 풍자문은 좌절한 작가가 마지막으로 도망치는 장소라네. 풍자문 따위는 하버드 대학의 교내지 〈램픈〉의 편집이라도 하고 있을 무렵에 써서 졸업하는 법이네. 문학으로서 위대할수록 풍자하기는 쉽지. 풍자문을 쓰는 녀석은 결국 벽에 대고 오줌밖에 갈기지 못해."

어네스트가 로베르토를 상대로 신바람나게 이야기를 하면서 동시에 내가

읽고 있는 것에 멋진 반격을 했다는 것은 정말 나로서는 믿기 어려운 일이
었다. 노력도 않고 그렇게 할 수 있다는 것, 동시에 일어나는 일에 대응할
수 있는 능력이 그에게 있음을 알게 되었다. 사람이 가득 있는 방에서 어떤
사람에게 모든 주의력을 기울여 이야기를 하면서도 동시에 다른 화제를 잇
따라 처리해나간다. 어네스트의 관심이 딴 데 있다든가 들리지 않을 것이
라고 생각이라도 한다면 어처구니없는 일이 벌어질 수도 있는 것이었다.

이튿날 아침 일찍 거실로 나가자 어네스트는 선 채로 편지를 타이핑하기
에 바쁜 모양이었다. 침실로 들어오라고 나를 불렀다. 이른 아침 시간에는
늘 그렇지만 밤 사이의 우울했던 마음 같은 건 조금도 보이지 않았다.

"지난번에 자네가 가져다 준 이 타자기 말이네만." 그가 말했다. "여러
친구들이 사용하는데 모두 좋은 친구들이지. 그런데 내가 일을 시작하려면
으레껏 뭣인가가 빠져 있다네. 지금 쓰는 편지는 자네한테도 흥미가 있을
지 모르겠군."

타자기로 쓴 편지는 '오만한 인물에게' 보낸다는 것으로, 그날의 대(大)
뉴스의 하나 즉 스펠만 추기경이 파업 중인 선원조합(船員組合)의 저지선을
뚫고 통과했다는 것에 대한 어네스트의 신랄한 풍자가 씌어 있었다. 이 편
지가 어네스트의 기묘한 글자 배치로 씌어졌으며 원고나 편지를 쓸 때 자수
(字數)를 세기 위해 한 글자 한 글자의 간격을 3배 이상이나 떼기 때문에 글
자의 배치는 이런 식이 된다. 어네스트는 자기의 속도를 억제하기 위해 그
한 마디 한 마디의 중요성을 강조했던 것이다.

이 타자기로 쓴 편지는 독설(毒舌)의 극치였다.

"받은 쪽에서는 당신의 기분을 전혀 의심하지 않겠군요."

나는 말했다.

"별로 우호적으로는 읽지 않겠지."

"부두 노동자들한테는 우호적이군요."

"카를로의 우화를 읽은 적이 있나?"

전날 밤, 그는 잠자리에 들기 전에 원고를 나에게 주었다. 베네치아에 있
는 한 친구인 카를로 디 로비란트 백작이 쓴 우화였다. 우리가 베니스에 있
을 때 어네스트는 그의 친구 아이들을 위해 2편의 우화를 썼는데, 그의 허
락을 받아 이 우화를 〈할리디〉의 편집장 테르 패트릭에게 보냈다. 드디어

발표가 결정되었을 때 어네스트는 디 로비란트 백작의 원고로 〈할리디〉에 발표할 수 있겠느냐에 대해 나의 의견을 물었던 것이다.

친구 관계일 경우 어네스트는 돈이건 소유물이건 시간이건 아끼지 않았으나 특히 두 친구에게는 이루 헤아릴 수 없을 만큼의 정성을 다했었다. 리리안 로스가 〈뉴요커〉에 있을 때 미국인 투우사인 시드니 플랭클린의 프로필을 써 문장 솜씨를 인정받은 적이 있었다. 리리안 로스가 그 원고에 착수했을 당시 그때까지 별로 알려지지 않았던 어네스트가 그 문장을 되고해주고 하나하나 조언해주었었다고 전에 그녀가 나에게 밝힌 바 있었다.

베네치아의 젊은 친구인 잔프랑코 이반치키가 장편소설을 쓸 결심을 했을 때, 어네스트는 '핑커'의 접대용 저택으로 그를 초대하여 충고와 조언을 해주었고 동시에 〈스크리브너즈〉에 그 작품의 출판을 제의해주기까지 했다. 그 밖에도 운수 나쁜 5,6명의 친구가 있어 어네스트는 일정한 형태로 그들을 도와주었으며 어떠한 '관계'의 친구에게서든 도움을 청해오면 그는 응했는데 이러한 친구까지 합치면 수백 명은 되었을 것이다.

어네스트는 그날 밤 늦게 화판처럼 금속 클립으로 묶은 상당한 매수의 원고를 갖고 나의 방으로 왔다. 어네스트는 어딘지 불안해 보였다.

"자네가 읽어줬으면 싶네만." 그가 말했다. "우울증의 해독제가 될까 해서 말일세. 메어리가 밤새껏 읽었었는데 아침이 되자 내가 한 짓을 모두 용서해준다면서 팔을 보여주더군. 그런데 팔이 온통 멍투성이가 아니겠나. 결국 그제서야 작가로서의 은사(恩赦)를 받은 셈일세. 같은 지붕 밑에 사는 인간이 마음에 든다 해서 그 작품까지 잘된 것으로 여겨주리라고까지 자만하고 있지는 않네. 때문에 자네가 읽고 아침이 되면 비평을 해주게나."

그러고는 원고를 침대 머리맡에 놓고는 불쑥 나가버렸다. 제목은 잉크로 《노인과 바다》라고 씌어 있었다. 빛을 찾아 몰려드는 벌레가 그물창에 부딪치고, 커다란 나방이 집요하게 날아들며 기슭의 마을에서는 웅성대는 소리가 들려왔으나 나는 코히마르 가까운 어촌으로 빨려들어갔으며, 이윽고 그 바다에서 평생을 두고 단 한 번 가장 압도적인 독서 체험을 얻었다. 이 작품은 어네스트의 내부에 뿌리박은 기본적인 삶의 투쟁이었다. 용감하고 단순한 사나이가 정복할 수 없는 요소에 대해 패하면서도 끝까지 싸운다. 그리고 이 작품을 바다와 같은 자연의 경이를 창조한 조물주에의 절대적인 외경으로 본다면 이것이야말로 종교적인 시이며 여기 등장하는 훌륭한 바닷고기와 노인의 용기는 종교적인 것으로 보아 마땅하다.

"커다란 작품의 일부로 쓸 테니까 간수해두겠네."

어네스트는 이튿날 내가 어떤 식으로 받아들였나를 말하자 그렇게 말했었다.

"지금은 바다에 대한 부분만 묘사되어 있지만 출판하기까지는 이 밖에 물과 하늘의 부분을 쓰겠어. 이 부분만으로는 완성된 것이니까 세 개의 작품으로 나뉠 수 있지. 하지만 왜 그래야 하는가? 자네가 이대로도 세상에 내놓을 수 있다고 인정해준 건 고맙네. 이 작품의 중심에는 내가 아는 오래된 더블 디초가 있다네."

"뭡니까? 그 더블 디초란 건."

"다시 말하자면 그렇고 그렇다는 것이지. 그러니까 이 작품의 '더블 디초'는 곧 인간은 파괴되는 수는 있어도 패배하지는 않는다는 게 되네."

"인간은 패배하는 수는 있어도 파괴되지는 않습니다."

"그렇지, 그걸 뒤집은 셈인데 나는 언제나 인간이란 패하지 않는다고 믿어 왔다네."

메어리는 《노인과 바다》를 매일 타이핑했는데 어네스트의 다른 작품 이상으로 순수한 문체의 완성을 보였으며 각 페이지에는 어네스트가 항상 해왔던 퇴고 과정이 없었음을 말해주고 있었다.

그날 오후 늦게 뉴욕으로 돌아가는 나를 판이 공항까지 자동차로 바래다주었다. 자동차가 '핑커'에서 멀어졌을 때 커다란 저택을 마주한 사자처럼 계단에 서서 새로운 작품을 완성하고 의욕을 보이는 어네스트를 되돌아보았다.

'핑커'의 문 밖에서 쓴 프란시스코 데 파울라의 양철지붕 판잣집이 줄지은 거리를 바라보며 《노인과 바다》에 대해 생각했는데, 이 작품은 《강을 건너서 숲속으로》로 그를 공격한 자들에 대한 어네스트의 통렬한 반격이라고 생각되었다. 이것은 완전무결한 반격으로서 나는 드와이트 맥도널드나 루이스 크로넨버거나 E.B, 화이트처럼 비웃음을 띠며 헐뜯기만 하는 자들이 입을 모아 "이젠 끝장이다! 재능의 고갈! 엿 먹어라!" 따위로 놀려대다가 난데없이 아랫배를 쥐어짜며 주저앉는 모습이 눈에 선했다. 공격하는 자는 반격을 예상해야 된다는 것이 말하자면 근본적인 작전상의 원칙인데 비평가 같은 한심한 자들은, 어네스트가 말했듯이 '하나의 전투는 하나의 작전이 되지 못하니 그 좋고 나쁨을 불문하고 어떤 작품을 마주하는 비평가들은 처음부터 대전쟁을 시작해버린다'는 것을 몰랐던 것이다.

1952년 초가을, 어네스트는 어떤 텔레비전 네트워크에서 요청해온 야심적인 텔레비전 방송의 기획에 대해 상의하고 싶으니 비행기로 와달라고 했다. 나는 그가 벌써 새 작품에 착수했음을 알고 놀랐는데, 어네스트가 책을 써서 그것이 드라마로 바뀐 것은 '핑커'를 출입한 뒤로 처음 있는 일이었다. 아침 작업의 단련은 대단한 것이었다. 그의 침실은 1시까지 출입 금지였으며 1시가 되면 그는 침실에서 나와 식사 전에 기분을 가라앉힐 칵테일을 만든다. 술을 마시면서 신문이나 잡지를 대강 살피는데 그것은 화제로 삼을 것이 없기 때문이라고 했다. 그리고 낮잠을 잔다. 아침 5시나 6시에 작업을 시작하는데 오후 늦게쯤이면 술을 마시거나 잡담을 하면서 즐긴다. 그러나 저녁식사가 끝날 즈음이면 자기 자신을 폐쇄하기 시작한다. 왜냐하면 아침의 창작을 위해 정신을 집중시키기 때문인데 그러다 보면 잠자리에 들 시간이 된다. 원고를 쓸 때에는 언제나 일찍 잠을 잔다. 인물, 사건, 장소, 혹은 대사 몇 줄을 머릿속에 기억해두었다가 다음날 원고를 계속 써나간다.

나는 방해가 되었음을 사과했다. 그가 집필 중임을 몰랐으며 텔레비전의 기획도 보류가 되었다는 것을 몰랐기 때문이다.

"훼방거리가 끼어들어도 곤란하지 않을 정도로 해놓지 않고 자네를 부를 줄 알았나?" 어네스트가 말했다. "더구나 자네를 방해자라고 생각한 적도 없다네. 자네도 알다시피 리런드 헤이워드가 〈라이트〉에 《노인과 바다》를 전재하겠다고 했는데 장편이 되기까지 기다릴 수 없다고 해서, 지금 내가 쓰고 있는 건 물과 바다와 하늘의 작품 중에서 다른 바다의 부분이라네. 하지만 텔레비전의 친구들이 쳐들어오는 것만은 막고 있다네. 그 친구들, 조건이니 뭐니 하며 야만족처럼 침략해오지 않겠나. 지금 작품을 쓰고 있으니 나중에 와달라고 해도 막무가내로 와버리고, 그 친구들이 온 뒤에도 두 번씩이나 이런 짓을 말아달라고 했건만 그 친구들은 선전만 된다면 단 십 퍼센트의 몫만이라도 효과적으로 이용하려고 녀석들이 계약하고 있는 루웰라나 헷더(루웰라 퍼슨즈나 헷더 핫퍼도 영화, 텔레비전 등의 저널리즘에 영향력이 컸다.) 같은 친구들에게 전보를 친다네. 지난 주는 손바닥이 눅눅한 신문기자 리차드 콘든이라는 녀석 덕분에 아주 진땀을 흘렸지 뭔가. 이 녀석이 뜰에서 진을 마시며 땀을 어찌나 많이 흘리는지 당장에 실신하지 않을까 싶었네만 알고 보니 처음부터 끝까지 자기 머릿속에 있는 계획에 나를 끌어들이려고 열을 올린 것이었다네. 요즘 텔레비전 관계자들의 습격을 받고 보니 이건 자네에게 떠맡길 수밖에 없다고 오늘 아침에 결정한 거라네. 자넨 뉴욕에 있으니까 진짜와 가짜의 구별을 할 수 있을 테고 하니 찬성해줬으면 싶네.”

나는 텔레비전을 위해 쓴 일은 없었으나 산난한 그의 소언 넉택에——이상은 피차에 아무런 양해도 없었다——그로부터 몇 년 동안이나 어네스트의 많은 작품을 각색하게 되었으며, 그 가운데에는 《싸우는 자》, 《킬리만자로의 눈》, 《살인 청부업자》, 《닉 애덤즈의 세계》, 《제5열(第五列)》, 《오만 달러》, 그리고 《누구를 위하여 종은 울리나》가 있었다.

“그런데 얘기를 계속하겠네만.” 어네스트가 말했다. “이 시리즈 건에서 CBS는 내가 자네한테 이런 식으로 써달라고 지시를 하게 해달라는걸세. 네 소설을 원작으로 한 시리즈에서 제각기의 작품은 내가 소개하는 형태가 되네. 소개하는 장면 열여섯 컷을 ‘핑커’에서 촬영하고 싶다는걸세. 그쪽에서 제의해온 원작료는 매우 많은 액수로 언제나 빚에 쪼들리는 작가에게는 지친 귀에 들려오는 오묘한 음악이라네. 자네 편지를 보고 몇 가지 지시를 적어 삼 일 동안에 녹음 셋을 했는데 처음 둘은 소용없는 것이었네. 이게 세 번째 것이라네. 첫 번째에는 나는 목이 쉰 것은 아닙니다만 입 안이 부어올라 목이 아프기 때문에 무엇이건 삼킬 수 없답니다, 라고 했거든. 이 주일 전에는 사천팔백 단어를 지껄였고 지난 주에는 사천구백 단어를 지껄였기 때문에 그걸로 이제 싫증이 나버렸지 뭔가. 하지만 솔직히 말해야겠군. 핫치, 내가 이렇게 지껄이지 않고 자네가 원작을 사주기만 한다면 아무래도 좋다네. 나는 지금 정신적으로 매우 안정되어 있기 때문에 진짜로 ‘좋은 시대’이건만 아침마다 텔레비전이니 뭐니 하면서 눈을 뜨는 형편이거든. 돈이란 멋진 쿠션이긴 하지만 내가 정말로 좋은 문장을 매일 천 단어쯤 쓰면 찰리 스크리브너에게서 가불쯤 해도 괜찮지 않은가. 결국 이자를 주는 셈이 되겠지만 내가 빌린 돈은 인세의 세 배 반이 돼 있다네. 찰리는 백삼십오 파운드를 주고 제임스 존즈 '대령'이란 녀석이 쓴 팔백칠십육 페이지의 책을 출판했는데, 그의 선전부 말로는 1944년에 언덕을 넘어간(외국의 전선에 나간) 모양일세. 설사 그렇다 하더라도 정말 시시껄렁한 해에 나왔지 뭔가. 그래서 '대령'이 된 건데 미국 육군의 그의 동료는 이처럼 쉽사리 마각을 드러내는 녀석이 편집적인 계급이 된 걸 알면 슬퍼할걸세. 나는 존즈 대령은 그렇게 오래 가지 못하리라고 보네. 하지만 그는 영원히 우리와 함께 있을지도 모르지. (이것은 존즈의 《지상(地上)에서 영원으로》를 의식적으로 비꼬아 한 말) 존즈 대령의 업적이라면, 그렇지, 텔레비전의 독점 공개 쯤에서 찾아볼 수 있을지 모르겠군. 아무튼 찰리 스크리브너가 다음으로 기대를 거는 건 테일러 콜드웰의 작품이라네. 하지만 나는 나대로 되도록 좋은 걸 쓸 뿐이네. 오랜 스페인의 속담이 있지. 순금으로 이십 달러가 있으면 언제건 환금(換金)할 수 있다고. 이 속담이 지나치게 형이상학적이라면 나무망치로 자기 머리를 때릴 수밖에 없겠지."

텔레비전 드라마의 원작료로 얻을 수 있는 장래의 경제적인 보증에도 불구하고 마이크로폰이며 카메라며 '대중' 앞에서 무엇인가를 한다는 것에 대한 어네스트의 혐오 때문에 결국 이 시리즈 건도 허사가 되고 말았다.

1953년 늦은 봄, 나는 어네스트에게 전화를 걸었다. 몇 달 동안을 두고 아무리 편지를 보내도 답장이 없었기 때문이다. 그는 미안하다면서 폴린이 죽은 뒤로 기분이 내키지 않아 편지를 쓰지 못했노라고 설명했다.

"자넨 좀 어떤가. 도련님?" 그가 물었다. "자네를 만나고 싶다는 생각도 들었네. 이곳엔 진짜 친구가 없다네 —— 자네도 잘 알잖아 —— 자네가 와서 즐겁게 지낼 수 있다면 좋겠네만. 이번 여름은 아프리카로 갈 계획이라네."

"사냥 여행 준비는 끝났습니까?"

"음, 내 옛 친구인 필립 퍼시벌이 아직 은퇴를 않고 우리의 화이트 헌터(백인수렵 안내인)가 돼준다네. 메어리는 처음 맞이하는 크리스마스를 애타게 기다리고 있지. 자네도 함께 가지 않겠나?"

"파파, 그럴 수 없답니다. 최근에 둘째 아이 홀리가 태어나서 출생 신고한 지도 얼마 안 되었고 트레이시도 겨우 젖을 뗀 상태이며 또 일 년 동안은 타이프라이터와 수퍼마켓에 매달릴 작정입니다."

"함께 데리고 오게나. 갓난애도 가젤의 밀크를 좋아하는 법이라네. 영양이 듬뿍 있거든."

"가실 적에는 뉴욕에 들르시겠습니까?"

"글쎄, 뉴욕이라. 뉴욕에 들르지 못할 경우에는 출발 전에 이곳에서 자네와 만나도록 하세. 이번에는 드디어 아프리카로 돌아가게 되었군. 처음 모험에서 느꼈던 흥분이 거기 있거든. 나는 아프리카를 사랑하며, 제2의 고향 같은 곳이라네. 사내로선 한번 가볼 만한 곳이지."

1953년 여름, 어네스트는 이러한 시적(詩的)인 기분으로 마르세유에서 몸바사로 떠났다. 처음은 호조였는데 불행하게도 만년에 그를 괴롭혔던 불운의 모험을 하게 되었다.

제 2 부

제5장 베니스 1954년

내가 베니스 역의 메마른 어두움에서 대낮의 햇살이 반짝이는 대운하의 눈부신 기슭으로 나왔을 때 그리티 팔라스에서 보내준 곤돌라가 기다리고 있었다.

"여행은 어떠했습니까?"

그가 챙이 달린 모자를 벗고 미소지으면서 물었다.

"좋았소."

"세뇨르. 헤밍웨이가 호텔에서 기다리십니다."

"그는 어떻소?"

"썩 좋으십니다."

"하지만 두 번의 추락 사고가 있었는데 아무 일 없었나?"

"예, 부상을 입으신 모양입니다만 그분은 강하시며 여전히 명랑하십니다."

나의 가방을 그리티의 곤돌라에 옮겨 싣고 운하를 따라 움직이기 시작하자 나는 뱃전에 서서 뒤돌아보며, 지난번에 베네치아에 왔을 때와는 딴판으로 달라진 풍경에 감개가 깊었다. 《강을 건너 숲속으로》를 계기로 하여 처음으로 함께 베네치아를 여행하고 나서 4년의 세월이 흘렀다. 파리에서의 멋진 개가(凱歌)에 이은 신났던 시기에 비해 이번 여행은 약간 쓸쓸했다고 할 수 있었다. 어네스트는 우간다의 마티슨 폭포 부근의 울창한 밀림에서 잇따라 큰 사고를 경험한 뒤 상선 '아프리카' 호의 선객으로서 며칠 전에 이 고장에 도착했다. 그는 전화로 세상 사람들은 아직 모르지만 훨씬 큰 부상을 입었음을 나에게 전했었다. 두 차례의 비행기 사고, 첫 번은 두 번째보다 크지는 않았으나 최초의 사고였기 때문에 사람들에게 충격을 가져다 주었고 그만큼 온 세계에 애도와 추도문이 넘쳐흘렀다. 그런데 어네스트가 부치아바의 밀림에서——신문 기사에 의하면 바나나 한 송이와 술병 하나를 들고 있었다고 했는데 어네스트는 그런 것을 가지고 있던 적은 없다고 했다——불쑥 모습을 보였을 때 온 세계가 환호했으며 실제로 믿어지지 않았던 모양이었다. 그와 인터뷰를 하기 위해 몰려든 흥분한 신문 기자를 보고 헤밍웨이는 과연 그다운 말투로 "나는 운수가 참으로 좋아."라고 했다.

그러나 몇 시간 뒤에 그의 운은 나빠지기 시작했다. 구조기 하비랜드 리피테가 헤밍웨이 부처를 케냐의 베이스 캠프로 보내려고 비행했으나 이륙에 실패하여 불시착으로 불타버렸기 때문에 이 사고의 상처를 어네스트에게 알렸던 것이다.

그가 베니스에 도착했다는 전보는 네덜란드에서 받았다. 당시 나는 네덜란드 왕실의 스캔들——유리아나 여왕이 국사(國事)를 어느 점쟁이의 예언에 맡기고 그 점쟁이를 왕궁 안에 살게 했다는 것——기사를 쓸 준비를 하고 있었다. 어네스트의 전보는 그리티에 와달라는 것이었다.

잡음으로 귀에 거슬리는 장거리 전화에서는 어네스트의 목소리가 놀랍도록 억세며 힘찬 울림으로 들렸다.

"언제까지 왕궁 주위를 돌아다닐 작정인가?"

그가 물었다.

"환영해주기를 기다리는 중입니다만." 나는 말했다. "왕궁의 경비병은 내가 다가가면 방아쇠에 손가락을 건답니다. 이걸 두고 비우호적이라고 하는 게 아니겠습니까?"

"음, 자넨 왕궁의 생활에서 해방되어 이곳으로 망명하는 편이 좋겠구먼. 지난번에 우리가 떠난 뒤로 아직 파괴되지 않은 베니스를 봐두어야 하네. 나는 마드리드에서 메어리를 만나야 하니까 이틀쯤 지나면 이곳을 떠날 작정인데 자네 같으면 드라이브도 마음에 들걸세. 아름다운 란치아와 자동차 경주를 할 수 있을는지 어떨는지 모르겠네만. 아무튼 솜씨좋은 운전사를 찾아냈지. 마드리드에선 산 이시드로 축제가 시작되기 전에 시간이 얼마든지 있으니까 나로서는 베니스를 떠날 생각이 없다네. 혼자서 운전할 수도 있네만 아프리카에서 추락한 그 연(여객기를 두고 하는 말) 덕분에 무척이나 다쳤다네. 시시한 신문이 쓰지 못하도록 사건에 대해서 숨겼었는데 두 번째의 연이 불타버리자 나는 완전히 미쳐서 날뛰는 신장 하나에 보통의 내부 손상, 거기다가 2층에서 거꾸로 떨어졌을 때와 똑같은 뇌진탕에 모든 게 두 겹으로 보일 정도의 부상을 입었다네. 지금도 왼쪽 눈이 찢겨졌고 심한 화상도 입었지 뭔가. 생각보다 더 몸이 쇠약해져 정신을 잃고 쓰러지거나 배가 몹시 쓰리기도 하고 두 다리와 팔꿈치도 몹시 거북하거든. 하지만 성기는 끄떡 없네. 그런데 핫치, 요즘은 약간 가혹한 시대구먼. 이런 불구자가 된 사정을 우선 무엇보다 만오천 단어로 쓰기 위해 '루크'를 고용했다네. 이런 소리를 해서 이상하게 들으면 곤란하네만 이번 여행에 자네가 함께 있어 주면 틀림없이 난 건강해질걸세."

곤돌라는 지난날의 이탈리아 왕실의 궁전이며 지금은 조용하고 우아한 호텔로 변한 중심부인 그리타의 선착장에 닿았다.

그의 방에 들어서자 그는 창 곁의 의자에 앉아 책을 읽고 있었는데, 하얀 테니스 모자가 빛을 차단해주고 있었다. 구김살투성이의 울로 된 실내복에는 늘 그랬듯이 Gott Mit Uns의 가죽혁대를 매고 있었다.

나는 문을 열자 한순간 우뚝 멈춰 섰다. 그의 모습에서 충격을 받았기 때문이다. 내가 그를 마지막으로 만난 것은 1953년 가을 뉴욕에서였다. 그가 아프리카로 떠나기 직전이었다. 지금 나에게 충격을 준 것은 5개월 만에 만난 그에게서 엄청나게 노쇠한 모습을 보았기 때문이었다. 머리칼은 회색에서 백발이 되어 있었으며 수염까지 하얗게 변해 있었다. 그리고 어딘지 몸전체가 왜소해진 느낌이었으며—— 육체적으로 작아졌다는 의미가 아니라 그에게서 볼 수 있었던 거대함 같은 분위기가 없어져버린 듯했다.

그는 방 안의 한 구석 테이블에 무덤덤하고 창백한 모습으로 앉아 산더미처럼 쌓인 신문을 스크랩하고 있었다.

내가 방 안으로 들어서자 어네스트가 눈을 들었으며 얼굴에는 곧 미소가 크게 번졌다.

"핫치, 이 친구야, 만나보고 싶었네!"

그는 테니스 모자를 벗어던졌다.

"나를 일으켜주게나."

내가 그의 팔을 잡자 거북스러운 듯이 느릿하게 의자에서 일어섰다.

"몸 속 깊은 데서 무엇인가 치밀어오르는 것만 같다네."

그가 말했다. 그러고는 다리에 힘주어 서자 우리는 서로 왼팔을 상대방 어깨에 걸쳐 등을 몇 번이고 치면서 스페인 식의 악수를 했다.

"자네를 일에서 떼어놓은 것이나 아닌지 모르겠네."

"그렇지 않습니다." 나는 말했다. "당신은 참담한 운명에서 저를 구해주셨습니다."

한참 이야기를 하고 있자 이미 익숙해져 있던 열렬함과 정력이 그의 말투에서 다시금 되살아났고 내가 그에게서 느낀 처음 인상은 희박해졌다.

"파파." 나는 말했다. "당신이 그처럼 단단히 서 계시는 걸 보니 기쁩니다. 그때의 이틀 동안은 모든 신문이 당신의 사망 기사를 실었거든요. 당신이 무사하다는 나의 확고한 신념조차 흔들릴 정도였으니까요."

"포레스트 론은 곧 정정 기사를 냈다네. 무척이나 눈치가 빠르지 뭔가. 나는, 어느 위대한 지도자가 죽었을 때처럼 다루어지지 않나 생각했었지. 그런데 이번에는 추도 기사 작전으로 나오더군."

그는 매 같은 얼굴을 한 사나이에게로 나를 데리고 가더니 아다모라고 소개해주었는데, 그는 일류 운전사인 동시에 우디네에서 제법 유명해진 장의사이기도 했다.

아다모는 각 나라의 신문 기사를 살펴 어네스트가 비행기 사고를 일으킨 당시의 사망 기사를 오려내어 스크랩북에 붙이는 일로 온종일을 보낸 모양이었다. 어네스트는 자신의 사망 기사를 읽는 것이 매우 즐거웠으며 요즘 들어 생긴 나쁜 습관은 아침마다 있는 일정한 의식처럼 사망 기사 한둘을 안주삼아 싸늘한 샴페인 한 잔을 마시는 일이었다. 그 오락적 가치의 본보기를 보이기 위해 어떤 독일 신문의 기사를 스크랩한 것에서 떼냈는데, 이 기사에서는 이번의 비행기 사고가 어디까지나 세계에서 널리 알려진 어네스트의 죽음에 대한 의지를 충족시킨 것이라고 했다.

〈제신(諸神)의 황혼〉 식의 산문이었으며 그 기사는 어네스트의 불운한 최후를 그의 작품 《킬리만자로의 눈》에서 나오는 킬리만자로의 정상(頂上)에 몸을 눕힌 그 형이상적인 표범이 추구했던 것과 결부시키고 있었다.

어네스트는 사망 기사 읽기를 그만두고 피페르 에르쉘의 병에서 샴페인을 따랐는데, 그때 문득 길다란 나무 상자 몇 개가 벽 앞에 놓여 있는 것을 보고 무엇이냐고 물었다.

"창(槍)이라네." 어네스트가 말했다. "투창을 배우려고 했지. 메어리의 창을 들고 다니는 찰로가 자기는 코끼리 이외에는 무엇이건 죽일 수 있는데 투창을 배우기만 한다면 코끼리도 죽일 수 있다고 하지 않겠나, 하지만 그러기 위해선 체육관에서 열심히 배워야 하거든. 내 투창 솜씨로는 들개, 하이에나, 빨리 달리는 토끼 정도겠지. 이걸 익히면 복서의 레프트, 라이트와 마찬가지로 정확하게 펀치를 바로 인사이드에 먹일 수 있다네. 정말 한창 잘 하고 입을 때에 자네가 와서 보았더라면 좋았을걸." 어네스트는 계속해서 말을 이었다. "자네한테 써서 보내고 싶은 게 있었는데 여러 가지 사정이 있어서 그러지 못했네. 수렵 지역의 관리인이 나를 그곳 책임자로 해줬지 뭔가. 명예 수렵구 관리인인 셈인데 흉폭한 동물 같으면 어쩔 수 없는 경우에는 죽여도 되지만 그 이외는 동물을 보호해야 된다는 규칙서와 함께 임명장을 내주었다네. 게리 쿠퍼가 내 작품에 나온 것처럼 대 보안관이 필요했던걸세. 내가 정당하게 정의를 실천하는 걸 자네에게 보여주고 싶더군. (관리인으로서 동물을 죽인 행위를 두고 한 말.) 모두 단 한 발로 끝장내지. 고통은 주지 않네. 죄악임을 아네만 명령이란 즐거운 법일세. 아무튼 보고 싶은 핫치에게 편지를 쓰려고 할 때마다 누군가가 와서 이렇게 말한다네. '나으리, 코끼리가 저의 샴바를 망쳐놓았습죠.'――샴바는 쌀이 되기도 하고 집이 되기도 하지――하고 말일세. 더구나 나이 스물둘에 그 지역을 감독한답시고, 아무것도 모르는 주제에 의욕만 잔뜩 있는 애송이 경찰은 닥치는 대로 일을 망쳐놓고선 이러지를 않겠나. '부아나(나으리), 코끼리가 다니는 길을 막아야 합니다. 코끼리가 오면 마사이 녀석들과 완력으로라도 막도록 합시다. 몇 사람이 있으면 되겠습니까?'라고 하면서 말일세. 이건 십중팔구는 허세이며 아예 그런 친구라고 알아차렸으니까, '내게도 K.A.R에 근무하는 자나 스카웃 요원에――그렇다고 보이 스카웃은 아닐세――여섯 명의 전사(戰士)가 있네. 이 친구들에게는 무기를 갖게 할 수도 있을 뿐만 아니라 창도 네 개나 있네. 자네는 길을 언제 봉쇄했나?' 하고 말해줬지. '네 군데입니다. 제 부하 열두 명에게 경비토록 했습니다.' 하고 그가 말하더군. '안보세리로 향하는, 아직은 알려지지 않은 두 길은 누가 봉쇄하나?" 하고 물었더니, '당신입니다.' 제기랄, 내가 보고 싶은 자네에게 편지를 쓰려고 하면 그는 이런 식으로 방해를 한다네. 이런 종류의 작전은 밤을 새우게 마련이니까. 나귀를 데리고 있는 비무장 지대의 인원 세 명과 만났지. 하지만 나는 영국의 여왕을 위해 임무를 수행했네. 부하들, 차렷! 여왕에게 영광이. 메어리에게 영광이, 보고 싶은 핫치 호(號)에게 영광이, 라는 거지. 그런데 그런 뒤로는 보고 싶은 핫치에게 편지를 쓰기는커녕 지칠 대로 지쳐버려 잠자리에 들기가 바쁘지. 애송이 경찰관이 와서 떠들어대는 게 들리지. 애송이는 어찌할 바를 몰라 안절부절을 못 하지 뭔가. '부아나(나으리), 사자 한 마리가 라이토키코크의 마을을 위협하고 있습니다.' '사자는 몇 마리인가? 숫놈인가, 암놈인가?' '숫놈 사자가 한 마리입니다. 마을에서 일마일 반쯤 되는 곳에서 산양 한 마리를 죽였습니다.' '산양값은 치러주겠네.' '아닙니다, 부아나. 명예 수렵 지역 관리인이신 당신께서 그 사자를 죽이셔야지요.' 나도 장비를 갖추고 함께 나가지. 텐트로 돌아왔더니 메어리가 말하지 않겠나. '파파 밤중에 사자 뒤를 쫓아다니는 건 그만둬줘요. 팔월 이십칠일 이후로 휴식을 전혀 취하지 않았다는 걸 잊었나요?'라고. 그때는 십이월 초순이었단 말일세. 나는 그 특별한 날에 어떠한 종류의 휴식을 취했는지 모른다네. 어쩌면 배에서 내려 짐을 정리했는지도 모르지."

어네스트는 갑자기 등이 아프기 시작한 모양인지 등 뒤로 손을 돌려 두드렸다.

"파파, 건강은 어떻습니까? 솔직히 말씀하십시오."

"음, 증거를 대라는 거로군. 하지만."

그가 욕실로 향했기 때문에 나도 뒤따랐다. 문 가까이에 있는 테이블에 마사지용의 큼직한 알코올 병이 있었다.──어네스트는 거의 욕탕에는 들어가지 않고 알코올의 스폰지 입욕법(入浴法)을 즐겼다. 욕조나 세면대의 중간에 있는 테이블에는 요(尿)를 넣은 컵 5,6개가 있었다. 어네스트는 그 중 하나를 집어들고 어두운 빛깔의 내용물을 빛에 비쳐 보았다.

"신장의 조직 어딘가가 막힌 모양인지 이틀 동안 소변이 나오지 않았다네. 마지막에는 좋아졌지만. 이 더러운 걸 보게나──마치 이쑤시개처럼 떠 있는 게 보이잖아. 이 빛깔을 보고 있노라면 구역질이 난다네. 포도 주스 같지 뭔가. 선의(船醫)는 무척 좋았어. 신장 약을 주고 화상으로 죽은 피부를 잘라주었으며——아주 썩 훌륭한 의사였는데——음, 이거군, 보게나, 핫치…….”

그는 잠시 수염을 만지작거리다 불안한 얼굴을 했으나 이윽고 미소를 띠었다.

“하지만 자네의 그 주근깨투성이 얼굴을 볼 수 있어 다행일세.”

그는 잠시 망설이더니 이번에는 훨씬 더 진지한 얼굴로 말했다.

“이번 여행에서 생각했네만 우선 좀 앉게나…….”

나는 변기의 가장자리에 앉았다. 그는 갑자기 화장실을 사무실로 바꾸어 버린 것이다.

“내가 얼마나 혼이 나고 있는지 자네한테만은 분명히 말해두겠네.……자네는 내가 쓰려는 작품, 창작 말이네만 언제나 소재를 아끼고 있다는 것, 자네도 알잖아. 고갈되는 위험의 보증으로서 말일세.……하지만 내 심정으로 말한다면 좀 편해보겠다는걸세. 스페인은 아름다운 나라로서 나는 그 가운데의 몇 가지를 뚜렷이 얘기해줄 수 있네만. 실제로 내가 가지 않았더라면 누군가가 써먹었을걸세. 이런 소리를 하면 병적으로 들릴는지 모르겠네만, 뭔가 하면——보증이 되는 것을 끄집어낸다는 건 병적이지 않겠나?”

“파파, 우선 급한 건 부상을 고치는 겁니다. 창작 같은 건 신경을 쓰지 말구요. 염려 마십시오, 곧 쓰게 될 테니까요.”

“아니, 책으로 만들지는 않겠네.” 그가 말했다. “자네가 원고를 읽어줄 때까지는 말일세.”

욕실에서 나와 냉장고에 적당히 차가운 샴페인이 들어 있는 것을 보자 그는 행복해 보였다. 샴페인의 코르크, 이것은 메어리가 좋아하는 것 중의 하나였는데 그 코르크를 따고 있는 그에게 메어리에 대해 물어보았다.

“메어리도 이젠 괜찮지만 암흑 대륙에 나아가기 직전의 ‘핑커’에서의 생활은 좀 엉망이었던 모양일세.”

그는 샴페인을 들면서 마치 투수가 포수의 사인에 찬성의 뜻을 표하듯이 짤막하지만 만족스러운 듯이 끄덕였다. 그는 창피스런 상태에 빠졌던 사건에 대해 설명해주었다——하기야 이 상태의 범위는 설명할 수 없는 것이라고 한다.

"나는 머릿속에서 바람이 휘몰아쳐 의욕이 나지 않았던걸세." 그가 말했다. "메어리는 좀 억세지만 훌륭한 여자라네. 세계의 모든 녀석이 무슨 소리를 하건 억센 여자를 다루는 방법은 다정하게 대해주는 거지. 다정스럽게 해주고 싶지 않을 때에도 다정하게 대해주면 돼. 나는 평생을 통해 정말로 하고 싶었던 건 세 가지밖에 없었네——사냥과 작품을 쓰는 것과 그리고 사랑하는 것. 그러한 일에 대해 내게 충고할 수는 있겠지——사격이라든가, 쓰는 것, 사랑하는 것에 대해——그러나 한 항구에 들어가는 방법은 배워서 터득하는 게 아니라네."

"메어리의 마음속에 조금씩 물러서고 있는 게 있다는 말씀인가요?"

"알겠나, 무척 엉망이 된 이 세계에는 여자가 썩을 만큼 많네만 나를 불능에서 실제로 구해주는 건, 내가 메어리를 진정으로 사랑하고 있다는걸세. 그녀도 이 점은 알고 있기 때문에 내가 잘못한 것이 있어도 용서해주지. 내가 인생이라는 걸 진지하게 받아들이고 있지 않다, 라는 한 마디만으로 그러한 일에 결말을 내고 말지. 언젠가 내가 인생을 진지하게 받아들이면 많은 사람이 목매어 죽을걸세. 젊었을 때는 결혼은 생각도 하지 않았는데 막상 결혼하고 보니 아내가 없으면 아무 일도 못 하겠더군. 아이도 마찬가지라네. 아이 같은 건 필요없다고 생각했는데 막상 하나가 생기고 보니 벌써 아이가 없는 인생 같은 건 생각조차 할 수 없다네. 그러나 아버지로서 성공하기 위해서는 절대적인 원칙 하나가 있지. 아이가 태어나도 최초의 이 년 동안은 아이에게 신경을 쓰지 말라는걸세."

그는 잠시 생각에 잠기더니 턱수염을 비비 꼬았다.

"한 결혼에서만은 후회를 했었지. 결혼 허가증을 받았을 때 관청에서 곧장 술집으로 직행했던 걸 기억한다네. 바텐더가 '뭘로 드시겠습니까?'라고 묻기에 나는 '독이 든 당근 한 잔을 주게나.'라고 해줬지. 메어리는 아주 멋지지. 아프리카를 사랑하며 아프리카에 있노라면 마음 편히 지낼 수 있지. 지금 런던에서 루파르토 베르빌과 함께 쇼핑을 하고 있다네. 자네에게 안부 전해달라더군. 자네 보고 스페인에 와서 피아차 산 마르가리타 시장에서 말 대신 곤돌라가 달린 회전목마를 탑시다, 하면서 말일세. 이건 무슨 암호 같군. 그녀가 한 말 그대로 전하는 것이네만."

열려 있는 문을 급하게 노크하는 소리가 들리더니 곧 한 사내가 들어왔는데, 전에 베니스에 왔을 때 만난 인물이었다. 페데리코 케클러로서 예절바르며 유쾌하고 멋쟁이에 상냥한 베니스 인사(人士)인데, 스웨이드 구두와 그것에 맞춘 스웨이드 장갑, 그리고 역시 스웨이드 양복을 입고 있었으나 위에서부터 아래까지의 완벽한 스웨이드 차림을 엉망으로 만들어버릴 것 같은 햇빛에 많이 바래고 낡아빠진 스냅 브림 모자를 쓰고 있었다. 완벽한 케임브리지 영어를 구사했으며 베니스에서는 톱 클래스의 사격 명수에 스포츠라면 무엇이건 만능인 인물이었다. 그와 어네스트는 반갑게 인사를 나누고, 어네스트는 크리스마스 선물로 그에게 진주 손잡이가 달린 나이프를 주었으며 그도 선물을 했다.

"크리스마스의 단화(短靴)를 재키에게 줘버렸다네." 어네스트가 말했다. "그리고 내 크리스마스의 넥타이핀을 베르탕에게, 동전 주머니는 어느 아이들에게 줬지. 해마다 모두 새 것을 갖는 게 좋거든. 아무튼 남에게 줘버리기까지는 내 것이라고 말할 수 없어."

어네스트는 소지품에 지배되지 않으려고 무엇이건 남에게 줘버렸다. 사냥 도구며 그림 컬렉션 말고는 값비싼 것을 별로 갖고 있지 않았다.

"인생에서는 약간의 것에만 애착을 가지면 돼."

언젠가 그가 나에게 말했다.

"여러 가지 것을 처분함으로써 애착을 느낄 수 없는 것에 자신의 기분을 맞출 필요는 없다고 생각한다네."

어네스트는 곧 케클러 백작에게 아프리카 수렵 여행에 대한 설명을 하기 시작했다.

"케크, 내가 쏘아 맞춘 놈을 봐주게나. 메어리와 충실한 안내인 찰로, 예순쯤 되어 보이고 키는 메어리만한 토인이 바람이 정면으로 불어오는 데서 사진을 찍고 있는데 그놈들이 슬며시 다가왔지 뭔가. 마치 마피아처럼 등 뒤에 있었던 셈인데 파파와 내 총을 갖고 다니는 운구이, 둘이서 다가갔지. 메어리가 사진을 찍고 있는 사이에 —— 나는 십사 인치의 렌즈가 달린 하셀 브랏드를 사주었는데 그것의 값은 표범 한 마리보다 더 싼 것이었네 —— 운구이와 나는 메어리와 찰로가 서 있는 나무 밑에 늑대 무리가 있는 걸 봤다네. 서로 상대방을 보지 못한 채 메어리와 찰로는 사진을 찍고 늑대는 들소의 수를 세고 있지 뭔가. 그런데 늑대는 카메라의 셔터 소리를 듣고 메

어리와 찰로를 알아보고는 순식간에 이 두 사람 역시 들소의 고기인 줄로
알아버렸지 뭔가. 늑대의 집단 행동은 정말 볼 만했다네. 하지만 메어리는
계속해서 사진만 찍고 있었기 때문에 운구이와 나는 숙련된 육박전으로 불
쑥 쳐들어가서는 총을 발사하지 않은 채 늑대를 몰아냈다네.”

　그런 뒤 어네스트는 더욱 놀라운 결혼 풍속의 이야기를 해주었다.

　메어리가 나이로비에 가고 없는 동안에 18세가 된 와칸바의 딸을 맞아들
였으며 지방의 습속(習俗)에 따라 17세이지만 남편을 잃은 그 여동생마저
받아들였다는 것이다. 셋은 너비 14피트의 산양 가죽 위에서 잤다고 어네스
트는 이야기를 계속했는데, 메어리가 돌아오자 이 일에 약간의 혐오감을
느끼긴 했으나 이 결혼으로 그들 종족에게서 어네스트가 획득한 높은 지위
는 놀라운 것이었다고 했다.

　어네스트의 심술궂은 장난 중의 하나는 머릿속에서 생각나는대로 나오는
엉터리 공상을 그럴듯하게 이야기하는 것이었다. 이 믿어지지 않는 결혼의
이야기도 어쩌면 그런 것이었는지 모르지만, 그래도 그는 자기의 아프리카
부인의 사진까지 나에게 보여주면서 이 이야기는 사실이라는 표정을 해 보
였다. 그러나 이 이야기는 저 유명한 스파이 마타 하리와 섹스했다는 이야
기를 후세 사람들에게 남기기 위해 레코드로 취입했을 때의 일을 생각나게
한다. (이 이야기는 1965년의 그드몬 레코드의 LP, 《어
네스트 헤밍웨이, 자작(自作)을 읽다》에 있다)

　우리처럼 허물없이 지내는 사람을 보고, 그 당시 자기는 한낱 중위였으
며 그녀는 고급장교나 각료를 상대로 했기 때문에 그녀를 잘 알지는 못했지
만 ‘어느 날 밤, 그녀와 무척 신나는 섹스를 했네. 아무튼 엉덩이가 탐스럽
고 자기가 남자에게 주는 것보다 남자에게 받음으로써 더욱 욕망을 불태우
는 그런 여자였다.’라고 했다.

　나는 그의 마타 하리의 재능에 대한 이와 같은 냉철한 칭찬에 무척 감동
했는데, 이 문제의 여성은 1917년에 프랑스측에 의해 처형되었다는 것과 어
네스트가 처음으로 적십자의 구급차 운전요원으로 해외에 나가 이탈리아
전선에 배치된 것이 1918년임을 아울러 떠올리게 되었다. 그로부터는 진지
한 얼굴로 허풍 떠는 것을 언제나 경계했는데 어네스트의 아프리카에서의
정사(情事)도 사실인지 아닌지 나는 도저히 알 길이 없다.

　“메어리의 배역은 무척 좋은 것이로군요.” 페데리코가 말했다. “보통 여

자 같으면 히스테리를 부릴 텐데요."

"메어리는 사개월간 사냥 여행을 하는 동안 정말 사랑스럽고 멋지고 또 아주 용감했어. 하지만 최초의 비행기 사고가 있은 뒤 밀림에 들어가 코끼리가 무척 많이 나왔을 때는 약간 신경질을 부리며 성미가 급해졌다네. 내가 냄새로 코끼리의 수컷과 암컷을 구별할 수 있다고 했더니 믿지 않았다네. 또 하나, 그녀의 결점이라면 사자가 위험하다는 생각을 전혀 하지 않는다는 것인데 우리가 정신을 차리고 상대했던 것은 표범이며 이것 역시 사자에 비하면 장난에 불과하다는 말도 믿지 않았다네. 그때는——나는 만그로브가 밀생(密生)한 늪보다 더 깊은 관목 숲까지 기어가서 엽총으로 사살해야 될 형편이었지——표범은 심하게 다쳐 매우 위험했지만 나는 용기를 내기 위해 입으로 어깨의 뼈를 물고 있었지. 숲이 우거져 모습이 보이지 않았기 때문에 표범의 포효를 듣고 총을 발사했으니 이게 바로 장난 같은 짓이지 뭔가. 물론 이런 말을 하는 건 그녀 흉을 보기 위해서가 아니라 추락의 충격 상태에서 스스로는 그 충격을 전혀 느끼지도 못하고 또 충격이 어떠한 것인가조차 생각도 않고 그녀는 나의 망가진 괄약근(活約筋)에 가득 채워진 대변을 쏟아내고 있는 줄로 여겼던 것인데 실상은 나는 표범을 뒤쫓고 있었던 거지. 하지만 대개의 경우는 사랑스러웠고 멋이 있었다네. 더구나 지금도 말했듯이 매우 용감했거든. 하지만 아까 그녀에게 약간이나마 유태 민족의 피가 있었다면 좋았을 텐데 하는 생각은 했지. 그렇게 되면 타인의 고통을 알 수 있지 않겠나. 그러나 놀라서는 뭣하나 익힐 줄 모르며 반은 독일, 나머지 반은 아일랜드의 피가 섞여 있어 그 피가 무자비하게 맞부딪쳐 있는 여자를 나는 아내로 삼은 셈인데 아름다운 여자지. 내게 있어서는 포켓판(版)의 루벤스라네."

"그런데 당신이 죽었다고 보도되었을 때 이곳에 있는 사람들은 모두 심한 충격을 받았답니다." 페데리코가 말했다. "아드리아나는 내게 '쿠바로 데려가달라, 당신의 펑커를 불태워버리겠다. 그렇게 해야 다시는 아무도 당신의 침대에서 잘 수 없을 것이며 당신의 의자에 앉지도 못하고 화이트 타워에 올라가지도 못할 테니까.'라고 했답니다. 수영장까지 부숴버린다고 말하더군요. 정말 성미가 불 같은 아가씨거든요."

아드리아나 이반치키는 키가 늘씬한 19세의 귀족적인 미녀로 검은 머리를 길게 늘어뜨리고 재미있지만 매력적이지 않은 코를 가진, 어네스트의 말에 의하면 진짜 비잔틴 스타일의 미녀였다.

어네스트는 1949년 초부터 그녀와 알고 지냈다. 그녀는 옛날의 훌륭한 베네치아 명문의 출신으로 섬세한 시를 쓰고 그림에 능했으며 스키 타는 것도 능숙했다. 그녀는 《강을 건너 숲속으로》의 장정을 맡아 했으며 어네스트는 마치 그 작품에 나오는 리처드 캔트웰 대령이 젊은 백작의 딸 레니타를 알 무렵과 거의 버금가는 기간에 편지를 주고받았다.

"핫치한테는 아직 얘기를 하지 않았던가?" 어네스트가 말했다. "오늘 밤, 그랑 카나르(대운하)에 있는 아르리아나의 파라츠오(궁전)로 만찬을 하러 간다네. 아르리아나의 언니 남편은 이탈리아 해군의 장교로 버지니아 주, 노포크의 미국해군 소속으로 파견되어 있는데 미국 아가씨와 사랑에 빠진 모양일세. 다음 주에 귀국하는데 아르리아나 일족은 야단법석이라네. 그럴 수밖에 없는 게 그 미국 아가씨를 전혀 모르거든. 나는 그 미국 아가씨의 인물 해석 및 처형의 시위를 맡도록 설득당했는데, 핫치가 왔으니 그 역할을 자네에게 양보하겠네."

페데리코가 돌아간 뒤 어네스트가 말했다.

"무척이나 고상한 녀석이지. 이탈리아 인은 멋진 데가 있거든. 그러니까 온 세계에서 신문이 가장 최저 수준이 아니겠나."

"이곳으로 돌아올 때 정말로 기뻤답니다. 사십구 년의 여행은 지금까지 했던 여행 중에서 최고였습니다."

내가 말했다.

"절망하지 말게." 어네스트가 말했다. "보다 더 좋은 시절이 올 테니까."

앞으로 좋은 시절이 꼭 오리라는 어네스트의 확신은 자기가 살고 있는 나날의 시간에 대한 매우 엄격한 견해에 바탕을 두고 있었다. 즉, 매일매일 하루를 즐겁게 보내기 위해 야전군(野戰軍)의 사령관이 작전을 세우듯이 그 즐거움을 계획하는 것이었다. 이것은 유연성이 없다는 의미가 아니다──파리에서의 이틀 동안은 내가 1949년에 즐거웠던 것처럼 충분히 2개월만큼의 가치가 있는 것이었다. 그러나 파리에서의 나날, 우선 실천 이전에 세밀한 계획을 세우거나 아니면 그것을 실천하고 있을 때에 문득 머리에 떠올랐다.

　“파리에 있을 때 무슨 수를 써서라도 기회를 만들어 찾아가던 곳이 로터리 내셔널이라네.”
하고 어네스트가 말한 적이 있었다.
　베니스에서의 나날을 위해 어네스트는 늘 그랬듯이 여러 가지 계획을 짜고 있었다. 그의 계획에는 단골 귀금속상인 코그토그나트 상회에 가서 에메랄드를 구경하는 것과 이탈리아 인으로서 사업에 성공한 옛 친구인 하리를 만나는 것이 포함되어 있었다.
　하리의 술집에서는 오늘 밤의 만찬회에 갖고 갈 벨거 캐비어 10파운드짜리 통조림을 선택하기로 되어 있었다.
　“그랑 카나르(대운하)의 르네상스 시대의 종전에서 햄버거만을 먹을 수야 없지 않겠는가.” 어네스트는 말했다. “캐비어를 먹어 막힌 가슴을 뚫는 걸세.”
　하리의 술집에서 나온 뒤로는 지난번 여행에서 나도 만난 적이 있는 어네스트의 친구를 만나기로 되어 있었다. 이런 계획은 어네스트에게는 고문(拷問)이나 다름없다는 생각이 들어 내가 그 말을 하자 그는 이렇게 말했다.
　“모두가 나에게 좀 휴양을 취하라고 하네만 나를 말리지는 못할걸세. 내 다리를 잘라내어 십자가에 걸기 전에는——또 설사 그렇게 한다 해도 나는 틀림없이 반사신경으로 해치울걸세.”

　어네스트와 내가 구부정한 자세로 걸어가는 피아차 산 마르코에 적의를 품은 지중해의 바람이 불어오고 있다. 우리는 이미 코그토그나트의 쇼윈도에 있던 10개의 에메랄드도 보았으며——어네스트의 평가로는 그 중 하나는 쓸만한 값어치가 있으며 3개는 보류, 2개는 약간 수상쩍고 4개는 절대로 안 된다는 것이었다. 공작부인이 초대한 만찬에는 유감스럽게도 참석할 수 없게 되었다면서 꽃만 보내고는 칼레 바로치의 푸줏간에서 오늘 밤 햄버거를 만드는 데 쓸 고기 빚는 것을 감독했다. 그래서 하리의 술집은 피난처 구실을 했다.
　카운터에 서서 ‘브래디 메어리’를 마셨는데 베르탕에서 내놓은 것과는 맛이 달랐다. 바텐더가 어젯밤에 있었던 이탈리아의 티베리오와 영국의 랜

디의 권투시합에 대한 감상을 어네스트에게 물었다. 어네스트는 단발(單
發)의 펀치, 50초로 끝난 이 시합을 자상하게 분석한 뒤 자신의 복싱 체험
을 들려주었다.

"뉴욕에 있을 무렵 나는 언제나 조지 브라운즈 체육관에서 연습을 했다
네."

그는 천천히 회상하는 듯한 눈빛으로 계속 말했다.

"〈뉴요커〉가 권투 선수로서의 헤밍웨이라는 기사를 '거리의 화제'라는
제목으로 쓰기 위해 세인트 클레어 매켈웨이를 보내겠다고 했을 때, 마침
나는 조지와 함께 연습 중이었지. 그래서 조지와 나는 상의해서 매켈웨이
의 기사에 생색을 내주기로 했다네. 조지의 체육관 입구에 에이프 아텔의
시합을 찍은 커다란 사진이 걸려 있었지. 두 선수의 얼굴이 피투성이가 되
이 알아볼 수조차 없는 그린 사진이지. 매켈웨이가 나타났을 때 내가 말해
줬네. '저 두 사람을 봤소? 매켈웨이 씨, 사실은 별 게 아니라오.'라고.
이윽고 조지와 나는 링에서 연습을 시작했지. 조지는 늘 고함을 친다네.
'모리스! ──체육관의 심부름꾼 이름이 모리스였다네── 모리스! 헤
밍웨이는 다리를 더 단련해야 돼.'──나는 권투를 신발이 없어 양말만을
신은 채 연습했거든──'옥상에 가서 모래자갈을 좀 갖고 오너라.' 모리
스가 모래자갈을 갖고 와서 링 위에 쏟아놓았네. 매켈웨이는 메모를 하더
군. 연습을 잠시 하자 다시 조지가 고함치지 않겠나. '모리스! 유리 조각
을 좀 섞어라.' 매켈웨이는 일분에 일 마일의 시속으로 쓰더군. '브라운
씨.' 모리스가 말했네. '유리 조각 같은 건 없습니다.' '그럼 깨서라도 갖
고 오너라.' 조지가 말했지. 그러고도 마지막으로 쇼를 하듯이 벨트로 서로
를 때리기 시작한 거지. 매켈웨이는 어이가 없는 모양이더군. 그 기사가
〈뉴요커〉에 실렸는지는 모르겠네만."

몸매가 단단한 정력적인 사내 시프리아니는 회색투성이로──머리칼
표정, 옷, 눈빛마저──와서는 어네스트를 보고 무척 기뻐하며 말했다.

"토르첼로의 사냥터에 가 있었습니다. 물오리가 썩 좋습니다. 에르네스
토, 며칠 지나면 오셔서 사냥을 하십시오."

"총을 겨누기도 힘드니 명중은 어림도 없다네."

어네스트가 말했다.

"손은 좀 어떻습니까?"

시프리아니가 물었다. 어네스트는 아프리카에서 심하게 화상을 입은 손을 내보였다.

"새 살이 돋아 겨우 자신을 갖게 되었지. 척추, 신장, 간장이 그 전과 다름없다면 좋으련만."

"신장에 대해선 몰랐군요."

시프리아니가 말했다.

"파열됐다네." 어네스트가 말했다. "저 테이블에 가서 앉아도 되겠나? 안 그런가, 저기 바가 있는데도 테이블에 가서 앉아야 하니 나도 이젠 끝장이지 뭔가."

"그처럼 심하게 다쳤나요?"

시프리아니가 물었다.

"두 번째 추락 사고 때문이지. 그때는 순식간에 불타버리더군. 내가 기내(機內)의 바닥에 섰을 때 몸의 내부가 짓눌리는 듯한 느낌이 들었다네. 뒷문은 비틀려 있더군. 나는 오른팔과 어깨 뼈를 다쳤기 때문에 문을 열기 위해서는 왼쪽 어깨로 밀어붙여야만 했었지. 레이 머셔는 메어리와 함께 앞에 나가 있었어. (이것은 핫치너의 오기(誤記)인 듯함. 레이 머셔가 아니라 로이 머슈를 말한 것임). 내가 고함쳤네. '이쪽을 열었다. 메어리는 괜찮은가?' 그도 역시 소리를 지르더군. '괜찮습니다. 파파, 앞으로 나가도록 하겠습니다.' 메어리가 전혀 다치지 않은 채 보석 상자를 들고 있는 것이 얼마나 기뻤는지 모르네. 여자란 그런 큰 사고를 당하면서도 보석을 잊지 않더군. 우리는 멍청하게 선 채 '데 하비란드'가 불타는 것을 바라볼 수밖에 없었네. 그런데 알코올학(學)의 학생인 자네와 시프리아니가 흥미를 느낄 과학적 관념 몇 가지를 얻었지 뭔가. 우선 첫째로는 풍 하고 터지는 조그만 소리가 네 번 났는데 이건 칼스버그 맥주병 네 개가 터지는 소리로 판단되었다네. 그러고는 좀더 실체적인 소리가 났는데 바로 그랜드 매크니슈 병이 터지는 소리로 확신이 되더군. 하지만 정말로 좋은 소리를 낸 건 고든스 진 병이더군. 금속 마개로 밀봉된, 아직 손도 안 댄 병이었어. 그랜드 매크니슈는 코르크 마개이며 더구나 반쯤은 마셨었거든. 그러니 고든스 진은 진짜 폭발이었네. 이때의 추락 사고에 대해선 〈루크〉에 만육천 단어의 원고를 썼네만 힘겹더군. 때때로 대신 써줄 사람이 있었으면 하고 생각할 정도였으니까. 어네스트 헤밍웨이 구술(口述)에 트루먼 카포티 집필, 하는 식으로 말일세.”

통통하게 살이 찐 갈색에 가까운 빛깔의 고양이가 테이블에 다가오자 어네스트가 안아올리고는 귀 부분을 쓰다듬어주었다.

“어제, 르네한테서 편지가 왔는데, 집에서 기르는 고양이 프렌들레스와 엑스터시가 대판 싸움을 벌이더니 두 마리 모두 어딘가로 가버렸다는걸세.”

어네스트는 갈색 고양이의 목덜미를 쓰다듬으면서 나지막하긴 하나 정다운 목소리로 너는 정말 예쁘구나, 하고 고양이에게 말을 걸고 있었다.

작은 모자 상자 크기만한 캐비어의 파란 통조림이 테이블에 놓이자 어네스트는 기뻐서 어쩔 줄을 모르며 시프리아니의 어깨를 쳤다. 그러고는 다시 한 번 고양이를 안고는 잠시 궁리히는 듯히더니 테이블 위에 을려놓았다.

우리가 다시 피아차 산 마르코를 지날 때 비둘기떼가 땅바닥에 가득히 내려 앉은 채 우리가 지나가도 날려 하지 않았다. 먹이를 파는 노인에게서 콘을 사는 사람은 두세 명의 관광객뿐이었다. 어네스트는 비둘기들이 발치에 몰려드는 것을 보고 있었다.

“비둘기란 놈을 보고 있으면 언제나 꼬집어주고 싶거든.”

콘을 파는 노인 앞을 지나가다가 어네스트가 말했다.

“저 할아범을 봤나? 저 할아범은 태어난 지 오십사 년이나 되는 앵무새를 기르고 있는데, 하루는 ‘나는 천당에 부름을 받아 갑니다.’라고 세 번 말하더니 그 앵무새가 죽더라는걸세.”

털가죽의 모자를 쓴 젊은 사내 둘이 킬킬거리며 우리 옆을 지나갔다. 어네스트가 상관없다는 표정으로 말을 이었다.

“내가 저 할아범에게서 배운 것 가운데 하나는 남색을 즐기는 녀석을 때려주면 야단난다는걸세. 찢어지는 소리를 내거든.”

비둘기 한 마리가 날더니 어네스트의 팔에 내려앉았다. 어네스트는 걸음을 멈추고 슬며시 비둘기를 어루만졌다.

“옛날에 파리의 상쟘 에 알바니에 방이 있었지.” 그가 말했다. “도기로 된 변기 바닥에 파란 잉꼬 두 마리가 서로 기대고 있는 걸 그려놓은걸세.

나는 언제나 변비였지.”

이반치키 파라츠오(궁전)에서의 햄버거 디너는 대성공이었다. 아드리아나가 어네스트의 인생에서 특별한 사람이라는 것은 곧 알 수 있었다. 나중에 어네스트가 자작(自作)의 주인공을 신격화하는 형태로 이 놀랍도록 젊은 아가씨를 자주 자기네 그룹에 끌어들였다. 이 로맨틱한 젊은 여성은 남의 눈을 피하는 사랑의 상대가 아니라 모두가 있는 자리에서 어네스트가 다정하게 대해주거나 그 여성을 위해 옷차림을 갖추어주는 그런 성격의 상대였다.

햄버거 디너가 끝난 뒤, 아드리아나는 2차 모임을 할 속셈으로 그리티로 되돌아왔다. 페데리코를 비롯한 호의적인 친구들이 모두 기다리고 있었다. 어네스트는 이따금 고통을 느끼는 듯했으며 소파에 앉아 편히 쉬려 했다. 마실 것은 얼마든지 있었으며 누군가가 포터블 축음기를 갖고 와서는 듣고 있었다.

한밤중이 되자, 어떻게 해서 그렇게 되어버렸는지 스스로 생각해보아도 알 수 없지만 내가 미국 야구의 시범을 모두에게 보여주기로 되어버렸다. 아마도 어네스트가 크리켓광(狂)인 영국인과 토론하다가 그렇게 된 듯싶다. 어네스트는 털실 양말을 야구공처럼 똘똘 뭉쳤으며 나는 장식용의 문 빗장을 방망이 대신으로 하자는 멋진 아이디어를 내놓았다. 다른 것도 그렇지만 그리티의 빗장은 매우 정교한 것이었다. 손으로 조각한 마호가니로 끝머리가 무겁고 마치 테이블의 다리처럼 위쪽이 막대기 모양으로 차츰 가늘어져 있었다. 야구 방망이로는 안성맞춤이었다. 야구를 본 적이 있는 페데리코가 투수되기를 자청했으며 나는 적당한 장소에 홈플레이트를 만들기로 했다. 나는 제1구를 센터라인을 향해 쳤는데 놀랍게도 양말로 만든 야구공은 높은 아치로 된 유리창을 넘어서 베니스의 어둠 속으로 날아가버렸다. 유리는 엄청난 소리를 내며 깨지고 아래의 보도에서 성난 소리가 들렸다. 잠시 동안 나는 털실양말 두 켤레를 뭉쳐 만든 공을 날려 유리창을 박살냈다는 영광을 마음껏 누렸으나 얼마 뒤에 가서야 문 빗장 끝의 쇠붙이가 빠져나가 공과 함께 유리창을 깨고 날아갔다는 것을 알게 되었다. 나는 그때 그 자리에 있던 사람들이 모두 서명한 유리 파편을 지금까지 갖고 있다.

그것으로 파티는 끝났다. 이튿날 우리가 물러날 때 어네스트가 유리값을 변상하겠다고 했다.

"네에, 그랬군요. 유리창 말이죠." 매니저가 말했다. "그 하늘을 나는 원반은 어떤 신사의 코를 스치고 떨어졌습니다만 마침 그분이 시의원이었습죠. 그분은 온몸을 부들부들 떨며 화를 내며 찾아오셨습니다만 저희들이 잘 달래 마음을 가라앉혀드렸습니다. 유리창값 말씀입니다만, 이 그리티 삼백 년의 역사 동안 방 안에서 야구를 하신 분은 처음으로 그 기념으로 세뇨르 헤밍웨이, 값의 십 퍼센트를 깎아드리도록 하겠습니다."

어네스트는 매니저를 술집으로 초대하여 작별 인사로 샴페인을 대접했다. 우리는 술잔을 마주쳤는데 어네스트는 무척 쓸쓸해 보이는 표정을 지었다. 그의 말로는 어디를 가도 다른 곳으로 떠날 때는 서운했으나 특히 이번처럼 베니스는 더 서운하다는 것이다.

어네스트가 느릿하게 걸어가서 모터가 달린 배에 슬픔에 잠긴 듯이 올라타려는데 옆에서 아다모가 도와주었다. 도중 란치아에 들를 작정으로 운하를 달리고 있을 때 그가 말했다.

"베니스나 파리가 이 세상에 있건만 어째서 사람들은 뉴욕 같은 데서 산단 말인가?"

납작한 하물선(荷物船)이며 우아한 곤돌라가 산타 마리아 델라 사르토의 장엄한 배경에 오고 가는 것을 지켜보자 리오 델 알베로에서 카나레 그랑데에 모습을 보인 선원을 부르는 소리가 울려퍼져 어네스트의 예언이——이것이 내 고향 거리라는 것이 절실하게 느껴져 그에 대한 감사로 가슴이 벅찼다.

"그리티에 있는 녀석, 유리창 문제에선 제법 신통한 대접을 해주더군."

어네스트가 명상하듯이 말했다.

"리츠의 화장실에서 권총을 발사했을 때의 일이 생각나네——리츠도 멋지게 대해줬다네. 이런 점으로도 최고의 숙소에 묵는다는 생각에 기분이 좋지 뭔가."

제6장 리비에라 1954년

마드리드에의 여정은 파뒤아 벨로나를 경유, 우선 밀라노에서 잉그리드 버그만을 방문하는 것부터 시작되었다. 아다모는 눈치가 빨랐으며 더구나 자랑스러운 듯이 차를 몰았으나 방향 감각이 전혀 없다는 것을 알게 되자 여간 난처한 것이 아니었다. 베네치아에서 불과 몇 마일밖에 벗어나지 않았으며 도로 표지판도 뚜렷했건만 걸핏하면 길을 잘못 접어들곤 했다. 그 뒤로 6일간의 여행은 처음부터 끝까지 방향 감각이 꽤나 훌륭한 어네스트가 끝없는 인내로써——그가 언제나 좋아했던 지위——항상 출동 태세를 취하는 항행사령관으로서 지시를 하게 되었다.

벨로나를 지나 고속도로로 나오자 어네스트는 사방을 감시하기 시작하거나 혹은 감시에 힘쓰려 했으나 불쾌한 빛이 차츰 짙어지기 시작했다.

"이곳은 눈을 돌리기만 하면 아름다운 풍경일 텐데." 길가에 잇따른 도로 표지판을 가리키면서 그가 말했다. "그러나 광고 때문에 표지판이 안 보이는군. 미국에서 도로 광고가 한창일 때 일인데, 내게는 언제나 다른 광고보다 눈에 띄는 두 광고가 있었다네. 옛날의 클레머 여송연의 상업 선전문이었는데 '침을 뱉으면 나쁩니다. 여송연을 피운 뒤는 더 나쁩니다.'라는 것과 '슐츠를 마시려면 갈색 병으로, 나쁜 뒷맛을 피하기 위해.'라는 거였지. 순수 문학으로는 도저히 이렇게는 안 된다네. 천재는 모두 죽어버린 걸세."

밀라노에 가까워졌을 때 어네스트는 잉그리드 버그만에 대해 이야기하기 시작했다.

"그 스웨덴 여자는 홀로 살 길을 개척해온걸세. 더구나 초기에는 롯셀리니에게 처음으로 홀딱 반해 정말 몸을 허락했던 것인데, 세뇨르 롯셀리니는 그녀에게 보낸 내 사신(私信)을 보도 관계자 앞에서 읽는 그 이상은 멋지고 재치있는 생각이 떠오르지 않았던 모양일세. 유명인이 사면초가가 되면 비참한 법일세. 하지만 잉그리드는 자신에게 던져진 것을 감수하며 견뎌냈지. 그런 면이 화를 내는 친구들을 언제나 진정시켰던걸세."

“밀라노에서는 뭘 하고 있습니까?”

내가 물었다.

“늘 하는 배역이지——잔 다크에 출연하고 있다네. 잔 다크는 영화로도 상영됐고 브로드웨이에서 연극으로도 상연됐으니까 그 소재는 닳아빠질 대로 닳아빠졌는데 세뇨르 롯셀리니가 마지막 한 방울을 쥐어짜내듯이 새 수법을 생각해내 오페라의 대본을 쓰고, 연출도 자기가 직접 맡아서 하고 작곡은 알튜르 오네거에게 맡겨 지금 스칼라 극장에서 상연 중이네.”

“그런데 버그만이 스칼라 극장에서 부를 수 있을 만큼 노래를 잘 하나요?”

“물론 그렇지는 않지. 그렇기 때문에 메이스트로 롯셀리니는 그런 점도 배려하여 전원이 노래를 부르게 했다네. 그 스웨덴 여자는 대사가 모두 이탈리아어인데도 제대로 배웠더군.”

오후의 이른 시간에 밀라노에 도착했건만 아다모의 알량한 방향 감각 덕분에 잉그리드와 롯셀리니가 묵고 있는 호텔 프린치페 앤드 사보이아를 찾아내는 데에는 1시간 반이나 걸렸다. 아다모는 그저 빙빙 돌면서 어떻게 되겠지 하는 희망과 기대만으로 운전하고 있는 것 같았다.

아다모가 세 차례나 시내를 돈 끝에 4시 반쯤 되어서야 겨우 호텔을 찾아냈다. 잉그리드는 우리가 엘리베이터에서 내리자 복도까지 마중나와 있었다. 목 부분이 조금 올라온 하얀 실크 블라우스를 입고 위의 단추 여섯 개는 열린 채였는데 그 모습은 찬란할 만큼 아름다웠다. 잔 다크로 분장하기 위한 머리의 컷이 참으로 잘 어울렸다. 잉그리드는 어네스트를 포옹하면서 반겨주었다. 그녀의 거실로 안내되었는데 모든 공간에는 긴 가지의 빨간 장미가 불타고 있었다.

“아가씨, 당신은 장미를 참으로 좋아하시는군요.”

어네스트가 말했다.

“주식 거래소의 이사 되시는 분이 보내주신 거예요. 만난 적도 없는 분인데 이번 공연에 감격하여 날마다 장미를 보내주시는군요. 이 도시에는 부호가 많이 살거든요. 어네스트, 내가 지금까지 초대받은 저택은 말이죠, 할리우드의 비버리 힐즈의 저택 같은 건 그것에 비하면 판잣집이나 다름이 없어요. 재떨이까지 르네상스의 거장이 만든 거니까요.”

잉그리드 버그만은 어네스트의 인생에서 그가 '도타(아가씨)'라고 부르고 상대방이 '파파'라고 부르지 않는 극히 소수의 여성 가운데 하나였다. "파파라는 느낌이 들지 않는걸요." 하고 잉그리드는 말했다. 그러나 메어리는 파파라고 불렀으며 에바 가드너나 마르레이네 디트리히도 이 점에서는 마찬가지였다. 옛날의 친구 가운데에서 토츠 쇼어는 그를 어니라고 불렀는데, 대개의 경우 '어네스트'라는 이름을 입에 올리는 것은 그에게 있어서 금기 같은 것이었다.

"세뇨르 롯셀리니는 어디에 있소?"

어네스트가 물었다.

"낮잠을 자고 있어요."

"이제 할리우드의 영화에는 나가지 않나요?"

"네. 할리우드는 이제 싫어요. 오늘의 제가 있기까지 도와주신 할리우드에 대해 감사하는 마음이 없어졌다는 게 아니에요. 감사는 하고 있어요. 난 거기 있을 때 할리우드를 무척 좋아했고 또 내가 얼마나 많은 것을 빚지고 있나 하는 것도 알아요. 하지만 인생은 짧고 세월은 순식간에 흘러가니까 정말로 하고 싶은 일이면 뭐든지 해야 한다고 생각해요. 내가 맡았던 배역에서 진짜 명대사는 《누구를 위하여 종은 울리나》였어요. 지금도 딴 데에서 해보고 싶다는 생각이 들어요. 자신이 모르는 곳에서 말이에요. 나는 늘 영화의 시나리오를 읽지만 여전히 줄거리는 고리타분하고 대본을 조금씩 손질하여 바꾼 것뿐이거든요."

"《무기여 잘 있거라》를 다시 제작할 계획이라오. 원작을 몽땅 팔아버렸으니까 이번 영화에서는 원작료도 받지 못하지만 《해는 다시 떠오른다》도 다시 영화화할 모양이더군. 이것 역시 옛날에는 무척이나 많이 찍었는데 이젠 영화화권도 다 팔아버렸지. 《가진 자와 못 가진 자》도 다시 영화화하고 《살인 청부업자》 역시 영화로 찍을 모양이지만 마찬가지로 한푼도 받지 못할 형편이기 때문에 나는 두 손 들 수밖에 없는 꼴이라오."

"《킬리만자로의 눈》의 시나리오를 읽었습니다." 내가 말했다. "한 군데만 사소한 수정을 했더군요——주인공이 죽지 않고 산답니다."

"그걸 사소한 수정이라고 눈 감아줘야 하나, 어떻게 생각하나? 이렇게 되면 뭣보다도 우선 할리우드의 개그 라이터에게 시켜서 《강을 건너 숲속으로》의 가엾은 대령을 뷰익에서 끌어내어 베니스까지 무전 여행을 시켜 대운하의 한가운데를 걷게 해야지——이건 상징이니까——그러고는 하리의 술집에서 실컷 마시도록 하는 게 가장 좋겠군. 이 영화의 제목은 《셀즈니크를 발길로 차서 자나크 속으로》가 돼야겠군.”

“일단 원작을 사고 나면 그 작품을 아무리 모독해도 좋다고들 생각하는 사람들이니까요. 흥행수입에만 정신이 팔려 무엇이 그 작품을 창조했는가를 모르거든요. 잘 팔린 작품을 사도 그 내용 따위는 믿지 않으니까요. 가장 낮은 값어치밖에 주어지지 않는 게 작가예요.”

“정말 그래요. 그래도 혹사할 수는 있거든.” 어네스트가 말했다. “우리가 산 봐리의 인적 드문 스키 산장에 살았을 무렵이었는지. 우리는 온종일 스키를 타고 돌아와서 몹시 지쳐 있기는 했지만 기분만은 최고였지. 아름다운 불 앞에서 옷을 벗고 술을 마시고 있노라니까 문을 두드리는 소리가 들렸지. 조그만 잡화상을 하는 사내였는데 스노우 슈즈를 신고, 할리우드에서 중요한 전화가 걸려와 온종일 걸려서 나를 찾으러 여기까지 왔다지 뭔가. 그래서 나는 술을 단념하고 다시 옷을 입고는 지친 몸을 이끌고 전화있는 곳까지 눈 속을 헤치고 나갔지. 그런데 눈이 엄청나게 내리기 시작했거든. 몹시 흥분한 목소리로 교환수가 20세기 폭스사의 다릴 F. 자나크가 직접 말을 한다지 않겠나. 정말로 그가 전화에 나왔지! ‘여보세요, 어네스트?’ 하더군. ——이게 바로 할리우드 식이구나 하고 느껴지더구먼. 그녀석은 돈으로 내 작품을 샀을 뿐인데도 어네스트라고 부르는 거야. ‘어네스트, 내 회의실에서 중역 회의를 열었는데 어떤 문제 때문에 온종일 토론이 벌어졌소. 이건 당신이 아니면 해결할 수 없소. 우리가 당신의 훌륭한 원작 《프랜시스 매코머 짧고 행복한 생애》를 참으로 멋진 영화로 만들어 공개 예정일도 정했는데, 이 제목은 일반 영화 팬에게는 좀 길다는 생각이 드오. 당신이 제목을 좀 짧고 호소력이 있는 걸로 바꿔줬으면 고맙겠는데——타이틀을 보기만 해도 끌리는 그런 것으로 말이오——남자나 여자에게도 호소력이 있고 모두가 보기를 원하는 그런 제목 말이오.’

나는 좀 생각해볼 테니까 기다려달라고 말해줬지. 가게 주인이 내주는 술을 마시면서 나는 가끔씩 전화를 들고, 나는 지금 급히 생각하는 중이니까 전화를 끊지 말아달라고 교환수에게 말했어. 마지막으로 나는 그곳을 만져보았더니 적어도 세 번은 빳빳해져 방금 의사한테서 들은 말이 생각났다고 말해줬어. 자나크는 벌써 연필을 준비해뒀다고 하더군. '잘 들으시오.' 내가 말했지. '남자나 여자나 모두 눈이 휘둥그레지는 짧고도 자극이 강한 말이면 좋다는 거죠? 좋소, 받아쓰시오. 20세기 폭스의 F. 유니버설의 U. 칼버 시티의 C. RKO의 K. 이 정도면 영화관의 간판으로도 안성맞춤이며 성적(性的) 상징으로도 충분하지 않겠소.'(Fuck에는 여러 의미가 있지만 원래의 뜻은 성교(性交)의 속어인데 바뀌어 멍텅구리라는 뜻으로도 쓰인다.)

잉그리드가 웃었다.

어네스트가 그녀를 응시하며 물었다.

"도대체 일은 어떻게 돼가고 있소? 어떤 식으로 하고 있는 거요?"

"몇 해 전과 비교하면 정말 지금은 많이 괜찮아졌어요. 위기를 맞으면 참을 줄도 알고 모든 게 다 잘된답니다. 내 아이들을 봐주세요……."

잉그리드는 핸드백에서 사진을 꺼냈다.

"로베르티는 네 살, 쌍둥이는 지금 두 살이에요. 이런 예쁜 아이들을 보신 적이 있으세요? 나는 어린아이들이 무척 좋아요. 그것도 많을수록. 나의 첫 아이처럼 하나밖에 없다면 비교하게 돼 쓸쓸한 느낌이 든답니다."

"좋은 피가 섞여 있는 거요." 어네스트가 말했다. "스웨덴과 이탈리아의."

그때 롯셀리니가 침실에서 나왔다. 체구가 작은 사내로 배가 나오기 시작하고 머리도 벗겨졌는데 얼굴에 조심스런 미소를 보였다.

어네스트가 두 사람에게 스칼라 극장에 뛰어들어 화형대 위의 잉그리드를 구해내겠다고 농담을 하자 잉그리드는 기쁜 듯이 웃었으나 롯셀리니는 슬쩍 미소를 지었을 뿐이었다.

"어네스트에게 술을 드려야겠군요."

잉그리드가 말했다.

롯셀리니가 큼직한 고대 가구의 사이드 보드를 열자 구석에 가려진 술병들이 드러났다. 그는 마시다 남은 블랙 앤 화이트의 1파인트 병을 꺼내 어네스트에게 따라주고 나에게도 따라주려 했으나 사양했다.

"스키는 많이 탔소?"

어네스트가 잉그리드에게 물었다. 그리고 나에게 말했다.

"잉그리드는 아름다운 스키어라네."

"전혀 타지 못했어요. 무척이나 좋아했기 때문에 스키가 없으면 쓸쓸할 정도였지만 유럽에 온 뒤로 아이가 생겨서 탈 수가 없었어요. 지난 겨울에는 임신하지 않았지만 아이들이나 간호사 때문에 비용이 많이 들어 쪼들렸어요. 그렇게 쪼들리면서까지 스키를 타고 싶은 생각은 들지 않더군요."

"그건 그래요."

롯셀리니가 확신하는 투로 말했다.

"몇 해 전인가의 시즌에서 콜티나 단페초에서 스키를 탔을 때." 어네스트가 말했다. "메어리가 아름다운 자세로 타다가 물컹물컹한 눈을 미처 보지 못하고 뒹굴어 다리가 골절됐지. 지금처럼 리프트니 뭐니 해서 타는 스키는 롤러 스케이트를 타는 거나 다름없어요. 아무도 이젠 스스로의 발로 오르려고 하지 않으니까. 다리에 힘이 없어졌으며 스키장 근방에선 뢴트겐 찍는 병원이나 깁스를 해주는 데가 돈을 가장 많이 벌게 마련이거든."

나는 잉그리드에게 영화 출연 예정이 있느냐고 물었다.

"아녜요." 그녀가 말했다. "휴력은 잔 다크의 오페라——파리와 런던, 뉴욕, 남아프리카의——해외 공연을 생각하는 모양이지만 나는 지금은 가정 주부로서 만족하고 또 행복하답니다. 극장에 관계가 있어 영화에 대한 얘기를 해주는 남편이 있고 예술가가 늘 와주니까 그것만으로도 충분해요. 사업가와 결혼을 했더라면 가정 주부로서만 만족하진 못했을 거예요. 하지만 로베르토와 결혼했으니까 행복하답니다."

"살림은 어디서 해요?"

어네스트가 물었다.

"언제까지나 살고 싶은 곳은 오직 한 군데 파리뿐이지만 생활비가 너무 많이 들어서요. 나폴리도 좋아해요. 그곳 사람들은 애정이 많고 다정하답니다. 하지만 계속 살기에 편한 곳은 역시 로마지요. 그곳 사람들은 친구의 친구까지 서로 찾아가서 교제하기 때문에 마음에 든답니다. 나는 누구하고나 만나지만 그건 의무감에서가 아니라 그런 사람들을 좋아하기 때문이에요. 모두와 함께 얘기하거나 어울리는 게 좋아서요……."

잉그리드는 그날 밤 함께 식사할 약속을 했다——공연은 없었으나 롯셀리니는 어떤 공공(公共)의 그룹에서 강연하기로 되어 있다고 했다. 어네스트는 식사 약속이 된 것을 기뻐하며 자기 방에서 쉬기로 했다——신장과 척추 상태가 나빠진 것이었다. 그러나 한두 시간쯤 지나자 잉그리드가 전화로 롯셀리니가 그녀에게 꼭 자기 강연을 들으라고 한다는 말을 전해 왔다. 우리는 과연 그렇겠구나, 하고 생각했다. 그러나 잉그리드는 롯셀리니의 연설을 들으러 가기 전에 시간을·내어 어네스트의 방에 와서 술 한 잔을 나누었다.

이튿날은 일찍 출발해야만 되었는데 밀라노부터의 도로 표지판은 이곳에 올 때까지의 도로 표지판과 마찬가지로 어네스트를 불쾌하게 했다. 그러나 밀라노에서 몇 킬로 떨어지자 도로 표지도 적어져 시골에 대한 어네스트의 즐거운 관심이 되살아났다.

토리노를 통과할 때 그가 말했다.

"나는 자칫하면 이곳 아가씨와 결혼할 뻔했다네. 적십자에서 일하는 간호사였지. 발을 다쳐 본부의 병원에 입원했을 때였네. 침대 옆에 내 다리에서 빼낸 금속 파편들을 놔두었었는데 모두를 와서는 행운의 기념품이라며 가져갔다네. 이곳엔 재미난 경마가 있다고 어떤 기수한테서 정보를 얻었지. 시카고의 시겔인가 하는 사낸데 언제나 위험한 것만 해왔지. 나는 통원 환자의 몸으로 곧잘 경마를 보러 갔는데 5레이스가 끝날 때면 돌아오곤 했다네."

"당신 발에서 파편을 이백 개나 빼냈다는 게 사실인가요?"

"이백이십칠 개라네. 오른발이지. 정말이라네. 오스트리아 군(軍)의 박격포에 당한 거지. 이 포탄에는 본 적도 없는 게 들어 있어서——너트, 볼트, 나사, 못, 스파이크, 쇠붙이 따위지——이게 폭발하면 닥치는 대로 명중하게 마련이라네. 나와 함께 있던 이탈리아 병사 셋은 다리를 날려버렸다네. 나는 운이 좋았어. 무릎의 각반이 아래로 처져 있어 다리의 구석구석에 파편이 박혔지만 무릎만은 괜찮았거든. 그 뒤 기총소사로 결국 무릎도 다치긴 했네만."

"그런 상태로 어떻게 이탈리아 병사 하나를 구출해낼 수 있었습니까?"

"그걸 어떻게 알겠나, 핫치. 내 다리를 생각하면——용케도 그럴 수 있었구나 싶을 정도로 스스로 생각해도 신기하다네. 제정신이 돌아오고 나서야 겨우 모두가 얘기를 해줘서 정말 그랬구나 하는 생각이 들었다네. 전시 수훈장(戰時授勳章) 말고도 감사장이 셋, 앗다리아 달젠토 바로레 미리타레를 받았다네——모두 포탄의 파편을 담은 고름통에 버렸지만 말일세."

"당신이 자칫하면 결혼할 뻔했다는 토리노의 여성은 《무기여 잘 있거라》에 나옵니까?"

"그렇다네. 이탈리아에 있는 동안 내가 경험한 건 어떠한 형태로이건 다루었다네. 그 토리노의 여자가 캐더린 버클리이며 그 밖에도 마찬가지로 모델은 있다네. 소설은 만드는 거지만 자신의 경험을 바탕으로 창조하는 거라네. 소설은 자신이 알고 있는 것이며 본 것, 느낀 것, 배운 것부터 써야 하는걸세. 캐더린이 머리를 내려뜨리고 헨리 중위의 병원 침대에 몸을 눕힌 것은 토리노의 여자에게서 착상한 거라네. 현실의 토리노 여자는 적십자의 간호사였지. 아름다운 여성으로 내가 1918년 여름부터 가을에 걸쳐 입원하고 있을 때 멋진 연애를 했지. 하지만 제왕절개를 받은 적도 없거니와 우선 임신 자체를 한 적이 없었거든. 그 적십자의 간호사와 나 사이에 있었던 일은 《매우 짤막한 이야기》에 쓴 것과 대체로 비슷하다네. 실제로 제왕절개를 받은 건 폴린이었어. 내가 캔자스시티에서 《무기여 잘 있거라》를 쓰고 있을 때에 일어났네. 그래서 그것도 캐더린의 일부이며 허들리도 캐더린의 한 부분이지. 그러나 적십자의 간호사가 캐더린의 대부분으로서 거기다가 내가 알지 못하는 여자의 그 무엇인가가 플러스된 셈이지."

이것은 기묘한 그리고 충격적인 폭로였다——원유를 정제할 때에 찌꺼기가 나오듯이 어네스트가 자기 작품의 여주인공을 비낭만적으로 여과시키며 상상화하는 과정이 그대로 적나라하게 나타났다.

《매우 짤막한 이야기》가 적십자 간호사와의 로맨스에 대한 기록이라고 한다면 그 결말은 뚜렷하게 나있다. 그 소설은 불과 두 페이지밖에 안 되는 것이지만 《무기여 잘 있거라》에서 발전할 핵심을 압축한 듯한 형태의 작품이다. 젊은 미국 병사가 부상에서 회복한 뒤 제대하여 루즈(간호사)와 결혼하려 한다. 그러나 루즈는 이탈리아 소령의 애인이 되어 그 미국 병사에게 용서해달라고 편지를 쓴다. 그들의 관계는 이미 깊은 관계에 있었기 때문에 봄이 되면 그녀는 소령과 결혼을 하려 한다. 어네스트는 그 작품을 다음과 같은 표현으로 끝마치고 있다.

　"대대장은 봄이 되어도 그녀와 결혼하려 하지 않았으며, 결국 그들은 결혼을 하지 못했다. 루즈는 결혼에 관해 대대장에게 보낸 편지의 답장을 끝내 받지 못했다. 편지를 받은 얼마 후에 그는 링컨 파크에서 어느 시카고의 백화점 여점원으로부터 임질을 옮겨받은 것이었다.

　이것이야말로 적십자 간호사와의 관계에서 빚어진 현실적인 찌꺼기로서 이것이 캐더린이라는 소설적인 모습으로 정제(精製)된 것이었다. 병원에서 연애 관계를 갖게 된 나중의 간호사는 스위스 여행 중에 허들리와 함께 체험했던 로맨틱한 시기의 일을 토대로 한 것이며 따라서 이때의 캐더린은 허들리인 셈으로 캐더린의 인생에 극적인 종언(終焉)을 가져올 제왕절개의 부분에만 폴린에 대한 것이 묘사되어 있다.

　"병원에 입원한다는 건 로맨틱한 일이라고 늘 생각했지." 어네스트의 말이었다. "언젠가 교통사고로 중상을 입어 런던의 병원에 입원했었는데 에델의 마취에서 깨어났을 때 맨 먼저 눈에 띈 것이 침대 곁에 서 있던 간호사였다네. 무척이나 소박한 노처녀 간호사였는데 나는 의식을 되찾은 게 어찌나 기뻤던지 그녀의 팔을 잡고 팔꿈치에 키스를 했었지. '어머, 헤밍웨이 씨.' 여자가 소리쳤지. '저한테 이런 로맨틱한 일이 일어나다니, 처음 있는 일이에요!' 이주쯤 지나 내가 퇴원하는 날에 곤혹스러운 듯 그 여자가 방에 오더니 다시 한 번 지난번처럼 해주지 않겠느냐고 하더군. 그래서 해줬지. 역시 그 팔꿈치에 말일세."

　"제이차 대전 중에는 이탈리아에 계셨나요?"

　"아니, 영국과 프랑스에만 있었네. 물론 쿠바 대잠수함 작전에 잠시 참전하기도 했었지만. 내가 〈코리야즈〉의 전시 특파원으로서 이름을 떨치고 종군 기자의 옷을 입기까지는 행복하지 못했네. 나는 전선에서 좋은 기사들을 많이 썼네. 그러나 장교 클럽에서 얻어들은 군사 정보를 기사로 쓰지는 않았네. 〈코리야즈〉는 최저였기 때문이야. 내가 전선에 가 있는 동안 편지 한 통도 보내지 않더군. 내가 〈코리야즈〉로 보낸 우편물이 분실된 것 같다고 전보를 치자 그쪽에서는 내 우편물을 받지 못했다고 하더군. 그런데 내가 귀국해서 보니 책상 서랍에는 내게 보낸 편지가 가득하더군. 더구나 경비에 대한 것도 있었네. 나는 수준 높은 생활을 했으며 작품의 자료를 얻기 위해서 돈도 무척 많이 썼기 때문에 실제로 사용한 비용의 삼분의 일은 저쪽에서 부담해야 된다고 생각했네. 그런데 삼분의 일이라니 어림도 없다면서 전혀 지불하지 않더군. 이게 전시 중의 내 스폰서의 실체라네. 하기야 전후(戰後)에는 편집인도 여러 모로 변하고 〈코리야즈〉도 새 빌딩을 5번가에 세웠으며 나와 말썽이 있었던 편집인도 없어졌거든. 〈코리야즈〉의 새 편집자가 와서 신축 빌딩의 주춧돌에 타임 캡슐을 묻어 그 속에 '현존하는 세계의 거인(巨人)'을 골라 메시지를 넣어두겠다지 않겠나. 이 캡슐은 1975년쯤에 자동적으로 세상에 나타날 수 있도록 원자력 발사 장치가 돼 있어. 그때는 대대적으로 축제를 열어 메시지 전부를 발표하도록 한다는걸세. 그래서 메시지를 썼지. 나는 메어리와 세 아들이 모두 건강하기를 빌며 친구들은 풍요해지고 세계는 평화롭기를 바란다고 쓰고 거기다가 추가로 내 편집 담당이었던 녀석의 목을 베어 모두를 문제에서 구해냈으면 좋겠다고 덧붙였지 뭔가. 그 메시지가 발표될 1975년에 나도 그 자리에 있었으면 싶네."

어네스트는 웃기 시작했다.

"그 녀석, 저기 앉아 사이다를 마시고는 취해버려 자기 마누라가 부정한 짓을 하고도 오히려 이혼해달란다고 투덜대더군. 그러나 자기는 이혼은 해주지 않을 것이며 공군의 폭격대에도 입대하지 않겠다고 말하더군. 그가 이혼 신고서에 서명을 하지 않으니까 그녀도 공군의 입대 신고서에 서명을 하지 않는걸세. 더구나 마누라는 전날 밤 누구와 잠자리를 같이했다는 것까지 매일 편지로 써 그에게 보내고 있었거든."

"〈코리야즈〉도 원고료 일로 혼쭐이 난 셈이로군요."

"인터뷰에 녹음기를 사용한 건 그곳이 처음이라네. 지금까지 나는 내가 들은 걸 기록하기 위해 청취력을 높이는 연습을 해왔는데 그런 훈련을 허사로 만드는 기계가 발명된 덕분에 나도 가엾게 됐지 뭔가. 하지만 지금은 내가 그 기계에 붙어다니게 된 걸 고맙게 생각한다네."

우리는 프랑스 국경을 향해 남쪽으로 갔으며 알프스 길을 오르기 시작했다. 어네스트는 와인을 마셨는데 인구 이만오천 정도인 알프스의 소도시 쿠네오에 도착했을 때 스카치 위스키를 사기로 했다.

술집 아가씨가 어네스트에게 사인을 해달라고 졸랐는데 우리가 가게에서 나오려 할 때에는 조그만 도시에 온통 그가 와 있다는 소문이 퍼져 있었다. 자동차가 돌아오기 전에 어네스트는 거리의 사람들에게 둘러싸였는데 그것은 순식간에 군중이 되었다. 그들은 보기에도 시골티가 나는 술집 옆의 책방으로 몰려들어 거기 있던 헤밍웨이의 책은 삽시간에 매진되었으며 그 밖에도 영어의 원서까지 사들이는 형편이었다. 어네스트는 《인간의 굴레》에서 《모듬요리》의 책에 이르기까지 서명을 했다. 밀려드는 군중이 겹겹으로 에워싸고 있어 짓눌리지 않기 위해서는 힘을 내야만 했다. 나는 그의 옆으로 가려고 했으나 에워싼 사람들 때문에 옴짝달싹도 할 수 없었다. 이때 지방군의 기지에서 소부대의 병사가 출동하여 길을 터주지 않았더라면 어네스트는 흥분하여 어찌 되었을지 모를 일이었다.

어네스트는 대단히 흥분했다. 아다모는 서둘러 차를 몰았으며 어네스트는 마음을 진정시키기 위해 스카치를 많이 마셨다.

"저런 짓엔 구역질이 나네. 이 저주스런 수염 탓인지도 모르지. 짓이겨지면서도 이상한 녀석이 주머니에 손 집어넣는 걸 알았잖아. 그때마다 진땀이 나지 뭔가."

란치아가 국경을 향해 달리고 있는 동안 위험에서 헤어나온 어네스트는 몹시 참담한 심정에서 분노로 바뀌고 있었다.

"정말 저널리즘이란 시시껄렁해! 비행기 사고만이 아니야. 그 전부터 〈라이프〉에 나왔던 맬컴 카울리의 문장이며 〈뉴요커〉의 리리안 로스의 문장 따위가 모두 그래. 속이 메스꺼워. 말뿐이 아닐세. 정말 메스꺼워! 리리안이 그런 문장을 쓰도록 내버려둔 건 내 실수였어. 저 따위를 쓰도록 해서는 안 되었던 건데. 카울리도 마찬가지로 못 쓰게 해야 했는데. 그의 문장을 읽어봤나? 물론 〈라이프〉와 라이프(인생) 사이에는 큰 차이가 있지. 자유와 그리고 약간의 행복을 추구하고 있다는 것에 대해서 언급조차 하지 않았어. 나는 착한 인간이 되기 위해 좋은 일이건 나쁜 일이건 약속은 지켜왔으며 일에 실패한 적도 없었고 지정한 시간에 지정한 장소에도 갔었네. 설사 다른 사람이 그 장소를 차지하고 있더라도 밀어내고서 말일세. 그러나 카울리나 리리안은 나 같은 인간이 어떠한 재료로 만들어졌는지를 전혀 모른다네. 카울리의 평론을 읽으면 나는 녀석의 이미지 속에서 형성되는 것 같애. 녀석의 말 그대로라면 나는 제이차 대전 중에는 엉덩이의 한쪽에는 진, 다른 한쪽에는 벨모트를 담은 물통을 차고——반반씩 섞어 마시는 마티니에 미친 놈이 되는걸세. 자네는 물통 전부에 벨모트를 담는 나를 상상이나 할 수 있겠나? 그 밖에도 이상한 소리를 써놨는데 전부 터무니없는 것들이지. 이를테면 내 아들 잭을 '밤비'라고 쓰지 않고 '밤피' 따위로 쓰고 있는 것들이 그렇지——그 녀석, 틀림없이 생활이 어려운 모양일세. (이 경우 '밤피'에는 고용인의 급료를 올린다는 뜻이 암시되어 있다.)"

"리리안도 전혀 이해하지 못하고 있네. 그렇지. 성격이야 좋은 여자지만 고생을 무척 많이 했고 일거리도 없었거든. 책은 완성되었지만 작자는 사라진다. 작자로서의 그녀도 그건 알았으리라 생각하네. 나는 마침 《강을 건너서 숲속으로》를 끝낸 직후로 기분전환으로 뉴욕에 갔었거든. 그런데 그녀가 본 건 글을 쓴다는 무서운 책임 뒤에 오는 무책임한 모습뿐이었네. 내가 나답게 들리는 데 따분해져 나답지 않게 들은 말투를 발명한 걸 이해하지 못한 채 회화를 속기한 거라네. 때로는 명사를 빼지. 때로는 동사. 때로는 한 문장 전체를 빼기도 하지. 리리안은 아무것도 모르니까 마지 진에 취한 인디언 같은 만화를 그리고 있었던걸세."

"그녀가 쓴 《프로필》에 대해 존 오하라가 비평한 걸 읽으셨습니까? 〈뉴욕 타임즈〉에 나왔답니다."

"아니."

나는 지갑에 간수해둔 스크랩을 꺼냈다. 어네스트에게 보내려고 생각했던 것이다. 내가 그것을 주자 그는 소리내어 읽었다.

헤밍웨이의 사생활에 대한 최근의 가장 불쾌한 침해의 예는 헤밍웨이의 음주 습관이 어딘지 기분이 썩 좋은 형무소 관리의 음주 습관과 비슷하다고 쓴 어느 잡문에서 볼 수 있다. 또한 헤밍웨이가 평소에 아무렇게나 말한 내용을 그대로 기록했는데, 그것은 《어니여, 총을 잡아라》에 나오는 인디언의 추장을 위해 씌어진 대사처럼 들린다.

사람이 말한 그대로 쓸 능력이 없다는 것은 작가 누구에게나 공통된 괴로움이다. 그러나 남이 술 마시는 모습을 오페라 글래스로 엿보는 따위를 작가는 하지 못하는 법이다. 이 잡지는 거의 익명의 편집자들이 헤밍웨이에 대해 공격적인 글을 싣고 있었는데 그러한 행동을 취한 것은 편집자들이 대단한 실수를 한 것이다. 마치 활동의 주무대를 라디오로 바꿔버린 별볼일없는 비평가에게 포크너를 공격하는 글을 쓰게 하고 그것을 발표했듯이 헤밍웨이에 관한 긴 잡문을 또다시 발표함으로써 이 잡지는 새삼스럽게 저열한 것으로 전락하고 만 것이다.

"존 그 친구, 제법 괜찮은 소리를 했는걸. 이거, 가져도 되겠나?"

"그러십시오. 리리안은 교정을 봐달라고 했다던데요."

"음, 보내오긴 했네. 그 잡문의 게재가 다음 호로 결정된 월요일 아침에야 쿠바에 도착했지. 하지만 손도 못 댈 정도로 전체가 지독하다네. 모두가 〈뉴요커〉 왜곡기에 걸려 있는 듯한 느낌이 든다네. 앞으로는 할 수만 있다면 나에 관한 문장은 발표 못 하도록 하겠네. 전에는 여러 가지로 세상에 알려주고 싶어서 써주던 긍지에 가득 찬 멋진 사생활이 있었네만 지금은 누구나 내 사생활을 고급 잡지에서 펼쳐볼 수 있게 돼버렸으니 이젠 아프리카로 이사를 하든가 바다로 나가야만 할 것 같네. 지금으로서는 플로리다에도 갈 수 없지. 코히마르에도 못 가고. 그렇다고 집에 있을 수도 없지 않나. 이렇게 되면 우선 내 신경이 견뎌나지 못하네. 핫치, 나도 어떤 점은 나쁘다고 생각하네만 그 밖의 점에서는 내가 그리 나쁘지는 않다고 생각하네. 내 머리가 좋았더라면 메어리가 무사히 탈출했을 때 부치아바에서 다른 비행기가 올 때까지 기다렸을걸세. 아무튼 이게 크네오의 폭도에게 습격당한 뒤의 기분이라네. 우울한 얘기를 해서 미안하네. 경치라도 보면서 기운을 내보세."

"그 〈뉴요커〉가 나왔을 때 마르레이네가 전화를 걸어왔었습니다. 몹시 화를 내더군요. 리리안 로스가 어떤 여자인지 가르쳐주지 않았다는 것과 그녀가 쓴 문장에 대해 이만저만 화를 내는 게 아니었어요. 문장도 틀려먹었다면서 더 화를 내더군요."

"그렇겠지. 크라우트와 내가 얘기하는 걸 밤새껏 듣고 있었건만 리리안이 그나마도 겨우 쓸 수 있었던 건 크라우트가 때때로 플라저에서 수건을 갖고 딸의 방을 청소한다는 것뿐이었거든. 법정까지 가지 않도록 자네가 크라우트에게 잘 말해주게나."

"이젠 됐습니다."

"나도 그렇다네." 어네스트가 말했다. "리리안은 잘 쓰고 있네――그녀가 쓴 할리우드의 작품은 뛰어난 것이라고 생각하는데 자네는 어떤가? 더구나 시드니 플랭클린에 대해 쓴 문장——음, 나는 그걸로 판단했네만——그런 판단을 한 덕분에 망신만 당했지.”

리리안이 시드니 플랭클린의 프로필이라는 잡문을 쓰기 시작했을 때, 그녀는 투우나 투우사에 대해서도 모르며 스페인에 간 적도 없고 미국의 스포츠에조차 전혀 관심이 없기 때문에 어네스트는 그녀가 그러한 문장을 쓰기에는 우선 자격이 없다는 것이었다. 그녀는 투우사를 모르는 것과 마찬가지로 어네스트에 대해서도 거의 아무것도 몰랐지만 시드니 플랭클린에 대해 쓸 때에는 어네스트의 도움을 받았으며 어네스트에 대해 쓸 때에는 아무 도움도 받지 못했다는 차이가 있었다.

리모네의 국경 경비소에 도착했을 때 어네스트는 앞에 펼쳐진 알프스의 풍경을 기쁨의 눈으로 바라보면서 평소의 자신을 되찾는 듯했다. 그러나 리모네의 세관원은 보다 더 확실한 금 밀수업자를 조사하려는 듯이 우리를 철저히 수색했다. 세관원이 우리를 차에서 내리라고 명령하더니 짐을 조사하고 차의 좌석까지 뒤진 뒤 타이어를 살폈다. 아다모가 트렁크에 넣어둔 예비 오일 통 속까지 조사하는 동안 우리는 길에 서 있어야만 했다. 글자도 못 알아볼 것 같은 세관 경비원에게 헤밍웨이의 이름은 아무 의미도 없었다. 더구나 어네스트가 기대고 있던 쿠션은 잘게 쪼갠 플루토늄으로 만들어져 있다고 생각하는 형편이었다.

어네스트는 기꺼이 그들의 조사에 응하기로 했다.

“저 친구들을 책망해선 안 되네. 우리 셋을 잘 보게나. 아다모는 내가 입었던 핑크빛 사냥복이 커서 헐렁헐렁하고, 낡아빠진 모자에 텁수룩하게 수염을 기른 내 모습이며 자네의 그 몰골로 봐서 우린 영낙없는 건달들 같지 않은가. 이런 수상쩍은 세 사내는 나도 본 적이 없네. 만약 내가 경비원이라면 우리를 가장 가까운 벽에 나란히 세워두고 모두 총살을 시키겠네.”

알프스를 넘어 니스로 향하는 여행길에 펼쳐진 풍경은 정말 아름다웠다. 란치아는 나선형으로 구비구비 돌아 어네스트를 기쁘게 했다.

“처음으로 이탈리아에서 프랑스로 들어갔을 때는 삼등 열차였다네. 내 객차에 예쁘장한 스위스 아가씨가 타고 있었는데 기차가 느릿하게 산을 올라갈 때 나는 그녀의 환심을 사려고 기차에서 뛰어내려 철로 옆의 아름다운 고산식물을 따가지고 기차와 나란히 뛰었다네. 그런데 나는 바로 앞의 커브에 터널이 있는 것도 몰랐고 또 터널을 지날 때는 기차의 문을 닫는다는 것도 알지 못했지. 결국 기차로 되돌아갈 수도 없어 깜깜한 터널을 달리는 동안 기차 문에 매달려 있어야만 했었네. 터널이 좁아 기차와 터널 사이에 틈새가 조금밖에 없어서 기차에 매달려가던 나는 터널 벽에 부딪쳐 그만 피가 나고 말았네. 눈마저 찢겨졌을 때 겨우 승무원이 와서 문을 열어주어 차 내로 들어갈 수 있었다네. 그래도 나는 꽃다발만은 놓지 않았다네. 피는 흐르고 상처투성이니 그 스위스 아가씨가 감동할 수밖에. 내 상처를 치료해주더군. 그래서 만사가 잘 되었단 얘길세."

니스에서는 멋진 해안 호텔인 루르에 묵었다. 어네스트는 곧 이발소로 가서 턱수염을 손질하고 상처 자국을 잘 가리도록 지시했다.

그날 밤 우리는 몬테카를로를 압도할 계획이었는데 어네스트의 부상, 특히 등의 통증이 심해져 그가 카지노의 술집에 사령부를 설치할 계획을 세우는 동안 내가 핸들을 잡기로 했다. 우리는 1천 프랑씩 출자했는데 나만 좋다면 7번의 숫자에 걸자는 것이었다.

"빨강과 홀수에만 걸어보세."

그가 말했다.

"언젠가 오퇴유에서 모두의 얼을 빼놓은 것처럼 오늘도 그들 기를 죽여놔야지."

아다모는 저녁식사가 끝날 즈음해서 차를 가져왔다. 어네스트가 몬테카를로로 가는 길을 아느냐고 물었다. 그것은 참으로 어리석은 질문이었다.

"예, 예, 잘 압니다. 몇 번이나 간 적이 있습니다. 모처럼 저의 운전 실력을 보여드릴까 생각합니다만 어떻겠습니까?"

그의 말에 어네스트는 좋다고 했다. 몬테카를로는 니스에서 약 30킬로 떨어져 있는 거리로 아다모는 처음부터 줄곧 속력을 내는 대단한 드라이버였다. 그는 몬테카를로의 해안이라고 판단한 곳에서야 겨우 차를 세웠는데 실상은 엄청나게 큰 원 하나를 돌아 우리는 다시 원래의 지점과 거의 다름없는 곳에 되돌아왔던 것이다. 아다모는 호텔을 유심히 보면서 말했다.

"이거 놀랐군! 몬테카를로에도 호텔 루르가 있다니!"

7이란 숫자는 다른 숫자와 짜맞추어도 틀림없이 잘 적중되었으며 홀수에만 걸기로 한 작전도 빗나가지는 않았으나 빨강은 처음부터 재수가 없어 나는 도중에서 바꾸기로 했다. 11시 반쯤 되자 내 앞에는 십만 팔천 프랑 정도의 팁스가 쌓였는데 오늘 밤은 이 정도에서 끝내기로 했다. 나는 바로 갔다. 어네스트는 안락의자에서 잠들어 있었으며 그 옆의 테이블에는 마시다 만 술잔이 놓여 있었다.

내가 그의 몫을 주자 언제나 많이 땄을 때 보이는 동작을 해보이며 어네스트는 무척 기뻐했다.

이튿날 아침, 니스에서 나와 캡 던치브로 향하는 길을 통과할 때 어네스트가 말했다.

"어느 해인가 유월에 친구와 함께 캡 던치브에 온 적이 있었는데, 그때는 찰리 맥아더와 부인인 헬렌 헤이즈도 함께였지. 그 당시는 너무 더우면 리비엘타로 피서를 갔는데 찰리와 나는 처음으로 캡에 가보자고 했던걸세. 찰리는 매우 즐거워했으며 우리도 멋진 시간을 보냈네. 그는 바로크 스타일의 농담을 잘 하여 어머니 젖에서 교황의 반지에 이르기까지 농담거리가 안 되는 것이 없었다네. 녀석은 일류이지. 찌는 듯이 더운 어느 날 밤 찰리와 나는, 물론 장난이네만 권투를 하기로 하여 제각자의 코너에는 세컨드를 두고 물 대신 샴페인을 담은 물통을 준비했지. 우리는 머리만은 치지 않기로 하고 싸움을 시작했다네. 하지만 찰리 녀석, 샴페인에 취하자 힘이 솟는 줄 알았던 모양인지 나를 쓰러뜨리려고 했지. 두 번이나 크린치를 했을 때, 나는 그러지 말라고 경고를 했네만 그는 그러고도 두 번이나 내 머리를 때리지 뭔가. 그래서 나는 오른쪽 찹으로 응했지. 결국 링에서 그를 끌어내야만 했네. 그 뒤로는 찰리를 만나지 못했네. 그런데 하루는 쿠바에 있을 때인데 그에게서 전보가 왔더군. 그와 헬렌이 만나러 오려고 하는데 형편이 어떻겠느냐는걸세. 물론 나는 그들을 초대했지. 가엾은 찰리는 그 당시 중병에 걸려 자기 스스로도 죽는 줄로만 알고 있었어. 함께 식사를 나누어 즐겁긴 했네만 마음은 어둡더군. 메어리가 헬렌을 채소밭에 안내하여 우리 둘만을 남겨뒀지. '헴!' 하고 헛기침을 하더니 그가 말했네. '우리는 그저 스쳐가는 인연이 아닐세. 나는 특별히 자네가 보고 싶어 이곳에 온걸세. 안 그런가? 헴. 벌써 오랫동안 나를 괴롭히고 있다네. 캡 던치브에서 있었던 일을 기억하나? 나는 이제 얼마 살지 못하네. 그래서 부탁이 있다네——말하자면 마지막 부탁인 셈이지——그때의 우리 권투 말인데——그 일을 쓰지 않겠다고 약속해줄 수 있겠나?' 찰리는 그런 사내였지. 멀리 쿠바까지 와서 내게 그런 부탁을 하더란 말일세."

우리는 니스에서 20분쯤 걸리는 칸느에서 멈추어 서야만 했다. 어네스트의 기분이 언짢아졌기 때문인데 고통이 심하여 그날로 도착할 예정이었던 에이잔 프로방스까지 과연 갈 수 있을지 모르겠다는 것이었다.

그는 스카치 위스키 두 잔과 달걀 프라이 둘, 버터를 뺀 토스트와 소금에 절인 청어를 먹은 뒤에야 여행을 계속할 수 있는 기력을 얻었다.

부르고뉴를 지날 때 식료품 가게의 쇼원도가 어네스트의 눈길을 끌어 아다모에게 차를 세우게 했다.

"내가 잘못 본 게 아니라면." 그가 말했다. "백포도주에 절인 캡틴 쿡 상표의 고등어 통조림이 나와 있었다네. 1939년 이후로 캡틴 쿡을 본 적이 없었거든."

어네스트는 몬테카를로에서 딴 돈으로 캡틴 상표의 고등어며 파테 드 포어 그라의 통조림, 콜든 루쥬의 샴페인, 초에 절인 머슈룸, 소금에 절인 호리병 모양의 항아리를 란치아에 간신히 실을 정도로 잔뜩 사들였다.

에이잔 프로방스에서 어네스트와 나는 꽃으로 장식된 반돔에서 식사를 했는데 특별 요리는 칼레다뉴 아를르잔느였다. 식사를 마친 후 우리는 오랫동안 앉아서 커피와 포도주를 마셨는데 어네스트는 지금까지 내가 본 중에서 가장 많은 양의 와인을 마셨다.

그는 계속해서 얘기를 했는데 이야기를 하고 있노라면 약간이나마 고통이 없어지는 모양이었다. 나는 밤이 되면 그 고통은 더 심해지리라고 생각했다. 그는 작품에 대한 것, 배를 타며 읽은 작품 가운데 얼마나 값어치없는 작품이 많았는가에 대해 이야기했다.

"존 오하라의 《사는 날의 분노》를 읽으셨습니까? 내가 지금까지 읽은 책 중에서 가장 훌륭하다고 생각되어서요."

"아니, 읽어보지 못했네. 읽어볼 생각은 있었네만. 처음으로 그의 작품인 《사말리아에서 만납시다》를 읽었을 때는 성공할 것으로 보였었는데 이렇다 할 이유도 없이 판매가 부진한 것 같더군. 그는 지식도 많고 문체에 활력이 있어서 소설가로서 꽤 성공할 수 있을 텐데 말야. 그런데 그는 내가 보기에 아일랜드계(系) 출신이라는 열등감에 너무 연연해하고 있어. 사실 그런 것은 전혀 문제가 안 되거든. 그래서 나는 그의 작품에 흥미가 없어졌던걸세. 그가 계속해서 좋은 작품을 썼다면 나도 기뻤을 것일세. 나는 가끔 편지로 말해주는데, 내 생각이 잘못된 거라면 오히려 기쁘겠네. 아일랜드계 작가는 성공이나 실패의 결과에 지나치게 집착하는 편이지. 그렇지만 우리는 그의 작품세계와는 별 관계가 없으니 그것으로 된 것 아니겠나? 어쨌든 〈뉴요커〉를 상대로 맞선 건 대단한 거였네. 하지만 무엇이 씌어 있느냐에 눈을 돌려야만 하겠지. 《나자(裸者)와 사자(死者)》를 쓴 녀석——뭐라든가, 메일러라든가——그 친구는 매니저가 꼭 필요하네. 작전을 세울 때 동료와 함께 지도를 보지 않는 장군이 어디 있겠는가. 그런 사람이 있다면 문학적으로 날조된 멍텅구리 대장이겠지. 작품 전체의 구조가 허술하기 짝이 없다네. 제이차 세계대전에서 정말로 좋은 작품, 위대하다고도 말할 수 있는 작품은 《화랑(畵郎)》일걸세. 위대하다는 것은 최장거리의 레이스일세. 출마하는 놈은 많이 있지만 극히 소수만이 살아남는 법이니까. '아프리카' 호에서는 시간이 많아서 《허클베리 핀》을 다시 읽었는데, 나는 이 작품을 지금까지 씌어진 미국문학 중 최고의 작품이라고 늘 말해왔으며 지금도 그 생각은 같다네. 하지만 무척 오랫동안 읽지 않다가 이번에 다시 읽어보니 내가 직접 고치고 싶었던 데가 적어도 사십 군데는 되었네. 그리고 멋진 소재가 많이 생각났다네."

"이번 전쟁에 대해 따로 책에 쓸 생각이십니까——그러한 소재로 말입니다."

"아니, 그럴 생각은 없네. 《강을 건너서 숲속으로》야말로 바로 내 작품일세. 어떠한 주제로도 한 번만 쓰지. 한꺼번에 모두 쓰지 않았을 경우에는 쓸 만한 값어치가 없는걸세. 고대 그리스의 헤리클리토스란 사내를 아나? '같은 강에 두 번 들어서는 것을 금하며 새로운 물은 영원히 흐른다.'라고 했다네. 내 마음속에서 줄거리를 정하여 쓰는 일은 전혀 없으며 또 처음부터 장편을 쓰겠다고 작정하여 시작하는 경우도 전혀 없었네——언제나 단편을 쓰다 보면 장편이 되거든. 그러니 이 소재는 짧아서 쓰지 못한다는 걸 나는 언제나 증명하는 셈이지. 재능이 있어 작가로서 성공하기 위해 필요한 건 오직 하나, 건강이라네."

"그러니까 집필한다, 즉 쉬지 않고 집필한다는 거로군요?"

112

"음, 여러 인간이나 사건이 마음속에서 혼란을 일으키기 전에 쓰고 싶어 하지. 나는 지금까지 살아오는 동안 아침마다 해가 돋는 걸 보아왔지. 아침 햇살이 비치면 일어나거든. 전쟁 탓으로 잠이 적어졌으며 눈까풀이 엷은 탓도 있지만. 나는 내가 쓴 것을 다시 읽고 전부를 퇴고하며 쓸 수 있는 데까지 쓰지. 그런 식으로 해서 내가 쓴 책은 수백 번이나 읽네. 그러고는 한눈 팔지 않고 계속 종이와 격투를 하다가 속도를 정리하지. 왜냐하면 그건 그 다음에 무엇이 일어나는가를 뚜렷이 알 수 있어야 언제나 펜을 멈추기 때문일세. 그러니까 날마다 완전히 모두 써버리는 일은 없지. 나는 선 채로 쓰기를 좋아하네. 툭 튀어나온 배를 힘주어 들여보내고 두 다리로 버티고 있노라면 더욱 힘이 솟거든. 십 라운드를 누가 앉아서 있겠는가. 나는 묘사할 때는 힘겹게 펜으로 쓰는데 그건 손으로 쓸 때는 종이에 접근하고 있는 것 같은 느낌이 들기 때문이네. 그렇지만 대화는 타이핑을 하지. 인간은 타이프라이터로 치는 것처럼 지껄이기 때문이라네. 하지만 나도 작품을 쓰는데에는 문제가 있지. 문제가 전혀 없으리라는 생각은 말아주게나. 메어리에게 구혼을 한 건 마침 등화관제로 깜깜해진 런던의 저수탑에 내가 탄 차가 충돌하여 사고로 머리가 깨지고 나서 앞으로 과연 원고를 쓸 수 있을지, 그것 말고는 무슨 일을 할 수 있을지 모를 때였다네. 글을 쓰려고 해봤네만 안 되더군. 메어리가 〈런던 타임즈〉 특파원 일을 단념하고 모든 걸 원상태로 되돌리기까지는 두 달 반이나 걸렸다네. 하지만 쓰는 것만은 안 되었어. 일 년 동안을 두고 쓰려고 노력했네만 그래도 소용없었네. 전기(轉機)가 된 건 상 발리에서 메어리를 위해 좀처럼 잡히지 않는 큰 사슴을 뒤쫓고 있을 때였는데, 그때 나는 팔일간을 새벽녘부터 해가 질 때까지 줄곧 깊은 눈 속을 걸어다녔지. 팔일째 되던 날 메어리가 총으로 사슴을 사살하고 난 그 이튿날부터 나는 쓰기 시작했다네. 작품을 쓰는 데에는 두 가지 절대적인 것이 있네. 하나는 장편을 쓰다가 어쩔 수 없이 사랑을 하게 되면 소설의 가장 좋은 부분을 침대에 놓고 잊어버릴 위험이 있다는 것. 또 하나는 작가의 결벽은 여자의 처녀성 같은 것으로 한 번 잃고 나면 되찾지 못한다는걸세. 나는 언제나 '신조(信條)'——정말 싫은 말이네만——가 무엇이냐는 질문을 받네. 쓰기 위한 신조란 내가 알고 있는 것, 깊이 느끼고 있는 여러 가지 것에 관해서도 통용된다네."

　“파파, 당신은 언젠가 미국을 무대로 한 장편을 쓰는지 모른다고 늘 말씀
하셨습니다만…….”

　“늘 쓰고는 싶었네만 어머니가 죽기까지 기다려야만 했다네. 이걸 이해
할 수 있겠나? 지금으로서는 알 수 없다네. 아버지는 1928년에——총으
로 자살했는데——나에게 오만 달러를 남겨주었다네. 《누구를 위하여 종
은 울리나》에 쓴 한 구절이네만……그러니까……이십 년 걸려서야 아버지
의 자살에 짐작가는 데가 있어 그걸 쓴 것이라네. 나를 괴롭게 하는 건 아
버지가 자살하던 날, 그의 책상에 내가 쓴 편지가 도착해 있었는데 그가 그
편지를 읽기만 했더라면 결코 방아쇠를 당기지는 않았으리라는 생각이라
네. 어머니에게 유산을 나누어달라고 부탁했더니 벌써 내 일로 해서 모두
써버렸다는 대답이었지. 나는 어디다 썼느냐고 물었지. 그랬더니 내 여행
이나 교육에 썼다는걸세. 무슨 교육입니까? 하고 물었지. 오크 파크 고등
학교입니까? 그리고 내가 여행을 했다고는 하지만 그건 이탈리아 육군에
서 비용을 부담해준 것이라고 말했지. 어머니는 대답 대신에 새로 증축한
사치스런 음악 감상실을 보여주더군. 물론 오만 달러는 온데간데 없는 꼴
이 되었지. 어머니는 음악광으로 중도에서 뜻을 꺾은 가수였는데 내 오만
달러의 방에서 매주마다 콘서트를 열었다네. 내가 국민학교에 들어갈 무렵
내게는 재능이 전혀 없어 멜로디 하나 알아듣지 못했는데도 억지로 첼로 연
습을 시키지 뭔가. 일 년 가량 학교에도 보내지 않고 첼로에만 전념토록 한
걸세. 내가 밖의 맑은 공기 아래에서 풋볼을 하려고 하면 나를 책상에 밧줄
로 묶어두었다네. 음악실을 만들기 전에도 언제나 음악만을 뒤쫓아다니며
손님들을 파티에 초대했다네. 언젠가 그런 모임이 있었을 때, 나는 메어리
가든의 무릎 위에서 동전 던지기 놀이를 한 적이 있었다네. 나이에 비해 몸
집이 컸기 때문에 나는 겉이냐 안이냐를 놓고 돈내기를 했는데 그녀로부터
일 달러 팔십오 센트까지 따서 상을 탔지. 그런데 오만 달러의 음악실 말이
네만, 나는 약간의 분풀이로 음악실 한가운데에 펀칭 백을 매달고 오크 파
크를 떠나는 날까지 오후가 되면 매일 권투 연습을 했지. 집을 나올 때도
그대로 두었네. 몇 년 뒤 크리스마스 때 어머니로부터 소포가 왔다네. 그
속에는 아버지가 죽을 때 사용했던 리벌버 권총이 들어 있더군. 카드도 있
었는데 내가 갖기를 원할 것이라고 적혔더군. 그게 무슨 재수 같은 걸 뜻하

는 건지 아니면 예언인지 나로서는 알 수가 없었네."

한밤중 가까이 되어 다른 손님들이 모두 돌아간 뒤 종업원은 나와 어네스트에게 문닫을 시간이 되었다고 알렸다. 그는 그날 오후에 내게 이야기해준 것을 되풀이하기 시작했다——그에게는 지금까지 그런 일이 없었는데——그가 얼마나 많이 마셨는가를 이 이상으로 증명하는 것은 없었다.

그런데도 그는 한 병 더 마시고 싶다고 우기는 것이었다.

"나는 건강하고 몸의 상태가 썩 좋았거든." 그가 말했다. "이번에 다치기 전까지도 말일세. 체중이 이백육십 파운드까지 내려가고 혈압은 백육십에서 백칠십일세. 그 사고가 있기 전에는 백사십에서 백육십오였는데 의사는 너무 낮다는걸세. 이걸로 모든 게 글러버렸네. 이런 상태로 어떻게 글을 쓴단 말인가."

"파파. 저 친구들도 집으로 돌아가고 싶어합니다."

나는 안절부절못하는 가엾은 웨이터 둘을 가리키며 말했다.

그러나 어네스트는 내 말을 무시한 채 계속 말했다.

"아가야. 모두가 노려보고 있거나 유도 미사일이 날아오는 데서도 술을 마실 줄 알아야 한다네. 전쟁 중, 적의 전선 바로 코 앞의 농가에 우리 부정규 부대 본부를 설치했지. 그곳이 바로 '헴' 특무작전의 사령부인 셈이지. 독일병은 우리의 바로 앞뜰까지 수색병을 보냈네. 자네는 화가인 존 그로스를 아나? 그날 밤, 그가 무슨 임무인가 띠고 왔기에 환영했지. 저녁식사를 하는 동안, 독일군이 팔십팔 밀리 포를 연거푸 쏘아대 벽이며 유리창이 박살나지 않겠나. 포성이 멎자 그로스는 감자를 저장해두는 지하실로 기어 들어갔다네. 맨 처음에 벽이 박살나서 그 밖에 감자를 먹던 친구들까지 모두 뛰어들자 그가 말했다네. '헤밍웨이, 적의 포격을 당하고 있을 때 어떻게 그처럼 거기 앉아 치즈를 먹거나 술을 마실 수 있나?' 그래서 나는 '그로스, 대포 소리가 들릴 때마다 기어들기만 하면 소화불량의 신기록이 생겨날걸세.' 하고 말해주었지. 자넨 이제 더 마시지 않겠나?"

나는 반쯤 남은 잔을 밀어냈다. 그의 말투가 가끔 흐트러지고 있었다.

"전쟁에선 좋은 녀석이 총 맞아 죽는데 우리 나라에서는 일분마다 훌륭한 녀석이 잇달아 태어난다네. 프랑스 인들이 전쟁을 어떻게 부르는지 알고 있나? 르 메체 트리스트(슬픈 작업)라네. 그랜트 장군보다도 이 년간이나 더 적의 탄환에 시달리는 병사를 보게나. 슬프고도 저주스런 과학이 아 니겠나.”

“파파, 이젠 술이 없습니다.”

“지금이 몇 월인가?”

“오월입니다.”

그는 손가락을 꼽았다.

“구월이면 아프리카인 자식이 생겨나네. 아프리카를 떠나기 전에 색시의 가족에게 산양을 선사했다네. 아프리카에서 최대의 산양 부자 집안이라네. 아프리카 인의 자식이 태어난다는 생각을 하니 기분이 여간 좋은 게 아닐 세. 나는 내가 한 일을 결코 후회하지는 않네. 후회하는 건 내가 하지 않았 던 것에 대해서뿐이네. 봅 벤칠리(^{미국의 유}_{머 작가})의 《마음 편히 합시다》라는 게 있 않은가. 그 녀석과 내가 토론을 했지. 아무튼 의리는 천하태평이었거든. 나 는 이렇게 말했지. ‘오케이, 봅. 마음 편히 해보세.’ 그러자 ‘언제부터?’ 하고 묻더군. ‘우리가 늙어 딴 녀석들이 모두 죽어버리면.’ 그렇게 말해주 었지. 보고 싶은 봅⋯⋯. 그리고 맥스웰 퍼킨스⋯⋯찰리 스크리브너⋯⋯찰 리는 무척 보고 싶군. 아아, 따분하다! 여러 가지 것이 불가능해졌을 때 진정으로 다정하게 대해주는 녀석이 어디에 남아 있단 말인가? 자네는 그 중의 하나이네. 보초가 서 있던 자리엔 이제 아무도 없네. 그리고 교체도 할 수 없다네.”

그는 일어서더니 두 종업원에게로 다가갔다.

“늦게까지 있어서 미안하이.”

어네스트는 간결한 미국 중서부 사투리가 섞인 프랑스 어로 말했다.

“하지만 필요했다네.”

그는 둘에게 1주일분의 급료는 될 팁을 주고 악수한 뒤 밖으로 나왔다. 호텔의 엘리베이터를 타면서 그가 말했다.

“칼 브란트가 죽은 모양일세. 그는 내 대리인은 아니었지. 나는 대리인을 둔 적이 없었거든. 하지만 그에 대해선 언제나 좋은 얘기를 들었네. 하기야 무덤이란 멋지지 않나. 비밀스런 은둔처인 그 무덤에서 십 퍼센트의 수수 료를 받아내기란 어려울걸세.”

그는 엘리베이터에서 내리고 싶지 않은 모양이었으며 비틀거리는 걸음걸이였다. 그의 방은 엘리베이터에서 내리면 바로 가까이에 있었기 때문에 별로 걷지 않아도 되었다. 그는 문 앞에서 잠시 망설이는 듯하더니 무엇인가를 생각하는 것처럼 눈을 가늘게 떴다.

"자넨 혹시 '르 메체 트리스트(슬픈 작업)'를 알고 있나? 쓰는 것이라네. 쓴다는 건 슬픈 작업이라네."

그가 문을 열고 방 안으로 들어갔기 때문에 나는 내 방으로 가려고 발길을 돌렸으나 곧 그가 말을 걸어왔고 내가 되돌아서자 다가와 말했다.

"자네가 알아둬야 할 일이 있다네. 서로 숨김없이 솔직하게 얘기하기로 돼 있으니까 말일세. 내 유산 일로 찾아갔을 때 어머니가 말했네. '내가 복종할 수 없는 일은 그만둬라. 그렇지 못하면 아버지처럼 평생을 두고 그걸 후회할 테니까.'라고 말일세."

그의 눈은 복도 끝의 한 점을 응시하고 있었다. 거기에는 오크 파크의 큰 저택 문이 있고 그 앞에 어머니가 서 있었던 것이다. 그는 더 이야기를 하고 싶은 모양이었으나 그의 눈은 오크 파크에서 현실로 돌아왔다. 내 팔을 가볍게 치고는 아침에 다시 만나자고 말한 뒤 이번에는 분명한 걸음걸이로 자기 방으로 돌아갔다.

이튿날 아를르를 달리면서 어네스트는 포도원의 포도며 경작지에 대한 것을 이야기하며 값비싼 와인이 모두 고원(高原)에서 만들어지는 까닭을 설명해주었다. 그는 어젯밤의 일에 대해서는 한 마디도 하지 않았으며 그 이후에도 언급하지 않았다. 어젯밤의 일은 우리의 우정을 인정한 단 한 번의 기회였으나 그때까지의 나는 자신의 입장에서만 우리들의 관계를 보아왔을 뿐이었다. 다시 말해서 내가 그의 우정을 고맙다고 여길 정도로 그가 내 우정을 높이 평가해주리라고는 꿈에도 생각할 수 없었다. 그의 인생에는 갖가지 사건이며 사람들로 가득했으니 그 풍요로움이 그의 인생에서 의미를 지녔던 사람들이 하나씩 사라져가고 있다는 사실을 명확히 알 수 없게 해버렸던 것이다.

물론 내가 그를 처음으로 만난 1948년에는 지금, 즉 1954년의 그러한 표현은 필요하지 않았다. 《노인과 바다》가 발표되어 어네스트가 굉장한 호평을 받고 또 그 작품으로 퓰리처 상을 수상했을 대에야 나는 비로소 작가에 대한 진정한 호평이란 작가가 여러 가지 일로 괴로워할 때 진심으로 대해주는 것이라는 사실을 깨달았다. 즉 작가의 모든 결점을 도외시하고 진정으로 대하는 것이야말로 남에게도 충실한 만큼 남도 자신에게 충실하기를 바랐던 어네스트가 교제의 조건으로 가장 높이 평가하는 것이었다. 따라서 어네스트와 관계를 오래 유지한 사람들은 이러한 공통점을 가지고 있었다. 그러나 그러한 사람들도 지금은 얼마 안 되었다. 어쩌다가 무슨 일로 해서 알게 된 사람에 대해 언급이라도 하게 되면 어네스트는 그 당사자인 그, 또는 그녀를 자기 식(式) 통계에 넣지 않았다고 한 마디로 잘라 말하는 것이었다.

이 부분에 대한 어네스트의 신조는 그의 격언에서 볼 수 있을 것이다. 즉 "인간이 믿을 수 있느냐 없느냐를 알아내는 방법은 바로 그를 믿는다는 것이다."라고.

그러나 어네스트의 신뢰의 척도, 그리고 그 척도의 결여는 흔한 말로는 도저히 설명이 되지 않는다. 이 신비를 분석해보면 평생토록 변함없는 우정은 그 상대가 직선적이며 허식이 없고 자기 자신의 이미지를 지니고 있는 사람에 한정되어 있다는 점에 진정한 열쇠가 있는 듯한 느낌이 든다. 디트리히, 투츠 쇼, 화가인 월드 피어스, 수렵가인 필립 퍼시벌, 투우사 올도네스, 유명한 파리의 서점 주인 실비아 피치, 게리 쿠퍼, 예술가인 율리 월튼, 캐참의 목장주인 버드 퍼리, 칼럼니스트인 레너드 라이언즈, 마라가의 망명자 빌 디브스, 스포츠맨인 윈스턴 게스트, 시인이며 장거리 육상 선수인 이반 시프만, 그리고 맥스웰 퍼킨스. 어네스트가 소중히 여기는 사람은 모두가 무엇보다 자기 스스로를 확실히 파악하고 그것에 대해 항상 진실한 사람들, 언동에 겉과 속이 다르지 않은 사람들인 것이다. 어네스트는 바로 그것을 요구하며 그것을 다른 어떤 것보다 높이 평가하고 있다.

어네스트와 관계가 원만치 못했던 사람들은 분노와 조소, 때로는 슬픔으로 가슴이 막힐 듯한 느낌으로 그에게서 추방당한다. 대개의 경우는 모두가 있는 자리에서 절교를 선언하는데, 어네스트가 일으키는 사건의 발단은 대개 편의상의 이유가 일반적이었다. 이를테면 케네스 타이난은 투우사인 하이메 오스토스가 그날 오후의 투우에서 훌륭하게 소를 죽였나에 대해 어네스트와 의견이 맞섰기 때문에 사람들이 많이 모인 마라가의 호텔 미라마르의 테라스에서 무참하게도 단죄(斷罪)되었다. 카메라맨이며 작가인 피터 버클리는 어네스트가 강력하게 반대했음에도 불구하고 오후의 투우가 있기 직전에 안토니오와 인터뷰를 가졌기 때문에 발렌시아의 로얄 호텔 로비에서 절교를 당해야만 했다. 슬림헤이워드는 데이비드 셀즈닉과 식사를 했다는 이유로 팜프로나의 사람들로 붐비는 술집 앞길에서 절교당했고 피터 비아텔은 우리 모두가 어네스트와 지기가 올 때까지 거리 모퉁이의 유희장에서 비둘기 쏘기를 하고 있을 때 발이 얼얼해졌다고 투덜거렸기 때문에 니임의 안페라트르 레스토랑에서 절교당했다. 스펜서 트레이시와 리란드 헤이워드는 《노인과 바다》의 촬영 관계로 어네스트가 페루의 앞바다에 참치잡이를 하러 나갈 시간을 지연시켰다 하여 동시에 절교당했다.

어네스트는 배에 실은 짐을 거칠게 바다에 팽개치듯 매몰찬 행동을 취함으로써 자신으로부터 추방당한 사람들을 징계했지만 그렇다고 해서 그 사람들을 절대로 만나지 않는 것은 아니었다. 그렇기 때문에 피터 버클리가 투우에 관해 책 쓰는 것을 줄곧 도와주었으며 피터 비아텔에게는 《노인과 바다》의 시나리오 집필을 계약토록 해주었다. 그러나 '실패자'에 대한 기본적인 태도는 다시는 회복할 수 없을 만큼 응고되어버린 후였다.

그러나 맑게 개이고 햇살이 따뜻한 리비에라에서의 아침, 아를르 밖으로 나와 포도밭을 바라보면서 어네스트는 어젯밤의 되살아난 원한을 마음에서 몰아내고 지난날에 이 지방을 자전거로 여행했을 때의 즐거운 추억에 잠겼다.

"이 지방의 포도밭은 몽땅 내 머릿속에 들어 있다네." 그가 말했다. "스코트 피츠제럴드가 제정신이었을 때 자전거로 함께 이곳을 달린 적이 있네. 멋지고도 한가로운 시절이었지. 이 지방의 풍물을 살피려면 자전거에 의존해야 돼. 산을 열심히 올라가다가는 똑바로 내려가야 하니까. 스코트와 함께 있었을 때만 생각나고 나머지는 모두 잊어버렸을 정도이네만 역시 볼티모어의 교외에 있던 스코트와 젤다를 방문한 적도 있었지. 아름다운 저택이었는데 주말에 초대해줬다네. 나는 당시 맥스웰 퍼킨스를 상대로 실랑이를 벌이고 있었기 때문에 뉴욕에 돌아가야 하니까 식사만 대접받겠다고 했지. 역에는 프랑스에서 가장 우아하고 값비싼 호치키스의 키스텀 차에서 운전사인 피엘이 기다리고 있더군. 출발하자 곧 엔진에서 검은 배기가스가 나와 피엘에게 주의시켰더니 이런 슬픈 얘기를 하지 뭔가. 그가 몽마르트르에서 택시 운전을 하고 있을 무렵의 어느 날 밤 젤다가 어떤 나이트 클럽에서 나오더니 리츠까지 태워달라고 했다네. 도중에 스코트를 태워 두 사람을 리츠까지 무사히 데려다주자 스코트가 자기는 다음 날 아침 르 아블에 가야 한다면서 피엘에게 르 아블까지 데려다줄 것을 요청했다네. 그런데 다음 날 아침 르 아블에 닿은 스코트는 피엘을 운전사로 고용하여 미국으로 데려갈 생각을 했던 모양이네. 프랑스 인을 운전사로 고용하는 것은 미국인으로서의 자존심을 높여주는 가장 좋은 방법이지. 그래서 스코트는 영어도 할 줄 모르고 여권도 없는 피엘을 설득하여 위조 증명서까지 만들어가면서 결국 피엘을 미국으로 데려왔다네. '하지만 헤밍웨이 씨.' 하고 피엘이 말하지 않겠나. '이 나라에 와서 제 생활은 악몽이 돼버렸습죠. 이 아름나운 사동차에 피츠제럴드 씨는 오일이나 그리스 기름을 자동차에 치지 못하도록 하십니다요. 그분 말씀으로는 프랑스 자동차에는 프랑스산(産) 오일이나 그리스를 넣어선 안 된다는 겁니다. 그래서 이 아름다운 자동차는 타버렸습니다. 보십시오! 이 모양이랍니다. 검은 연기를 보시고 무슨 일이 일어나고 있는가를 잘 아시면서도 여전히 오일이나 그리스를 못 치게 하십니다. 제발 부탁이니 당신이 말씀 좀 해주십시오.' 아름다운 저택으로 강을 마주하여 커다란 초록의 잔디밭이 퍼져 있었는데 커다란 나무숲이 어두운 느낌을 주고 있었네. 스코트와 젤다는 무척이나 우아하고 당당해서 한창 인생의 활동기에 있는 듯했지. 스코트는 내가 버건디를 좋아한다는 걸 알자 마개를 따지 않은 멋진 술을 여섯 병이나 내놓더군. 둘은 모젤을 마셨으니까 버건디는 나를 위해 내놓은 것임을 알 수 있었네. 손을 대지 않은 게 여섯 병이란 말일세. 상상할 수 있겠나? 엄청나게 매력적인 흑인 여자가 서비스를 해줬는데 그 하녀가 요리를 들고 올 때마다 스코트는 말하지 않겠나. '당신은 우리 집에 온 하녀 가운데 가장 멋지군. 헤밍웨이 씨에게 그렇다고 말씀드려봐요.' 하지만 하녀는 전혀 대꾸도 하지 않고 태도도 바꾸지 않았다네. '자기가 얼마나 멋진 여자인가를 가르쳐드려요.' 그런 식으로 스코트는 그 흑인 여자에게 몇 번이고 말하지 않겠나. 식사가 끝난 뒤, 스코트는 거트루드 스타인에 대해 지껄이기 시작했지. 그는 이런 걸 화제로 삼은 적이 없었다네. 거트루드가 언젠가 스코트의 운과 내 운은 같지 않다고 말한 적이 있었네. 스코트는 내가 자신보다 위대하고 빛나는 자질을 지녔다고 말한 줄 알고는 몹시 불안하게 여겼다네. 그래서 내가 스코트에게 말해줬지. '운세에 대해 스타인이 말한 건 생트집일 뿐이고 우리는 둘다 진지한 작가니까 앞으로 죽을 때까지 되도록이면 좋은 작품을 쓰도록 하세. 운세니 뭐니 하는 말로 서로 비교할 필요는 없네.' 하고 말이야. 그런데 그는 께름직했던걸세. 어찌나 까다롭게 나오는지. 내가 탈 기차 시간이 됐을 때 스코트는 정신없이 술에 취해버렸고 젤다는 어딘가로 가버리고 없더군. 피엘과 호치키스의 행방을 아는 사람도 없어 나는 그만 하룻밤을 새워버렸는데 그건 스코트의 음모였음이 분명했지. 이튿날 아침 스코트는 푸른 브레이자 코트에 플란넬의 옷차림으로 왔는데 크로켓 게임을 하자고 막무가내로 조르지 않겠나. 그날, 기차는 하나밖에 없어 기차 시간 가까이까지 게임을 했네만 이번에는 시간에 늦지 않도록 했지. 스코트와 젤다는 역까지 바래다주겠다고 우겼네만 저택에서 늦게 나오면 기차 시간이 너무 촉박하여 자칫하면 놓칠 것 같았네. 스코트는 창으로 발을 내민 채 자동차에 올라탔지. 내가 아무 말도 않자 그는 일부러 골난 체해 보였는데 벽 가까이까지 오자 갑자기 발을 돌렸기 때문에 창에 부딪혀 발을 다쳤지 뭔가. 그러자 피엘보고 차를 주치의가 있는 데로 돌리라고 하지 않겠나. 나는 피엘에게 그대로 직행해서 병원으로 가라고 했네. 스코트가 거칠게 욕지거리를 하면서 히스테릭하게 돌아봤기 때문에 나는 그를 진정시키기 위해 얼굴을 갈겨줬지. 젤다는 뒷자리 구석에서 숨을 죽이며 울고 있더군. 차 안에는 피와 유리 조각이 흩어져 있구. 가엾지만 보고 싶은 스코트."

어네스트는 잇달아 스쳐가는 짐수레의 행렬을 바라보며 아직도 스코트에 대한 생각을 하고 있었다.

"나중에 나는 스코트에게 편지로, 그가 술이 깨 제대로 말을 할 수 있고 또 그 시시한 소리를 하지 않게 될 때 다시 만나자고 말해줬네. 우리는 서로가 비극적인 인간이 아니라 글을 쓰는 작가라는 것으로도 충분하지 않은가. 비극적이려고 하는 허위의 무가치한 자세는 버려야만 한다고 말했네. 물론 젤다와의 결혼은 비극적이었으며 젤다처럼 그의 일을 질투하는 녀석이 있으면 언제나 그를 몰아붙여 결국은 파멸시키고 만다고 했지 —— 처음 만났을 때부터 젤다가 미치광이란 건 분명했다네. 하지만 스코트는 그녀를 사랑했기 때문에 그 사실을 몰랐지. 술에 빠지면서부터 그는 매우 나약해졌지——다시 말해서 내가 말하는 의미는 주정뱅이가 미치광이와 결혼한다는 건 작가를 돕는 일종의 도박 같은 것이 되지는 않는다는걸세. 그걸 스코트에게 말해준 건 이 무참한 진실로써 그가 자신의 미망에서 깨어나리라고 생각했기 때문이었는데, 좋은 작가는 거의가 술꾼이라고 말하는 것으로 그를 격려하려 했지. 명색이 작가인데 어떻게 개인적인 비극 따위로 눈물만 흘리고 있을 수 있겠나? 그러한 비극은 오히려 환영해야 마땅하네. 일단 그가 상처를 극복하여 객관적인 시각으로 글을 쓸 수 있게 된다면 작가로서 성장한 것이 아니겠나?——다시 말해서 과학자가 자신의 연구에 대해 충실하듯이 작가는 쓰는 것에 대해 충실해져야만 되네. 속이거나 겉보기뿐인 짓은 못 하네. 그 아픔을 성실하게 살려야만 되는걸세. 나는 그걸 스코트에게 말해주었네. 그리고 지금 피로워하고 있는 만큼 훗날엔 지금까지보다 두 배는 더 좋은 글을 쓸 수 있을 것이라고 말해줬지. 젤다가 있건 없건 말일세. 그를 격려해서 글에 대한 열정을 불어넣어주려고 말이야. 하지만 소용이 없었어. 내가 한 말에 유감을 품고 흥분만 할 뿐 아무 소용도 없었다네."

어네스트와 나는 아름다운 반 고호의 고향을 지나 점심시간에 맞추어 니임에 도착했다.

"지난번에 여기 왔던 일이 생각나나?" 어네스트가 물었다. "비아텔 내외와 함께? 파리에서 여기까지는 멋진 여행이었는데 그 둘을 니임의 아름다운 아침의 메죤 캬레를 구경시켜주러 갈 수 없게 되었을 때부터 나는 약간씩 신뢰를 잃기 시작했네. 그곳으로 간 건 자네와 나뿐이었지. 메어리도 갔던가? 아무튼 그 친구들은 풍경 따위는 전혀 보려고도 하지 않았네. 피터에게 에귀몰트는 사진을 촬영하기 위해서만 의미있는 곳이었지. 안 그런가? 평생 동안에 잠을 자지 못한 밤은 이틀 밤밖에 없는 그런 사내에게서 뭘 기대할 수 있겠나? 겨우 두 밤이라네. 일 년 반이나 세금을 내지 않아도 되는 친구들, 스위스의 은행가, 헬 어윈 쇼를 포함해서 클로스타즈 캐피그라치를 전세 낸 자들은 다음 시대 미국의 부(富)를 쌓아올리는 사람들이란 말일세. (이 말은 세금을 피해 유럽으로 간 미국 작가들을 야유한 것으로 어윈 쇼를 스위스의 은행가에 빗대고 있다.) 틀림없이 지난날의 부는 독립전쟁에서 싸우지 않았던 자들이 쌓아올린걸세."

차가 달리는 동안 어네스트는 여러 가지 일을 떠올렸다. 언젠가 에귀몰트에서 그와 허들리가 호두의 앙금을 칠하고 집시 댄스가 한창인 데에 끼어든 적이 있었다. 주머니에는 돈이 없어 공짜 술이라도 얻어마실까 해서였는데 그 집시의 댄스에는 술이 나오지 않았으며 호두의 앙금을 지우는 데 1주일이나 걸렸다.

뤼넬을 통과할 때 우리는 이 도시의 중앙에 서 있는 검은 실물 크기의 우상에 경의를 표하기 위해 차를 세웠다.

"이곳이 상그레가 태어난 고향이라네. 지금까지의 가장 위대한 소 가운데 한 마리지. 뿔과 뿔 사이에 장미꽃을 매달아 그걸 떼낸 자에겐 삼천 프랑의 상금을 주는 관습이 있었지."

그날 밤은 몽페리에에서 묵었는데, 중심가에서는 카니발이 한창이었다. 우리는 행운의 차를 몰아 그 옆을 천천히 지나갔다.

이튿날은 베제를 지나 피레네 산맥 기슭의 성벽으로 둘러싸인 카르 카본느의 거리로 향했다. 베제에서 차를 세워 카테드랄 상 나제르의 돌층계에서 햇볕을 쬐고 있던 노인에게——아다모는 전혀 신용할 수 없기 때문에——방향을 물었다. 그러고는 다시 여행을 계속하며 어네스트가 말했다.

"인생의 한창때가 지나 저렇게 이빨마저 빠져버린 사람들의 말을 빼고는 모두가 거짓말이라는 걸 몰랐나?"

카르카본느에서는 유럽에서도 가장 독특하고 또한 아름다운 호텔의 하나인 오텔 드 시테에서 묵었다. 중세의 분위기가 감돌았으며 방마다 도시의 성벽을 굽어볼 수 있도록 되어 있었다.

"이 도시의 성벽이나 탑은 거의가 나중에 만들어진 것인데 원형의 부흥이 아름답기만 하다면야 아무러면 어떻겠나."

어네스트가 말했다.

저녁식사를 들기 위해 내려갔을 때 뉴욕의 옛 친구가 테이블로 다가와 인사하자 어네스트는 놀라면서도 기뻐했다. 어네스트는 함께 식사하자고 권했으며 술을 마시면서 그 신사의 부인 안부를 물었다. 이야기 내용으로 짐작컨대 어네스트는 그 부인에게 호의를 느꼈던 모양이다. 남자가 부인과는 헤어졌다고 말하자 어네스트는 그건 정말 슬픈 소식이라고 말했다. 아이가 셋이라고 했다.

"내가 결정해야만 되었던 건, 헴, 다시 한 번 새로이 시작해보든가 아내에게 리노로 가라고 것 둘 중 하나였다네. 그녀는 다시 한 번 시작해보기를 원했지만 내 심정이 그렇다면 리노로 가겠다고 하더군. 솔직히 말해서 나는 알 수 없었다네. 아이를 만나보지 못하는 게 가슴 아프고."

"헤어진 지 얼마나 되나?"

"사 개월."

"돈은 모아됐나?"

"아니. 어떻게 모으겠나. 겨우 내 수입으로 생활비를 하고 있는데 내 수입은 자네도 알잖아."

"하지만 바니, 파산한 사람의 경제력이 얼마 못 간다는 걸 알아둬야 하네. 아이를 잃고 자기에게 약속된 설 송누리째 잃을 뿐만 아니라 순식간에 경제적인 노예로 전락하며 도박으로 일확천금이 들어오지 않는 한 자기에게 남은 것만으로는 아무도 만족시킬 수 없는 법이네. 여기 있는 핫치한테서 귀동냥한 거지만 이런 테마로 잡지에 기사를 썼다네. 하지만 발버둥만 치지 않는다면 어떠한 생활이라도 더 좋아질 수는 있는 거네. 머서와의 결혼이 원만치 못했던 시기에는 아이도 없었고 애정도 없었으며 그녀가 자네보다 수입이 좋았기 때문에 자네가 없어도 앞으로 더 잘 되리라고 믿었을 것이네. 또 그 시기에는 이미 둘의 흥미나 취미도 같지 않았으니까 아마 그녀는 그녀대로 생활하고 자네는 자네대로 작품을 쓰게 됨으로써 둘의 사이가 점점 벌어졌던 모양이네. 인간은 남에게 충고를 못 하는 법이라네. 나도 역시 충고해보겠다는 생각을 가져본 적이 없네."

"경제적인 것 이상으로 나를 괴롭히는 건 아이 문제라네. 아이들과는 원만하다네. 다시 말해서 나에게 있어서는 매우 큰일이라는걸세. 아이들과 정기적으로 만나 그대로……하기야 수입은 그전 그대로인데 두 살림을 꾸려나간다는 것이 얼마나 힘겨운가는 알고 있네……그러나……아 아, 어떻게 해야 한단 말인가……."

어네스트는 그때 이혼한 뒤 자녀들과의 관계가 어떠할지를 그나름의 독특한 투로 이야기했다. 키 웨스트에서 폴린과 함께 살았던 패트릭의 일이며 그가 쿠바의 어네스트에게 왔을 때 뇌막염에 걸려 있었다는 등의 이야기를 했다. 뇌막염을 앓을 때 패트릭은 실신 상태에 빠져 '핑커'의 수구들은 정신을 차릴 수 없었는데, 접객용 저택에 묵고 있던 신스키 뒤너베이시아, 로베드토 헤렐라, 틸러 윌리엄즈, 페로타의 대선수 엘무어가 힘을 합쳐주었기 때문에 어네스트는 패트릭을 위독 상태에서 구해내어 완전히 건강을 회복하기까지 간호했던 것이다. 엘무어는 두 팔에 패트릭을 끌어안고 잤었는데 한번은 그의 목을 죄어 질식시킬 뻔하여 황급히 팔을 풀었다고 한다. 몇 주일이나 계속 간호했으며 밤마다 평균 4시간 이상을 자지 못했다고 어네스트는 말했다.

패트릭은 회복한 뒤 자신이 무의식 상태에서 보낸 그 오랜 기간에 대한 기억은 물론 없었으며, 어머니로부터 쿠바에서 병들었었다는 것과 어네스트가 그를 아예 단념해버렸다는 말을 듣고 키 웨스트로 돌아와버렸다. 실제로는 어네스트가 줄곧 간호를 했는데도 어머니가 간호한 것으로 잘못 듣고 있었기 때문에 후에 어네스트가 패트릭과 화해하기까지는 그로부터 오랜 세월이 걸렸다는 것이었다.

"이건 자네들한테만 하는 말이네만." 어네스트가 말했다. "요즈음 양친이 헤어질 것 같으면 반드시 아이들을 그대로 양육한다고는 할 수 없다네. 하지만 여자란 조금이라도 죄악감을 느끼면 그걸 떨쳐버리기 위해 상대방에게 그대로 부딪쳐오게 마련이라네."

바니는, 지금은 성장한 자식들과 어네스트가 어떠한 관계에 있는가를 물었다.

"썩 잘 되고 있는 줄로 아네. 되도록이면 자주 만나고 있으며 서로가 무척이나 좋아하거든. 하지만 아이들이란 내가 생각하는 식으로만 되지 않는 법이라네. 장남인 밤비는 참모본부 소속으로 독일군 진지 배후에 낙하산으로 낙하했을 정도이며 앞으로 육군에서 출세하리라 생각했는데 지금은 태평양 연안 지방에서 주식 중개인으로 있다네. 모험을 좋아하는 지지는 말을 타거나 밧줄 던지기를 잘 하는 아이인데 지금은 의사가 될 참이거든. 패트릭, 이놈은 별명이 머우시라네. 하버드의 우등생이었는데 볼티모어의 사교계 아가씨와 결혼했지. 나는 그 애가 사상가 헤밍웨이가 될 줄 알았었는데 그 녀석은 아프리카로 가서 백인 수렵안내인으로 등록하고, 그것도 매우 우수한 사냥꾼이 되어 지금은 대규모의 옥수수 재배를 하고 있다네."

"모두들, 일이나 계획에 대해 당신과 상의를 하나요?"

"음, 모두가 서로 연락을 취하니까. 밤비한테도 바로 얼마 전에 회답을 보냈지. 새 일의 급료 문제로 상의해왔거든. 수표가 어느 정도면 되겠느냐고 묻더군. 그래서 수표는 인간의 적이며 교제비는 그 악(惡)의 동생이라고 말해줬다네."

이튿날은 눅눅한 안개의 장막이 드리워져 있었다. 그래서 출발이 지연되었으며, 간신히 출발한 뒤에도 부분적으로 상당히 시계(視界)를 가로막는 길을 조심하면서 투르즈로 향해 나아갔다. 투르즈에서 어네스트는 차를 세우지 않았다. 여기서 그는 커피조차 마시지 않았다.

"이 거리에 사는 자들은 세계에서 가장 추악한 녀석들이라네." 그는 말했다. "솔직히 말한다면 니임에서 파리까지 달려도 아름다운 여자는 단 하나도 볼수 없다네."

투르즈에서 남으로 20킬로, 갑자기 지저귀는 새 소리가 뚜렷해지자 어네스트는 뮐레라는 조그만 읍에서 샹피니온 드 브르고뉴와 산세르를 한 병 들었는데 참으로 맛있는 식사였다. 술집은 활기가 있었으며 주방에서 풍겨나오는 구수한 냄새도 좋았다.

"프랑스의 좋은 점은." 하고 어네스트가 말했다. "주정뱅이의 모습을 볼수 없다는걸세."

그의 눈에서 음산하고 누르스름한 빛이 사라져 고통이 훨씬 덜해졌음을 알 수 있었다. 우리에게로 온 여종업원은 투르즈의 여자 같은 용모는 아니었으며 가슴선이 깊게 패인 네모진 드레스 위로 가슴이 드러나듯이 솟아 있었다.

어네스트가 와인을 함께 마시자고 권하여 그녀도 같이 마셨는데, 그녀의 남자친구인 이 지방의 우체국 직원이 우리가 셈을 끝낼 때까지 자전거로 오지 않는다면 함께 비아리츠까지 데리고 가겠다는 말까지 했다.

밤이 되자 비스케이 만을 마주한 스페인 국경의 바로 북쪽에 위치한 비아리츠에 도착했는데, 도중에 안개가 잔뜩 끼어 있어 우리의 왼쪽으로 잇따라 뻗은 피레네의 아름다움을 전혀 볼 수 없었다. 우리는 일찍이 나폴레옹 3세의 여름 별궁이었으며 우리에게는 지금도 그런 느낌이 드는 오텔 팔레에서 묵었다. 내 방에는 높고 호화로운 가구와 해변에 우뚝 솟은 검은 바위에 부딪쳤다가 부숴지는 파도가 닿을 것만 같은 발코니가 있었다. 어네스트는 갈아입을 셔츠를 내어준 호텔의 대우에 감탄했다고 말했다.

우리는 길 건너의 소니즈 바로 갔었는데, 이 술집은 찰리 맥아더나 피츠제럴드, 그 밖의 사람들이 처음으로 리비에라의 아름다움을 알았을 무렵에 어네스트의 마음에 든 곳으로 곧잘 그의 화제에 올랐다. 당시 소니즈 바는 어네스트 앞으로 온 우편물을 보관해주었으며 외상을 인정하여 그가 좋아하는 구석자리에서 그가 원하는 요리를 내놓아주었을 뿐만 아니라 여자나 친구들을 데리고 가도 외상으로 했다. 마호가니의 카운터와 두터운 의자가 갖추어져 있어 독특한 가죽 냄새가 풍겼다. 아직은 비아리츠로서는 이른 계절이었기 때문에 손님도 드물었다. 술집 지배인이 3년이나 전에 온 편지를 어네스트에게 넘겨주었다.

소니즈 바에서 나온 뒤 이웃한 상정 드 뤼즈의 거리를 가서 어네스트의 옛 보금자리던 바 바스크에 들렀다. 우리는 카운터 앞에 서서 술을 마셨다. 카운터 옆에는 테이블이며 의자가 줄지어 있었다. 어네스트는 카운터에 기대어 술을 마시며 아무도 없는 한 테이블을 응시하고 있다가 말했다.

"찰리 와텐베이커가 내가 본 중에서 가장 아름다운 여자를 데리고 오던 날 나는 마침 여기에 서 있었다네. 둘은 이 테이블에 앉아 있었지. 바가 붐볐기 때문에 찰리는 나를 보지 못한 모양이었더군. 아무튼 녀석은 여자아이만 보고 있더군. 나는 그 둘의 애기를 엿들은 건 아니네만 찰리가 큰소리를 내기 시작하더니 '내가 그 여자를 죽여버리겠다.'고 하니 나도 귀를 기울여 둘의 이야기를 들을 수밖에 없더군. 여자가 말하더군. '제가 미안하다고 하면 좀 풀리겠어요?' 찰리가 말했네. '아니, 전혀.' 여자는 그 여자를 더할 수 없이 사랑한다고 하더군. '상대가 남자이기만 하다면.' 찰리의 말이었네만 내가 들은 건 그것뿐이었다네."

"《바다의 변화》로군요. 그렇다면 이곳이 무대였군요."

나는 그 단편이 허구인 줄로만 알았던 것이다.

"그 소설에선 남자가 필이란 이름이었는데 사실은 찰리이며 여자도 미녀였었지."

"정말로 헤어져버렸나요?"

“실제로는 떠나지 말아달라고 했는데 소설에서야 결국 마찬가지니까.”

“그래서, 여자는 그를 사랑한다, 그에게로 돌아오겠다고 했나요?”

“음.”

“그게 현실인가요? 찰리는 그 여자를 데리고 돌아갔습니까?”

“글쎄, 하지만 그날 오후에 나는 찰리의 여자가 해변을, 그녀가 반했다는 여자와 함께 걷는 걸 보았다네. 상대방 여자는 전형적인 동성애 여자로 퐁피루프의 머리 모양에 트위드의 옷차림, 납작한 옥스포드 구두를 신은 차림이었네. 하지만 찰리의 애인만큼 예뻤어. 그 두 미녀가 손을 맞잡고 해변을 거닐더란 말일세.”

제 7 장   마드리드 1954년

마드리드로 향해 가면서 스페인에서 처음으로 묵은 산 세바스찬에서 어네스트는 어느 카페를 찾아 돌아다녔다. 그 이름을 잊은 것이었다. 어네스트가 이런 조그만 일을 잊는 것은 내가 아는 한 매우 드문 일이었다. 그는 메모도 하지 않고 일기도 적지는 않았으나 그의 엄청난 기억력은 여러 장소며 이름, 날짜와 시간, 사건, 색채, 옷차림, 냄새, 심지어는 1925년에 있었던 히드롬의 경마 6일째에 누가 이겼느냐 하는 것까지를 화일이라도 해놓은 듯이 떠올리는 것이었다.

어네스트는 그 카페를 열심히 찾아다녔는데 왜냐하면 《오후의 죽음》 일로 해서 스페인에서 투우에 가장 조예가 깊은 옛 친구 파니토 퀸타나와 연락을 취할 수 있는 장소는 그곳밖에 없었기 때문이었다. 스페인 내전(內戰)이 있기 전의 퀸타나는 팜프로나에서 투우장과 호텔을 경영하고 있던 흥업주(興業主)였다. 그러나 프랑코로 말미암아 투우장이나 호텔을 모두 몰수당했을 뿐만 아니라 모조리 도둑맞고 말았다. 스페인에는 도둑이 참으로 많았다. 지난날의 전우로서 어네스트는 그에게 충실했으며 다른 스페인 친구 몇 명에게도 그러했듯이 그에게도 매월 일정한 금액을 보내주고 있었다.

파니토를 겨우 찾아내긴 했는데 그는 이를 치료해야 하며 낮빛이 지나치게 창백한 몸집 작은 명랑한 사내였다. 그는 눈 깜짝할 사이에 자신의 얼마 안 되는 소지품을 꾸려 함께 남쪽으로 여행하기로 되었다.

북부의 도시 브르고스에서 어네스트는 아다모에게 스페인에서 가장 웅장한 카테드랄(성당)에 차를 세워달라고 부탁했다.

"커다란 카테드랄이 있는 곳은 가난한 나라라네."

어네스트가 말했다. 나의 부축을 받고 간신히 차에서 내린 어네스트는 천천히 성당의 계단을 올라갔다. 성수(聖水)에 손을 적신 뒤 어둡고 인기척 없는 성당 안으로 들어섰는데 그가 신은 모카신의 신발은 돌바닥에서 거의 소리를 내지 않았다. 옆의 제단에 한참 서 있었는데 촛불을 지켜보는 그의 모습은 마치 코트에 하얀 턱수염, 쇠안경테를 걸친 수도사 같은 느낌이었다. 이윽고 자세를 바로 한 그는 기도석에 무릎을 꿇고 두 손을 마주잡은 채 고개를 숙였다. 그는 몇 분 동안 그대로의 자세로 있었다.

성당의 계단을 내려오면서 그는 "나는 때때로 보다 더 훌륭한 카톨릭 교도가 되었으면 하고 생각할 때가 있다네."라고 말했다.

그날 밤은 마드리드로 가는 도중인 로료노 근방의 술집에서 보냈다. 어네스트와 내가 붐비는 술집으로 들어갔을 때 한 영국인이 두 친구에게 '여기가 《피에스타》의 무대라네.── 영국에서는 《해는 다시 떠오른다》가 《피에스타(祭日)》란 제목으로 출판되었다 ── 옛날에 헤밍웨이가 이곳에서 술을 마셨다니 생각만 해도 가슴이 울렁이지 뭔가.' 하고 말하는 것이 들렸다.

어네스트는 그 사람들 곁으로 다가가서 말했다.

"여러분, 뭘 드시고 있소?"

이 순간만큼 그가 여행을 즐긴 적은 없었을 것이다. 그 뒤 그는 늘 이 이야기를 되풀이하였다. 어네스트가 그 사람들과 이야기를 나누고 있을 때 코가 피노키오처럼 두툼하고 키 큰 사내가 내게로 다가와서는 카나디카 주 웨스트포트의 존 코블러라고 자기를 소개했다. 그는 이틀 동안을 호텔에 묵고 있는데, 그것은 그가 타고 온 뷰익 자동차의 라디에이터에 모기가 생겼기 때문이며 이 지방의 주차장은 모기를 막을 설비조차 없다고 했다. 그는 소형 촬영기로 헤밍웨이를 촬영해도 되겠느냐고 나에게 상의를 했다.

코블러는 어네스트에게 다가가서 대화에 끼어들려 했으나 어네스트는 그의 저택에 함부로 침입해오는 자들에게 써먹었던 멋진 격퇴 작전을 폈다. 코블러는 카메라를 향해 포즈를 취해달라고 했는데, 어네스트는 오히려 그에게 지금 입은 재킷을 어디서 구했으며 이처럼 멋진 재킷은 본 적이 없다면서 영국인에게 그 옷에 대해 여러 가지를 묻더니 심지어 잠깐 벗어보라고까지 하는 것이었다. 코블러는 옷매무새를 고치더니 진지하게 대답하고는 자기 재킷을 칭찬받아서 기분이 좋아 어쩔 줄 모르는 눈치였다──난데없이 남의 이야기에 끼어드는 사람을 상대로 입고 있는 옷을 칭찬하는 냉혹한 반격법은 어네스트의 상투 수단이었다. 리츠에서도 이러한 반격이 있었음을 나는 특히 기억한다. 오하이오 주, 슈튜벤빌에서 온 오만하고 큰 가슴을 가진 여성이 사인을 해달라고 하자 그녀가 귀에 하고 있던 샹들리에 모양의 귀고리를 어찌나 칭찬하는지 정신이 없을 정도였다.

"내 칭찬 한 마디에 우쭐해 있는 것 좀 보게."

그날 밤, 식당에서 코블러를 보았을 때 어네스트는 나에게 이렇게 고백했다.

"그 녀석은 이런 데에서 뭘 한다던가?"

"뷰익 자동차에 모기가 우글거린답니다."

"옳거니."

어네스트가 말했다.

마드리드가 가까워지자 어네스트는 《누구를 위하여 종은 울리나》에서 파블로의 부대가 농성했던 산꼭대기를 가리켰다.

"언젠가 메어리와 함께 가봤다네." 그가 말했다. "다리 옆에서 피크닉을 했었지."

어네스트는 팔레스 호텔에 묵었는데──그 캡틴 쿡 상표의 술이며 그 밖의 식료품이 냉장고에 있었다──이튿날인 5월 15일에 시작되는 스페인 최대의 투우가 열리는 산 이시도로의 축제 때문에 마드리드는 어디를 가나 호텔이 붐볐다. 스페인 내전 당시는 프랑코측의 비행사였으나 어네스트의 옛 친구이며 더구나 소중한 영국인 친구인 루퍼트 벨빌과 함께 메어리가 세빌랴에서 자동차로 왔다.

우리는 투우사와 투우 흥행사들이 몰려 있는 플라사 산타 아나의 셀베세리아 아레마나에서 술을 마셨는데, 많은 사람들이 어네스트에게 와서 인사를 했다. 우리는 맥주를 마시고 맛좋은 작은 새우와 왕새우를 먹었다. 어네스트는 아브싱을 주문했는데 그의 눈은 빨갛게 충혈되어 있었다. 내전 당시의 마드리드에 대해 이야기하기 시작했을 때 나는 《누구를 위하여 종은 울리나》는 어느 정도로 실제의 일을 소재로 했느냐고 물어보았다.

 "자네가 생각하는 정도는 아니라네. 파괴된 다리도 있는데 그걸 나도 보았지. 그 작품에 쓴 열차 폭파 사건도 실제로 있었던 일이라네. 더구나 적의 전선을 돌파하여 세고비아로 자주 갔는데, 그곳에서 파시스트의 활동을 자세히 조사하여 그 정보를 아군에게 보냈지. 하지만 작품에 나오는 인물이나 사건은 어디까지나 내 지식, 감각, 혹은 희망에서 모두 창작한 거지. 파시스트의 군대가 왔을 때, 마을에서 일어났던 일을 필라르가 회상하는 장면은 론다의 읍에서 일어난 일로 읍내에서의 상황을 정확하게 취재했네. 뛰어난 작품은 한 가지 점에서 공통되는 법이라네. 정말로 있었던 것 이상으로 진실한 그러한 것을 하나 읽는다는 것과 그 안에 묘사된 것이 진실로 있었다는 것, 읽는 사람에게 실제로 있었던 일로 여겨지면 그 뒤부터는 거기에 그려진 행복이며 불행, 선악, 황홀, 슬픔, 음식, 술, 잠자리, 인간들, 기후 같은 게 영원히 그 사람의 가슴속에 남아 있지. 그러한 것을 독자에게 느끼게 해줄 수 있는 자가 진정한 작가일세. 나는 《누구를 위하여 종은 울리나》에서 독자에게 그러한 걸 느끼게 해주려고 했지. 전쟁 말기가 되면서부터 공화파는 패색(敗色)이 짙어지기 시작했는데, 나는 미국으로 돌아가 모금을 한 뒤 다시 전선으로 되돌아와서는 당시 지휘를 맡고 있던 폴란드의 장군을 만났지. 내가 무척 존경하는 사람으로 그에게 사태를 물었네. '헤밍웨이, 부인은 그 뒤 어떻게 지내나?' 하는 게 그의 대답이었다네. 프랑스 대령이 사령부로 달려오더군. '우리는 뭣인가를 해야 한다!' 하고 그가 소리치더군. '파시스트의 폭격기가 온다! 나와 부하에게 뭘 하면 되는가를 명령하십시오!' 장군은 말하더군. '밖에 나가 엄청나게 높은 탑을 세우는 거다. 거기 올라가면 더 잘 보이지 않겠는가.'라고 말일세. 그 무렵 도스 파소스가 마침내 스페인에 왔었지. 줄곧 파리에 있으면서 우리의 목적에 관해 열렬히 내게 편지를 썼는데 드디어 행동을 개시하여 우리와 합류하겠다기에 우리는 그가 도착하기를 애타게 기다렸네. 그럴 수밖에 없는 것이, 모두들 굶주리고 있어서 그에게 식료품을 갖고 와달라고 연락해두었기 때문일세. 그런데 녀석은 겨우 초콜릿 네 개와 오렌지 네 개를 갖고 왔지 뭔가. 우리는 하마터면 그놈을 죽일 뻔했다네. 그는 파리에 마누라를 두고 왔는데 도착하자마자 시드니 플랭클린에게 마누라 앞으로 보내는 전보를 보여주고 검열을 맡아달라고 했네. 내용은 '여보, 이제 곧 만납시다.'라는 거였어. 검열부에서는 나를 불러내더군. 전문이 암호가 아니냐는걸세. 나는 그 검열 담당자에게 말해줬지. '아니, 암호는 아니오. 다만 우리와 오래 함께 있지 않겠다는 뜻뿐이오.' 도스는 줄곧 마드리드에서 자기 작품의 번역가를 찾아다녔지. 우리는 그 사내가 총살당했다는 것을 알았으나 아무도 도스에게 가르쳐줄 생각이 없었던걸세. 그는 그 번역가가 투옥당한 줄 알고 요시찰자(要視察者)의 리스트를 낱낱이 조사하더군. 결국은 내가 얘기해 줬네. 나는 그 번역가를 만난 적도 없고 또 총살당하는 걸 보지도 못했지만 그렇게들 말하더라고 그에게 얘기해줬지. 그러자 도스는 마치 내가 총살이라도 한 것처럼 받아들이질 않겠나. 파리에서 만났을 때와 어쩌면 이렇게 달라졌을까 싶어 나는 믿어지지 않았다네! 호텔이 처음으로 폭격을 당하기가 무섭게 도스는 짐을 꾸려 급히 프랑스로 도망쳐버리더군. 물론 우리는 모두 전쟁이 무서웠네만 호텔에 폭탄 몇 개가 떨어졌다 해서 그처럼 도망칠 생각은 하지 않았거든. 아무튼 방 두 개가 파괴되었지. 결국 나는, 도스는 돈을 벌고 싶었던 것이며 또 목숨이 아까워진 거라고 생각하기로 했다네. 죽음의 공포는 재산이 늘어남에 따라 정확하게 늘어나는 법이니까. 이것이 바로 죽음의 역학에 관한 헤밍웨이 법칙이라는걸세."

우리는 아브상을 주문하고 헤밍웨이는 내란 당시에 대한 이야기를 계속 하였다.

"모데스토 장군이 머서에게 반하여 내가 있는 앞에서 세 번이나 그녀를 유혹하기에 내가 화장실로 끌어냈지. '장군, 잘 들으시오.' 하고 말했네. '결말을 냅시다. 입에 손수건을 물고 어느 한쪽이 그걸 떨어뜨릴 때까지 총알을 쏘기로 합시다.' 우리는 손수건과 권총을 내놓았는데 내 친구가 달려와 그만두라지 않겠나. 스페인 장군 같으면 모두가 자동적으로 기념비를 세우게 돼 있는데 자금이 부족하여 그 기념비를 세울 수 없기 때문이라는걸세."

그러고는 여전히 머서 이야기를 했는데, 어느 날 밤에 침대에서 그녀와 함께 자고 있을 때 지진이 일어나 침대가 흔들렸다는 이야기를 했다. 그리고 머서가 그를 흔들며 "어네스트, 그만 좀 흔들어요!"라고 하는 순간 테이블 위에 있던 물병이 떨어져 깨지고 지붕이 내려앉아 두 사람을 덮쳤기 때문에 간신히 머서의 추궁에서 벗어날 수 있었다는 것이다.

"머서는 야심적인 여자로, 언제나 〈코리야즈〉를 위해 세금을 내지 않아도 되는 전쟁에 나아가 기사를 쓰기로 했네. 그러면서도 무엇이건 위생적인 걸 좋아했지. 아버지가 의사였기 때문에 우리 집도 되도록이면 병원처럼 위생적으로 하려고 했지. 내가 잡은 동물의 머리가 아무리 아름다워도 위생적이 아니라면서 걸어놓지 못하게 했다네. 〈타임〉지에 있는 그녀 친구들이 '핑커'로 몰려왔는데, 제대로 다림질을 한 옷을 입고는 테니스를 즐기지 않겠나. 페로타의 내 친구도 했는데 게임이 너무 거칠었다네. 뿐만 아니라 땀투성이가 된 채 풀에 뛰어들며 샤워도 하지 않는걸세. 샤워를 하는 녀석은 남색가뿐이라는걸세. 이게 머서와 나 사이의 최초의 마찰의 시작이었지——나의 페로타 친구는 그녀의 〈타임〉지에 있는 고상한 친구를 형편없이 만들어놓은걸세. 나는 여류작가가 쓴 걸 제대로 읽은 적은 없네만 작은 게 큰 것 이상으로 돋보이는 법이라네. 더구나 그러한 것은 모두 밸런스의 문제이지. 섹스가 적어지면 냉담해졌다고 말하고 너무 많으면 지나친 게 되지. 아니, 남자란 경마 레이스가 있을 때마다 예상표를 보듯이 여자의 기분을 다른 식으로 꿰뚫어보아야만 한다네. 하지만 신경 쓰이지 않는 여자를 찾으려는 수고는 않는 게 좋겠네. 따분하다구, 그런 여자는 잠자리가 괜찮은 여자는 혼자서 살지 못하는 법이니까."

우리는 카페에서 나와 메어리를 찾았는데 그녀는 루퍼트와 함께 호텔에서 기다리고 있었다. 루퍼트는 키가 크고 옷차림이 좋으며 불그스름한 얼굴에 여자가 많아 일을 하지 않아도 되는 최상류 계급의 전형으로 완벽한 말투를 사용했다. 메어리와 어네스트는 재회를 크게 기뻐하고, 어네스트가 그 우람한 몸집으로 그녀를 끌어안자 그녀는 가지런해진 수염 사이로 그의 입술에 키스를 했다.

축제 첫날은 비가 몹시 내려 투우는 연기되었다. 그 화풀이로 마드리드의 사회적 음모의 신경중추라고 할 수 있는 팔라스의 바에서 술을 마셔 허기를 면했으나 이 술집에 있는 여자들은 모두 스파이로서 성공한 여자처럼 보였다.

　이튿날, 우리는——어네스트의 판단에 의하면——좋은 투우를 몇 번 보았는데 오후는 대개가 흐리거나 바람이 불어 모처럼 투우를 구경하러 온 어네스트는 기분이 언짢은 모양이었다.

　"태양이야말로 최고의 투우사라네." 그는 말했다. "맑게 개인 날이면 마치 조명 없는 무대극 같거든. 투우사에게 최악의 적은 바람이야."

　그는 작은 체구이면서도 대단한 용기에 넘쳐흐르는 치켈로 2세라는 투우사의 연기를 좋아했으며, 코르테가라는 투우사가 소를 죽이는 방법에 크나큰 경의를 표했다.

　"그는 소의 뿔을 노려 아름답게 전혀 망설이지 않고 뛰어든다네. 하지만 너무나 여러 차례 소에게 받쳤기 때문에 몸 속이 강철과 나일론으로 가득 차버렸을걸세."

　어네스트에게는 아직도 부상의 고통이 남아 있었다. 말로 아프다고 호소하지는 않았으나 보기에도 무척 아프다는 것을 알 수 있었다. 마침내 마드리드에서 사귄 일류 개업의사인 닥터 마디노베이시아에게 가서 진찰을 받았는데, "비행기 사고로 즉사를 해도 이상하지 않을 정도랍니다. 비록 그때는 죽지 않았어도 지금 화상을 입고 죽는다 해도 이상할 게 전혀 없습니다. 베니스에서도 죽을 뻔했군요. 하지만 아직은 살아 있으니까 앞으로는 착한 인간이 되어 내가 시키는 대로 한다면 결코 죽지 않을 겁니다.'라는 말을 들었다. 그는 어네스트에게 엄중한 감식(減食)을 명했으며 하루에 술은 두 잔, 식사마다 와인 두 잔으로 줄이도록 했다.

　의사에게 진찰을 받고 돌아오는 길에 차 안으로 썩은 냄새가 지독하게 풍겨오자 어네스트는 이것은 마드리드의 도살장에서 풍기는 냄새라고 했다.

　"아침 일찍, 방금 죽인 소의 피에는 영양이 많다 하여 나이 든 여자들이 마시러 온다네. 나는 아침, 대개 새벽녘에 일어나 송아지의 투우를 보러 가네. 때로는 진짜 투우사가 소를 죽이는 연습을 하러 오기도 하는데, 피를 마시러 오는 할멈들이 줄을 서 기다리고 있는걸세. 도살장에서 연습을 위해 죽이는 건 법률로 금지돼 있지만 지금이나 옛날이나 도살장의 감독과 친한 사이라면 칼을 몰래 옷 속에 숨겨 도살장에 들어와 소의 목덜미 뒤쪽, 이십오 센트 동전만한 급소를 노려 뿔 사이를 찌르는 연습에 열을 올리지.

도살장 말고는 소를 죽일 연습을 할 데가 없다네. 다만 죽이기 위해서만 소를 쓴다는 건 아무나 못 할 일이며 케이프나 무레타를 이용해서 차에 실은 모형의 뿔이며 첸타로 연습이나 또 반데리랴스에서 소를 다루는 연습은 할 수 있네만 죽이는 법을 익힐 방법은 없다네.”

어네스트는 투우장에서 투우사를 보면서 죽이는 법을 정말로 익혔기 때문에, 그것을 작품으로 남겨두기 위해서 《패하지 않는 자》를 썼다고 말했다. 그리고 소의 피를 먹으려고 아침 일찍 몰려드는 노파들에 관한 것은 《누구를 위하여 종은 울리나》에 썼다. 또 어네스트는 《오후의 죽음》에 나오는 지방 순회의 투우사로 소에 찔려죽은 큰형의 복수를 한 집시 남매의 이야기를 상기시켰다. 이 남매는 그 소가 도살당하는 아침에 도살장에 가서 소의 눈을 후벼내고 그 안공에 침을 뱉었으며 골수를 잘라냈다. 그리고 소의 고환을 떼어내어 도살장 반대쪽 길 위에 피워놓은 모닥불에 그것을 구워 먹었다. 어네스트는 우연히 그날 아침에 현장에 있었다고 했다. 마드리드에서 일어난 그 일을 발렌시아에서 일어난 것으로 꾸며 작품에 이용했던 것이다.

“시간이 있으면 《누구를 위하여 종은 울리나》에 나오는 노파들에 대해 쓴 부분을 읽어보게나. 나는 그 한 구절을 쓰기 위해 몹시 추운 아침을 여러 번이나 보냈다네.”

《누구를 위하여 종은 울리나》는 스페인에서는 출판되지 않았으나 영국판이 밀수입되어 영국 대사관에 있는 루터트의 친구가 나에게 빌려주었다. 나는 이 작품을 충분히 정독한 줄 알았는데 마드리드의 도살장에서 소의 생피를 마시는 노파들의 부분은 생각나지 않았다. 그런데 과연 헤밍웨이의 말을 생각하니 떠오르는 것이 있었다.

필라르가 죽음의 냄새가 난다고 하자 로버트 조단이 반박한다. 그는 죽음에 냄새는 없다고 말하는 것이다. 죽음에 냄새가 있다면 어떠한 냄새일까? 필라르는 죽음의 냄새에 대해 설명한다. 무엇보다 우선, 폭풍을 만나 선창을 완전히 닫은 배를 타면 코를 찌르는 냄새가 바로 그것이라고 한다. 흔들리는 배를 타고 선창의 놋쇠 손잡이에 코를 대어보면 정신이 아찔해지며 뱃속이 텅 빈 듯한 느낌이 드는데 그것이 죽음의 냄새 일부라고 설명한다. 다음으로는 그 냄새의 나머지 부분은 아침 일찍 트레르 다리에 가보면 알 수 있다고 한다. 만사나레스에서 안개가 피어오르며 흠뻑 젖은 페이브먼트 위에 서서 날이 새기 전에 도살장에 끌려가 살해된 소의 피를 마시고 오는 할머니들을 기다린다는 것이다. 그러한 할머니 가운데 하나가 도살장에서 나올 때에는 눈은 움푹 패이고 납처럼 하얀 얼굴에는 완두콩에 가느다란 싹이 돋아난 것처럼 늙은이의 솜털, 죽음의 얼굴에 돋아나는 창백한 털이 보인다고 필라르는 말한다. 그 할머니의 몸을 팔로 단단히 끌어안고 입에 키스를 하면 죽음의 냄새를 맡을 수 있다는 것이다. (이 부분의 묘사는 《누구를 위하여 종은 울리나》 19장에 나온다.)

의사에게 진찰을 받은 뒤, 어네스트는 절식(絕食)하고 휴양을 많이 취하며 술의 양도 줄일 계획에 대해 이야기했다. 오후의 투우를 구경한 뒤는 어김없이 침대에 들어 9시나 10시까지는 책을 읽는 등으로 시간을 보내고 저녁식사 때가 되면 옷을 갈아입는다. 침대에서 전혀 일어나지 않는 밤도 자주 있는데 저녁식사를 자기 방으로 갖고 오도록 하여 먹는 수도 있었다. 특실에 배치해둔 술잔에 소변 검사용 표본을 채취하여 닥터 마디노베이시아에게 보내는 것도 잊지 않았다.

어네스트는 뛰어난 독서가로 팔라스 호텔의 베드 테이블에는 다방면에 걸친 수많은 책들이 쌓여 있었다. 그와 함께 잡지 판매점에 들르는 것은 더할 수 없이 좋은 체험이 되었다. 진열장에 줄지어 꽂아놓은 잡지들을 유심히 살핀 뒤 여러 방면의 잡지를 한 종류씩 골라낸다. 그가 말하는 소위 여성 전문지인 《굿 하우스키핑》, 《레리스 홈 저널》 등은 별도로 친다 해도 20권 이상의 잡지를 사는데 놀랍게도 정말로 그 대부분을 읽어 그 내용까지 화젯거리로 삼는 것이었다. 스페인에서나 프랑스에서나 이탈리아에서도 잡지 판매장에서는 똑같이 돈을 썼다. '핑커'에서 그가 매월 정기적으로 구독하는 잡지는 〈하퍼스〉, 〈아틀란틱 맨슬리〉, 〈홀리데이〉, 〈필드 앤드 스트림〉, 〈스포츠 어필드〉, 〈트루〉, 〈타임〉, 〈뉴스위크〉, 〈남부(南部) 제스잇〉, 그 밖에 2종의 영국 잡지에 〈스포츠 앤드 컨트리〉, 〈더 필드〉, 심지어는 멕시코의 전문지인 〈칸차〉에 이탈리아와 스페인의 주간지 다수가 있었다.

어느 날 밤, 팔라스 호텔의 침대에서 뒹굴며 어네스트는 당시 스페인에서 초특급의 투우사였던 루이스 미구엘 도민긴이 뜻하지도 않게 보내준 스페인의 투우 잡지를 열심히 읽고 있었다. 도민긴은 대대로 투우사 가계(家系)의 출신으로 비록 체구는 작지만 대단한 미남이었다. 그의 예쁜 누이동생 칼멘까지도 언젠가 투우장에서 멋진 연기를 보인 적이 있었다. 도민긴은 어느 투우에서 배에 중상을 입은 뒤 1년 이상이나 투우를 하지 못했는데 최근에 와서 남아메리카로부터 대단한 고액의 제의를 받아 다시 투우를 할 것인가에 대해 고려하고 있었다. 그는 팔라스에 와서 당시 고통이 극심했던 담석으로 말미암아 입원 중이던 애인 에바 가드너의 병문안을 해달라고 어네스트에게 부탁했다.

에바는 어네스트가 자기 작품을 영화화한 것 중에 단 하나의 수작으로 인정했던 〈살인자〉에 출연했으며 어네스트의 〈자나크의 눈〉에도 출연했던 여배우였다.

그가 돌아가자 어네스트가 말했다.

"루이스도 골치 아프게 됐구먼. 전성기 때 그는 돈 주앙과 햄릿을 합친 것 같았는데 지금의 그 녀석은 풀이 죽어버린 모습이지 뭔가. 틀림없이 에바 양 침대에서 허송세월만 했기 때문일걸세."

우리가 병문안을 갔을 때 에바는 병원의 간호사들에게 둘러싸여 있었다. 그녀들은 침대를 매만지거나 맥박을 세어보거나 체온을 기입하거나 방 안 청소 따위를 하고 있었는데, 에바는 할리우드에 장거리 전화를 걸어 촬영소장과 이야기를 나누던 참이었다. 위압적인 말투였다.

"아무리 시나리오를 보내도 소용없어요. 나는 싫으니까요. 몇 번이나 되풀이하겠어요. 그래요, 절대로 루스 에팅의 배역 따윈 하지 않겠어요."

몇 초 동안 상대방의 이야기를 듣는다.

"그런 계약 같은 건 댁의 독일인 앞에나 되돌려줘요!"

간호사인 수녀가 시트를 에바의 어깨까지 끌어올려주었다.

"계약 불이행이니 뭐니 하는 잠꼬대 같은 소리는 꺼내지도 말아요. 그렇잖으면 당신과는……그리고 내 말을 가로막지 말아요. 내가 건 전화예요! 도대체 나를 어쩌겠다는 거예요? 큰 배역이라구요? 그런 속 뻔한 소리를 할 테면 금붕어처럼 그 말을 먹어치울 거예요!"

한 수녀가 에바의 등에 쿠션을 대주고는 부드러운 미소를 띠었다.

"내가 말한 건 드라마틱한 배역이란 말예요. 그런데도 당신이 보낸 건 루스에팅이잖아요! 이런 꼴을 당하는 것도 이상할 게 못 되요. 청구서를 보낼 수도 있으니까요……아아, 그만, 이제 그만 해줘요!"

에바는 전화를 끊고 어네스트에게 손을 내밀며 아름다운 미소를 띠고는 부드럽고 서정적인 목소리로,

"안녕하세요, 어네스트."
하고 말했다.

"간호를 하는 수녀들은 외국어를 모르는 모양이군요."
어네스트가 그녀의 손을 잡으면서 말했다.

"수녀님들은 무척 다정하답니다."

에바가 그 중 한 사람의 손을 가볍게 치면서 미소를 짓자 모두가 일제히 에바에게 미소지었다.

"더구나 이 병원이 어찌나 마음에 드는지, 담석 따윈 떼내지 않아도 될 것 같은 기분이에요. 이 침대에 걸터앉아요, 파파. 그리고 얘기해줘요. 이렇게 와 주시다니 얼마나 감격스러운지 몰라요."

일을 마친 수녀들은 방에서 나갔다. 도민긴과 나는 의자에 걸터앉았다.
"스페인에서 살 작정인가?"
어네스트가 말했다.

"물론이죠. 원래 나는 시골뜨기 아가씨니까요. 뉴욕이나 파리는 싫어요. 이 나라에 줄곧 살고 싶어요. 미국에 돌아가야 할 일이라도 있나요? 자동차도 없고 저택도 없고, 아무것도 없거든요. 시나트라 역시 아무것도 갖고 있지 않아요. 결혼해서 내가 받은 거라면 정신 분석 의사한테 줄 비용을 어티 쇼가 이 년 동안 치뤄준 것뿐이니까요."

"솔직히 말해서 정신 분석이니 하는 건 내 속을 메스껍게 한답니다, 아가씨. 나 역시 단 한 번도 유머 감각을 지닌 정신 분석 의사 따윈 만나보지 못했으니까요."

"그렇다면." 에바는 믿을 수 없다는 얼굴로 물었다. "정신 분석을 받은 적이 없나요?"

"있지. 포터블 콜로나 넘버 쓰리이거든. 그 테이프 레코더가 내 정신 분석 의사지. 나는 정신 분석을 믿지 않지만 그것을 연구하는 동안 무척 많은 동물이며 물고기만을 죽여왔기 때문에 난 나 자신마저 죽이고 싶지 않은 거

요. 인간이 죽음에 반항할 때, 마침 내가 그런 셈인데, 하느님만이 갖는 속성을 몸에 지니려고 하는 데에 환희를 느끼는 법이오. 다시 말해서 죽음을 준다는 것에 말이오.”

“파파, 저한테는 너무 어려워요.”

도민긴은 어네스트에게 자기의 첸타(본격적인 투우가 있기 전에 갖는 사전 준비 투우 같은 것)에 꼭 와달라고 우리를 초대했다. 에바는 설사 수녀들이 병원의 침대에 묶어둔다 해도 반드시 가겠다고 약속했다.

용사(勇士)가 송아지를 굴복시키는 테스트인 ‘첸타’는 안토니오 펠레스라는 소를 키우는 목장의 햇살 찬란한 소투우장에서 열렸는데, 이곳은 과다라무스의 바람맞이에 있는 에스코리알, 쿠아도솔라의 멋진 고원 지대였다. 복스 홀 1대, 도민긴의 키스텀 캐딜락, 어네스트의 란체아 등의 3대의 자동차로 마드리드를 출발, 정오쯤 해서 목장에 도착했다.

도민긴은 무레타를 사용해서 송아지를 상대했으며 소가 머리를 숙일 때에는 가볍게 검으로 찌르되 죽이지는 않기로 했다. 몇 마리의 소를 테스트하면서 소유주는 소의 산지(産地)를 참고로 하여 제각기의 특징을 파악, 장차 투우로 키울 수 있는가를 결정한다. 이 테스트로 소의 장래가 정해지기도 하지만 도민긴 자신이 계속 투우를 할 수 있느냐, 없느냐가 결정되는 것으로 보통의 첸타에서는 볼 수 없는 흥분된 분위기가 감돌고 있었다.

“저 송아지들 중에는.” 어네스트가 에바에게 설명했다. “때로는 황소보다 무서운 놈이 있지. 황소보다 더 사납게 날뛰며 근육을 푸는 거요. ‘송아지’라고 해서 만만하게 봐선 안 되지. 나는 첸타에서 목숨 잃는 사람들을 무척이나 많이 보아왔소.”

투우장의 벽에 나란히 서서 어네스트와 에바는 투우장에 저돌적으로 뛰어든 최초의 소를 도민긴이 다루는 광경을 보고 있었다. 도민긴의 멋지고도 우아한 몸놀림이 있은 뒤 어네스트는 에바를 돌아보며 말했다.

“루이스 미구엘이 저 소에게 한 걸 봤소? 엄청난 짓을 했었지. 소로 하여금 확신을 갖게 할 뿐만 아니라 개성을 주는 거요. 그걸로 소는 스타가 되지. 소는 자랑스럽게 이곳에서 나가더군.”

“그는 멋지죠?”

에바가 말했다.

"당신은 진정으로 그에게 반한 거요?"

어네스트가 물었다.

"그걸 내가 어떻게 알아요? 우리는 벌써 두 달이나 함께 지냈지만 나는 스페인 어를 모르고 그는 영어를 못 하니까 아직 의사소통이 안 되고 있다구요."

"걱정하지 않아도 돼. 다른 방법으로 얼마든지 통할 수 있으니까."

어네스트가 말했다.

이때 도민긴이 상대하던 소, 3피트의 뿔을 펼친 사악하고 조그만 야수가 갑자기 무레타에 흥미를 잃고 그 대신 어네스트를 공격하기로 작정했는지 그에게로 방향을 바꾸어 돌진해왔다. 어네스트는 방비책에서 상당히 떨어진 벽에 기대어 있있다. 모두가, 득히 메어리가 그에게 피하라고 소리쳤으나 그는 꿈쩍도 않고 소가 돌진해오자 한 손으로는 소의 뿔을 잡고 다른 한 손으로는 콧등을 움켜쥔 채 힘껏 비틀었다. 곧 도민긴이 달려와서 키테(붉은 커튼을 날려 소의 관심을 딴 데로 돌리는 것)를 함으로써 소를 투우장의 중앙으로 유인해냈다.

"늙은 남자치고는 나쁘지 않군요."

에바가 어네스트에게 말했다.

"늙긴 했지만 아직 숨이 넘어가기 직전은 아니라구."

어네스트가 대답했다.

도민긴이 다섯 마리의 소를 상대하고 난 후에는 땀을 흘리며 피로해 보였다.

"아아, 파파."

그가 말했다.

"내 팔을 한번 만져봐요."

에바에게 손가락으로 팔을 가리키며 말하자 에바는 동의하듯이 어네스트의 팔을 만져보았다.

"아아, 그토록 오랜 휴가 뒤에도 엄청난 팔과 다리를 갖고 있다니."

도민긴이 슬픈 듯이 말했다.

"두 겹으로 한 무레타와 큰 검을 사용해야겠군."

어네스트가 말했다.

140

"그렇게 하면 팔이 억세지니까."

도민긴은 쉬기 위해 벽에 기대어 앉았다. 도민긴의 시합이 어떠했느냐고 에바가 어네스트에게 물었다.

"염려 마요. 투우사 중의 투우사니까. 소가 소 자신을 알고 있는 이상으로 소에 대해 철저히 아는 위대한 투우사 마엘라처럼 결코 아무 걱정도 없으니까. 돈을 번다는 오직 그 한 가지 목적만으로 투우를 하는 투우사가 있지──그런 친구들은 값어치가 없어. 정말로 문제가 되는 것은 투우를 몸으로 느끼는 투우사로, 그가 돈을 목적으로 하지 않는 투우를 한다면 그만한 건 해내게 마련이거든. 이건 다른 인간에게도 할 수 있는 말이지만."

5월이 끝날 즈음 나는 마드리드에서 파리로 떠났는데, 6월에 미국으로 돌아가기 전에 어네스트와 전화 통화를 했다. 그 무렵 메어리와 그는 나폴리에 있었으며, 쿠바로 오랜 여행을 하기 위해 '모로시우' 호에 승선할 참이었다.

어네스트는 안토니오 올도니에스라는 신인 투우사가 썩 마음에 들었다고 했다. 올도니에스의 이름을 들은 것은 이때가 처음이었다. 그는 도민긴의 누이동생인 칼멘──10대 때 투우를 보여준, 그 천진난만함과 자태로 격찬을 받았던 아름다운 여성이다──과 결혼했다.

안토니오는 20년대에 니나 데 라 파르마라는 이름으로 싸운 투우사 카에타노 올도니에스의 아들이며 카에타노와 어네스트는 친구였고 또《해는 다시 뜬다》에 나오는 레리 브렛의 투우사의 애인인 페르도 로메로의 모델이 된 인물이었다.

"자네한테 보여주고 싶더군." 어네스트는 안토니오에 대해 이렇게 말했다. "고전(古典)이라네. 이대로 계속하여 그 움직임을 살려나간다면 아버지 정도로 훌륭해질걸세. 아니, 더 클는지도 모르지. 루퍼트도 같은 의견이라네. 다만 올도니에스 청년에 대해선 한 가지 걱정이 있다네. 그의 아버지도 잘 알고 있고 그 밖에도 뛰어난 투우사를 많이 보아왔지만, 어떤 자는 살해당하고 어떤 자는 공포심이나 투우에 따르게 마련인 재앙으로 자취를 감추었지. 그래서 나는 두 번 다시는 투우사와 친해지지 않겠다고 먼 옛날에 결심을 했네. 그건 친해진 투우사가 공포심으로 소를 다룰 수 없게 돼버리는 게 당시의 나에게는 너무나 큰 고뇌를 안겨주었기 때문이었지. 어떤 시합 때에도, 아무리 위대하고 젊은 투우사라도 밀려드는 공포를 뼈저리도록 느끼게 되면 진정한 뜻에서 무능력해지거든. 그게 내 친구들을 사로잡으면 바로 곁에 있는 나 자신이 괴롭다네. 내가 투우를 하는 것도 아닌데 투우사에게 따르게 마련인 고뇌에 내가 시달리는 게 우습지 뭔가. 때문에 투우사와는 사귀지 않겠다고 마음으로 맹세했던걸세. 그러나 안토니오 청년한테는 마음이 끌려——나는 그에게서 몰아내는 데에 도움이 되는 걸 배웠다는 생각이 든다네. 덕택에 안토니오와 친한 친구도 될 수 있었다네. 그에게는 매우 풍부한 아레그리아의 감각이 있다네.”

“아레그리아가 뭔가요?”

“어떠한 것에도 목숨을 빼앗기지 않는 깊은 환희라네. 자네도 그를 만나 보면 내가 그에게 끌리는 까닭을 알 수 있을걸세. 물론 어떠한 오투라도(옥마다 열리는 투우) 내가 억제하는 공포심은 억제할 수 없게 돼. 그렇게 되면 나는 다시 참담해지지. 하지만 그러한 위험을 무릅쓸 만한 값어치는 있다네. 마드리드를 떠나 나폴리로 향하면서 줄곧 그 일만을 생각해왔다네.”

“여행은 어땠습니까?”

“훌륭했네.”

“기분은요?”

“신장만 제대로라면 이런 상태는 당장에 없애버리겠네. 오른쪽 것이 무척 상한 모양이야. 얼마나 나빠졌는지를 요즘와서 겨우 알게 되었다네. 하지만 의사의 명령은 지키고 있네. 스페인에서 십오일을 지내는 동안 물에 탄 위스키 네 잔만 마셨을 뿐이니까. 그리고 바이욘느를 두 잔, 어제 또 두 잔, 그래서 모두 여섯 잔뿐이네. 진은 안 마시지. 나도 그렇고 모두들 따분하다네. 자네가 돌아간 뒤 메어리와 나는 투우에는 안 가고 온종일 다리까지 피크닉을 갔지. 다음 번에는 자네를 데리고 가겠네.”

“다리라면, 그 《누구를 위하여 종은 울리나》의 다리 말인가요?”

“그래. 조금도 달라지지 않았다네. 그 전 그대로였어. 전쟁이 끝난 뒤 우리가 폭파하여 강바닥에 떨어진 석재를 모두 끌어올려 원상태로 복귀한걸세.”

“그런데 파파. 그 캡틴 쿡 상표는 이제 끝나버렸나요? 그리고 샴페인과 포어 글라, 초에 절인 머슈룸의 케이스며 그 밖의 것은 어떻게 됐습니까?”

“모두 방 안의 선반에 그대로 놓고 왔네. 그 방의 담당 하녀에게 아이들에게나 갖다주라고 했지.”

제8장 아바나 1954~55년

어네스트가 1954년 여름에 쿠바로 돌아오면서부터 노벨상에 관한 소동이 벌어졌다. 육체적인 장애를 회복하기 위해 조용한 시간을 보내야만 했건만 지금까지 그가 화제로 올랐던 가운데에서도 가장 집중적인 공격을 한꺼번에 받고 말았던 것이다. 더구나 이런 종류의 일은 평생을 두고 단 한 번이나마 요령껏 극복해본 적이 없었다.

지난해에 《노인과 바다》로 퓰리처상을 받았을 때, 저널리즘 관계자들의 공격은 그래도 그런 대로 넘길 수가 있었다. 그러나 현재의 그는 더욱 큰 상(賞)에 얽힌 취재전에 맞설 만한 상태가 못 되었으며 이때 그는 무엇인가를 몽땅 빼앗긴 채 다시는 그것을 되찾지 못했던 것이다.

어네스트에게 노벨상이 주어질는지도 모른다고 신문사측에서 예상하기 시작한 9월에 그 공격은 시작되었다. 그는 나에게 전화를 걸어 많은 잡지사로부터 의뢰가 있었는데 그 중에서도 〈트루〉의 편집장 더글러스 케네디로부터 그가 소년 시절부터 즐겨온 스포츠에 관한 글을 써달라는 의뢰가 있었다고 말했다. 내가 써도 된다면 기꺼이 쓰겠다고 대답했다.

“그렇지 않다네. 자네가 케네디를 만나 지금 나는 집필 중이니까 그런 잡문은 훨씬 뒤로 미뤄달라는 부탁을 해달라는걸세. 알겠나?”

“네, 좋습니다. 그런데 기분은 어떻습니까? 등은 좋아졌나요?”

“음, 자네에게만 털어놓겠는데 자네와 헤어진 뒤로 상당한 고통을 느끼지 않는 날이 없다네. 등이 몹시 아프기 때문에 조금만 몸을 크게 움직이면 진땀이 날 정도라네. 이 고통을 극복해야겠다고 생각도 하고 무시해보려고도 하네만 지금은 더 이상 못 견디겠네. 아무튼 내 신경은 지칠대로 지쳐버렸어. 하지만 고통을 느끼거나 다시는 작품을 쓸 수 없는 게 아닌가 싶어 암담한 기분이 들 때면 늘 술을 마셔버리곤 하지. 글을 쓰는 것만이 인생을 보람있게 사는 거라는 생각을 하게 해주거든."

쉴새없이 사람이 찾아온다는 것은 고문이나 다름없다고 그는 말했다. 단편 하나를 완성하고, 37페이지짜리 다른 작품을 완성하려던 참에 헤빌 로가 오는 가을 아프리카에서 기록 영화를 만들겠다며 상의하러 왔다. 그것은 좋은 아이디어라고 생각되었는데, 어네스트가 그 기록 영화의 각본을 쓰고 출연도 하며 공동으로 제작한다는 따위로 로가 이미 보도 관계자에게 뉴스를 내보낸 탓에 그 영화의 건(件)은 수포로 돌아가고 말았다. 로가 돌아간 뒤, 에바 가드너가 왔고 그녀가 돌아가자 곧 윈스턴 게스트가 찾아왔으며, 그 다음으로는 비행사인 데이브 실링이 찾아왔다. 다음으로는 미국 공군에서 '오늘의 항공병'이라는 콘테스트에 선발된 공군 사병을 보내왔는데, 영문을 몰라 병사에게 그 이유를 물어보니 그 콘테스트의 부상(副賞)에 헤밍웨이 방문이 포함되어 있었다는 것이다. 또한 루이스 미구엘 도민긴이 와서 9일 동안이나 함께 있었다. 거기서 헤신스키가 와서 나흘간을 함께 술만 마셨다.

"나는 그들이 찾아와도 침실에 틀어박혀 무슨 수를 써도 집필을 하네만, 아무튼 엄청난 얘기가 아니겠나." 어네스트는 말했다. "걱정했던 외팔이 로베르토가 병들어버렸다네. 지금은 선스키의 배를 타고 요양 중이네만. 선스키는 바다에 나가기만 하면 술을 안 마시거든. 우리 집에 있을 때만 마신다네. 더구나 나는 혼자가 아니고서는 글을 쓰지 못하거든.

이곳도 문학을 생산하기에는 풀토겐 포레스트만큼 차분하고 바람직한 장소가 되어가는 참이라네. 하지만 반격을 시작했지. 이젠 어떤 녀석이 전화를 걸어와도 받지 않겠네. 장거리 전화도 안 받겠어. 우리에게 조금이라도 분별이 있었더라면 아프리카 머티슨 폭포에서 죽어버린 뒤 딴 이름으로 귀국하여 유작(遺作)을 발표했다는 형태로 썼어야만 옳았네. 집안이 정말 깨끗해지면 자네에게 진정어린 편지를 쓰겠네. 하기야 집안이 정리되기 전에 내가 먼저 정리되지 않으면 좋겠네만."

10월 28일 스웨덴 아카데미에서 정식으로 그의 노벨상 수상이 공표되었다.

"최근작 《노인과 바다》에 나타난 것처럼 현대 소설 기법에서의 힘찬 문체 형성의 솜씨에 대하여…… 헤밍웨이의 초기 작품은 잔인하고 냉소적이며

144

비정한 표상(表象)을 보여 이상적인 면을 추구하는 노벨상의 취지와는 맞지 않는다고 생각되는지도 모른다. 그러나 한편에 있어서는 그의 인생에 대한 인식의 기본적인 요소를 형성하는 영웅적인 파토스, 위험이며 모험에 대한 사나이다운 애착, 폭력이나 죽음의 그림자를 띤 현실 세계에 대항해 훌륭한 투쟁을 하는 모든 인간에 대한 본연의 존경을 그는 지니고 있다."라는 것이 그에게 상을 주는 이유였다.

어네스트는 비행기 사고 때의 부상이 회복되지 못했다는 이유로 스톡홀름의 수상식에 참석하지 않았으나 설사 건강 상태가 최고였다 해도 과연 그가 스톡홀름에 갔을지가 의문이다. 어네스트는 내성적인데다 수줍음을 많이 탔으며 더구나 예복에 대한 크나큰 증오심이 있어서 대중 앞에는 좀처럼 모습을 나타내지 않았다.

"내복을 입는 것이 내게는 대단한 정장인 셈일세."
하고 나에게 이야기한 적이 있었으나 내가 아는 한 그는 내복을 입은 적도 없었다.

어네스트는 수상식장에 수상의 메시지를 보냈고 그것은 미국 대사인 존 M. 캐봇에 의해 대독되었다.

"스웨덴 아카데미 회원 여러분, 숙녀 및 신사 여러분. 강연을 할 능력도 없고 웅변을 펼칠 힘도 없는 저로서는 이 상을 제정한 알프렛 노벨의 훌륭한 뜻의 대행자에게 감사를 표하고 싶습니다. 이 상을 받지 않은 위대한 작가를 아는 작가로서는 이 상을 받기에 부끄러움을 금할 수 없는 바입니다. 그와 같은 위대한 작가를 여기에 열거할 필요는 없을 것입니다. 이 식에 참석하신 분들은 스스로의 지식, 스스로의 양심에 비추어 자신이 믿는 대작가의 이름을 들 수 있을 것입니다. 작가가 자신의 내면에 있던 모든 것을 자기 나라의 대사에게 대독시켜 표현한다는 것은 불가능하며 저에게는 더욱 그러합니다. 어떤 작가든 모든 것을 다 인식하고서 글을 쓰는 것은 아니며, 그러한 면에서 저는 운이 좋다고 생각합니다. 결국 창작 활동은 모두 작가가 지니는 연금술의 정도에 따라 좌우되는 것으로 그에 따라 작가가 유명해지기도 하고 잊혀지기도 하는 것입니다. 최고의 작품은 하나의 고독한 삶입니다. 작가가 속한 세계는 작가의 고독을 달래주기는 합니다만 과연 작품에 도움이 될는지 의심스럽습니다. 그가 스스로의 고독에서 벗어난다면 대중의 마음에 모습을 새겨놓을 수는 있겠으나 그의 작품은 퇴색됩니다. 왜냐면 그는 오직 혼자서 작업을 하는 것이며 그가 훌륭한 작가라면 나날이, 영원토록, 세속에 영합하지 않는 고독함에 직면해야 되기 때문입니다. 진실한 작가의 작품은 이미 도달한 바를 초월한 무엇인가를 다시금 시도하는 새로운 시작이어야만 합니다. 그러함으로써 커다란 행운이 있다면 때로는 성공하는 것입니다. 지금까지 흔히 씌어진 방법으로 쓰는 것만이 필요하다면 문학 작품을 쓴다는 것이 얼마나 용이한 일이겠습니까. 바로 그렇기 때문에 과거에는 스스로가 도달할 수 있는 곳을 훨씬 뛰어넘어 누구의 도움도 미치지 못했던 장소에까지 다다른 대작가가 존재했던 것입니다. 작가에 대한 이야기를 너무 오래한 것 같습니다. 작가는 스스로가 말해야 할 바를 써야 하는 것이지 입으로 지껄여서는 안 되는 것입니다. 다시금 여러분에게 감사드립니다.”

이 무렵 나는 미국 국회에서 주는 유공 훈장에 대한 기사를 쓰기 위해 육군성에서 취재하고 있었는데, 쿠바에서 일어나고 있는 혼돈된 나날을 줄곧 생각하며, 어네스트의 작품이나 그 기질이 다른 사람들에게도 많은 영향을 미칠 것이라고 생각하고 있었다. 어느 날 오후, 워싱턴의 호텔로 돌아오자──정확히 말해서 1955년 정월 초하루였다──아바나의 전화국 교환수로부터 매우 급한 전화가 와 있다는 연락이 있었다. 이 전화는 네 시간이나 걸려서야 겨우 연결되었다. 어네스트의 목소리는 무거웠으며 평소보다 말이 빨랐고 가끔 더듬거리기도 했다. 길에서 전화를 거는 것처럼 잡음이 계속되었다. 나는 그가 전화를 건 까닭을 짐작할 수 없었다.

“핫치, 지난번부터 계속되는 야단법석에 대해 사과하려고 전화했네.”

“무슨 야단법석인데요 ?”

“어떤 식이었는지 자네는 모르겠지. 하지만 자네를 위해 자세한 건 나중에 가르쳐주겠네. 우리는 친구니까 이런 데에서 언짢은 꼴을 당할 턱도 없겠지만.”

“언짢은 일이라니 뭡니까 ? 파파, 나는 짐작조차 못 하겠군요.”

“구월까지 나는 건강이 좋지 못했는데, 그 뒤로는 지금까지 줄곧 상태가 좋아 이 개월 뒤에는 삼만 오천 단어나 쓸 수 있었단 말일세. 그런 참에 그 노벨상 소동이 벌어진 거라네. 노벨상은 기쁘긴 하지만 기뻐할 겨를이 없다네. 카메라맨이 마구 달려들고 온갖 녀석들이 멋대로 내 말을 이러니 저러니 하면서 떠들어대지 않겠나. 내가 온 힘을 다해서 쓰고 있는 작품, 내가 밤낮을 두고 그것에만 몰두하고 있던 작품이 마치 물고기를 후려치듯이 내 머리에서 날아갈 것만 같다네. 좌우간, 사흘 가운데 이틀 정도는 카메라맨이 달려들지. 나는 이제 질려버려 작품으로 돌아가기로 했지. 그런데 누가 뭐라고 하건 아랑곳없이 온갖 녀석들이 잇따라 찾아오지 않겠나. 내가 작품을 쓰고 있다는 생각은 티끌만큼도 하지 않고 말이야. 〈타임〉의 봅 머닝이 메어리에게 전화로 〈타임〉의 커버 스토리를 써야 되는데 나를 만날 수 있겠느냐, 아니면 만나지 않고 써도 되겠느냐를 알아봐달라고 했다는걸세. 나쁜 걸 쓰기보다는 좋은 걸 쓰고 싶으니 곧 회답을 들려달라고 하지 않겠나. 물론 그런 따위 녀석들이 쓴다면 이건 이미 협박이나 다름없으며 피하려 해도 소용이 없네. 나는 전화를 걸어 〈타임〉 지가 나에 대해 커버 스토리를 쓰는 일만 없다면 무슨 요구이건 들어주겠다고 말했는데 그래도 그들은 아무튼 기사는 내겠다고 하지 않겠나. 그래서 연구가인가 하는 녀석들을 데리고 오거나 그 녹음기란 것만 가져오지 않는다면 만나러 와도 된다, 다만 전쟁, 종교, 사생활, 나와 결혼했던 아내들에 관한 질문은 모두 거절하겠다고 했지. 나는 작품을 열심히 쓰고 있었기 때문에 훼방만은 견딜 수 없었네. 모처럼 작품만 쓰고, 한창 신바람이 나고 있는 참에 훼방을 받으면 그건 잠자리에서 그걸 하고 있는데 방해하는 거나 다름없을 만큼 나쁜 것이라고 해줬지. 이건 그도 시인했는데, 하지만 일은 결정돼 있기 때문에 무슨 일이 있어도 커버 스토리는 내야 하며 기왕이면 좋은 기사래야 하지 않겠느냐고 우기지 뭔가."

"파파, 어째서 내게 그런 얘기를."

"〈트루〉의 건에 대한 배경을 자네가 알아줬으면 싶어서라네."

"〈트루〉의 건이 뭔데요?"

"그러니까 이틀 동안만 시간을 내겠다고 했더니 〈트루〉 지의 사람이 와서는 접대용 저택에 묵으면서 몽땅 취재해갔다네. 그 이틀 동안에 말이네. 신변에 관한 취재에 화가 난 나는 작품 쓰는 데에 화제를 돌렸네. 그건 쓰는 것에 관해선 아무래도 작가가 더 잘 알지 않겠나. 나의 이런 행동이 〈트루〉의 취재 의도에 어긋난다고는 생각하지 않네. 뭐니뭐니 해도 나는 〈트루〉

출신이 아니니까. 나로서는 '예일을 위해 트루(眞實)를 위해'(예일 대학의 응원가에 빗대어 한 말인 듯함)보다는 하느님을 위해 고향을 위해라고 말하고 싶다네."

"파파, 〈트루〉에 대한 걸 더 분명히 말씀해주십시오."

"끝까지 들어보게나. 그러면 알게 될 테니까. 머닝이 돌아가기가 무섭게 〈런던 타임즈〉 녀석이 왔다네. 이 친구한테 주소를 가르쳐주지 않았는데도 왔지 뭔가. 거기에 매그넘의 카메라맨과 함께 스웨덴 인이 와서 여러 가지를 묻더군——틀림없이 대답은 모두 제나름으로 받아들였을걸세——그러더니 사진을 여섯 시간 십오분에 걸쳐 찍어댔다네. 그러고는 약간의 기본적인 영어밖에 지껄일 줄 모르는 일본의 대리공사가 나이 지긋한 일본인 저널리스트 겸 통역을 데리고 오는가 하면 과나바코아의 로터리 클럽에서 평의원이 오고, 또 스웨덴에서 식접 나를 찾아온 사람 등 수많은 사람들이 오는데 내가 어떻게 그들을 일일이 만날 수 있겠나. 그런 사이사이를 틈타 그래도 글을 쓰려고 해봤네만 그보다 앞서 머리가 흐리멍덩해졌다네. 그뿐만 아니라 아들들의 재산을 재조사해야 하는 문제가 생겼다네. 오 퍼센트가 가산되어야 할 세금이 육 퍼센트로 가산되어 나왔기 때문에 재계산을 해야만 되었던 것이네. 자식들 재산세 문제가 겨우 결말지어지자 나는 폭발해버릴 것 같은 마음에 어딘가로 당장 떠나고 싶어졌네. 그래서 메어리와 나는 '필라르'를 타고 바다로 나갔는데 머리가 화끈거려 제대로 낚시를 할 수 없었네. 특히 '더 틴 키르'에선 전혀 물고기가 잡히지를 않았다네. 그러니 낚시도 못 하고 헤엄도 못 쳐 아무것도 안 되는 형편이지 뭔가. 핫치, 내가 하는 소리가 징징 우는 소리처럼 들릴는지 모르겠네만 일을 하는 중에 훼방을 받으면 나는 풀이 죽어버린다네. 지금의 나는 질문에 대답하거나 카메라맨에게 부질없는 소리를 지껄이는 것도 또는 나에 대해서 그들이 어떤 평을 쓰건 이젠 모든 것에도 질려버린 상태라네. 나 자신에 관한 걸 듣거나 생각하고 싶지도 않고. 만일 그렇게만 되면 내 방식으로 작품을 제대로 쓸 수 있을 것 같네. 하지만 어제 바다에서 돌아오기가 무섭게 메어리에게 전화가 걸려왔는데 더글러스 케네디 씨가 〈트루〉 사월호는 몽땅 나에 관한 걸로 메울 작정이며 바닷고기를 낚는 기술적인 것에 관해서도 얘기를 나누고 싶으니 자기한테 미리 허락을 받아달라고 부탁을 하더라지 않겠나.

이런 글 쓰기를 거절하면 상당한 고료를 벌 모처럼의 기회를 놓치는 셈이지만 난 쓰지 않겠다고 했지. 메어리가 다시 그의 주장을 내게 전하더군. '주인어른께서 피로해 계시다는 것도 작품으로 돌아가고 싶어하신다는 것도 잘 알고 있습니다. 하지만 저로서는 한 가지 여쭤볼 일이 있습니다. 봅 머닝이나 스웨덴 인이나 일본인이나 그 밖의 다른 사람들이 하는 말만 듣고 어째서 전에 당신의 작품을 발표한 적도 있으며 탐탁하게 여기고 계신 이 잡지의 청탁을 거절하시겠단 말씀입니까?' 전화기에 녹음기를 달아놓은 건 아니네만 메어리는 그런 식으로 그의 의견을 내게 전했으며 나는 그걸 상의하기 위해 그녀 방으로 갔었네. 그녀한테서 오늘 아침에 그 애기를 들었었네만."

"하지만 파파, 전 도저히 믿을 수 없군요."

"아니, 사실이라네——적어도 내 입장으로는 말일세. 아닌 게 아니라 〈트루〉는 내가 좋아하는 잡지이고 탄가니카의 패트릭에게 보내주고 있는 것도 사실이네만, 자네가 그에게 '지금은 내 문장을 실을 수 없다'고 분명히 말해줬으면 하는걸세. 나는 가장 친한 내 옛 친구에게까지도 '지금 나를 만나러 오는 건 삼가해달라, 나는 집필 중이며 사람을 만날 형편이 못 되고 있다.'고 낱낱이 편지로 거절하고 있는 형편이라네. 지금도 자네에게 이 부탁을 하고 나서 바로 알프렛 반더빌트에게 편지로 이곳에 오지 말라고 하려던 참이라네. 그와는 1933년 이후로 줄곧 사귀어온 절친한 사이인데도 말일세."

"파파, 당신한테서 전화를 받은 뒤 곧 케네디에게 전화해서 사정을 낱낱이 설명했습니다만 그는 당신에 관한 걸 쓰고 싶으니 고려해줄 수 없겠는지를 다시 물어봐달라는 것이었습니다. 그거야 그쪽 의향 나름이겠지만 나는 당신 허락이 없으면 당신에 관한 걸 쓰지 않을 것이며 내가 보기에는 그쪽에서 거절할 것이 분명하기 때문에 당신의 시간 낭비로 끝나버릴 것 같다고 말해줬어요. 설마 하니 그가 그런 식으로 받아들이리라고는……."

"음, 케네디 씨가 만약 헤밍웨이는 자기 입으로는 선전 따윈 해롭고 방해가 되느니 하면서도 그 선전을 이용하려 한다는 식으로 생각한다면 이렇게 말해주겠나. 금주만 해도 〈리더스 다이제스트〉의 J.P. 매키보이의 기사를 거절했으며 그 밖에도 여섯 명의 저널리스트가 저마다 회견을 요청해왔으나 거절했고 특히 그 중 〈아고시〉에 있는 녀석이 대사관의 공군무관을 중간에 넣어 회견하고 사진만 찍는 것으로 천 달러 내겠다는 것까지 거절했으며, 또 오늘 아침만 해도 선전의 재료가 되는 걸 기뻐하는 인간에게는 매우 매력 있는 봅 엣지의 요청까지도 거절하는 편지를 썼다고 말일세.

매일 편지가 산더미처럼 밀려온다네. 전화벨도 끊임없이 울리고 더구나 잔인스런 방해도 있고 해서 결국은 메어리까지 신경질적으로 변하기 시작했다네. 그런 것에 나는 벌써 옛날에 지쳐버렸지. 모처럼만에 일이 잘 되기 시작한 몇 달 동안을 이런 식으로 해서 망치기는 싫다네. 이곳은 내 가정이며 내 작업장이고 나는 이곳이 마음에 든단 말일세. 아무튼 나는 대중 앞에서 연기를 하는 연예인도 아니고 이곳에 사무실을 둔 것도 아닐세. 난 작가이며 일을 할 권리가 있고, 살기 위해선 싸울 권리까지 있네. 나는 〈트루〉를 좋아하고 관계도 계속 원만했네. 하지만 내가 쓰고 싶은 게 있고 마침 상태도 좋아 이십사 시간을 몰두할 수 있을 때에 방해를 받는 것이 얼마나 큰 고통이라는 것쯤은 그들도 알아주리라 생각하네. 남자에게 일을 포기케 하고 인생의 한 부분과 다름없는 작품을 완성시키지 못하도록 한다는 것은 어떤 잡지에 특집을 낸다 해도 용서할 수 없는 일일세."

어네스트가 분노 섞인 곤혹을 〈트루〉에 토해내고 있을 뿐만 아니라——〈트루〉는 이 경우 그에게 중대한 문제는 아니었지만——아프리카의 비행기 사고로 살아남은 그날부터 그를 향해 밀어닥친 저주스런 부대(部隊) 전체에 대해 격렬히 반격하고 있음을 알 수 있었다. 이 부대는 저널리스트, 카메라맨, 방송 관계자, 잡지의 편집인 같은 형태를 취하고 있으나 진짜 힘은 그에 대한 온 세계의 그칠 줄 모르는 호기심으로 그들을 진정시킬 방법은 전혀 없었던 것이다.

그가 일시적인 휴전을 외치고 작가에게 꼭 필요하다고 할 수 있는 고독한 상태를 필사적으로 추구하면서도 속으로는 패주할 것을 각오하고 있음을 듣는다는 것은 나로서는 참으로 견디기 어려운 일이었다.

"내가 일을 하고 싶어한다는 것을 아무도 들어주지 않는 건 이제 아무도 내 작품 따위는 전혀 원하지 않는다는 뜻이 아닌가. 난 사실 스스로 작품, 작품하고 떠들어대면서 단 하나라도 좋으니 더 쓰려고 하는 게 내가 병적으로 변해 있기 때문은 아닌지, 또 앞으로는 단 한 줄도 못 쓰게 되어버리는

150

것은 아닌가 하는 걱정이 앞서네. 핫치, 내가 이처럼 무슨 소리인지도 모르는 말을 지껄이는 건 완전히 고갈되어버린 탓이며, 내가 쓰고 있는 걸 매스컴이 아귀떼처럼 달려들어 망쳐놓은 탓이니 나를 이해하고 용서해주게나. 정말로 매스컴에 시달려 병이 날 지경이라네.”

“알겠습니다, 파파. 전부 알겠습니다. 정말입니다. 〈트루〉 쪽은 제가 어떻게든 얘기를 해놓겠습니다. 그쪽에서도 이해해줄 것입니다. 케네디도 훌륭한 녀석이니까요——다만 좀 그럴듯하게 보이려고 했을 뿐일 겁니다.”

“핫치, 자네에게만 하는 얘기네만, 내 신경은 지금 도저히 더 이상은 견뎌내지 못할 형편이네. 그건 누구에게도 비밀이라네. 그럴 수밖에 없는 게 일류작가는 섬세한 창작 메커니즘이란 걸 갖고 있어야만 하거든. 몽둥이나 도끼로 쓰는 건 아닐세. 쓰레기 같은 소재를 사용할 수도 없고 비정해야만 되는걸세. 표정이 엉망이고 고통이 심하지. 그런 참에 사진을 찍힌다네. 노벨상 수상 뒤의 그 저주스런 시기에 플로리다에 몰려 있던 한 카메라맨이 그곳에서 내 사진을 사백이십오 장이나 찍었다고 가르쳐주더군. 쉴새없이 찍어대기만 한 거지. 한번은 내가 개인적인 용건으로 장거리 전화를 걸면 식료품 저장실까지 기어들어오지 않겠나. 그러고는 완성된 사진을 모두 보내더군. 내게 주는 선물인 줄로 여기는 모양이라네. 사백열네 장까지는 중국의 고문하는 사진과 비슷했다네. 그 녀석들은 내가 없는 의자에 누운 브라키의 사진마저 찍어둘 작정이었던 모양일세. 그건 그렇다 하고, 오늘 아침에 전보가 왔는데 쿠바, 산 프란시스코 데 파울라, 핑커 비지어, 어네스트 헤밍웨이 전교(轉交), 로버트 르아크 앞이라고 되어 있었네. 케네디 씨는 내가 로버트 리아크니 하는 자를 초대한 적이 없다고는 생각조차 하지 않은 모양일세. 무척 기분이 좋던 참에 이 전보가 왔다네. 그러자 메어리가 케네디에게서 전화가 왔다는 말을 하지 않겠나. 연말 밤엔 열시에 잤는데, 점심도 못 먹고 아무것도 마시지도 않은 채 깨끗이 얼굴을 씻고 수염을 깎고는 어제 피부과 의사가 준 새 약을 가슴과 얼굴에 바르고——크리스마스를 위해 수염을 손질했는데——사 일이 지나자 내 얼굴에 아프리카 정글의 피부병보다 더 심한 게 툭툭 튀어나오지 않겠나. 내 얼굴은 어느 선전문구에서, ‘누구나 만져보고 싶어지는 살결’처럼 고름딱지투성이가 되고 말았다네. 내 내면에서는 크나큰 싸움을 계속하고 있건만 바깥쪽에선 이 모양이라니 과연 이것이야말로 만화가 아니고 뭐겠나. 항생물질의 복수인지, 아니면 누군가가 나를 저주하며 아프리카에서 납인형에 핀을 꽂고 주문을 외고 있는지 알 수는 없네만 말일세.”

“파파, 정말 가엾게 됐군요. 새해부터 재수가 없군요.”

“내 연두교서를 들려줄까? ‘어떠한 육체적 고난에도 구애됨이 없이 오로지 의사의 권유만을 따르고 힘껏 단련할 것이며 일을 잘 하는 것입니다.’라는 거지.”

“나도 그 결의에는 찬성합니다. 금년은 틀림없이 멋진 해가 될 거예요.”

“엄청난 해가 아니라도 좋다네. 오직 홀로 있을 수 있게 되어 글을 쓰기만 하면 되는 거니까. 아무튼 축하하네, 핫치.”

“파파, 당신도.”

나는 전화를 끊고 시계를 보았다. 그는 1시간 이상이나 전화를 걸고 있었던 것이다.

이튿날 어네스트에게서 다시 전화가 걸려왔다. 목소리는 훨씬 명료해졌으며 말투도 전보다 성급하지 않았다. 워싱턴과 펜타곤의 일이며 바티스타와 아이젠하워 중 어느 쪽이 더 골프를 잘 치느냐는 따위로 농담을 한 뒤 전날의 화제로 돌아갔다.

“보다 더 빨리 글을 쓰지 못하고 〈트루〉에 더 단호하게 거절하지 못한 내게도 잘못이 있었다고 줄곧 생각했었네. 하지만 나는 새 작품을 사만오천 단어나 썼으며 수표에 서명하는 것 말고는 아무 데에도 내 자필로는 쓰지 않으면서 스스로도 알 수 없는 무엇인가에 대한 일종의 경쟁 의식 같은 것으로 새 작품에 힘을 기울이고 있다네. 바보가 된다는 것에서 스스로를 지킨다고도 할 수 있겠지. 이런 식으로 생각한다네. 뇌를 다치고 척추, 신장, 간장——이건 용기가 나오는 곳이네만——을 모두 다쳤기 때문에 손가락으로 툭툭 치면서 ‘좋아지거라.’라고 주문을 해도 아무 소용이 없지. 그렇게 되면 느긋하게 마음을 편히 가져야 하며 하루를 한껏 보람있게 살 수밖에 없는걸세. 나는 글 쓰는 것을 선택했으며 글을 쓴다는 것은 나에게 격려가 되고 내가 어떠한 지옥에 빠져도 나를 탈출시켜준다네. 그런데 나로 말미암아 일을 망쳐버린 가엾은 〈트루〉의 문제가 남아 있었네. 나는 작품 쓰는 일을 방해받고 싶지 않다고 했네만, 그렇게 되면 〈타임〉의 봅 머닝을 만났다는 것은 분명히 나 자신을 위한 광고를 계산하고 있던 셈이니까 거짓말쟁이 아니, 그보다 훨씬 더 형편없는 놈이 돼버리네. 하지만 실제로 인터뷰에서 화제에 오른 것은 가엾은 에즈라 파운드에 관한 일로 나는 그런 말썽거리에 말려드는 건 어리석기 짝이 없는 일임을 알고 있었네. (당시 에즈라 파운드는 파시스트·이탈리아에 협력한 혐의로 반역죄가 선고되어 복역 중이었다) 틀림없는 일이네만—— 〈타임〉의 편집인은 이 세상에서 제일 형편없는 놈을 상대로 했던 셈일세. 그러니까 여기서 해결의 길을 찾아야만 하네. 〈트루〉에는 내가 지금까지 스포츠에 관해서 쓴 것이라면 뭐든지 발표해도 좋다고 말해주게. 내가 탁월한 솜씨를 지닌 스포츠라면 낚시와 사격이지. 내가 낚시나 사격 하는 걸 본 친구들로부터 얘기는 들을 수 있을걸세. 그러한 일에 관해 과연 누가 진정한 얘기를 할 수 있을는지는 모르겠네만. 물론 내게서는 듣지 못할걸세. 나는 산이나 벌판에서 오랫동안 사격을 계속해왔으며 야구의 윌리 메이즈보다 사냥을 더 잘 하거든. 하지만 그런 걸 내가 쓸 것 같은가? 그런 걸(낚시나 사냥) 아는 사내는 말로는 잘 설명하지 못하며 겸손해서 누군가가 어니를 함정에 빠뜨리려 한다고 생각하겠지. 〈트루〉에는 지금까지 발표한 건 무엇이건 다시 게재할 것을 허락할 테고, 작품과 함께 특별란으로 발표할 수 있도록 하는 내 성명을 자네에게 보내겠네. 그걸로 〈트루〉 건은 이제 끝난걸세. 케네디의 방문은 중지, 알겠나? 중지란 말일세. 너무 온건한 말투가 아니라 분명히 말해두게.”

　며칠이 지나자 그의 성명이 우편으로 우송되어왔다. 나는 그것을 〈트루〉에 주지 않았다. 결국 〈트루〉는 전에 발표된 적이 있는 어네스트의 전기(傳記)며 일화를 실었는데 그 중 스포츠에 관한 것은 아무것도 실리지 않았다.

　그 뒤 두 달쯤은 어네스트로부터 아무런 소식도 없었다. 그의 건강 상태에 대해 염려하고 있을 때 겨우 그로부터 편지가 왔다. 그는 수영을 할 수 있을 만큼 날씨가 따뜻해질 무렵부터 건강이 많이 회복되었다고 했다. 여러 가지 훈련도 했으며 두 번이나 배를 타고 바다로 나갔는데 덕택에 해방된 듯한 기분이 들어 좋아졌다는 것이었다. 등의 상처는 몇 주 안에 완전히 좋아질 것이라고도 했다. 일도 순조로워 1주에 평균 사천 단어 이상을 쓰는데, 너무 많이 쓴다는 생각이 들 정도라는 것이었다. 애써 건강한 것처럼 보이려 하고 있으나 이 편지에는 가슴 아픈 나약함이 엿보인다는 느낌이 들었다.

　나 자신도 의욕이 솟지 않는 시기였기 때문에 내 편지에도 그것이 반영되었던 모양으로 1955년 5월의 편지에서 어네스트는 우리가 ‘둘 다 나란히 병적’이라고 말해왔고 ‘병적인 상태에서 탈출하는 방법이 있다’고 써왔다.

　‘메어리와 나는 키 웨스트의 별장——수영장이 딸린 조그만 집——에 간다네. 수영장은 육십 피트짜리 정규 규격으로 하룻밤이면 물을 갈아넣을 수 있게 되어 있는 반은 염분으로 되어 있는 훌륭한 곳이지. 별장은 정말로 아름답고 매력적인 곳에 있다네. 자네가 쓰려는 희곡에 대해 이야기를 나누는 것이 어떻겠는가? 유럽으로 가지 못하는 대신 별장을 쓰기로 한 것인데, 작년의 유럽에는 즐거움다운 즐거움이 전혀 없었다는 생각으로 마음을 달래기도 한다네. 유럽에는 봄날이 찾아오지 않아 눅눅하고 썰렁한 너무 흐린 날씨만 계속되었고 더구나 비용만 들었으며 여름은 어느 곳에도 찾아오지 않았어. 영국의 불쾌한 여름만의 이야기는 아닐세. 어디를 가도 그렇더란 말일세. 금년 겨울은 홍수로 참담했으며 관광객이 밀어닥쳐 황폐해질 것일세. 유럽에 향수를 느낄 때에는 메스토레에서 밀라노, 밀라노에서 토리노로 향해 양측에 간판이 나란히 있던 고속도로를 생각하면 되네. 그 멋진 날 알프스가 그날의 무엇인가를 지탱하고 있는 것처럼 보였던 것을 떠올릴 수 있다네. 그 길은 토리노 아래에서 국경을 향해 있지. 그러나 그 쿠네오처럼 멀리 떨어진 도시에서 사인을 해달라고 졸라대는 친구들을 생각하면 속이 울컥해지며 어디건 갈 생각이 없어지지. 자네도 키 웨스트가 마음에 들걸세. 그곳은 가난한 인간의 산트로페라네.’

제 9 장   키 웨스트 1955년

　7월 3일 아침에 마이애미로 날아가 그곳에서 키 웨스트로 가는 소형기를 잡아탔으며 키 웨스트에서는 택시를 타고 어네스트가 가르쳐준 올리비아 거리 414번지로 향했다.

　택시가 멎었을 때 운전사가 엉뚱한 곳으로 데려온 것이 아닌가 하는 생각이 들었다. 음산한 느낌의 시대에 뒤처진 듯한 집들이 잇닿아 있었으며 몇 야드씩이나 길게 자란 잡초가 우거져 있어 당장에 쓰러질 것만 같은 담장이 있다고 한 그의 말대로였다. 어네스트가 1930년대에 이 집을 샀을 때에는 가까이에 사람도 별로 살지 않았으며 그의 저택에 버금가는 저택은 극소수였다. 그러나 세월이 지나 지금은 다닥다닥 붙어 있어 음산한 장소가 되어버렸고 헤밍웨이 가(家)의 소유지는 더럽혀진 토지 안의 오아시스가 되어 있었다. 어네스트는 폴린과 이혼한 1940년 당시부터 이곳에 살지 않았는데 이혼 위자료의 일부로서 이 저택은 폴린의 자산이 되었고 죽기 전까지 그녀는 아들들과 함께 여기서 살았었기 때문에 이 재산은 아들들이 상속하고 있었다. 그러나 아들들은 이곳에서 살 생각이 없었고 따라서 이 땅을 관리하지도 않았다. 그래서 어네스트가 아들들로부터 저택을 빌려 관리하는 꼴이 되었던 것이다. 수영장 옆에 있던 집은 빈 집이었기 때문에 이곳에 안주하며 활동을 하고 싶었던 어네스트는 관리상의 문제를 처리한 뒤 다시 이 저택을 임대하기 위해 부동산업자와 상의할 작정으로 왔던 것이다.

내가 들은 주소는 수영장 옆에 있던 집 쪽이었으나 현관문을 노크하자 대답이 없었다. 가방을 안에 옮겨놓고 불러보았으나 아무런 인기척도 없었다. 이층 건물로 일층에는 주방이 달려 있었는데 그곳으로 들어서자 일인용 침대가 놓인 조그만 침실, 그리고 그의 멋진 상상력과 취미를 보인 가구를 갖춘 크고 천장이 높은 거실이 있었다. 바닥에서 천장까지 책이 가득 꽂힌 책장이 있었으며 바닥도 디자인 타일을 깔아 멋졌으며 방의 정면에는 아름다운 테라스, 그 건너편에 녹음이 우거진 호화로운 색채를 보이는 열대식물이며 열대나무에 둘러싸인 풀이 있었다.

집의 바깥쪽으로 철제 계단이 나와 있으며 이층으로 가려면 그 계단을 사용해야 되는데 그 이층이 정식 침실로 되어 있는 모양이었다. 한창 무더운 오후였으나 덧문을 내린 거실의 내부는 타일을 간 마룻바닥이며 등나무 가구 등으로 시원스럽고 쾌적한 느낌이 들었다. 나는 곧 메어리와 어네스트가 낮잠을 잔다는 것을 알 수 있었다. 다섯시쯤 되자 나선형 계단을 내려오는 발소리가 들리더니 곧 수영 팬티를 입은 어네스트가 방 안으로 들어왔다.

체중이 상당히 늘어난 듯했으나 살의 대부분은 배 언저리에 붙어 있었다. 머리칼이 많이 빠졌으며 하얀 수염도 드물게 보였다. 얼굴에는 뽀얗게 된 상처자국이 남아 있었는데 이것은 그다지 큰 고통은 없었으나 마치 햇빛에 그을린 것처럼 껍질이 벗겨지기 때문에 쉴새없이 짜증이 나는 것이었다. 원래부터 살결이 약한 편이어서 오랜 옛날부터 수염을 길렀던 것인데, 그것도 살결의 표면을 가리고 면도할 때의 그 짜증스러움에서 벗어나기 위해서였다. 어네스트는 자기의 얼굴 피부의 상태를 두고 안면암이라고 말했는데, 이것은 어디까지나 어네스트 혼자의 생각일 뿐이지 의사의 진단에 의한 것은 아니었다.

특히 지금은 더 늙어 보였다. 전에는 볼 수 없었던 주름살이 생겼으며 특히 양미간이 심했다.

조그만 침실을 나에게 배당해준 뒤 그는 메어리와 함께 수영하러 갔는데, 그 물은 미적지근하고 갈색 느낌이 드는 염수(鹽水)로 설파제 같은 효과가 있었다. 어네스트는 조심스럽게 수영장 턱에 발을 걸치고는 몇 번인가 몸에 물을 뿌렸다. 무척이나 느릿한 평영으로 헤엄쳐 얼굴을 수면에 내놓고 뒤로 뻗는 발에는 힘을 주지 않은 채 팔만 쉴새없이 물을 헤치고 있었다. 그러다가 수영장 가장자리에 다다르면 몇 분간 쉬기도 했다. 우리가 수영하고 있는데 메어리가 왔다.

옷을 갈아입은 뒤 우리는 테라스에서 음료수를 마셨는데 이때서야 비로소 낮잠 뒤의 묵직한 기분이 가셨는지 어네스트는 활기를 되찾았다.

메어리는 뉴욕에서 도착했다는 소포를 가지러 가는 참이었다. 어네스트는 그녀를 염려하여 여러 가지 약을 마셨느냐고 걱정했다.

"가엾은 메어리." 그녀가 나간 뒤 그가 말했다. "지칠 대로 지쳐버렸다네. 그럴 수밖에 없는 게 그 노벨상의 소란이 있은 뒤 걸프포트에 있는 그녀 아버지의 병환이 악화하여 줄곧 아바나와 그곳을 왕래했거든. 결국 아버지가 돌아가시자 이번에는 어머니를 돌보아야만 했지. 정말 고생을 많이 했다네. 나는 나대로 그녀를 격려해야만 되었고, 세금 일로 도와줘야만 했으니——여러 가지로 복잡하여 뭣이 어떻게 돼 있는지 알기가 힘들어서——날마다 쓰고는 있다네."

메어리는 큼직한 꾸러미를 들고 왔는데 이것은 모두 아버크론비 앤드 피치의 카탈로그에서 고른 것이었다. 이러한 상품을 쿠바로 직접 보내면 막대한 관세를 물어야 하기 때문에 키 웨스트에 있을 때 사두기에는 다시없는 기회였다. 메어리는 큼직한 꾸러미에서 조그만 상자를 꺼내어 어네스트에게 주었다. 작은 트랜지스터 라디오였는데 그걸 보더니 어네스트는 깜짝 놀란 표정을 짓더니 기뻐하면서 메어리에게 키스하고는 이것이 금년 들어 가장 즐거운 장난감이라고 했다. 우리는 감도를 높여 듣기 위해 라디오를 밖으로 들고 나왔다. 잠시 후 메어리가 거실에서 비엘라의 셔츠, 팬티, 양말, 벨트며 그 밖의 물건을 산더미만큼이나 들고 나왔다. 어네스트 앞에서 걸음을 멈추고 갈아입으세요 하는 투로 내밀었으나 어네스트는 눈만 가늘게 뜰 뿐 별로 달갑지 않은 듯 쳐다보기만 했다.

"마치 아까의 답례로 옷을 갈아입어야 하는 것 같군."

그가 말했다. 어네스트는 내키지 않는 표정으로 셔츠 종류를 낱낱이 살피고는 셔츠 여섯 개와 내복을 위아래, 벨트 하나만을 골랐다. 그 밖의 것은 모두 반환하겠다는 것이었다.

"이것봐, 키트너."

어네스트는 메어리를 애칭으로 불렀는데 그 목소리에는 약간 엄한 투가 섞여 있었다.

"내 독일 벨트가 없어. 이곳에 올 때 가져왔는데, 그 녀석들이 내 것마저 청소해버렸나."

"내가 찾아보겠어요, 여보." 메어리가 말했다. "어디 이 근방에 있을 거예요."

"이 근방에 있다는 것만으로는 안 돼."

어네스트가 말했다.

그날 밤 어네트스는 '핑커'에 전화를 걸어 그 동안의 소식을 물으려 했는데 그는 링링 서커스의 인간 대포에서 튀어나오는 사내 같은 기세로 전화로 달려갔다. 그가 '핑커'에서 나에게 전화를 할 때에도 다른 누군가가, 이를테면 대개의 경우 로베르토가 먼저 전화를 걸어 나를 찾은 후 바꿔주었었기 때문에 자신이 직접 전화를 거는 것은 처음 있는 일이었다. 그래서인지 전화를 마주한 그의 태도는 무척이나 들떠 보였다.

우선 전화번호를 잊고 있었기 때문에 메어리에게 물어야만 했고 국제전화의 교환수가 나오자 신인 배우가 처음 무대에 올랐을 때처럼 흥분하고 말았다. 그쪽 전화에 르네가 나오자 큰소리로 한 마디 한 마디에 힘주어 말하는 모습이 마치 마이크로줄에는 아랑곳도 않고 일반 청중을 향해 소리만 질러대는 강연자 같았다. 어네스트가 전화를 건 것은 블랙 독과 보아즈라는 고양이가 그가 떠나올 때 병들어 있었기 때문이었다. 르네에게서 개와 고양이가 회복되었다는 보고를 받고 전화를 끊었을 때 그의 기분은 무척 흡족한 것 같았다.

"르네 녀석은 자랑스러울걸세. 내게 고용된 지 팔 년이나 됐는데, 이제야 겨우 전화를 영어로 받을 수 있게 됐거든. '헤밍웨이 씨는 이곳에 안 계십니다.' 하고 말일세."

이튿날 아침 내가 식당에서 식사를 들고 있자 어네스트는 냉장고에서 차가워진 보드카 병을 꺼내 조금씩 마시기 시작했다. 그의 입에서 술이 떨어진 적은 없었다. 비행기 사고 때의 상처가 다시 아프기 시작한 것이 분명했다. 그는 술의 힘을 빌려 고통을 달래고 있었다.

"핫치너." 그는 공범자 같은 얼굴을 해보이며 말했다. "우리가 엄청나게 부자가 될 수 있는 방법을 생각해냈네. 보게나."

그는 술잔 두 개를 꺼내어 스카치 위스키를 1온스 2분의 1쯤 넣어 물을 곁들인 뒤 냉동실에 넣었다.

"기다리는 동안에 집 안을 안내하겠네."

나선 계단을 올라 이층의 침실로 안내해주었는데, 그곳은 열대의 녹음 짙은 아름다운 전망이 펼쳐진 폭넓은 창이 달리고 멋진 장식으로 꾸며진 큼직한 방이었다. 다시 아래층으로 내려와 이번에는 거실에서 서고(書庫)로 안내해주었다. 여기에는 초판본이며 출판 당시의 원고, 편지, 미발표의 원고 등이 있었다. 그의 첫 출판이었던 《봄의 분류(奔流)》의 초판본, 지금은 희귀본이 된 그 책을 손에 들었을 때 곰팡이 슬은 커버가 그의 손에서 떨어졌다. 조그만 우편함 안에는 《가진 자와 못 가진 자》의 쓰다만 원고가 있었다. 원고는 빳빳해졌으며 그가 만진 손자국만이 누르스름하게 남아 있었다. 곰팡이며 습기, 얼룩 등이 이 매우 귀중한 기념품 창고를 좀먹고 있었다.

"생각해보게나."

어네스트는 완성된 단편 소설의 누더기처럼 되어버린 원고를 살펴면서 말했다.

158

"국회 도서관에 보전하기 위해 쓴 건 아니니까. 하기야 언젠가는 이렇게 되게 마련이었지. 초판본의 대부분은 불청객 손님이 훔쳐갔고, 집을 무료로 친구에게 빌려주었을 때 누군가가 또 갖고 가버렸다네. 정말로 진귀한 초기의 책은 훔쳐가기 알맞게 작기 때문에 주머니나 핸드백에 쉽사리 들어갈 수 있었던 모양일세. 또한 그렇게 훔쳐간 책은 책을 훔친 그 친구와 같이 살고 있는 여자들이 모두 치워버렸다네. 집안 청소에 방해가 된다고 잡지마저 몽땅 치워버린 거지. 원고도 있는 대로 몽땅 꾸려서 곰팡이가 슬지 않을 서류 캐비닛에서 종이 상자로 옮겨져 쥐새끼나 어미쥐의 이상적인 보금자리가 되었으며 키 웨스트 특산인 킹 사이즈의 바퀴벌레에게 진수성찬이 돼 있다네. 이런 꼴을 당할 뿐만 아니라 얼룩이며 곰팡이 탓으로 원고는 완전히 없어지고 종이 상자 자체마저 사라져버리는걸세. 시(詩)는 거의가 이러한 운명에 놓였다네. 그리고 내 작품이 아직 출판되지 못했을 무렵 내가 쓴 것, 원고며 복사지를 허들리가 모두 가방에 넣어 나에게 갖다주기로 돼 있었지 —— 크리스마스에 맞춰 나는 트론트 〈스타〉를 위해 로잔느 회의의 뉴스를 보내기로 돼 있었는데 —— 가방을 객차에서 잊어버렸지 뭔가. 갈드 리온에서였지. 허들리가 음료수를 사러 간 사이에 가방을 도둑맞아 그 이후로 안에 들어 있던 단편이며 최초의 장편 원고는 찾지 못했네. 가엾은 허들리는 그만 풀이 죽어버렸고 나는 내가 쓴 것을 모두 도둑맞았다는 것보다 그녀에 대한 걸 더 불쾌하게 여겼지. 겨우 살아남은 단편 가운데 하나 《우리 아버지》는 링컨 스티븐즈가 소개하여 어떤 잡지에 보냈던 것인데 아직 반송되지 않았기 때문이라네. 그런 일이 있은 뒤로 우리는 그 작품을 《자본론(資本論)》이라고 불렀지. 아무튼 나의 유일한 자본이었으니까. 진정으로 허들리를 책망하지는 않았네. 왜냐하면 원고의 관리를 위해 그녀를 고용한 건 아니며 그녀의 헌신은 —— 아내로서 말이네만 —— 참으로 훌륭했거든."

이때 하마터면 나는 오리엔트 급행에서 《강을 건너 숲속으로》를 분실했었던 그 실수를 이야기할 뻔했다.

어네스트는 어떤 책의 표지를 펼치려다가 페이지가 몽땅 좀이 슨 것을 발견했다.

"그래. 이것 말고도 슬로피 조의 가게에 가득히 보관해두었는데 —— 틀림없이 이런 꼴이 됐겠구먼.”

슬로피 조의 가게는 키 웨스트에서 가장 번화한 살롱의 하나였다.

“전에 슬로피 조의 술집을 공동으로 경영한 적이 있었다네. 돈은 내놓지만 장사에 참견은 하지 않은 파트너 말일세. 안에서 도박을 했었는데 진짜 수입은 모두 거기서 올렸지. 하지만 솜씨 좋은 딜러가 좀처럼 없었네. 왜냐면 솜씨가 너무 좋으면 우리로선 가게의 돈을 슬쩍 훔쳐가도 알 재간이 없거든. 우리도 포함해서 도박장의 경영으로 돈이 가장 많이 드는 건 경찰에 줄 뇌물이지. 마침 이 년 근속의 보안관을 선출하는 데 칠천오백 달러나 썼는데 애써 뽑아준 보안관이 우리를 못살게 굴어 가게가 폐쇄당해버리자 우리도 그놈을 실각시켜버렸다네.”

메어리와 어네스트는 상당히 격식을 차린 어느 독립기념일의 파티에 초대받았는데, 막상 갈 시간이 되자 어네스트는 생각이 달라져 메어리 혼자서 갔다. 어네스트는 집을 잘 지키겠다고 메어리를 안심시키고는 시계를 보고는 이렇게 말했다.

“정오가 지났네. 그러니 이제 본격적으로 술을 마실 수 있게 됐네.”

그는 냉장고에서 스카치가 든 잔 두 개를 꺼내어 다른 술잔에 옮겼다. 물은 위스키 둘레에서 얼음이 되어 잔을 기울이자 위스키는 얼음에서 가늘게 흘러나와 마치 산의 계류(溪流)가 갑자기 위스키로 변한 것 같은 착각을 하게 했다. 나는 어네스트의 새 발명을 칭찬해주었다.

우리는 메어리가 맛있게 요리해준 바다 거북이의 엷게 썰은 살을 빵에 얹은 뒤 새 겨자를 발랐다. 계류 위스키와 바다 거북이의 샌드위치는 참으로 훌륭한 점심식사였다.

노벨상 수상기념 프로로서 NBC가 방송한 어네스트의 프로필 테이프를 내가 갖고 왔기 때문에 식사가 끝난 뒤 그것을 듣기로 했다. 수상식 모양이며 존 메이슨, 브라운, 레너드 라이언즈, 시드니 프랭클린, 말론 브란도, 맥스 이스트반, 레온 도어슨, 코니리어 오티스 스키너 같은 사람들이 저마다 이야기하는 일화며 감상을 얘기한 것이 녹음되어 있었다. 그 테이프를 들은 뒤 어네스트가 말했다.

“이거야 영낙없는 어빙 스턴 원작의 진실한 어네스트 헤밍웨이의 인생과 그 시대, 해설이더군.”

　그런 뒤 그는 낮잠을 잤다.

　저녁 나절, 파란 불길이 하늘을 태우고 있을 무렵에 우리는 테라스로 나왔다. 해질녘에서 밤이 되자 하늘의 포화는 더욱 눈부신 불꽃 같은 색채를 펼쳐 나지막이 하늘에 걸린 성운(星雲) 속에 선명한 자국을 남겨 하늘을 물들이는 빛을 우리는 지켜보고 있었다.

　"'핑커'에서 도망치면 무척이나 즐거울 것이라고 생각했다네." 어네스트가 하늘을 응시하면서 말했다. "그곳에선 모두가 내게 달려들어 못살게 굴기 때문에 내가 지난날에 사랑했던 이 고장에 와서 약간의 평화와 고독을 구하여 과거를 어루만져보면 무척이나 즐거우리라고 생각했지. 하지만 이 집에 있으면 기분이 우울해진다는 걸 알게 됐네. 폴린은 죽어버렸고 이 집에는 멋있었던 시절, 어렸을 무렵의 아이들, 내 인생과 시대의 진정한 부분, 이곳 침실에서 무척이나 건강했던 무렵의 추억이 가득하다네. 나는 이 집의 이층에서 《킬리만자로의 눈》을 썼는데, 그 작품은 스스로도 뿌듯하게 여길 정도로 잘된 작품일세. 폴린과 나는 마침 아프리카에서 돌아온 직후였으며, 뉴욕에 도착하자 신문기자가 다음 계획은 뭐냐고 묻기에 나는 열심히 돈을 벌어 아프리카로 돌아가고 싶다고 말했지. 신문에 그대로 기사가 나오자 그걸 읽은 여자가 내게 접근해와서는 술을 마시자고 권하더군. 대단한 명문 집안의 상류층 여자였는데 재산이 엄청나고 매력도 있었지. 우리는 맛좋은 마티니를 마시며 얘기를 나누었는데 나에게 이런 제의를 하더군. 그처럼 당신이 아프리카로 돌아가기를 원한다면 자기도 당신네 내외와 가고 싶으니까 돈은 걱정 말고 자기에게 모든 걸 맡겨달라고 말일세. 나는 몹시 그 여자가 마음에 들어 그 제의를 기뻐했지만 결국은 거절했네. 그 무렵, 이 키 웨스트로 옮겨와서도 그 여자에 대한 것과 아프리카에 가자고 했던 것만을 생각했으며 만일 그 제의를 받아들였더라면 어떻게 됐을까 하고 생각해보기도 했다네. 나는 내 결점을 알고 있었기 때문에 스스로 여러 상황의 유혹을 물리칠 수 있었네. 사실 《킬리만자로의 눈》만큼 내 자신을 주인공의 상황에 비유해서 직접적으로 묘사한 작품은 없네. 그 작품에서 주인공이 죽어가고 있는 모습을 나는 정확하게 묘사할 수 있었는데 그것은 어쨌든 여러 차례 이런 자극을 받았기 때문에 나 자신의 내면을 진솔하게 그려낼 수 있었다고 생각하네."

"하지만 《킬리만자로의 눈》에 나온 상황은 당신이 폴린과 함께 간 수렵 여행의 어떤 특별한 경험을 바탕으로 한 게 아니었던가요?"

나는 물었다.

"전부가 그렇다고도 할 수 있고, 또 전혀 그렇지 않다고도 할 수 있네. 자네에게 흥미가 있는 건 아메바 적리의 처치에 대한 걸 거야. 자넨 그 저주스런 병균에 걸려본 적이 있나?"

"군대에 있을 때 걸렸었답니다."

"그렇다면 알겠구먼. 내 병은 아프리카로 갈 때까지 탔던 전염균투성이의 프랑스 선박에서 옮겨졌던 모양이네——홍해, 인도양을 거쳐 오랜 바다 여행이었지. 사냥을 시작한 직후부터 아메바에 시달렸는데 하루나 이틀 계속되는 사냥에서 배변을 참았지. 그러자 아메바의 공격이 극성을 부리며 번져버려 나는 완전히 초주검이 되었다네. 그때는 세렝게티 고원에서 야영을 했는데, 대수롭지 않게 여겼던 병이 갑자기 악화되어 나이로비로 돌아가겠다는 연락이 되기까지 죽을 힘을 다해 싸울 수밖에 없었지. 결국, 나를 구하러 온 이인승 비행기로 돌아갈 수 있었네만. 나이로비까지는 사백 마일이나 되었는데 우리는 킬리만자로의 정상을 우회해야만 됐었지."

내가 상의하러 온 극(劇)의 계획에는 어네스트의 몇몇 소설 각색도 포함되어 있었다. 이튿날 그는 내가 이미 탈고한 작품——《하얀 코끼리를 닮은 언덕》, 《바다의 변화》, 《오늘은 금요일》, 《빗속의 고양이》, 《싸우는 사람》——을 읽고 의견을 나누었는데 대부분의 시간은 내가 아직 각색하지 않은 단편을 위해 보냈다.

"각색하는 사람에게 있어서 문제가 되는 것은 당신 소설의 힘은 각색을 기피한다는 것입니다. 상당히 오래 전에 당신의 소설은 당신이 쓰지 않고 남겨두는 부분이 많을수록 그것에 정비례해서 힘을 얻게 된다고 설명하셨습니다만 각색하는 사람에게는 이것이 치명적인 결점이랍니다. 각색자는 단편 작가의 마음을 상상해야만 하니까요."

어네스트의 말에 의하면 작가가 쓰지 않고 남겨두는 것은 소설의 여백의 미를 살리자는 것은 아니지만 만약 구태여 그 부분을 숙고해서 쓰게 되면 가치없는 소설이 된다는 것이었다. 그것은 바로 소설의 완성도를 떨어뜨리는 일이라고 그는 말했다. 그러나 다른 효과를 나타내야만 하는 각색자의 입장을 충분히 알고 있다고 그는 말했다. 그리고 《살인자》의 배후에 가려진 현실은 스웨덴 인이 애당초부터 싸움을 포기하도록 그릴 작정이었지만 실제 현실은 그렇지 않았던 것이라고 계속했다. 체육관에서 오후에 줄곧 펀치 연습을 했는데 막상 시합에 임하자 스스로는 그럴 생각이 없는데도 본능적으로 펀치를 휘둘러 상대방을 녹아웃시켜버리는 것과 같은 것이다.

"진 터니는 셰익스피어를 좋아하는 복서인데 언젠가 그 단편에 나오는 스웨덴인이 실은 칼 앤드슨이 아니냐고 나에게 물은 적이 있네. 나는 그렇다고 했네만, 도시는 뉴저지 주의 서미트가 아니라 일리노이 주 서미트일세. 하지만 내가 그에게 말한 것은 그뿐이었어. 시카고의 갱이 살인 청부업자를 보냈는데 내가 아는 한 갱은 아직도 크게 활약하고 있거든. 《살인자》란 단편은 지금의 형태가 되기까지 몇 번이고 다른 식으로 써봤네만, 그 단편은 어느 날 마드리드에서 때 아닌 눈보라로 투우가 중지된 오후에 골머리를 썩히기 전까지는 저런 모양이 되지 않았음이 분명했네. 내가 쓴 다른 단편과 마찬가지로 《살인자》는 무척이나 여러 가지 것을 쓰다 말았다고 생각하네. 일부러 많은 것을 써넣지 않았던걸세."

뉴욕으로 돌아가기 전에 나는 메어리와 개인적으로 이야기를 하려고 했다. 그녀는 어네스트를 정성을 다해 돌보았다. 그가 화를 내고 큰소리를 지르며 흥분해도 침착하게 그가 행복했던 시절의 일을 상기시키며 진정시키려고 애썼다. 이 시기에 어네스트는 메어리에게 전적으로 의지하여 늘 여러 가지 것을 시켰는데 그녀는 언제나 명랑하게 받아들였다. 어네스트도 그녀의 기분을 살피기도 하고 걱정도 해주며 또 요리나 살림솜씨가 매우 좋다고 칭찬했다. 아침이면 그녀가 늦게까지 잘 수 있도록 핑커에서도 그러했듯이 정숙을 유지하려고 했다. 핑커에서는 이빨을 드러내고 사인을 받으러 오는 무리들 때문에 좀처럼 조용해질 수가 없었던 것이다. 메어리와 어네스트는 서로 긴밀했으며 사랑하고 의존했다.

메어리나 나도 어네스트의 회복력을 믿고 있었다. 물론 더위는 그에게 크나큰 적이었으며 아바나도 그에게 좋지 못했고 무엇보다도 즐거움다운 즐거움이 없다는 것이 가장 나빴다. 그는 혈압과 체중을 늘 기록하고 테킬

라를 마실 때는 언제나 약과 함께 마셨는데, 그것은 어네스트 자신을 포함
하여 별로 중요하지 않은 의식 같은 것이다. 그러나 이번에는 사정이 달
랐다. 갑자기 매우 중대해진 것이었다. 더구나 술을 마시는 것도 사정이 달
라졌다. 비행기 사고 직후에 있던 노벨상 수상은 뜻하지 않는 형태로 그를
압박했던 것이다.

쿠바에서 도망쳐 스페인이나 프랑스 같은, 그에게 있어서 가깝고도 즐거
우며 몇 번 간 적이 있는 낯익은 곳으로 돌아가는 것이 그에게는 가장 좋다
고 나는 생각했다. 지금 집필 중인 작품에 전념하는 것은 좋지 못했다. 그
는 레이스에 출전하여 결승점을 지나서도 계속 달리기만 하는, 다음 레이
스에 대비해서 휴식할 줄 모르는 경주마 같았다. 그는 앞지를 상대도 없는
데 계속 전속력으로 달리고 있었다. 지금까지 스트레스에 대한 진정제로서
늘 그가 현명히게 사용해온 저 고요하고도 시원스러운 자유가 필요했다.
그런데 무슨 까닭에서인지 지금의 그는 그것에 저항하고 있다. 짐을 꾸려
나가기만 하면 그도 건강을 회복한다. 그런데 요즘의 그는 꿈쩍도 안 하는
것이었다. 이젠 아무 데도 가지 않겠다고 퉁명스럽게 말을 할 때면 이것이
그의 진심인지 아닌지 알 수가 없었다.

제 3 부

제 10 장 사라고사 1956년

어네스트가 쿠바 탈출을 이루기까지는 몇 달이 걸렸는데, 그가 결정을 내리는 데에는 메어리나 나의 열렬한 설득보다도 의사의 권유가 더 크게 작용했다. 메어리의 빈혈증이 더 심해져 의사가 기후 좋은 곳으로 전지요양을 권했을 때 어네스트가 긴급 행진 명령을 내렸던 것이다.

“그 여자는 이제 삼백이십만으로 떨어져버렸네. 이건 웃을 일이 아니네. 아이젠하워는 오백만이고 우리 집 블랙 도그는 오백이십만이나 되거든. (여기서의 수치는 모두 적혈구의 수를 말한다.)”

내가 로마에서 살았기 때문에 어네스트는 파리에 도착했을 때 나에게 연락을 해왔다. 그의 계획으로는 란치아를 몰아 마드리드로 가는데 이번에는 이탈리아에서 드라이브를 즐긴 지난번의 여행보다 더 규모를 크게 하자는 것이었다. 그는 사라고사의 축제일에 함께 가지 않겠느냐고 권해왔다. 그 곳에서는 1954년에 그가 홀딱 반해버린 젊은 투우사 안토니오 올도니에스가 투우에 나올 예정이었다.

축제가 시작되기 전의 어느 오후, 사라고사의 그랑 호텔에서 그와 재회했다. 사라고사는 마드리드에서 북동으로 323킬로 떨어진 스페인 북부에 있다. 인구만 많은 공업 도시로 매력은 없으나 그리스도인 국가 가운데서 가장 소박한 성당——동굴 같고 네모진 요새 같은 건물에 밤이면 곳곳에 둘러친 네온이 반짝이며 내부는 시카고 교외의 역 대합실을 생각나게 한다 ——이 있다. 그랑 호텔은 시내에서 최고의 호텔이지만 어쩌면 같은 건축가의 손으로 세워졌는지도 모른다.

내가 로비에 있자 어네스트가 들어왔다. 나와 만난 지 몇 달 지났을 뿐인데도 그의 얼굴은 초췌하고 주름이 많아 보였다. 그러나 옛날의 정기를 조금이나마 되찾은 것 같았다. 그가 미소를 보이며 내게 다가오는 것을 보니 발에 힘 주듯 하며 걷는 옛날 걸음걸이임을 곧 알 수 있었다. 우리는 바로 한 잔 마시러 갔는데 그는 파리에서의 여행에 대해 이야기해주었다.

"로료뇨에 잠시 머물러 투우를 두 번 봤네. 안토니오도 정말 훌륭하고 히론도 매우 좋더군. 호세리토 페르타란 이름의 멕시코인 투우사는 썩 멋진 파에나(투우의 마지막에 무레타를 사용하여 행하는 경기)와 버라이어티를 보여주었는데 내가 본 바로는 배짱이 가장 두둑하더군."

그의 목소리에 깃든 뜨거운 열의를 다시 들은 것이 기뻤으며——키 웨스트에서의 그 나름함은 사라지고 없었다——그가 평생을 두고 갖가지 것을 추구해왔듯이 앞으로 다가올 축제일을 안타깝게 기다리는 것을 보는 것도 즐거운 일이었다.

"자네가 와서 매우 반갑네. 멋진 축제일이 될걸세. 안토니오가 세 차례, 페르타와 히론은 제각기 두 차례씩 우승했고 또 신인이 둘인데 하나는 우리의 친구인 하이메 오스토스, 그리고 내게 있어서는 케네스 타이난을 대신할 친구들로 열네 차례나 투우를 본 뒤《투우열(鬪牛熱)》이란 책을 쓴 리토리가 온다네."

왼손으로 쉴새없이 잽을 쓰는 그를 보는 것도 기뻤다.

그는 스카치에 라임을 반 주문하여 직접 그 라임을 짰다.

"파리에서나 이곳에 오는 도중에서나 또 여기서도 신문 기자는 만나지 않았네. 잘 돼가고 있지. 《노인과 바다》를 영화화할 때에 낚시를 그만둔 뒤로 단편 여섯 개를 썼는데 여기서도 더 쓰고 싶다네. 사냥 시즌은 시월 사일부터 해금되니까 아메리카 서부 출신의 명수 두 사람이 시원스러운 솜씨를 보여줄 수 있을는지 모르겠네. 조르쥬는 벌써 오튀유의 경마에 달라붙었지. 파리를 떠나기 전에 옛 정을 두터이 해뒀으니까 시월 하순에는 우리 합자회사를 다시 열 수 있을걸세."

그가 기회라는 것을 믿지 않는다는 것과 행복과 마찬가지로 중요한 것으로 생각하기 때문에 즐거움도 사업의 하나로서 진지하게 계획을 세운다는 것을 나는 깨끗이 잊고 있었던 것이다. 그는 자신의 술잔을 내 술잔에 갖다 대며 열심히 이야기했다.

"안 그런가, 핫치. 내 머리는 지금 엄청나게 명석하네. 지난번에 스페인에 왔을 때처럼 엉망은 아니지. 그때는 어찌나 풀이 죽었던지 형편이 없었거든. 그러니까 투우에 대해서나 우리가 이야기를 나누고 싶은 여러 가지 것도 지금의 나는 잘 알 수 있다네."

뉴욕에 건 전화가 연결되었다고 종업원이 알려왔기 때문에 어네스트는 바에서 나갔는데, 바는 축제일을 보내기 위해 몰려든 명사들로 몹시 붐볐다. 그가 나간 뒤 바의 구석에 앉아 포도를 먹으면서 티오 페페를 마시던 젊고 아름다운 아가씨가 내게 다가와 포도를 주었다.

"훔쳐서 먹으면 맛있답니다."

영어였다. 나도 하나를 먹고 나서 그 의견에 찬성했다.

"그분, 어네스트 헤밍웨이시죠?"

키가 크고 메마른 청년이 바에 매달리듯이 몸을 앞으로 내민 채 람 온 아이스를 마시며 거울에 비친 자기를 보고 있다가 우리의 이야기를 듣고는 고개를 돌렸다.

"정말? 헤밍웨이? 어디?"

시골 티가 역력한 말소리였다. 이 청년이 자기 소개를 하는 사이에 아가씨는 조용히 자취를 감추었다. 청년은 자신을 차크라고 소개하고 분위기 좋은 곳을 찾아 온 세계를 다닌다고 했다.

"무슨 분위기?"

"쓰기 위해서랍니다."

"뭘 쓰고 싶은 거요?"

"뭐든지. 분위기를 파악할 때까지는 쓰지 못한답니다."

"언제부터 그런 인생을 살고 있는 거요?"

"삼 년 전부터입니다."

"뭐든지 보자, 그거로군."

"그렇지 않습니다. 유럽뿐입니다."

"러시아나 폴란드는?"

"아닙니다. 그곳은 철(鐵)의 커튼이니까요. 유럽뿐입니다. 앞으로는 극동으로 갈 겁니다."

그때 어네스트가 흥분된 얼굴로 기쁜 듯이 돌아왔다.

"전화의 접속이 나쁘긴 했지만 서로 고함을 질러대서 내기는 성립됐네. 월드 시리즈의 다저스에게 사백 달러일세."

"그 팀은 형편없습니다."

차크가 말했다.

어네스트는 눈을 가늘게 뜨며 그를 돌아보았다.

"이 야구의 대가는 누구인가?"

나는 그를 어네스트에게 소개하고는 그가 외국에 나온 목적을 설명해주었다. 차크가 철없이 말했다.

"칠리코스에 돌아가면 당신처럼 써볼까 합니다. 그래서 당신이 쓰신 장소를 꼭 봐두려고 생각한 것입니다."

"좋은 목적이로군."

어네스트가 말했다.

"나중에 말씀을 들었으면 합니다만."

차크가 말했다.

"글쎄, 여러 친구들이 만나러 와 있는데 저녁식사 때 오면 어떻겠나?"

"아이구, 그거 정말입니까? 설마 하니 당신께서 그런 식으로……아니, 정말 기쁩니다. 곧 밖에 나가 셔츠를 사오겠습니다. 앙트와프 이후로 한 번도 못갈아 입었으니까요."

차크는 황급히 나갔다.

"앙트와프 이후로 제대로 먹지를 못한 것이겠지."

어네스트가 말했다. 어떤 옷차림을 하고 있건 젊은 작가 지망생에 대해 어네스트는 관대했으며 언제나 용기를 주었다. 이러한 그의 행동에 차크는 감동을 했던 것이다.

스페인식 어깨걸이를 걸친 한 무리의 여성들과 함께 있던 약간 살이 찐 젊고 아름다운 여자가 다가오더니 장중한 느낌의 스페인 어로 말을 걸어왔다.

"당신의 작품은 저에게 대단한 기쁨을 주었으니 당신에게 키스를 해드리고 싶습니다."

그녀는 그에게 키스를 한 뒤 정중한 태도로 테이블로 돌아갔다.

저쪽에서 포도를 먹던 미국 아가씨가 책을 끌어안고 다가오더니 어네스

트에게 사인을 해달라고 했다. 그가 사인을 하고 있을 때,

"어머니는 제가 《누구를 위하여 좋은 울리나》를 읽기에는 아직 이르다고 하셨어요."

하고 말했다.

"몇 살이지?"

"열아홉."

그녀가 간 뒤 어네스트가 말했다.

"사인을 해달라면서 갖고 온 책이 뭔지 아나? 《가진 자와 못 가진 자》라네. 그 십대의 아가씨가 열심히 읽는 건, 간통, 동성애, 자위, 강간, 난투, 대량살인, 불감증, 알코올 중독, 매춘, 성적 불능, 무질서, 주정뱅이, 중국인 밀출국, 낙태 등이라네."

축제일이 끝나기까지 어울린다는 것은 어네스트의 이른바 '재미난 축제 친구들'과 언제나 어울리는 것으로 이 축제는 5일 6일, 또는 그 이상 계속되는 투우, 음주, 댄스, 식사를 즐기고 파티에 참석하는 것을 말하며 이쯤 되면 혼자뿐인 투우 애호가는 좀처럼 견뎌내기가 어려운 법이다.

사라고사의 축제일에 모여든 사람들에게는 어네스트의 영국인 옛 친구 루퍼트 벨빌과 그의 아름다운 동반자 폴리 피보디, 그리고 스코틀랜드의 레이프 및 베이비 헨더슨 내외, 미국의 작가이며 카메라맨이기도 한 피터 버클리, 인도의 마하라자〔太守〕인 코치 베하르와 그의 부인이 있었다.

그날 밤 만찬회 때 나는 차크의 바로 옆에 앉아 있었는데 3년간 반(半) 세계 일주를 하는 동안 단 하루도 자기가 비용을 지불한 적이 없었음을 분명히 알 수 있었다. 나의 왼쪽에 앉은 살결이 검은 신사가 마하라자임을 알자 참으로 훌륭한 칠리코스 사투리로 "마하라자 나으리, 저는 극동에 갈 참이랍니다. 인도에 누군가 저를 도와줄 사람이 없겠습니까?" 하는 것이었다.

이 마하라자는 이튼 학교 출신으로 눈 한 번 꿈벅이지 않는 단정한 자세로 인도에는 친구들이 있으니 인도 국무성의 장관에게 소개장을 써 주겠다고 말했다. 차크는 기뻐 어쩔 줄을 몰랐다.

"신바람나는걸, 마하라자 나으리."

그는 이렇게 소리쳤다.

메어리가 당황하며 바에 커피와 코냑이 준비되어 있다고 모두에게 알

렸다.

이곳에서 다시 만나던 날 밤에 나는 어네스트가 바에 오랫동안 앉아 있는 것은 어쩌다 있는 일이라고 생각했는데 실은 그것은 어쩌다 있는 일이 아니었다. 밤마다 스카치나 빨간 포도주를 모두 마시고 마지막에 방으로 데리고 돌아갈 때면 형편없는 꼴이 되는 것이 상례였던 것이다. 만취하기까지 그의 마음을 사로잡고 있던 것——젊은 남녀의 아베크며 명랑한 아가씨들, 초라한 카페, 투우의 사람들, 불꽃놀이 거리의 카니발 등——을 마음에서 몰아내어 상대가 누구이건 상관않고 하나나 둘을 상대로 몇 시간이고 물고 늘어진다. 이윽고 술이 만취하기 시작하면 하던 이야기를 또 되풀이하고 혀가 꼬부라져 결국은 무슨 말을 하고 있는지 알 수 없게 되어버리는 것이었다.

지금까지 힘치고 발랄했딘 어네스트의 아침은 이제 조용히 침대에서 신문을 읽고 차를 마시며 보내는 회복기 같은 것이 되어 있었다. 내가 방 안에 들어가면 농담조로 자기 자신을 얼버무리는 경우도 있었다.

"나도 이젠 별볼일 없게 된 모양일세." 그는 말하는 것이었다. "어젯밤은 럼주라는 악마를 상대로 오 라운드를 뛰었는데 육 라운드, 일분 오십오초에 케이오를 시켜줬지."

그의 친구가 모여들 때까지 아침부터 테킬라나 보드카를 마시고 있으면 조금이나마 기운이 나는 모양이었다.

친구들이 찾아오면 즐겁게 대화를 나누기 때문에 투우가 시작되는 시간이면 깨끗이 원래의 상태로 돌아가는 것이었다. 투우에 관한 한 좋건 나쁘건 무척이나 즐기는 그였다.

"언젠가 스코트에게 이렇게 말해준 일이 있네." 그가 말했다. "내 머리에 있는 천국은 내가 특등석 둘을 갖고 있는 투우장으로 돼 있고 바로 그 옆에는 숭어가 사는 강이 있어 나와 친구들이 함께 낚시를 할 수 있어야 하는 거다, 하고 말일세. 지금도 내가 생각하는 천국은 그런 걸세."

그러나 실제로 이때의 투우는 환멸만을 안겨주었다. 개막일의 시합에서 안토니오, 리토리, 오스토스가 모두 한결같이 신통치 못한 투우를 보여주었으며 리토리에 소속된 반데리렐로의 하나가 바렐라의 프란촌에서 소의 뿔에 받혀 무참히도 배가 찢기고 말았다. 다른 시합 역시 마찬가지로 신통치 못한 것뿐이었다.

오스토스가 어네스트에게 소를 바친 날은 어네스트가 일어서서 오스토스가 머리 위로 높이 든 모자에 답례하자 뜻하지도 않게 모든 관중이 일어서서 입을 모아 그의 이름을 외치기 시작했다. 쉽사리 사물을 인정하지 않으려는 스페인 사람들 몇천 명이 한결같이 발을 구르며 미국인에게 박수를 보내는 광경은 참으로 감동적인 것이었다. 그러나 유감스럽게도 이처럼 고양된 감정도 투우에서 오스토스가 소를 죽이지 못함으로써 클라이맥스가 결여되고 말았다. 오스토스는 소의 목덜미를 겨냥하여 10회 이상이나 자상을 입혀 소는 다량의 출혈로 무릎을 꿇고 주저앉는 형편이었다.

다른 날의 오후, 이번에는 안토니오가 어네스트에게 소를 바쳤는데, 이번에도 지난번 이상으로 참담하게 끝나 안토니오의 파에나 전체가 실패하고 말았다. 그러나 어네스트는 안토니오의 훌륭한 재질을 높이 평가하고 있었기 때문에 어쩌다 졸렬한 투기를 본 것뿐이라며 그리 실망은 하지 않았다. 축제 기간의 마지막 밤, 안토니오와 저녁식사를 같이 들었는데, 그의 부인인 칼멘에게 이번에는 메어리와 함께 넷이서 케냐로 수렵 여행을 하자고 제안했다. 그날 밤의 어네스트는 진정이 넘쳐흐르는 열띤 투로 이야기했으며 술도 조금밖에 마시지 않았을 뿐만 아니라 일찍 자리를 떴다.

이튿날, 새 운전사 마리오가 모는 어네스트의 란치아를 타고 우리는 상당히 일찍 마드리드를 떠났다. 점심은 메르세데스를 탄——차크는 타지 않았다——레이프 헨더슨과 포르노스에서 함께 했다. 어네스트는 기분이 좋은 듯 여행하는 동안 줄곧 지껄이거나 노래를 부르며 그 사이사이에 여러 가지 이야기를 우리들에게 들려주었다. 그는 엉뚱한 허스키로 노래를 불렀는데 레퍼토리로는 〈헬로우, 프리스코 헬로우〉나 〈아무도 없는 곳에 사는 내가 좋아하는 당신〉——솔로로——〈라 쿠카라차〉, 〈케 세라〉——메어리와 듀엣으로——까지 있었다.

"안 그런가, 핫치." 노래를 고르면서 그가 말했다. "이번 페리아는 형편 없었지만 그래도 교육적인 가치는 있었지. 첫날은 지금까지 씌어진 기사와는 달리 피가 모래에 스며든다는 걸 알았지. 더구나 안토니오, 리토리, 오스토스가 호텔의 로비에 들어올 때 그들을 뒤따라 들어오는 친구들을 보니 이것 역시 변함없는 진실이라는 걸 알 수 있었다네. 분명히 겉으로는 드러내지 않는 동성연애자들이 투우사 뒤를 쫓아다닌다는 게."

우리는 어느 지점의 건널목에서 차를 세워 석탄의 그을음투성이인 열차가 덜커덩거리며 지나가는 것을 보았다. 갑자기 어네스트가 킬킬거렸다.

"여보, 왜 그렇게 웃으세요?"

"저 기차 말이오. 허들리와 함께 탔었지. 안토니오의 아버지 카에타노가 마노 아 마노(케이프 다루기를 소의 바로 앞에서 하는 투기)를 하는 걸 보러 사라고사에 갔었다네. 참으로 아름다운 투우사였어. 허들리 녀석, 카에타노에 그만 반해버려 그가 가는 곳이라면 어디건 따라나서려 하지 않겠나. 아니, 투우뿐만 아니라 그가 가는 어떤 장소이건 말일세. 아무튼 우리는 한푼없이 돈이 떨어져 마지막까지 비상금으로 간직했던 걸로 겨우 마드리드 행의 이 삼등 차표를 끊었지. 카에타노는 허들리에게 소의 귀를 던지고 허들리는 그걸 '받아 내 손수건에 싸서 돌아갈 때까지 줄곧 가슴에 안고 있었다네. 기차는 엄청나게 붐비더군. 등에 총을 멘 민병 둘, 마드리드의 도매상에게 아버지가 만든 술의 견본을 등나무로 짠 바구니 셋에 넣고 가져가는 소년, 그리고 신부님들이 객실에 꽉 들어찼고 더구나 금방 주저앉을 것만 같은 나무 의자 밑에는 표를 사지 못한 젊은 투우사가 셋이나 숨어서 차장의 눈을 피하고 있었다네. 스페인 소년 모두가 그렇지만 그 아이도 투우사가 될 희망을 품은 나이 또래인데, 가지고 가던 술 한 병을 꺼내 좌석 밑으로 기차의 열기를 참으며 웅크리고 있는 투우사에게 주더군. 더구나 두 민병과 우리한테도 술을 나누어주었는데 두 민병이 처음에는 사양했기 때문에 신부님들한테도 돌리더군. 차장이 삼등 객차로 왔을 때 나는 그만 차표를 잊어버렸음을 알게 되었네. 그래서 하는 수 없이 신부님들이 앉은 의자 밑에서 기어들어갔는데 신부님들은 자신들이 입고 있던 사제복의 옷자락을 펼쳐 우리를 숨겨줬다네. 마드리드에 도착할 즈음해선 이미 술병은 비었고 모두가 취해버렸지. 하지만 마지막으로 가장 심각한 문제가 남아 있었네. 밖으로 나갈 때 차표를 차장에게 건네주지 않고선 통과할 수 없거든. 역원의 눈을 어떻게 피하느냐는걸세. 두 민병이 총의 안전 장치를 풀더니 하나는 앞에 또 하나는 뒤에 붙어서 마치 우리를 체포하여 호송하는 듯이 다섯이서 나란히 개찰구로 나갔지. 그 뒤를 두 신부님이 성경을 읽으며 따라오지 않겠나. 영낙없이 사형 집행장으로 가는 마지막 길이지 뭐겠나."

이 이야기를 들으면서 나는 허들리와 카에타노에 대해 생각했다.

"허들리 녀석, 카에타노에게 반해버려 소의 귀를 보물처럼 움켜쥐고 있었어."

어네스트는 이렇게 말한 적이 있었다. 어네스트는 카에타노를 두고 《해는 다시 떠오른다》에 나오는 페드로 로메로의 모델이라고 했었다. 그렇다면 레디 브렛의 그에 대한 정념은 부드러운 몸매에 로맨틱한 카에타노에게 허들리의 마음이 사로잡혔음을 바탕으로 하고 있는 것일까? 어네스트는 브렛을 레디 다프 트와이스렌을 염두에 두고 썼다고 했는데, 《무기여 잘 있거라》의 캐더린 버클리처럼 헤밍웨이의 작품에 나오는 인물은 몇 가지 요소가 뒤섞여 있어 레디 브렛이 로메로에게 열중하는 부분은 다프와 마찬가지로 허들리에 대해 씌어진 것이라고 나는 결론지었다. 《해는 다시 떠오른다》에서 소의 귀는 '관중의 요구로 잘라내져 페드로 로메로에게 주어졌는데 로메로는 그것을 브렛에게 주었으며 브렛은 그것을 내 손수건에 싸서 …….'(제17장)로 되어 있다.

헤밍웨이의 작품에 나오는 여주인공들의 모델을 찾는 작업은 지금까지 문학적으로 집요하게 계속되어왔는데, 그러한 모델 문제 가운데 가장 기묘한 것의 하나는 《강을 건너 숲속으로》의 아름답고 젊은 백작의 딸 레나타를 중심으로 일어나고 있다. 어네스트는 이 책이 이탈리아에서 출판되는 것을 허락하지 않았으나 언젠가 그는 그 이유를 '그 작품에 나오는 친구들의 대부분이 아직 현존하기' 때문이라고 했다. 미국에서 출판된 지 15년이나 지난 1965년에 가서야 겨우 이 작품은 이탈리아에서 어네스트의 작품을 주로 출판했던 몬다도리 출판사에서 출판되었다. 그 직후 이것 역시 몬다도리에서 나오는 주간지 〈에포카〉에 '내가 헤밍웨이의 레나타였다'라는 아드리아나의 선명한 대제목(大題目)으로 적나라한 기사가 나왔던 것이다.

이 기사의 서문은 몬다도리의 편집인이 쓴 것으로 소설에 아드리아나가 묘사되어 있는 것을 작품에서 레나타에 관한 부분을 인용하여 비교함으로써 입증하려는 자상한 시도를 꾀했다.

기사 자체는 아드리아나와 어네스트가 처음 만났을 때의 일이며, 그 이후로 매일처럼 만났다는 것이 적혀 있다. '처음에는 이분에게 약간 따분함을 느꼈습니다.'라고 아드리아나는 고백하고 있다. 나보다 나이도 위였고 훨씬 경험도 많고 느릿하게 말을 하는데도 나는 언제나 그의 말을 이해하지 못했습니다. 그러나 그의 곁에 내가 있다는 것, 나와 이야기하기를 좋아한다고 생각했습니다.' 또한 아드리아나는 그와의 관계가 새로운 형태로 발전했건만 메어리가 걱정하리라는 의심조차 않았으며, 이윽고 메어리로부터 어느 날 충고를 듣게 된다. 그러나 이후에 메어리는 아드리아나의 호의가 애정으로는 발전되지 않는다는 것, 아드리아나는 위험하지도 않을 뿐만 아니라 사실은 어네스트를 구원하는 역할을 하고 있음을 시인했다고 쓰고 있다.

그녀가 구원자가 된다는 것은 다시 말해서 어네스트로 하여금 작품을 쓸 힘을 되찾게 한 것이라고 아드리아나는 썼다.

"《강을 건너 숲속으로》를 쓰고 있을 때, 그는 병들어 한동안 손을 대지 못했는데 나를 만난 뒤로는 나에게서 새로운 에너지가 옮겨오는 것을 느꼈다고 헤밍웨이는 말했습니다. '당신은 다시 한 번 글을 쓸 수 있는 가능성을 되찾게 해주었으며 그것을 언제나 감사하고 있어요. 나는 이 작품을 완성시킬 수 있으며 여주인공에 당신의 얼굴을 그렸소. 이번에는 또 당신을 위해 새 작품을 쓰겠소. 틀림없이 내 작품 가운데서 가장 아름다운 작품이 될 거요. 어떤 노인과 바다에 관한 이야기라오."

이 증언에서 기묘한 점은 아드리아나가 소설을 읽고 난 후 어네스트에게 대사가 별로 재미없으며 또한 '레나타, 그토록 우아한 명문의 아가씨, 더구나 그만한 젊음을 소유하고 있는 그녀는 애욕의 밀회를 위해 저택에서 몰래 나와 마티니를 마치 셸리이기라도 한 것처럼 연거푸 마시지는 않는다. 아니, 그 아가씨는 모순으로 가득 차 있다. 그녀는 현실이 아니다.'라는 부분을 재미없다고 말했다고 쓰고 있다. 그랬더니 어네스트는 '당신은 이해하기 어렵겠지만 그러한 아가씨가 존재한다는 것은 확실하오. 그리고 그 레나타에는 한 여자뿐만 아니라 내가 실제로 사귄 각각 다른 네 여자가 있는 거요.'라고 말했다고 쓰고 있다.

이것은 이 기사의 제목과 전체의 테마를 부정하고 있는 것처럼 생각된다 —— 합성된 여주인공인 레나타는 그보다 먼저 묘사된 여자들의 뒤를 이은 것이리라. 마지막 부분에서 아드리아나는 1951년에 어네스트가 보낸 편지를 인용하고 있는데 그 편지에서 그는 이 작품을 충분히 훌륭하게 쓸 수 있다면 두 사람에 관한 것은 몇 세기를 두고 사람의 입에 오르내릴 것이다. 왜냐면 서로가 힘을 다하여 협력했기 때문이다. 또 라티사나의 비 오는 날에 서로 만나지 않았더라면 그녀로서는 더 좋았는지 모른다고 어네스트는 생각하면서 더구나 너무 젖기 전에 만날 수 있었음을 기뻐하고 있었다. 그리고 베네치아에 관한 것을 소설로 쓰지 않았다 해도 두 사람이 함께 있었던 일이며 서로가 행복했다는 것, 중대한 것은 아무 이야기도 하지 않았는데 사람들이 눈치채고 있었다, 라고도 썼다. 세상 사람들은 행복한 사람들을 질투하는 법이라고 그는 말하고 있다.

그리고 허위에 대한 최선의 무기는 진실이라는 것과 소문이란 안개 같은 것으로 이에 저항할 수 있는 무기는 없지만 산뜻한 바람이 불어 날려보낼 것이며 태양이 나오면 사라진다, 라고도 썼다.

내가 믿는 바로는 아드리아나 이반치키는 어네스트가 말한 대로 레나타의 4분의 1인 것이다.

어네스트는 임박한 수렵 여행에 대해 이야기했다.

"안토니오의 칼멘에게 아프리카를 보여주면 재미있을걸세. 지난번 여행에서 나흘 동안이나 내 페니스에 이가 우글거렸다는 말을 해주면 안토니오 녀석, 질려버릴까? 이를 불태워 죽인다든가 사자한테 부벼서 이를 옮기는 식의 토속적인 요법은 소용없었네. 핀셋을 두 개나 사용했지. 결국 백인 수렵 안내인인 필립 퍼시발이 촛농을 발라 이의 숨을 못 쉬게 하면 어떻겠느냐고 하더군. 우리는 산더미처럼 촛농을 흘려 발랐는데 과연 잘 듣더군. 《아프리카 원주민의 민간 요법》에는 안 나온 치료법이네만."

여행을 계속하면서 어네스트는 스페인 내란 당시의 정확한 싸움터를 가리키며 그 전투에 참가했던 부대의 번호며 사용한 화기, 그곳에서 행해진 작전 계획이며 전투의 승패를 낱낱이 떠올렸다. 그의 훌륭한 기억력에 나는 놀라지 않을 수 없었다.

"이곳에서 아군이 적을 패주시켰다네……."

그러고는 마치 그림처럼 그 광경을 묘사했다.

"여기서 격멸됐지. 고무 바퀴가 달린 러시아의 탱크가 있었는데, 신호를 보내기로 돼 있던 여자가 일곱시 반에 나타나지 않았기 때문에 탱크 안의 공기가 희박해졌거든. 우리는 한시 반까지 기다렸네만 이때는 태양이 정면으로 눈에 비쳤기 때문에 결국 그들은 패한걸세.”

길가의 도랑에서 자동차 앞으로 물오리가 튀어나오자 어네스트는 팔을 뻗어 총으로 오리를 쏘는 시늉을 했는데, 그는 언제나 이런 식으로 연습을 했다.

“여보, 맞췄나요?”

메어리가 물었다.

어네스트는 끄덕였다.

“새를 쏠 때 아버지가 가장 좋은 연습 방법을 가르쳐주셨지. 하루에 사냥 탄환을 세 개밖에 안 주고는 날개만을 쏘도록 하라는걸세. 가까이에는 스파이가 우글대니까 나는 아버지를 속일 수 없었지. 나는 불행한 소년 시절을 보냈는데 그 시절을 보내는 동안 문학에 눈뜨게 되었다, 어쩌구 하고 쓴 말라빠진 학자 선생을 알고 있나? 농담이 아니라네. 태어나서 이때까지 불행한 날 따윈 생각도 못 해봤네! 풋볼을 잘 하지 못한다 해서 그 소년 시절이 불행하다고 할 수 있겠나? 자프케는 나를 센터로 기용해줬지만 나는 어떻게 하는 건지 몰랐기——삼학년 때 학교에서 뛰쳐나왔으니 결국 모르고 말았지——때문에 그런 게임은 제대로 익히지 못했네. 나는 언제나 팀 메이트의 얼굴을 보고 누가 볼을 받아낼 것 같은 얼굴일까 하고 확인했었지. 내가 가드에 나서면 멍텅구리란 소리를 들었지. 내가 후방 수비를 하려 하면 상대방은 벌써 눈치를 챈다네. 이 년 동안 날마다 라커 룸에서 나를 때린 녀석이 있었는데 내가 자란 뒤 그 녀석을 실컷 두들겨줬지. 그러고는 끝일세. 시카고에선 권투만을 했는데, 어떤 녀석이 ‘꼬챙이’를 들이대어…….”

“여보, ‘꼬챙이’가 뭐예요?”

메어리가 물었다.

“칼 말이오. 그걸로 나를 찌른 녀석이 있었지. 우리는 그 녀석을 잡아서 팔을 뒤로 비틀고는 손목을 부러뜨렸어. 그게 시카고에서의 일일세. 그런 뒤로 캔자스시티로 갔지. 학자 선생이 쓴 연구서와는 반대로, 캔자스시티 〈스타〉에서 맨 먼저 한 일은 노동 관계의 기자를 어느 술집에서 찾아내어 터키탕에서 술을 깨게 한 뒤 타이프라이터를 대령시키는 일이었네. 〈스타〉

에서 내가 익힌 일은 그게 다일세. 주정뱅이를 제정신으로 돌려놓는 방법 말일세. 그런데 학자며 비평가며 공론만 일삼는 선생이란 그런 걸로 만족하지 못하지. 칼로스 백어프 교수, 찰즈 펜더 교수, 필립 양거댄거 교수 패거리들은 프린스턴 대학이며 예일 대학, 뉴욕 대학의 그럴듯한 외양을 갖추고는 내 작품을 닥치는 대로 끌어모아 그들의 상징 탐지기에 건다네. 그런데 이게 또 가이거 카운터와 핀볼 머신의 튀기인지 욕구 검사기에 걸면 증명되기도 하고 되지 않기도 하는 자신들의 학구적인 불합리성이 나타난단 말일세. 그래서 그들은 자기네의 그 진지한 연구를 위해 상징적 지향, 즉 내가 작품에서 추구한 죽음 외의 욕구 지향을 질문해오는 셈인데, 이걸 나중에 가서 문학부 4학년의 강의실에서 강의하고는 엉뚱하게 단위가 3, 어쩌구 한단 말일세. 나는 이걸 야구 용어로 대답해주지. 야구 쪽이 문학보다도 훨씬 정밀한 학문이라고 생각하기 때문인데 탁상공론만 일삼는 선생께선 내가 성실하게 대답하지 않는다고 생각하시지. 헤밍웨이 씨, 《해는 다시 떠오른다》에 표현된 승화된 죽음에의 욕구에 관해 설명해주시겠소? 대답——테드 윌리엄스에게 공을 던지는 화이티 포드의 죽음에의 욕구처럼 승화되어 있는 것이다. 헤밍웨이 씨, 당신의 모든 작품의 주인공이 순환하고 있다는 이론을 믿습니까? 대답——요기 베라는 홈 베이스로 똑바로 송구할 것인가? 헤밍웨이 씨, 할리 모건의 부상입은 팔, 캔트웰 대령의 부상입은 팔, 제이크 번스의 상처입은 성기능의 상징은 무엇입니까? 대답——미키 맨틀의 부상당한 발에 그 상징인가 뭔가 하는 걸 밀어붙여 잘 휘젓고 그걸 배트로 4백 피트를 친다, 그게 잘 안 될 것 같으면 마이너 리그의 디케이터 미너트어즈에게 불하할 것(칼로스 베이커, 찰즈 펜턴, 필립 양은 모두 헤밍웨이 연구가이나 백 업은 옹호, 팬더는 원형기, 구조장치, 댄거는 비료라는 의미가 숨겨져 있다. 헤밍웨이는 이 연구가들에게 호의적이었으나 그래도 양에게는 출판금지를 요구한 적도 있다. 디케이터는 일리노이 주의 중도시.)."

　마리오가 가솔린을 보급하기 위해 어느 조그만 읍에서 차를 세웠기 때문에 우리는 주유소 옆의 카페에서 무엇이든 마시기로 했다. 밖에서는 몇 명이서 공을 굴리는 게임을 하고 있었으며 작은 카페 안은 베레모를 쓴 사내들이 가득 있었다.

　다시 길로 돌아오자 어네스트는 사격에 대한 이야기를 했다. 당시 유럽에서 배로 귀국했을 때 거의 파산 직전에 있던 그는 스키트 사격 콘테스트에 가 40마리의 새를 쏘아맞추어 상금을 받았다.

"하지만 사격 중에 나는 새가 어렴풋이 보였으며 비둘기는 그렇게 빨리 날지 못한다는 걸 알았기 때문에 뉴욕에 갔을 때 안과 의사의 진찰을 받았지. 그때 처음으로 안경을 썼다네. 안경을 걸치고 사무실에 나갔더니 난생 처음으로 여러 가지 것이 뚜렷이 보여 구역질이 나지 않겠나. 거기서 한 블럭쯤 떨어진 봅 벤칠리에게로 가서 둘이서 실컷 마셨더니 구역질이 없어지더군."

그때 갑자기 메어리가 소리쳤다.

"어머 큰일났네요. 지갑을 놓고 왔어요. 되돌아가야겠어요! 마리오, 어서 돌아가요!"

마리오는 메어리의 독촉대로 되돌아섰지만 이미 우리가 그 카페를 나온 뒤로 삼십분이나 지나 있었다. 메어리는 가게 앞의 길가에 내놓은 테이블에 핸드백을 놓고 온 것이었다. 거기에는 헤밍웨이 내외의 여권과 여행용 수표로 이천 달러, 현금 천오백 달러, 그리고 전재산에서 고르고 고른 몇 개의 보석이 들어 있었다.

"어쩌죠. 파파, 정말 미안해요. 정말 멍청했어요! 핫치가 사진을 찍어준다기에 핸드백을 내려놓았던 건데……. 하필이면 그런 데에 놓다니! 거기 있던 사람들은 본 적도 없을 만큼 인상이 나빴는데."

"괜찮을 거야. 지금 그곳으로 되돌아가서 우리가 아는 성인(聖人)들에게 기도나 올리세."

되돌아가는 동안 우리는 아무 말도 하지 않았다. 마을로 들어서자 그 카페 앞의 길가에 몇몇 사람들이 몰려 있는 것이 보였다. 테이블 옆에는 차렷 자세를 한 민병대원이 서 있었는데 메어리가 잊고 간 핸드백을 지키는 모양이었다.

그에게로 다가가 어네스트가 말했다.

"이것 봐, 매카시 상원 의원 나으리, 이걸로 당신도 우리가 링컨 여단에 참가하여 싸운 이유를 이해할 수 있겠지."

호텔 필립페 2세는 마드리드를 마주하여 선명하게 펼쳐진 황금색 파노라마를 거느리는 듯한 에스코리알 고원에 있었다. 황금빛 밀밭이며 금빛 가을의 단풍, 수많은 계절을 거친 집들의 지붕이 스페인의 태양 아래 반짝이고 있었다. 어네스트로서는 필립페 2세야말로 자기 자신이 '경호되고 있는' 성벽 같은 것이었다. 발코니에 서서 아침 공기를 마시면 강에서 불어오는 써늘함을 느낄 수 있다. 눈 아래로 계곡이 부채 모양으로 펼쳐져 있고 멀리 저편에서 돌을 깎아 집을 짓기 위해 일하는 사람들의 노래가 들리며 에스코리알의 독수리며 매가 머리 위나 눈 아래에서 원을 그리며 날고 있다. 활짝 편 날개가 마치 부표(浮標)처럼 부드럽고 가느다란 기류의 흐름에 쏠려 있다. 스페인에는 다음과 같은 옛 속담이 있다. "에스코리알에서 불어오는 바람은 촛불 하나도 끄지 못하나 사내의 마음을 녹여놓는다."

어네스트도 발코니에 나와서 나와 함께 돌 깎는 소리가 메아리치는 것을 들었다. 저 멀리 에스코리알의 조그만 읍내에서는 마침 학교 수업이 끝나 떠들어대는 아이들의 소리가 아득하게 들려왔다.

"웨스트포트에서 지불하는 전기 요금만으로도 여기서는 집 하나를 지을 수 있네."

그가 말했다. 그러고는 손으로 작게 원을 그리는 매를 쏘아 맞추는 시늉을 해 보였다.

"이곳은 언제 와도 멋있지. 최고로 운이 좋아 천당에라도 온 듯싶다네. 이런 환경에 있으면 우선 괴로워한다는 게 어렵지. 더구나 이 고장의 속담에 '수염 기른 자는 굶지 않는다.'라는 말도 있을 정도라네. 생활의 불안도 없을 테고 말일세."

필립페에서 보낸 최초의 며칠 동안 어네스트는 밤마다 비록 몹시 취하긴 했어도 늘 바빴으며 활기가 넘쳐흘렀다. 그의 일은 오로지 안토니오와 함께 아프리카로 사냥하러 가는 것이었으며 아바크론비와 케냐에 전보를 끊임없이 계속 치는 것이었다.

어느 날, 호텔에서 우리를 위해 야외용 점심을 만들어주어 에스코리알 고원으로 올라가 《누구를 위하여 종은 울리나》의 무대가 된 곳으로 차를 몰았다. 어네스트는 필라르가 발을 씻었던 시원스러운 계곡이며 파블로 부대가 생활하던 동굴, 이 작품의 목표가 된 다리, 이것은 재건되어 있었는데, 그러한 장소로 안내해주었다. 다리는 내가 상상했던 것보다 훨씬 높았으며 난공불락(難攻不落)처럼 단단해 보였다. 우리가 다리를 건너자 어네스트는 실제로 있었던 일을 소설의 소재로 한 장소를 가리켜 보였다. 다리의 한쪽 끝에 공화파의 포화로 파괴된 조그만 돌집이 있었는데 그것은 1933년에 파괴된 채로 남아 있었다.

아름다운 소나무 숲으로 둘러싸인 필라르의 계곡 옆에서 우리는 싸갔던 점심을 먹었는데, 그 뒤 가까이에 있는 옛 도시, 《누구를 위하여 종은 울리나》에 선명하게 묘사된 세고비아로 갔다. 이 도시의 명물은 완전히 수리된 로마 시대의 멋진 수도였는데 그곳은 오랜 역사를 지닌 돌바닥의 거리에 우뚝 솟아 있었다. 어네스트는 그 전부터 잘 아는 사냥꾼으로부터 메추라기 네 마리를 사고 필립페 2세의 여러 고용인에게 줄 작정으로 어느 맹인으로부터 복권을 샀다. 어네스트는 그를 담당한 호텔 종업원에 대해 언제나 신경을 쓰고 있었다. 필립페 2세에는 투우사 지망생인 보이가 있었는데 어네스트는 그를 위해 두 살짜리 소를 두 마리나 사서 마련해주었다.

호텔 필립페 2세의 식사는 평범한 것이었으므로 30분이면 갈 수 있는 마드리드에서 곧잘 식사를 했다. 식사는 늘 엘 카레혼이었는데 그곳은 창이 없는 호화객차처럼 사람들로 붐비고 있었으며 분위기는 최저였으나 요리만은 최고였다. 어네스트는 우리가 먹는 것을 이따금 집어먹긴 했으나 감식(減食)을 엄격히 지키기 위해 맥주나 스타치, 고기는 먹지 않고 생선, 샐러드, 야채, 송아지의 간장은 조금씩 먹었으나 스카치는 무제한으로 마셔댔다. 이 감식은 스스로 정했는지 아니면 의사의 처방에 의한 것인지 나는 알 수 없었다.

이 최초의 며칠 동안에 어네스트는 여러 가지 일을 처리했다. 에바 가드너가 마드리드의 집에서 피터 비아텔의 영화 시나리오 《해는 다시 떠오른다》의 결정본을 갖고 왔다.

"원작을 형편없는 것으로 만들어버렸으니까 보상받지 못할 것은 알지만 자신의 긍지를 위해서도 꼭 읽으시고 마음에 들지 않는 데를 고쳐주세요. 시나리오에 나오는 사람들은 모두 '이것이 전쟁이다' 어쩌구 하면서 뛰어다닌 답니다. 정말 물렁물렁한 각본이에요."

그녀의 말이었다.

밤이면 우리는 줄곧 에바와 만나 샴페인을 마셔댔다. 그녀는 카운터에서 올리브를 손가락으로 퉁겨 목적한 장소로 보내는 즉석 게임을 하며 즐거워했고 어네스트도 기뻐하며 에바가 이 게임의 최고 명수라고 말했다.

이튿날, 어네스트는 시나리오를 읽고는 피터 비아텔에게 곧 마드리드로 오라고 전보를 쳤다. 나는 그토록 흉폭한 그를 본 적이 없었다. 이러한 징후는 어네스트의 부활을 보이는 것이었는데 닷새째 아침에는 모처럼만에 되찾은 건강도 모두 연소(燃燒)되고 말았다. 첫째로는, 내가 쓰고 있던 부다페스트의 내란에 관한 기사를 계속 쓰기 위해 빈으로 돌아오라는 전보가 잡지사로부터 왔으며—— 이것으로 경마에 대한 계획은 허탕이 되고 말았다—— 또한 안토니오에게서도 전보가 와 아프리카에는 갈 수 없는 사정이 생겼다고 했다—— 사냥도 허탕—— 이것만으로도 상당한 타격인데 거기다가 그날 오후에 폴리 피보디가 와서, 9년간이나 알코올이라는 애인의 품에 안겨 온 루퍼트가 갑자기 빨간 포도주의 매력에 사로잡혀 엉망이 되도록 술주정을 한 끝에 자취를 감추었기 때문에 반미치광이가 되어 있었던 것이다.

그날 밤, 어네스트는 정신을 잃도록 취해버렸다. 만찬 때 세고비아에서 사온 메추라기의 일로 메어리와 말다툼이 벌어져 메추라기에는 손도 대지 않았다. 메어리는 아무도 없는 식당—— 오프 시즌으로 그날 밤은 우리만이 식사를 했다——에 어네스트와 나를 남겨두고 나가버렸다. 어네스트는 계속해서 떠들어댔는데 몇 병의 포도주를 비우며 별로 또렷하지 못한 발음으로 전쟁에 대한 이야기를 했다. 그의 계획이 모두 수포로 돌아가자 그는 과거에서 위로를 찾은 것이었다.

결국 술에 만취한 그를 부축하여 방으로 데려 가야만 했다. 비틀거리며 가다가 그는 문에서 몇 피트 떨어진 복도에 선 채 벽의 조명등을 노려보았다. 그러다가 갑자기 복서처럼 겨냥을 하더니 왼쪽 주먹을 몇 번 내밀고는 오른쪽 주먹으로 조명등을 쳤다. 전구가 깨지고 기구가 융단 위로 흩어졌다. 금속을 후려쳤기 때문에 주먹에 열상이 생겨 피가 흐르기 시작했으나 그는 전혀 아랑곳도 하지 않았다. 그는 다른 한쪽 손을 내 어깨에 얹고는 물끄러미 나를 응시했다.

"핫치, 나는 평생에 천오백마흔일곱 번을 취했네만 아침이 되면 늘 멀쩡하다네."

그는 문을 열고 방 안으로 들어갔다.

  이튿날 아침, 어네스트는 호텔의 이발사를 데리고 내 방으로 들어왔다. 메어리를 깨우고 싶지 않으니 이 방에서 머리를 이발해도 되겠는냐는 것이었다. 얼굴이며 눈이 양피지 같았다.

  "어젯밤, 새로운 이중의 의미를 지닌 격언을 만들었다네. 무엇이냐면 사고(思考)는 수면의 적이다, 일세."

  그리고 오늘은 내가 도망치는 날이므로 꼭 프라드의 그림을 본 뒤 칼레혼에서 마지막 식사를 들자는 것이었다.

  우리는 10시에 출발할 계획이었으나 어네스트는 휴대용 술병이며 갖가지 자동차 부품, 차표, 안경 닦을 종이, 빗, 스위스의 사관용 잭나이프, 그의 자본금, 행운의 밤알, 예비용 코트, 그리고 오후에 의사에게 갖다 줄 요(尿)의 표본 등 출발 진에 항상 점섬을 하기 때문에 열한시 반이 돼버렸다.

  로비를 가로질러 자동차가 있는 데로 가는 도중 두 사내가 어네스트 앞에 나타났다. 독일의 어느 잡지 기자와 카메라맨이라고 했다.

  기자는 무슨 일이 있어도 어네스트와 만나라는 엄명을 받고 왔기 때문에 10분 동안만이라도 좋으니 만나주기만 하면 실직을 면할 수 있겠다고 매달렸다. 어네스트는, 오후가 되면 문을 닫는 프라드에 가야 하니까 정확히 10분 그리고 사진은 결코 찍지 않겠다는 약속을 한다면 그 시간만은 내보겠다고 했다. 우리는 바의 밖에 있는 테라스로 나왔으며 이 연옥(煉獄)을 치루는 동안 어네스트는 기분을 가라앉히기 위해 스카치를 주문했다.

  이 신문 기자가 어네스트의 작품을 전혀 읽지 않았다는 것은 처음부터 알 수 있었다. 답답한 독일 소시지 같은 사투리로 질문을 계속했다. 스페인에는 처음 오셨습니까? 전에 투우를 본 적은? 스페인 어를 하실 줄 아십니까? 소설을 쓸 때에는 펜입니까, 구술(口述)입니까? 어네스트는 처음 한동안은 잘 참고 있었으나 신문 기자가 지금까지 몇 명 정도의 여성을 사랑했느냐고 묻자 역력히 불쾌한 표정을 지었다.

  "검은 거요? 흰 거요?"

  "네에, 각각 얼마쯤 됩니까?"

  "검은 건 열일곱 명, 흰 건 열네 명."

  신문 기자는 모조리 메모를 했다.

“어느 쪽을 좋아하십니까?”

“겨울엔 흰 여자, 여름엔 검은 여자.”

그러고는 질의 응답을 그만하고 어네스트는 일어서려고 했으나 이 젊은 독일인은 끈질길 만큼 열심이었다. 갑자기 어네스트는 아무런 예고도 없이 몸을 돌려 사진 기자의 얼굴에 위스키를 퍼부었다.

“사진은 찍지 말라고 했지, 이 멍텅구리 녀석아!”

사진 기자는 카메라를 내려놓고 손수건으로 위스키를 닦아내고는 호텔을 찍은 것이지 헤밍웨이를 찍은 것은 아니라고 한 뒤 차렷 자세로 사과했다. 나도 전에는 라이카 카메라를 들고 다닌 경험이 있지만 그래도 사람의 얼굴에 카메라를 들이대고 호텔을 찍지는 못했었다.

“찰칵 하는 소리가 들렸어. 카메라의 셔터 소리가 내게는 방울뱀 소리와 다름없이 여겨진다네.”

어네스트는 자신도 사진 기자를 도와 닦아준 뒤 나머지 인터뷰는 마드리드까지 차를 타고 가면서 계속하자고 제의했다.

그 동안 마리오는 줄곧 란치아에서 기다렸는데, 그의 가족이 나치스에게 만행을 당해 독일인에 대한 증오심을 가지고 있었기 때문에 독일인 기자와 나는 함께 뒷자리에 앉았다.

“우리는 프라드가 문을 닫기 전에 가야 하니까 마리오, 빨리 달려주게.”

어네스트가 이렇게 말하자 신난다는 듯한 표정을 지어 보였다.

마드리드까지의 길은 비좁을 뿐만 아니라 꾸불꾸불하고 양측에는 수레가 지나간 자욱으로 길이 패어 있고 가운데가 솟아 있어 보수할 필요가 있었으며 말이며 소 달구지, 오토바이가 쉴새없이 다녔다. 마리오는 계속 백오십 킬로의 속도를 내면서 달구지건 오토바이건 아랑곳하지 않고 달렸다. 나는 신문을 꺼내 읽는 체했으나 속으로는 간이 콩알만해졌는데, 어네스트는 여전히 신문 기자에게 열심히 얘기를 하고 있었다.

“이젠 질문이 없나?……그만큼 묻고 이제 그만둘 수는 없겠는가?”

내 눈에 비친 것은, 마리오가 비좁은 길에서 북적대는 느릿한 움직임의 달구지 사이를 용케 누비며 엄청난 속도로 앞지를 때마다 창백하게 일그러지거나 화석처럼 굳어지는 친구들의 얼굴이었다. 마리오는 헤어핀 커브에서 타이어를 격렬하게 마찰시켜 평소 같으면 32분 걸리는 데를 19분으로 달려 프라드의 정문 앞에 차를 세웠다. 두 독일인은 이제 살았다는 듯한 얼굴로 차에서 내렸다. 얼어붙은 입술 사이로 고맙다는 인사를 중얼거리듯이 하고는 비실거리며 떠나갔다. 어네스트는 마리오와 악수를 나누었는데 로피가 있었더라면 그에게 바쳤을 것이다. 우리가 프라드의 계단을 오르자 어네스트가 나에게 말했다.

"정직한 어네스트가 반죽을 한 날이니 함께 기념하세."

어네스트는 프라드를 사랑했다. 마치 성당에 들어서듯이 입장했다. 위대한 예술은 그에게 평생을 두고 거대한 힘으로 작용했다——이를테면 풍경 묘사에 관해서는 뤽상부르 미술관의 세잔느, 모네, 고갱 등을 연구함으로써 익혔다고 말한 적이 있다——프라드에는 다른 작품 이상으로 어네스트가 경의를 품는 그림이 있었다.

어네스트는 미술관에 들어서면 일반적인 그림은 거들떠보지도 않고 특별한 그림만을 보았다. 때로는 한 장의 그림만 보고 곧 나가버린다. 티치아노의 방 전체를 걸어다녀도 보고 싶은 그림 이외는 아예 눈길조차 돌리지 않은 채 한 장의 그림 앞에서 넋을 잃어 기분이 내키는 한 언제까지나 바라보곤 했다. 언젠가는 나와 함께 아카데미아 디 벨 아르티에 갔는데, 그는 베로네제의 '레비가(家)의 축제' 앞에서 20분이나 서 있었다. 또 언젠가는 파리의 인상파 전람회에 한 장의 세잔느 그림을 보러 갔었다. 어네스트는 그 그림만큼이나 훌륭한 작품을 쓰는 것이 평생의 야심이라고 말했다.

"아직은 쓸 수 없네만 점점 가까워지고는 있다네."

그가 존경하는 예술가나 그 작품에 관한 지식은 폭넓은 독서에 의한 것인데, 형태며 색채에 대한 그의 선천적인 눈, 묘사된 인물이나 장소에 대한 연구, 나아가서 미로, 피카소, 마티스, 블랙, 그리스, 맛손, 모네들은 같은 시대의 사람이거나 이미 알고 지내는 사이였으며 그러한 예술가의 개성, 예술적인 충동, 산다는 것의 철학에 대해 어네스트 나름대로의 통찰이 있었다. 어네스트는 언제나 그림의 중심, 그가 말하는 '순수대로 감정', 예술가가 성취를 위해 창출한 리얼 싱(진짜의 것)을 포착하려 했다. 그리고 자신도 작가인만큼 똑같은 순수한 감정을 갖기 위해 노력해야 한다는 마음이 있어. 그 예술가의 작업의 어려움을 자기 자신의 것으로서 소화시킬 줄 알았다. 따라서 그들과 다른 점이라면 '나는 타자기나 연필로 흑과 백만을 써야 하는데 그들은 위대한 색채를 얼마든지 쓸 수 있다'는 점이라고 했었다.

프라드에 간 날, 그는 보슈, 보티첼리, 벨라스케스, 엘 그레코, 고야 등의 그림을 나에게 보여주었는데, 특히 샤를르 4세의 왕족을 그린 고야의 거대한 초상화를 강조했다.

"속이 메스꺼워질 것 같은 걸작이 아닌가?" 어네스트가 물었다. "이 그림에 그려진 모두의 얼굴에 침을 뱉고 그린 것을 보게나. 바로 이런 천재성을 지녔기에 이 그림의 주문에 응하고 또 왕도 기쁘게 해준걸세. 왕은 멍텅구리였기 때문에 고야가 그를 짓밟기 위해 온 세계에 구경거리로 삼은 걸 알아차리지 못했던걸세. 이런 것을 상상이나 할 수 있겠나? 고야는 스스로의 코호네스(용기)로 무브먼트(움직임)를 믿고 있으며 모든 걸 경험하고 느낀다네. 만약 엄정한 중립으로 있기를 원한다면 고야를 볼 수가 없을걸세."

미술관에서 나올 때 그는 지금까지 살아오면서 사랑해온 어느 여자보다도 오래도록 애정을 느껴온 여자를 보고 싶지 않느냐고 물었다. 그러더니 나를 메인 홀에서 조그만 방으로 안내해주었는데, 거기에 그가 좋아하는 여성 앙드레아 델 사르토의 '어느 여자의 초상'이 남의 눈을 피하듯 기다리고 있었다. 내가 다가서자 그는 잠시 뒷전에 서 있더니 이윽고 곁으로 왔다. 입가에 약간의 미소를 머금었고 눈은 자랑스러워 보였다. 크게 숨을 몰아 한숨을 쉬고는 "내 애인이었네." 하고 말했다. 넋을 빼앗기듯이 멍청히 선 채 16세기의 이 소녀에 대한 흠모로 사로잡혀 있었기 때문에 프라드 미술관의 경비원이 그의 팔을 가볍게 치면서 문닫을 시간임을 두 번이나 알려야만 했다.

어네스트가 닥터 마리노베이시아에게 진찰을 받는 동안 메어리와 나는 팔라스 호텔의 바에 있었다. 어네스트를 그토록 걱정하는 그녀를 보는 것은 처음이었다. 그녀는 술이 그에게 많은 영향을 미쳤다고 믿었으나 그가 어떻게 하면 술을 끊을 수 있는지에 대한 방법은 찾아내지 못한 것 같았다.

"내가 꾀를 부려 술을 못 마시게 하면 파파는 부질없는 간섭이라면서 화를 내요. 자기가 하고 있는 일을 감시당하는 걸 싫어하는 성미니까요. 그래서 술이 심해지면 그만 말다툼이 벌어지고 만답니다. 나로서는 싫지만 어쩔 수 없잖아요? 아무 말도 않는 게 좋을까요? 사랑하는 사람이 스스로를 파괴시키고 있는 걸 잠자코 보고만 있을 수 있을까요? 그분을 지탱해온 것 —— 집필, 독서, 계획을 세우고 편지를 쓰거나 하는 것 —— 모두가 사라지려 하고 있어요. 그분에게 여러 가지로 상의해오는 사람들마저 접근을 허락하지 않는 거예요. 원래는 그런 걸 좋아했는데도 말예요. 지금은 오로지 자기의 문제, 자기의 상심, 그리고 날로 심해지기만 하는 암울한 생각 속에 빠져 있는 것 같아요.

공항으로 가는 도중 병원에 들러 어네스트를 차에 태웠다. 그는 여전히 작업 이야기에 열중하여, 내가 각색을 진행시키고 있는 《패하지 않는 자》와 그때 NBC의 '플레이라이츠 56'에서 방송된 직후인 《싸우는 자》의 두 작품에 대해 물었다. 내가 《싸우는 자》에 관한 이야기를 하자 그는 흥미를 보이며 귀를 기울였다. 10페이지의 단편을 1시간 드라마로 각색하여 제임스 딘이 주연을 맡아 —— 펀치를 얻어맞아 머리가 이상해진 비참한 전(前) 챔피언 역 —— 하기로 되어 있었다. 닉 애덤스는 조연이 되고 비교적 알려져 있지 않은 폴 뉴먼이란 젊은 배우가 함께 공연하기로 했다. 그러나 리허설이 시작되기 일주일쯤 전에 딘이 스포츠 카 사고로 사망했기 때문에 뉴먼이 주역을 맡는 위험을 무릅써야만 했다. 그는 억세고 복잡한 배역을 늠름하게 해내 쇼는 성공을 거두었으며 이 텔레비전 드라마가 방영되던 그 이튿날, MGM은 그를 복싱을 다룬 영화 《상처뿐인 영광》의 주역으로 발탁하여 스타로 만들었다.

그는 《패하지 않는 자》의 대본이 완성되면 읽어주지 않겠느냐고 나에게 말했으나 나는 싫다고 했다. 그 이유는 내가 중대한 실수를 하기 전까지는 이대로 신뢰로 맺어져 있기를 원했기 때문이었다.

공항에서 탑승권의 카운터까지 함께 와서 체크 인의 담당직원을 기다리는 동안에 그가 말했다.

"아까, 좋지 못한 소식을 들었네. 이미 알고는 있었지만 간장이 나쁠 뿐만 아니라 테스트 결과 심장의 혈관에 염증이 생겨 마디노베이시아는 심장의 혈압을 내리기로 했지. 온갖 테스트를 모두 받은 끝에 엄중하게 식사를 제한할 것, 식사마다 포도주는 한 잔도 안 된다, 하루에 위스키는 오 온스, 더구나 그건 안 된다. 방사는 금물이란걸세. 이런 진단서로 기능을 회복한다 해도 유쾌하게 할 수 있을 것 같은가?”

이듬해인 1957년은 어네스트에게는 암담한 시기였다. 3월이 되자 밤참으로 주는 두 잔의 술 외는 모든 음주는 금지되었다. 그는 가혹한 단련으로 체중을 이백 파운드로 내렸으며 콜레스테롤 치(値)도 치명적인 428에서 보통인 204로 내렸으며 혈압도 정상적으로 유지할 수 있게 되었다.

그러나 이것은 말할 나위도 없이 그가 즐기는 인생이 아니었다. 더구나 아들들에게 여러 가지 문제가 생겨 그는 무척 마음아파했으며 일에 몰두하려고 애썼으나 마음편할 날이 없어 몰두할 수가 없었다. 여행도 전혀 하지 않았으며 배조차 타는 일이 없었다. 그러나 이것은 그에게 회복의 해였으며 당시 그가 깨닫고 있던 그 이상으로 그의 행복에 크게 이바지했던 것이다. 어네스트는 괴로운 일이 있을 때마다 자신을 격려하기 위해 술로 극복해왔었고 그것이 특히 사태를 더 어렵게 했던 것인데 이제 그를 미치게 하는 것은 괴로움이 아니라 그 술을 배제해야만 하는 육체적인 상태였다.

제11장 케참 1952년

1958년 가을, 어네스트는 10년 이상이나 가지 않았던 아메리카의 최동부로 돌아갈 결심을 했다. 그가 택한 곳은 아이다호 주 케참으로 인구 746의 조그만 마을, 소토스 산의 기슭인데 샌 발리 스키장에서 1마일 떨어진 곳이었다.

그 해 11월, 나는 《누구를 위하여 좋은 울리나》의 텔레비전 드라마에 착수했는데, 어네스트는 새 땅을 보러 와서는 내가 질문해둔 각색상의 몇 가지 문제를 상의하자고 했다. 더구나 그에게도 중요한 새 계획이 있는데 전화로 말할 수는 없다는 것이었다.

케참에 가기보다는 홍콩에 가는 쪽이 훨씬 편했다. 우선 시카고로 가서 거기서 포틀랜드 로즈 호를 기다렸다. 하루에 한 번, 케참 방면으로 가는 유일하고도 훌륭한 열차였다. 내가 도착했을 때는 다행스럽게도 택시 운전사가 칠면조 사냥에서 돌아온 직후였다. 눈으로 덮인 마을을 자동차로 가기에는 몹시 추웠다. 케참은 소토스 산맥에 둘러싸이듯이 있는 그림 같은 마을이었다. 어네스트는 오솔길에 나타난 나를 보고는 반갑게 맞아들였다. 무릎까지 올라오는 가죽 레이스로 장식된 장화에 서부식 바지, 플레이드의 비에라 셔츠에 소매없는 산양 가죽으로 지은 웃옷을 입었는데 무척이나 기분이 좋아 보였다. 어네스트가 나를 위해 예약해준 에델바이스 모텔은 바깥쪽이 통나무로 나란히 쌓아올려진 산장으로, 어네스트의 기스 별장에서는 걸어서 몇 분 안 걸리는 곳이었다. 이 산장에 딸려 있는 차고에는 목에 밧줄을 건 물오리며 꿩 등이 나란히 매달려 있었다.

실내에는 6피트짜리 난로에 집어넣은 통나무가 훨훨 타고 있었으며 방 안 구석에는 엽총과 탄환, 총집에 수렵용 가방이 걸려 있고 벽의 옷걸이에는 사냥옷이 걸려 있었다. 바닥에는 곰의 가죽이며 큰 사슴의 머리, 술을 진열해놓은 장이며 잡지와 책의 더미, 사냥감으로 요리한 국이 천천히 끓고 있는 냄새, 그리고 소파에는 새끼 고양이 두 마리가 어울려 장난치고 있었다. 어디를 가건 사흘만 지나면 어네스트의 방은 3년이나 산 것처럼 보일 정도였다.

그의 변모는 믿기 어려웠다. 활달했으며 쇠약했던 그 전의 모습은 찾아볼 수 없었고 미소가 되살아났으며, 눈은 밝기만 하여 지난날의 그 풍요함이 목소리에 담겨 있어서 10년쯤 더 젊어진 듯한 표정이었다. 여러 가지에 열중하거나 계획을 세우는 모습이 발랄하기만 했다. 나를 차고로 데리고 가서 날개가 달린 트로피(^{사냥으로}_{잡은 짐승})를 확인시키거나 이제부터 함께 갈 사냥에 대한 설명을 하고는 메어리의 사격 솜씨가 훌륭하다고 칭찬을 하기도 하고 친구를 만나게 해주겠다며 나를 침실로 데리고 가 그날 아침에 쓴 《아름다운 장(章)》을 보여주기도 하였다. 그것은 확실히 아름다운 장(章)으로 허들리와 함께였던 그의 초기 파리 시절이 시적으로 묘사되어 있었다. 파리에 마지막으로 갔을 때, 어네스트는 리츠의 지하실에서 낡은 트렁크를 발견했다. 그 안에는 그가 20년대에 파리에서 보냈던 나날을 적은 노트가 있었는데 그 안의 글들을 내게 읽어주며 내가 방금 읽은 그런 짧은 스케치를 다룬 작품을 어떻게 생각하느냐고 물었다. 나는 그만 정신없이 거기에 열중해버렸다. 그의 말로는 메어리도 그랬었다고 했다.

그런 뒤의 나날을 어네스트는 아침이면 집필을 하고 오후는 대개 사냥하러 가는 것으로 보냈다. 나는 스키트 사격도 했는데 야외에서 사냥을 한 적이 없었기 때문에 어네스트는 그 전처럼 기꺼이 자기의 테크닉이며 비결을 전수해주었다.

때로는 우리끼리만 나갔으나 대개는 메어리나 다른 친구들, 이를테면 목장주인 버드 퍼리, 케참 마켓의 경영자 차크 아트킨슨, 내가 바논 콜이라고 부르는 접골을 전문으로 하는 젊은 선 발리의 의사나 서부에서 으뜸가는 사냥꾼 중의 한 명인 틸러 윌리엄스 노인 등이 동행이었다. 우리가 버드 퍼리의 목장에서 사냥을 할 때면 그는 미리 자가용 비행기로 수로(水路)를 탐색하는 물오리가 있는 장소를 찾아내는데, 이런 날이면 등에 멘 가방에 물오리의 목을 가득 넣고 돌아갈 수가 있었다.

어네스트는 스스로 정한 식사나 술의 양에 만족하는 듯했다. 점심식사에는 한 잔의 와인, 밤참으로는 적량을 마시며 밤에는 스카치 두 잔으로 제한하고 있었다. 그가 좋아하는 점심식사는 빨간 포도주 한 잔에 피너츠 버터와 생파를 넣은 샌드위치였다. 내가 그를 안 뒤로 처음 보는 일이었는데 그는 마음편히 남의 집에 출입하고 있었다. 왜냐하면 그들은 모두 그가 혼자서 적당히 마시게 해주는 좋은 친구들이며 케참의 소박한 식사도 마음에 들었기 때문이었다. 그는 언제나 자기의 재고(在庫)에서 고급이면서도 비교적 값싼 포도주를 골라서 갖고 갔다.

"나는 1947년의 렌트면 되네. 비싼 건 단념했으니 이젠 맛도 못 볼걸세." 어네스트는 그 이유를 이렇게 설명한 적이 있었다. "더구나 담배 역시 단념했지. 후각에 최악의 적이니까. 모처럼만에 좋은 술을 마시는데 냄새를 맡지 못한다면 어쩌겠나."

밤이면 그는 밖에 나가지 않았다. 왜냐하면 메어리는 참으로 솜씨 좋은 요리를 만드는데 물오리며 메추리, 사슴 등을 갖가지 방법으로 요리해주었기 때문이었다. 식사가 끝나면 어네스트는 몇 시간 동안 독서를 하거나 마음이 내키면 따뜻한 불 앞에서 옛날 서부 이야기를 했다.

"어느 날 동부에서 내게 온 녀석이 럭키 산맥의 큰 곰을 쏘고 싶다고 하지 않겠나. '내 아내가 꼭 좀 해봤으면 한답니다. 밤이나 낮이나 그것만을 졸라대는데, 신혼초라서 아내를 기쁘게 해주고 싶답니다.' 하고 말하더군.

말이 좋지 뭔가. 럭키 곰은 곰 가운데에서도 쏘기가 가장 어려운 놈이고 가장 사납고 또 가장 영리한 놈이라고 말해줬지. 나도 팔 년이나 럭키 곰은 쏘아본 적이 없었으니까. 그래서 어느 날 이 내외와 같이 사냥을 갔는데, 식사를 마련하기 위해 큰 사슴을 뒤쫓고 있자 럭키 곰이 세 마리나 나타나지 않겠나. 엄청나게 큰 놈들이었지. 그 마누라한테 내 뒤로 돌아서라고 말해줬지. 옹호하고 있을 겨를이 없거든. 남편은 좀 떨어진 데 있었는데 이때는 벌써 곰을 발견하여 행동을 취하고 있었어. 곰에 정확히 명중만 하면 쓰러지겠지만 대개는 일어나서 달려들고, 그렇게 되면 죽을 때까지 다시는 쓰러지지 않거든. 그러니 얼마나 위험하겠나. 가장 가까이에 있던 놈은 팔백 파운드 급의 곰인데 나를 보기가 무섭게 똑바로 달려들지 않겠나. 내가 목을 쏴 쓰러뜨렸는데 놈이 일어서려 하자 다시 어깨를 쐈네. 내가 다시 총알을 장전하고 있을 때 다음 곰이 달려들어 나는 겨냥도 않고 이연발의 탄환을 쐈네. 내게 달라붙었을 때 놈은 이미 죽었더군. 그런데 세 번째의 곰은 동료의 운명을 깨닫고 한패에 끼어들기를 피하고 등을 돌리더니 언덕으로 오르기 시작하는걸세. 완전히 도망치기 전에 나는 네 발을 먹였지. 신혼의 부인이 내 뒷전에서 나오며 이렇게 말하지 않겠나. '입이 말라 못 견디겠어요. 물 마시러 냇가에 갈 때까지 저를 지켜주세요.' 이때의 에피소드에 관해 그녀가 한 말이라면 이것뿐이었다네. 그런데도 마고트 매코머는 실제 그 소재를 구하여 묘사한 것이냐고 묻는 멍텅구리가 있다네(마고트 매코머는 《프랜시스 매코머의 짧고 행복한 생애》의 여주인공. 이 여성은 폴린을 모델로 한 듯함)."

일요일 오후 어네스트와 나는 텔레비전으로 프로 풋볼을 보거나 뤼안에서 스키트 사격을 하며 보냈다. 금요일 밤이면 어네스트는 텔레비전의 권투 시합을 보러 모여드는 남자친구들 5,6명을 접대한다. 어네스트는 시합에 거는 돈을 모으는 담당이며 작게 줄을 친 수첩에 시합의 결과를 기록했다. 권투시합이 시작되면 그는 선수의 펀치 성격이라든가 그 펀치에 힘이 없다는 식으로 해설하고, 특히 접근전일 경우 자세하게 식별해내는 것이었다. 진 풀머 대 스파이더 웹의 시합 때, 웹의 전술에 관심을 갖더니 결정적인 포인트를 땄을 때 그가 소리쳤다.

"봐라, 해냈지! 결국 펀치 콤비네이션을 보였네!"

그는 손님의 술잔에 술 따르는 것도 자상하게 배려했으며 권투가 끝난 뒤의 식사도 좋았으며 화제는 항상 즐거웠다——어네스트는 쿠바의 '핑커'에 늘 모여들던 그룹을 상대로 했던 그때처럼 활달하기만 했다.

그러나 케참에서의 우리의 즐거움이 한창일 때, 어네스트는 내가 도착했을때부터 그를 골치 아프게 했던 불길한 사태로 인해 매일처럼 고민하고 있었다.

12마일 떨어진 헤이리에 카톨릭 교회가 있는데, 그곳은 사람을 감쌀 듯한 매력을 지닌 오카너란 신부가 담당하는 곳이었다. 어네스트가 케참에 도착한 뒤 곧 그는 어네스트를 찾아왔는데, 그 결과 무척 파손된 성당의 지붕을 완전히 수리하는 데 드는 비용을 어네스트가 기부하기로 되었다. 어네스트로서는 당연히 이것으로 그 해는 기부하지 않아도 될 것으로 여겼는데 한 달이 지나자 그 신부가 다시 와서 훨씬 더 많은 원조를 청하였던 것이다. 어네스트에게 주일학교에 와서 매주 그곳에 모이는 10대 아이들에게 강연을 해달라는 것이었다. 어네스트는 소스라쳤다. 정말 넋나간 것처럼 기겁을 하며 저항했으나 오카너 신부는, 그렇다면 강연은 하지 않더라도 질문에 대답만이라도 해주어야겠다며 결국은 그를 설득시키고 말았다.

어네스트는 날마다 이 일 때문에 무척이나 울적해했다.

"지붕을 갈아줬는데 뭣 때문에 이야기까지 해야 하나?"

"여보, 강연을 하지 않아도 된다잖아요." 메어리가 그를 안도시키려고 했다. "질문에 대답만 하면 되니까요."

"사람이 모인 앞에 서서 얘기를 한다면 그것이 바로 강연이 아닌가."

어네스트가 청중 앞에서 강연한 것은 내가 아는 한 1937년에 카네기 홀에서 열린 제2회 전미(全美) 작가 회의에서 스페인에서 귀국한 직후에 행한 강연회뿐이었다. 물론 배 안에서는 여러 신문 기자가 몰려들어 인터뷰를 한 적은 있었다. 그로서도 기자들을 이해하고 자유롭게 이야기를 나눈 적은 있으나 그것과 이것은 별개의 문제였다. 특히 이번에는 신부가 임석한 교회에서 행하는 것이었기 때문에 어네스트에게는 상당한 부담이 되었다. 그래서 그는 틀림없이 목이 막혀버릴 것이라면서 투덜대거나 아이들이 알아들을 수 있도록 어떻게 지껄이겠느냐 혹은 세상 사람들이 나에 대해 떠들어대도 뒤로는 내 작품을 다시 읽어본 적이 없으며 앞으로도 읽을 생각이 없다, 아마도 그 사람들이 오히려 나보다 더 여러 가지를 알 것이라면서 투덜거리기만 했다.

　D 데이——공격 개시의 날——가 왔는데 이날은 우박 섞인 폭풍우가 몰아쳐 길이 무척 험했다. 살얼음이 깔린 길을 나는 천천히 차를 몰았는데, 어네스트는 내 옆에서 한 마디도 하지 않고 똑바로 앞을 보며 움쩍도 않고 앉아 있었다. 헤이리에 다다르자, 마침 어네스트의 단골 술집 앞을 지나게 되었기에 내가 교회에 들어가기 전에 한 잔 들겠냐고 물었더니 그는 "아닐세, 괜찮아. 맨정신으로 해보겠네."라면서 거절했다.

　교회 안에는 평균 16세 정도의 소년 소녀들이 거의 같은 비율로 모여 있었는데 어네스트가 들어서자 조립식 의자에 단정하게 앉아 있다가 무섭고 거북스런 듯한 얼굴을 지었다. 서먹한 분위기를 깨기 위해 오카너 신부는 어네스트에게 앉으라고 권한 다음 모두에게 편한 마음으로 이야기를 하도록 권했다. 몇 분쯤 지나자 어네스트와 소년 소녀들은 언제 그랬더냐는 듯이 이야기가 통하기 시작했다. 메어리는 감기에 걸려 동행하지 못한다면서 나에게 어네스트가 교회에서 강연한 내용들을 적어달라고 부탁했다. 이튿날 어네스트는 내가 적어준 것을 보고는 약간 가필(加筆)하거나 정정했다. 다음은 그날 밤, 어네스트와 소년 소녀들이 실제로 어떤 이야기를 했는가를 기록한 것이다.

　질문　헤밍웨이 씨, 당신은 언제부터 글을 쓰기 시작했습니까?

　대답　교내 신문을 만들고 첫 번째 일이 바로 쓰는 것이었습니다. 고등학교를 졸업하고 캔자스시티에 나와 〈스타〉 지에서 일을 했죠. 거기선 흔한 글쓰기 작업을 주로 했었습니다. 나는 글을 쓸 때 언제? 어디서? 어떻게? 라는 원칙에 입각해서 쓰지만 왜 글을 쓰는가에 대해선 생각해본 적이 없습니다.

　질문　《누구를 위하여 종은 울리나》에 관해서 묻겠습니다. 작품을 쓰실 무렵에 스페인에 계셨던 것으로 알고 있습니다만 그곳에서 무엇을 하고 계셨는지요?

　대답　나는 북미 신문 협회의 의뢰로 스페인 시민전쟁을 보도하기 위해 그곳에 갔었습니다. 공화파 군대에서 구급반 일을 맡아 했답니다.

　질문　어째서 공화파에 가담하셨습니까?

대답 나는 거기서 진정한 공화국을 보았습니다. 나는 그곳에 머무르면서 알폰소 국왕이 퇴위하고 인민이 헌법을 만드는 과정을 지켜보았습니다. 이것이 유럽 최후의 공화국이며 나는 공화파가 반드시 승리하리라 믿었습니다. 전쟁이 끝났을 때 나는 공화국이 스페인 사람이 아닌 자들을 몰아낼 것이라고 생각했습니다. 그들은 다른 어느 나라 사람에게도 지배당하기를 원하지 않으니까요.

질문 학교 교육은 어디까지 받으셨습니까?

대답 오크 파크 고등학교를 졸업했습니다. 일리노이 주에 있지요. 대학에 가는 대신 전쟁에 나갔습니다. 전쟁에서 돌아왔을 때는 이미 대학에 가기에는 너무 늦었습니다. 당시는 제대자의 교육 원조 자금 제도라는 것이 없었답니다.

질문 《노인과 바다》 같은 훌륭한 작품의 소재는 어디서 착상하셨습니까?

대답 바다로 낚시를 나갔을 때 보트를 타고 바다에 나가 큰 물고기와 싸웠다는 어부 이야기를 들었습니다. 때문에 나는 이십 년이나 알고 지내는 어느 할아버지를 그런 입장에 놓고 써본 것이랍니다.

질문 어떤 식으로 작품의 문체를 발전시켰습니까? 독자에게 영합하기 위해 상업적인 문체로 쓰십니까?

대답 사실 어떤 것에 대해 이야기한다는 것은 참으로 어려운 일입니다. 작가마다 문체는 다 다르겠지만 세상 사람들이 평하듯 내 문체는 서툰 편입니다.

질문 한 작품을 쓰는 데 얼마나 시간이 걸리죠?

대답 그건 작품에 따라 다르며 쓰기에 따라서도 다르지만 좋은 장편이라면 일 년 반 정도 걸리죠.

질문 하루에 몇 시간쯤 쓰시나요?

대답 여섯시에 일어나지만 열두시가 지나면 일을 안 하고 있답니다.

질문 밤 열두시를 말씀하시는 건가요?

대답 낮 열두시.

질문 글이 잘 안 씌어질 때도 있으세요?

대답 물론 그럴 때도 있지요. 하지만 마음먹은 대로 글이 씌어질 때가 더욱 많습니다. 그럴 때면 나는 무척 즐겁습니다. 독자의 평가에 연연하지 않고 나의 일만을 생각하기 때문이지요. 그런데 독자는 내 작품을 읽으면 별로 즐겁지 못한 모양이에요. 나중에 독자의 취향에 맞게 쓸 수 있도록 문장력이 향상되면 오히려 지금보다 글쓰는 것이 즐겁지 않을 겁니다. 그렇게 되면 작품을 탈고한 후의 느낌은 쓰기가 힘들었다는 것뿐일 겁니다.

질문 당신이 처음 소설을 쓰기 시작할 무렵에 비평이 무서웠나요?

대답 무서울 게 없지요. 처음에는 아무리 써도 원고료가 제대로 안 나오기 때문에 나로선 되도록 잘 쓰겠다는 생각뿐이었지요. 내가 쓴 작품을 믿는 것이 —— 비평가 마음에 안 드는 건 그들의 안목이 없는 거다, 나중에 가서는 좋아질 거다 하고 생각했지요. 정말 비평 따위는 전혀 신경도 안 썼답니다 —— 처음 글을 쓰기 시작하는 데에는 그게 좋은 방법이더군요.

질문 실패한다는 것을 미리 알 수 있습니까?

대답 실패한다는 것을 미리 알 수 있다면 틀림없이 실패하겠지요. 그리고 실패하면 나중에 어떻게 되는가를 의식할 터이며 탈출로를 계획하구요 —— 계획하지 않는 녀석은 머리가 나쁜 거죠 —— 하지만 내가 하고 있는 일의 실패를 예상한다는 건 좋지 못한 일입니다. 그렇다고 내가 한 번도 실패하지 않았다는 것은 아닙니다. 다만 너무 지나치게 두려워하면 아무 일도 못 한다는 얘깁니다.

질문 작품을 쓰기 전에 줄거리를 대강 정하나요? 메모를 잔뜩 해두시나요?

대답 아니, 그저 무조건 쓰기 시작합니다. 소설은 자기가 갖고 있는 지식에서 나오는 법이니까. 만약 잘만 되면 자신이 표현하려고 한 것보다 훨씬 더 진실한 것이 됩니다. 위대한 거짓말이란 진실보다도 더 진짜 같은 법이니까. 소설가가 만약 소설을 쓰지 않았다면 아마도 엄청난 거짓말쟁이가 되었을 것입니다.

질문 지금까지 몇 권이나 쓰셨습니까?

대답 열세 권. 작품을 하나 쓰는 데 시간이 오래 걸리기 때문에 그다지 많지 않습니다. 그리고 나는 작품을 쓴 뒤 다음 작품에 착수할 때까지는 즐겁게 지내도록 합니다. 더구나 많은 전쟁에 종군 기자로 참가했기 때문에 오랫동안 소설을 못 써서 더욱 기분 전환이 필요한 상태입니다.

질문　당신은 소설에 자신에 대한 것을 쓰시나요?

대답　그럼요, 자주 쓰는 편이지요.

질문　《무기여, 잘 있거라》에 관해서입니다만, 그 작품을 쓰는 데 몇 달이나 걸리셨습니까?

대답　그건 겨울에 파리에서 쓰기 시작해서, 쿠바에서 쓰기도 하고 이른 봄에는 플로리다 주의 키 웨스트에서도 썼고, 내 아내의 양친이 사는 알칸소 주의 피고트에서도 썼는데, 그 후 캔자스시티에 돌아와 아들이 태어나는 걸 보고 그러고는 가을을 지나 와이오밍 주의 빅 홀에서 완성했지요. 첫 원고를 쓰는 데에 팔 개월, 고쳐쓰는 데에 오 개월 걸렸으니 결국 일 년 일 개월이 걸린 셈이지요.

질문　도중에 실의에 빠져 작품을 포기하는 수가 있으십니까?

대답　용기가 없어져도 포기하지는 않습니다. 다만 막다른 골목에 막히는 것뿐이지. 조 루이스(불세출의 헤비급 챔피언.)가 다음과 같이 멋진 말을 했지. '주먹다짐이 시작되면 도망칠 수는 없다'고.

질문　작중 인물을 당신이 구상한 어떤 장소에 집어넣어 그들 스스로는 도망칠 수 없게 하는 것입니까?

대답　그렇지요. 그렇게 하지 않으면 독자들이 흥미로워하지 않으니까요.

질문　아프리카에 대해 쓰신 작품이 많으신 걸로 아는데 어째서 아프리카를 그토록 좋아하십니까?

대답　어떤 고장은 무척이나 사랑하지만 어떤 고장은 참을 수 없을 만큼 싫어하는 곳도 있습니다. 나는 아프리카를 무척 사랑한답니다. 이 아이다호 주도 아프리카나 스페인과 흡사한 곳이 많아요. 그래서 바스크 사람이 많이 오는 것이고.

질문　책은 많이 읽으십니까?

대답　네. 항상 읽습니다. 하루치를 쓰고 나면 그것만을 생각하고 싶지는 않으니까 다른 사람의 작품을 읽곤 합니다.

질문　작품을 쓰기 위해 실재 사람들을 연구하십니까?

대답　그러한 목적을 위해 일부러 찾아다니지는 않습니다. 그냥 발길 닿는 대로 갈 뿐이지요. 또한 창작열에 불타 쓰고 싶어 쓰는 수도 있고 억지로 써야만 하는 경우도 생기는데 그렇게 하다 보면 자신이 쓸 사람을 만나게 되는 법이지요.

질문 우리는 학교에서 언제나 에세이며 콩트를 쓰는데 그다지 어렵다는 생각이 들지 않습니다. 어려운 건가요?

대답 전혀 어렵지 않아요. 여러분에게 지금 필요한 것은 좋은 작품을 많이 읽고 듣는 것과 신부님 같은 경건한 마음을 갖는 것, 그리고 글 쓰는 것에 마음을 집중시키는 것입니다. 바로 이렇게 하면 좋은 작품을 쓸 수 있지요. 많은 사람들이 글 쓰고 싶은 욕망을 품고 있습니다. 물론 글을 써서는 안 된다는 법은 없으며 글을 쓸 때면 행복한 기분이 들고 구원받고 있다는 생각도 들 수 있습니다. 그러나 글을 써야 한다는 강박관념에 빠지면 안 됩니다. 그래서는 기일에 쫓긴 건축가가 무리하게 집을 짓는 것처럼 작품은 부실하게 됩니다. 자신의 기분에만 도취되어 연주하는 바순 주자처럼 독단적인 글을 쓰면 좋은 작품을 쓸 수 없기 때문입니다.

질문 무척 많은 외국어를 구사하시는 걸로 아는데 모두 어떻게 배우셨습니까?

대답 학교에서 라틴 어를 배운 게 어학 공부에 큰 도움이 됐지요. 특히 이탈리아 어는 제1차 세계대전 때 그곳에서 상당히 오래 있었기 때문에 내가 생각해도 능숙하다고 느낄 정도로 배울 수 있었습니다. 그리고 전쟁에서 상처입은 다리를 치료하기 위해 병원에 오래 입원해 있었는데 그때, 역시 같은 치료를 받던 이탈리아 군의 소령과 친해졌습니다. 그 사람에게 이탈리아 어는 쉬운 말인 것 같다고 했더니 그 사람이 나보고 유창한 말을 구사한다고 아첨을 하더군요. 그래서 내가 원래 쉬운 말이니까 그런 인사말을 할 필요는 없다고 하자 '말은 잘 하니 이제 문법을 하는 게 어떻겠나?'라고 충고를 하더군요. 그래서 이탈리아 어의 문법을 배우기 시작했지요. 로맨스 어 계통의 말을 배우려면 신문을 읽는 게 가장 좋다는 걸 알았기 때문에 오전에는 영어 신문, 오후는 외국어 신문을 읽습니다. 뉴스도 열심히 보구요.

질문 작품을 완성한 뒤 다시 읽습니까?

대답 오늘도 네 장이나 되는 걸 모두 다시 읽고는 고쳐 썼지요. 처음은 싸움할 때처럼 원색적인 말로 쓰지만 기분이 가라앉으면 다시 고쳐씁니다.

질문 보통 몇 시간쯤 쓰십니까?

대답 여섯 시간 이상은 쓰지 않습니다. 더 이상 쓰면 지쳐버리기 때문에 좋은 글이 나오지 않습니다. 그리고 작품을 쓸 때는 일요일 말고는 날마다 쓰도록 합니다. 일요일에 일을 하면 재수가 없거든요. 게리 쿠퍼와 어네스트는 30년대 초에 아이다호에서 처음으로 만나 친해졌다. 서로가 사냥에 깊은 조예를 가지고 있었고 또한 철저하게 성실했다. 쿠퍼는 꾸밈없고 다정한 사나이로서 이 두 사람은 작가와 배우라는 입장에 선 적이 없었다. 그러한 면에서도 교섭은 있었으나 그보다는 서로가 허물없는 농담을 주고받으며 로맨스를 털어놓거나 슬며시 다가오는 노년을 함께 경멸하기도 했다.

쿠퍼는 어네스트만큼 사냥에는 기민하지 못했으나 그래도 그 동작은 우아했으며 적중률도 어네스트처럼 정확했다. 우리는 무섭게 휘몰아치는 눈보라 속에 갇히기까지 날씨에 관계없이 거의 매일 나갔다. 그러던 어느 날 오후 쿠퍼가 훈제 오리를 잔뜩 갖고 왔다. 어네스트는 눈 속에 식혀둔 차블리스 반 갤런을 꺼내 오후를 줄곧 난로 앞의 테이블에서 훈제 오리를 얇게 썰어 차블리스를 마셨다.

"이 모르몬 교도의 나라는 멋지군요！" 쿠퍼가 말했다. "이 고장 사람들은 산다는 것이 뭔지를 알고 있습니다."

"나도 그 중의 하나요. 아내가 넷 있고, 안 그래？"

그는 이렇게 말하며 와인을 마셨다.

"솔직히 말해서 다시 한 번 이 세상에 태어난다면 난 모르몬 교도가 되겠어."

자의식이 약간 강한 느낌으로 쿠퍼는 아내 록키와 딸 마리아를 기쁘게 해주기 위해 오랫동안 생각한 끝에 카톨릭으로 개종했음을 어네스트에게 고백했다. 그리고 그 일로 해서 마음이 심난하며 자신이 과연 옳은 일을 한 것인지 알 수 없다는 것이었다. 어네스트는 자신은 구원받을 길 없는 낙오된 카톨릭 교도이기 때문에 무엇이라고 말하기가 어렵지만 잘한 일이라고 그에게 말해주었다.

화제는 갑자기 일에 대한 것으로 옮겨서 쿠퍼는 어네스트의 작품에서 자기가 출연할 만한 것이 없겠느냐고 물었다.

그러고는 이렇게 덧붙였다.

"이 나이가 되면 주연을 맡기가 매우 어렵답니다."

어네스트는 나에게 쿠퍼에 적합한 작품이 뭐 없겠느냐고 물었다. 나는 《강을 건너 숲속으로》를 말했다.

"좋은 생각일세."

어네스트가 쿠퍼에게 말했다.

"꼭 십 년이 지난 로버트 조단을 하는 셈이니까."

쿠퍼는 그 작품을 읽지 않았으나 이튿날 할리우드에 돌아가면 곧 읽겠다고 말했다.

1959년 3월 제이슨, 로버즈, 마리아 셸, 모린 스티플턴, 엘러이 와라크 등이 주연하는 《누구를 위하여 종은 울리나》의 3시간짜리 비디오를 찍은 뒤 나는 케참으로 돌아왔다. 어네스트가 키 웨스트까지 자동차로 여행을 하기 때문이었다. 나는 뉴올리언즈까지 차로 그를 바래다 준 뒤 그곳에서 할리우드로 가는 비행기를 탈 작정이었다.

내가 없는 동안에 어네스트는 던 토핑그에게서 집을 샀다——이것은 토핑그가 산의 중턱에 세운 집으로 숭어가 잡히는 맑은 우드 리버의 계류가 있는 현대적인 콘크리트 건물이었다. 창 너머 보이는 전망은 어디를 보아도 멋있었다.

케참에서 키 웨스트로 출발하기 전에 어네스트는 매우 슬픈 표정을 짓는 부엉이를 놓아주었다. 어네스트가 그 부엉이를 쏘아 맞췄던 나뭇가지까지 데려다주었는데 우리가 차로 돌아오자 부엉이는 우리를 뒤따라오는 것이었다.

"너무 귀여워해줬나." 어네스트가 걱정스러운 듯이 말했다. "이놈이 먹을 아침 쥐를 누군가가 갖다 줄 때까지 이곳에 쪼그리고 앉아 있으면 분명 이놈은 굶어 죽을 텐데."

"그렇다고 데려갈 수도 없잖습니까, 파파. 이놈은 외톨이 부엉이이고, 당신 말고는 아무도 접근을 못 하게 하니까 누구도 이놈을 돌보지 않을 겁니다."

나는 그의 생각이 짐작되어 이렇게 말했다.

"어쩌면 좋다? 나무에 매어둘까?"

다시 한 번 부엉이에게 나무에 그대로 있으라고 했으나 부엉이는 그가 차에 돌아오기에 앞서 먼저 와 있곤 했다. 그래서 결국 어네스트는 그날 늦게까지 집에 남아 있고 나와 듀크 맥머렌이 듀크의 차로 부엉이를 그 나무에 데려다줄 수밖에 없었다. 그러자 이번에는 부엉이도 가만히 있었다.

어네스트가 지도로 정한 길은 똑바로 남하하여 네바다와 텍사스를 가로지르고 엘 파소에서 리오그란데를 따라 멕시코 국경까지 가는 것이었다. 어네스트가 케참에 둔 차는 너무 낡아 이 기나긴 여행을 감당할 수 없기 때문에 이 거리의 심장부라고 할 수 있는 포 도어의 시보레 인팔라를 빌리기로 했다. 메어리는 사냥으로 잡은 새를 요리하여 하나만을 다른 가방에 담았으며, 어네스트는 예비용 술을 트렁크에 간수했다. 가다가 마실 음료수도 얼음을 채운 방수 가방에 넣어 차 안에 두었다.

유타와 네바다를 지나는 고속도로는 지도에 줄이 그어져 있었다. 3월이라 자동차 왕래가 별로 없어 우리는 시속 80마일로 회색으로 우거진 샐비어 사이를 지나 사막을 가로질렀다. 달리는 차창 밖 좌우로 산맥이 잇닿고 목장과 목장이 자동 화면처럼 바뀌었다. 어네스트는 여행을 하는 동안 내내 들떠 있었다. 훨씬 이전에 자동차로 여행했을 때, 잇따라 지나는 도시의 도박장에 대한 것이며 멀리 떨어진 고장으로 사냥하러 갔을 때의 일, 또는 아득히 모습을 보이는 산기슭의 길 같은 것을 떠올렸다. 그리고 지나는 도시들이 네온사인에 물들기 전인 그 좋은 시절에는 어떠했는가를 다른 사람에게 상기시켜주기도 했다.

첫날 밤은 네바다 주의 작고 깨끗한 도박 도시인 엘코의 스톡맨즈 호텔에 묵었다. 어네스트는 케참에서 도박을 한 이후로는 만나지 못했던 옛 친구, 승부사인 프로스티와 스톡맨에서 도박장을 경영하는 포트 로드 퍼리 두 사람을 다시 만나 기뻐했다.

이튿날은 어네스트가 아직 간 적이 없는 라스베가스로 가기로 했다. '선즈'의 경영자 잭 엔트러터가 어네스트를 초대했기 때문이었다. 그러나 막상 그곳에 도착하여 신성한 문에서 밍크를 걸친 숙녀들이 들락거리는 것을 본 어네스트는 기분이 상했는지 엔트러터가 당장 밖으로 나와 자신을 방으로 데리고 가지 않는다면 이대로 가버리겠다고 하는 것이었다.

베가스에서는 이틀을 보냈는데, 어네스트는 룰렛을 하거나 쇼를 보거나 혹은 '선즈'의 칵테일 라운지에서 일행과 칵테일을 마시거나 하면서 엔트러터나 그의 부하 몇몇과 도박 이야기를 나누었다. 또한 복싱 매니저와 권투 이야기를 하기도 하고 그의 부대에 있었다는 호텔 종업원과 발지 대작전의 이야기를 하기도 했으며 텍사스 대학에서 영문학 마스터 코스를 이수하고 그의 작품을 모두 읽었다는 '선즈'의 어여쁜 합창단원 아가씨와 문학론에 대해 이야기를 나누기도 하면서 즐거운 시간을 보냈다.

텍사스를 떠나 이글 파스에서 라레도 그리고 코퍼스 크리스티의 봄날의 꽃이 만발한 시골길을 지났다. 코퍼스 크리스티에서는 멕시코 만(灣)을 마주한 매력적이며 현대적인 모텔 '선 앤드 샌드(태양과 모래)'에 묵었다. 카운터를 보고 있던 남자가 우리의 이름을 적은 뒤 어네스트에게 그를 매우 존경히는 자기 아이들을 위해 사인을 해줄 수 없겠느냐고 부탁했다. 어네스트는 좋다고 하면서 박스에 책을 놓아두면 개인적인 헌사를 써주겠다고 했다.

"그런데 아드님 이름은?"

어네스트가 물었다.

"닉 애덤즈입니다."

카운터의 남자가 말했다.

어네스트는 힐끗 눈을 돌렸으나 아무 말도 하지 않고 엘리베이터를 타더니 자기 방으로 들어갔다.

나흘째 되던 날 이 부근에서 유명한 늪의 새들을 보고 싶다고 하여 무척 이른 아침에 코퍼스 크리스티를 떠났는데 어네스트는 수많은 새에 관한 지식과 즐거움을 과시했다. 그리고 들꽃이 만발한 길에 들어서자 이번에는 메어리가 꽃이며 풀의 이름과 그 아름다움을 낱낱이 나에게 가르쳐주었다. 그래서 나는 루이지애나 주의 샤토 찰즈에 도착할 무렵에는 즐거운 여행이었음에도 불구하고 머릿속은 온갖 새로운 지식으로 질려버렸다.

뉴올리언스에 도착하기 전날 밤, 어네스트는 앞으로의 계획, 특히 이번 여름에 대한 것을 이야기하기 시작했다. 스페인에 살면서 20년이나 미국에 돌아오지 않는 친구 빌 데이비스가 어네스트 내외를 마라가의 집으로 초대했기 때문에 그곳에 가서 어네스트는 안토니오를 따라 투우장을 돌아볼 생각이라는 것이었다. 그러고는 《오후의 죽음》을 현대 감각에 맞도록 속편을 쓰기로 했는데 만약 자기의 계획대로 여름에 그렇게만 되면 반드시 나를 초대하겠다고도 했다.

"아름다운 여름이 될걸세." 그는 말했다. "판프로나에 가세. 그곳엔 1953년에 잠시 들러봤을 뿐 《해는 다시 떠오른다》를 쓴 이후로 가지 못했거든. 더구나 축제 기간에는 안토니오와 루이스 미구엘이 줄곧 투우를 한다네. 마노 아 마노스에서 말일세. 이때쯤 되면 스페인의 역사에서 가장 중대한 투우의 여름이 되지."

그가 잠시 자리를 뜨자 메어리가 말했다.

"봐요. 틀림없이 이전의 파파로 되돌아간다고 제가 말했잖아요."

"보다 더 젊어진 파파라는 편이 좋겠습니다."

"언제나 저한테 이렇게 말한답니다. '나를 믿어야 해.' 하고 말예요."

"저는 믿습니다만……부인께서는?"

"믿고말구요. 하지만 이따금 좀 무서워진답니다."

제 12 장   스페인 1959년

통에 담은 오랜 술도 계절에 따라 그 맛이 달라지게 마련인데 1959년의 여름을 어네스트는 그의 인생에서 최고의 계절이었다고 밝혔다. 11년 전, 그를 쿠바에서 처음 만났을 때 그에게서 볼 수 있었던 환희에 가득 찬 열정적인 모습이 다시 멋지게 되살아나고 있었다.

어네스트와 메어리는 5월에 '콘스티튜션' 호를 타고 스페인에 갔으며 6월에는 마라가와 마드리드, 세빌랴, 아랍페즈에서 '모험을 찾는 마술 작전'에 관해 쓴 편지들이 도착했다. 이 마술 작전이라는 것은 안토니오를 따라 투우장을 순회하는 것을 말했다.

27일은 사라고사, 28일은 알리칸테, 29일 바르셀로나, 30일 부르고스의 차례였다. 어네스트는 사라고사의 투우가 '대부상'——안토니오는 5월 30일에 아랍페즈에서 왼쪽 팔꿈치에 큰 부상을 입었다——이후 최초의 투우가 될 것이라고 하면서 나에게 26일에 마드리드의 호텔 스에시아에서 빌 데이비스와 그를 다시 만나도록 권해왔다. 이 호텔 즉 새로 지었으며 냉방이 잘된 스에시아에 대해서는 ‘최대의 대접을 할 줄 아는 나무랄 데 없는 장소’라는 식으로 적어보냈다.

어네스트는 마지막 편지에서 지금이 자신의 인생에서 최고의 여름이며 무슨 일이 있어도 나와 함께 참가해야만 한다고 했다. 안토니오의 희망은 스페인에서 으뜸가는 투우사가 되는 것을 빼놓고는 우리와 친구가 되는 것뿐이라고 어네스트는 말했다. 여행에는 새먼 핑크색(이 색은 공식적으로는 펜부르크 코랄이라고 부른다.)의 영국제 포드를 타고 다녔는데 이것은 지브롤터에서 빌린 것이라고 했다.

이처럼 세부적으로 알려온다는 것은 어네스트의 계획이 완벽하게 세워졌다는 증거이며, 이 순회 여행의 일정으로 보아 투우사의 생활이 스케줄에 묶인 거의 광적인 것임을 말하고 있었다. 투우 경기의 일정을 짜는 데에 지리적인 배려는 없었디. 부르고스는 북쪽에 있었기 때문에 여기서 경기를 치르고 이튿날의 투우 경기에 나가기 위해서는 밤새워 최남단인 마라가로 차를 몰아야만 했다. 더구나 그날 오후의 투우를 보기 위해서는 다시 북을 향해 밤새껏 차를 타야 하는 형편이었으므로 5월부터 10월까지의 오랜 기간을 스페인의 곳곳을 누비며 엄청난 거리를 뛰어다녀야 했다. 투우라는 것이 매우 오래된 뿌리 깊은 전통이었기 때문에 아무도 이 일정을 두고 의아스럽게 여기지는 않았다.

내가 마드리드에 도착한 것은 6월 27일 오후였기 때문에 어네스트와 약속한 시간에서 무려 7시간이나 늦어버렸다. 약속대로 스에시아의 카운터에 메모 쪽지가 있었다. 아침 일찍 마드리드에서 택시를 전세내어 그 날 오후에 있을 안토니오의 투우에 늦지 않도록 남동연안의 알리칸테로 오라는 것이었다. 이 여행에 필요한 시간은 어네스트의 계산에 의하면 6시간이었다.

아닌게 아니라 펜브루크 코랄 포드 같으면 6시간 만에 도착할 수 있겠지만 여기저기서 주워모은 부속들로 끼워 맞춘, 굴러가는 것조차 신기할 정도의 마드리드의 택시로는 도저히 그 시간에 갈 수 없었다. 세 대 정도의 차를 보내고서 겨우 자동차 한 대를 잡았는데 그 차 역시 와이퍼가 달려 있다는 것과 스페어 타이어 하나가 있다는 이유만으로 택한 것이었다. 그러나 최초의 불운은 운전사가 알리칸테로 가는 길이 아닌 발렌시아로 가는 길로 들어섬으로써 시작되었다. 그래서 결국 한 시간이나 걸려 되돌아가야만 했으며, 그 다음 불행은 바르데모로의 교외에서 강렬한 정오의 햇살에 시달리면서 엔진이 과열하기 시작한 것이며, 또한 오카냐의 바로 앞에서 마침내 기름이 떨어지고 말았다는 것이다. 알리칸테는 마드리드에서 460킬로의 거리였으나 내가 탄 택시는 62킬로 지점에서 서버리고 만 것이다.

스페인에서 기름이 떨어지면 도움을 청할 길이 없다. 우선 운전사가 수리 도구를 들고 차에서 내려 차체에서 엔진을 떼내는 것이 정석이다. 엔진을 모두 떼내면 부품을 낱낱이 닦아 길가에 나란히 놓고 하느님의 가호와 기적이 있기를 빌고는 조심스럽게 다시 부품을 짜맞추는 것이었다.

스프링조차 없는 갈색 택시의 뒷좌석에 앉아 운전사가 스파크 플러그며 비즈를 세어보는 동안 나는 어네스트가 보내준 갖가지 인쇄물을 살폈다. 그것을 읽는 동안 이 특별한 여름에 개최되는 투우의 중요성을 어네스트만큼이나 나도 뚜렷이 느낄 수 있었다. 이 나라의 위대한 투우사가 둘이나——긍지 높은 사나이들로서 서로 처남 매부지간이었으나 서로에게 어떤 종류의 미묘한 적대의식이 있었다——마노 아 마노스로 불리는 위험하기 이를 데 없는 싸움의 시리즈에 출전하기로 되어 있었다. 진정한 마노 아 마노스는 한 세대에 오직 한 번이라고 할 정도로 흔한 것이 아니었는데 더구나 당대의 위대한 투우사가 둘씩이나 동시에 경기에 출전한다는 것은 여태껏 없었던 일이며 앞으로도 결코 있을 수 없는 일이었다. 얄궂게도 이토록 막중한 의미를 지닌 마노 아 마노스가 마지막으로 행해졌던 것은 바로 그 루이스 미구엘 도민긴이 아직 젊어 장래가 촉망되던 당시의 일로서, 이때 처음으로 등장하여 신선하고 감동적인 기량으로써 관중에 충격적인 감동을 주었던 것이다. 도민긴은 스페인 사상 가장 존경받는 투우사인 엘 뉴메로 우노(제1인자) 마노레테에 버금가는 경쟁 상대로 손꼽혔다. 이제는 지난날만큼의 날렵한 동작이 없어진 노련한 마노레테는 젊고 두려움을 모르는 도민긴을 응징한다는 의미가 있는 결투 형태의 투우에 출전하여 스스로의 한계를 초월한 경기를 벌이다 중상을 입고 결국 숨졌던 것이다.

이제 그 도민긴, 일찍이 마노레테의 왕관을 빼앗고 1953년에 은퇴할 때까지 투우의 왕으로 군림했던 도민긴이 모든 시대를 통해 최대의 투우사로 촉망받는 탁월한 재능을 지닌 젊은 투우사의 이번 도전에 응하여 싸움터로 되돌아온 것이었다.

일반적인 투우는 보통 한 시합에 세 투우사가 출전하여 제각기 두 마리의 소를 상대로 싸우는 데 비해 마노 아 마노스에서는 두 투우사가 심지를 뽑아 여섯 마리의 소를 나누어 귀와 꼬리를 많이 잘라낸 쪽이 승리한다. 이 경우 승리자는 세계 챔피언 곧 엘 뉴메로 우노의 자격을 획득하게 되는 것이다.

어네스트는 편지에서, 어떠한 투우 시합에서건 적대의식은 따르게 마련인데 대 투우사가 둘이나 나온다면 그 경기는 처절한 것이 되리라고 적어 보냈다. 이번 시합이 바로 그것으로, 한 사람이 속임수가 아닌 신경, 판단, 용기, 기량을 완전한 형태로 통합한 고전적이며 정교한 위험스런 솜씨를 보이면 또 다른 한 사람은 그것에 맞먹거나 아니면 능가할 정도의 기량을 보여야만 하기 때문에, 신경이나 판단에 한순간의 오차라도 생기면 중상을 입거나 즉사하게 되는 것이다.

정말로 위대한 마노 아 마노스는 이토록 어려운 과정에 의해 탄생하는 것일 뿐만 아니라 어네스트에게는 루이스 미구엘이나 안토니오 모두와 친구 사이였으며 사나이로서나 투우사로서 이 두 사람에게 절대적인 경의를 품고 있다는 점에서도 특별한 의미가 있었다. 그러나 안토니오 쪽을 한층 더 위대한 투우사로 보는 어네스트의 판단은 세 가지 범주에 있어서 그가 완벽의 영역에 다다랐다고 보기 때문이었다. 즉 케이프와 무레타, 그리고 죽이는 격식인데 이에 대한 어네스트의 의견은 도민긴은 케이프에 약점이 있고 마노레테를 계승하여 발전시킨 속임수를 보임으로써 불필요하게 투기를 값싼 것으로 만들어 버렸다는 것이었다. 그러나 이러한 고려 이상으로 큰 비중을 차지한 것은 감정의 요소로서——어네스트의 느낌으로는, 도민긴의 투기는 싸늘하여 감정이 작용하지 않으나 안토니오는 언제나 그를 크게 감동시킨다는 것이었다.

그래서 어네스트는 이 안달루시아 출신의 머리칼이 검은, 집시의 피가 섞인 청년에게 승부를 걸고 있었다. 이 젊은이의 아버지도 투우사로 30년이나 전에 그의 친구였다. 어네스트는 안토니오의 여름철 투우 순회 시합에 열중함으로써 예전에 레디 블렛이며 빌이나 마이크, 로버트 콘의 모델들과 함께 스페인에 몰려와서 투우를 보거나 산양 가죽으로 만든 술부대에서 독한 스페인 포도주를 마시거나 판브로나의 길가에서 리아우 리아우를 추거나 했던 그 행복한 시절로 돌아가려 한다는 느낌이 들었다.

택시 운전사는 모터의 정비를 겨우 끝냈다. 이번에는 내가 본 적도 없는——이만한 누더기가 이 차에 들어갈 수 있었다니, 어떤 차에서도 결코 볼 수 없을 것이다——엄청나게 더러운 걸레 조각을 트렁크에서 꺼내고는 가까이에 있는 소가 물 마시는 데로 갖고 가서 물에 적시더니 그것을 엔진 둘레에 빈틈없이 채우는 것이었다.

그렇게 해서 다시 목적지를 향해 여행을 계속하게 되었는데, 운전사는 30분마다 차를 세워 걸레 조각을 물에 적셔 갈아넣었다. 이렇게 해서 우리가 숨가쁘게 알리칸테에——숨가쁘게라는 말은 정말이다——도달한 것은 투우가 시작되기 20분 전이었으니 결국 이 여행은 10시간이나 걸리고 만 것이다.

어네스트는 칼턴 호텔의 계단에서 나를 기다리고 있었다. 그는 나를 보자 내 가방을 로비에 내려놓기가 무섭게 곧 투우장으로 달려갔다. 가는 도중에 빌 데이비스라는 인상이 좋은 중년 남자를 나에게 소개해주었는데 전에는 샌프란시스코에 살았다는 그 사람은 마치 디킨즈의 작품에 나오는 인물처럼 한없이 명랑해 보였다. 스페인에서는 이베리아 지방의 건축, 역사, 미술, 음악, 음식, 귀족, 스포츠, 술, 정부(政府), 지리, 풍습, 법률, 군대, 종교, 문학, 철학을 공부하기 위해 10년을 보냈다고 했다. 남의 이야기를 듣는 태도가 훌륭했으며 말투는 겸허하면서도 간결하고 질문을 받지 않는 한 자신의 지식을 과시하는 일이 없었다. 어네스트에 대한 태도에는 뚜렷한 존경심을 볼 수 있었다. 그 해 여름과 가을에 어네스트가 특히 호의를 가진 것은 빌의 지휘 솜씨였다.

"지금까지 그런 훌륭한 부관을 만난 적이 없었네."

빌에 대해 어네스트는 나에게 이처럼 말했다.

"나를 새로운 인간으로 만들어주는 것만 같다네. 오래된 녀석은 이제 잘라낼 때가 됐구먼."

내가 알리칸테에서 보낸 첫날 오후에 안토니오는 훌륭한 기량을 보여 깊이 감동한 관중의 열광적인 찬사를 받았다. 그 뒤 어네스트는 우리를 안토니오의 호텔로 데리고 가서 그를 치하하고는 182킬로 떨어진 발렌시아 해안의 레스토랑 라 페키카에서 만찬을 같이 할 예정이었다. 그러고는 다시 534 킬로나 북쪽으로 떨어진 바르셀로나로 향해 우리는 밤새껏 차를 몰았다.

이리하여 우리의 여름 주유 여행(周遊旅行)의 형태는 정해졌다. 빌이 단단히 핸들을 잡는다. 라스 캄파냐스의 가벼운 '로사드' 병을 몇 병씩 넣은 아이스 박스는 어네스트의 발 사이에 놓여 있다. 뒷자리에는 옷가지며 터져나올 것만 같은 잼과 치즈, 빵, 그 밖의 여러 가지 음식이 들어 있는 등나무 바구니가 아무렇게나 놓여 있다. 시합 전에, 비록 짧은 시간이긴 하나 안토니오의 상태가 염려되어 잠시 그의 방을 들여다본다. 시합이 끝나면 끝난 기쁨을 음미하듯이 안토니오의 방으로 간다. 밤 11시나 12시에는 안토니오며, 그를 수행하는 콰도릴랴들과 함께 도중에서 밤참을 먹는 것이 관례가 되어 있었다.

발렌시아로 가는 도중 어네스트는 내가 보지 못한 사라고사에서의 투우 이야기를 해주었다. 미구엘은 마지막에 입수한 소가 절름발이가 된 뒤 사천 페세타를 주고 산 멋진 소를 상대로 그날 오후의 시합에서 최고의 투기를 보여주었다는 것이다.

"루이스 미구엘은 제일인자이기 때문에 지금은 출전할 때마다 거기에 상응하는 무언가를 보여야만 한다네. 그러나 그에게는 유복해졌다는 핸디캡이 있다네. 투우사의 배와 소가 찌르는 뿔 사이의 간격은 재산이 늘어남에 따라 비례적으로 벌어지게 마련이거든. 하지만 루이스 미구엘을 위해 굳이 변명한다면 그는 훌륭한 기술을 가진 투우사이기 때문에 사람들에게는 생활의 윤택과 관계없이 진정으로 투우를 좋아하는 것처럼 보인다는 것일세. 그러나 안토니오는 미구엘이 생활이 윤택해졌기 때문에 전처럼 투우에 대한 정열이 없고 미구엘의 재산이 지나치게 많다고 생각하고 있기 때문에 미구엘의 콧대를 꺾기 위해 벼르고 있지. 미구엘은 이러한 마노 아 마노스에 출전할 때에는 안토니오보다 많은 보수를 요구하며 또 그 요구한 보수를 꼭 받아내는 게 안토니오로선 못마땅하거든. 그래서 미구엘에게는 그만한 가치가 없다는 것을 보여주려고 하지. 안토니오만큼 격렬한 긍지를 가진 인간이 없다는 것이 바로 이 투우에서의 무서운 점이라네. 안토니오는 미구엘이 자신을 대등하게 여기지 않는 것을 모욕으로 여기기 때문에 이 여름이 끝나기까지는 미구엘을 자신의 긍지라는 뿔에 걸어 파괴해버릴 것임에 틀림없어. 비극적인 일이지만 모든 비극과 마찬가지로 운명은 이미 정해져 있는걸세.”

6월 29일부터 7월 6일까지 우리는 바르셀로나와 부르고스, 그리고 마드리드, 다시 부르고스로 돌아갔다가 비토리아로 왔는데, 도중에 백포도주와 함께 큼직하고 물기가 듬뿍 들어 있는 아스파라거스를 먹으며 펜부르크 코랄의 타이어 소리에 맞추어 판프로나의 리아우 리아우 노래를 불렀다. 바구니에서 만체고의 치즈를 큼직하게 썰어 시골 빵에 얹고 얼음주머니에서 꺼낸 ‘로사드’와 함께 먹기도 했다. 황새가 엉금엉금 굴뚝 위로 걸어다니거나 매가 산토끼를 노려 언덕의 우거진 풀섶을 향해 나지막하게 날고 올리브 나무숲이 빨갛게 드러난 땅 위로 일그러진 그림자를 떨구는 수많은 풍경들. 날렵하게 칼솜씨를 구사하는 동작들이며 진땀을 흘리는 매니저들, 바렐라(방책)를 뛰어넘어 도망치고는 숨을 가쁘게 몰아쉬는 반데리렐로들이며 얼굴이 창백해지고 입에 침이 마른 안토니오를 지켜보며 자기가 나갈 차례를 기다리는 투우사들, 그러한 모든 소리며 광경이며 맛이며 향기를 어네스트는 어디서건 즐겼다. 그리하여 갑자기 판프로나에서의 하루는 7일 동안 계속되는 산 페르민 축제 때문에 168시간이 되었던 것이다.

판프로나에 도착한 것은 축제 기간이 시작되는 전날로——어니 데이비스와 메어리 헤밍웨이는 마라가에서 합류했다——그렇게 서두른 것은 어네스트가 우리에게 ‘축제가 폭발하기 전에 성(城)을 단단히 굳히고 진지를 초계해야 한다’고 말했기 때문이었다. 어네스트의 옛 친구인 파니토 퀸타나는——이 사람은 일찍이 판프로나의 투우장 흥행주로 내란이 있기 전에는 호텔을 경영했다——어네스트가 스페인에 와 있을 때는 투우의 입장권을 구해주거나 숙박 장소를 수배한다는 명분으로 매월 일정한 액수의 송금을 어네스트로부터 받고 있었다. 어네스트는 파니토에게 판프로나에는 5월에 간다고 전해두었었는데, 우리와 카페 초코에서 만난 그는 무척이나 긴장하면서 변명을 하는 것이었다. 사실은 입장권도 입수할 수 없고 묵을 장소도 미리 마련해두지 못했던 것이다. 산 페르민은 스페인에서도 사람이 가장 붐비는 축제였는데 판프로나는 축제가 열리는 다른 도시보다도 호텔이 적었으며 투우장도 비교적 작을 뿐만 아니라 좌석도 한정되어 있었다. 그러나 자신에게 불편을 준 옛 친구에 대해 어네스트가 이토록이나 다정하고 관대한 것은 일찍이 보지 못했을 정도로 그는 한 마디 불평도 하지 않았다. 우리는 매우 어려운 처지에 놓였음을 알았으나, 메어리에게는 세상 인심이 너무 각박해서 그렇지 퀸타나로서도 우리를 이런 지경으로 몰아넣을 생각이 전혀 없었던 것이라고 설명했다. 곧 암표 장사에게 손을 써 입장권을 마련토록 했으며 민가의 외딴 채를 구하기로 했다.

　이튿날 정오, 무더운 햇살이 빛나는 하늘에 2발의 불꽃 로켓이 작렬하면서 거리는 폭발했다. 그것을 직접 보면서도 나는 내 눈을 믿을 수가 없었다. 얼마 전까지 인기척조차 없던 광장은 로켓을 쏘아올린 다음 순간부터 야단법석이었다. 무수한 사람이 몰려들고 피리며 드럼이 리아우 리아우의 음악을 연주하자 남자들과 사내아이는 모두 빨강과 흰 옷으로 차려입고는 팔을 높이 들어 음악에 맞추어 노래하고 춤추다가 쭈그리고 앉는가 하면 불쑥 일어나 두 팔을 크게 뒤흔들며 높다랗게 울려퍼지는 리듬에 맞추어 뛰놀기도 했다. 일곱 낮과 밤동안 거리마다 사람의 흐름이 끊이지 않았다.

　카페 역시 엄청나게 붐볐는데, 고맙게도 초코는 어네스트를 위해 테이블을 잡아두었었다. 하얀 리넨 바지에 와이셔츠, 빨간 스카프에 베레모로 나바레의 친구들을 당장 알 수 있듯이 관광객은 옷차림으로 곧 알 수 있다. 이만오천 명이 주로 미국의 학생들이었는데 그들의 옷차림은 몸에 찰싹 달라붙는 무릎까지의 청바지에 T셔츠로 거의 정해져 있었다. 대개의 학생들이 30년 전에 출판된 《해는 다시 떠오른다》를 읽고 그 작품의 배경이 된 이곳 판프로나에 매혹되어 찾아온 것인데 바로 그 작품을 쓴 작가가 와 있다는 것을 알자 초코에 몰려들어 책뿐만 아니라 T셔츠에까지 사인을 해달라고 청하는 것이었다.

　오후의 투우에서 어네스트는 볼품없는 소와 겨루는 투우사를 본 뒤 시간이 나면 밤에는 주로 축제를 즐기는 친구를 골라 초코의 테이블로 부르곤 했다. 그 가운데 둘은 케참에서 온 닥터 바논 로드 내외였는데 나머지는 그때마다 마음내키는 대로 택한 친구들이었다. 가령, 오너 존즈라는 이름의 볼이 빨갛고 도톰하며 검은 머리에 글라스고의 주간지 기자를 자칭하는───이것은 거짓말이었다──젊은 아가씨, 그리고 휴밀렛이라는 자작(自作)의 칼립소를 노래하는 아름다운 프랑스 부인이며 달콤하고 부드러운 목소리로 합창하는 키가 크고 단단한 몸매의 기타 주자, 건방진 느낌이 드는

카나리아 브론드의 비발리 벤트리라는 여성——지금의 노먼 메일러 부인
——당시 스페인에서 촬영하고 있던 《신비의 향기》라는 영화에 출연하고
있던 배우, 그리고 영문학의 논문을 쓴다면서 작년 겨울에 케참으로 그를
찾아와서 이야기를 듣고 간 하와이 출신의 어빈 헬리슨이라는 청년——이
청년은 인터뷰를 하러 왔을 때 소르본에서 프랑스 어를 배우기 위해 파리에
서 반 년을 보낼 자금을 어네스트로부터 원조받기로 되어 있었으며 그 반
년의 기한이 마침 끝나는 참이었다——등이 있었다.

이 축제의 시합에는 출전하지 않기로 되어 있던 안토니오는, 그날 밤 매
니저이며 루이스 미구엘의 형제인 페페 도민긴과 함께 찾아왔다. 어네스트
와 빌 그리고 나는 길에서 밤새껏 춤추고 노래하다가 카페에서 마시는 사람
들 틈에 끼어들어 어울렸다. 어네스트는 어디를 가건 옛날에 사귄 사람들
을 만나 술을 마시고 노래하곤 했다.

새벽 네시쯤, 우리는 다섯 명이 나란히 서면 꽉 차버리는 비좁은 판프로
나의 거리를 팔짱을 끼고 노래부르며 다녔다. 그때 조그만 흰 루노 자동차
가 눈에 띄어 다가가자 아름다운 아가씨가 우측 창으로 내다보았다.

"못 가게 해 !"

안토니오가 소리쳤다.

"여자를 잡아라 !"

어네스트가 명령했다.

안토니오가 루노의 지붕에 올라타고 페페가 운전석 문을 열어 펠트 모자
에 장갑을 낀 키가 작고 땀을 뻘뻘 흘리고 있는 프랑스 인을 끌어냈다. 영
문을 알 수 없어 그는 어찌할 바를 몰랐다. 반대측에서 깜짝 놀란 젊은 여
성이 나오더니 안토니오를 보고 중서부의 미국인다운 말로 "당신은 안토니
오 올도니에스?" 하고 물었다. 그러고는 이 최고의 투우사에게 잡힌 것만
으로는 흡족하지 못했던 모양인지 뒤의 어네스트를 보고는 "당신은 어네스
트 헤밍웨이군요?" 하고 말했으나 나는 그녀가 졸도하는 것이 아닌가 하
고 생각했다.

이때 프랑스 인이 이 자동차는 여자 것이며 자기는 그녀를 잘 모른다, 다
만 그녀는 자기가 빌린 아파트가 어디 있는지를 모른다고 해서 길을 안내해
주는 참이었다고 설명했으나, 우리가 그를 트렁크에 넣고 열쇠로 채워야

겠다고 큰소리로 떠들어대는 사이에 그는 어둠을 틈타 도망치고 말았다. 어네스트는 노스 다코타 주, 윌리스턴 출신의 테리 조 폴슨이라고 자기 소개를 한 여성에게 당신을 공식적인 포로로 하겠다고 엄숙하게 선고했다. 그녀는 좋아서 어쩔 줄 몰라하며 이제부터 자기 아파트에 가서 함께 여행하는 여성마저 포로로 하는 것이 어떻겠느냐고 제의했다.

빌은 스페인 대개의 지방을 알고 있듯이 판프로나의 구석구석에 이르는 골목까지 알기 때문에 곧 테리 조의 친구 메어리 순메이커를 찾아 깨울 수가 있었다.

"진짜 여자는 잠에서 깨어났을 때 저런 얼굴을 하는 법이라네."

어네스트가 내게 말했다.

안토니오는 우리에게 클럽으로 가자고 했는데 그곳에서는 오케스트라가 큰소리를 내며 연주하고 있었고, 모두가 춤을 추며 노래를 부르는 등으로 무척 흥겨웠기 때문에 우리도 그 분위기에 휩쓸려 자칫하면 그날 있었던 투우 경기를 보지 못할 뻔했다.

축제 기간에는 매일 아침마다 그날 투우에 나갈 소를 시내 변두리에 풀어놓아 소는 시합이 있기 전까지 온 거리를 질주하다가 투우장으로 유도되었다. 질주하는 소 앞을 젊은이들이 무리를 이루며 달리는 것이 전통으로 되어 있어 그 앞을 달리는 젊은이들은 비록 가까운 거리는 아니지만 소와 적당한 거리를 두고 달린다. 그러나 그 중에서도 용감한 친구들이나 미치광이 같은 자들은 소에 받히지 않을 만큼만 가까이 접근하여 조심하면서 달리기도 했다.

옛날에는 어네스트도 소와 함께 달렸는데 지금은 다리에 자신이 없어졌다. 물론 안토니오는 소의 바로 앞을 미치광이 친구들과 함께 달렸다. 나는 중간 그룹의 뒤를 따라 달리면서 이따금 뒤를 돌아 소나 열광한 친구들의 모습을 확인했다. 투우장 중간 지점에 왔을 때 울타리며 창이며 발코니에 빈틈없이 들어찬 군중이 갑자기 고함 소리를 질러댔다. 뒤를 돌아보니 열광적으로 소 앞에서 달리던 한 사람이 발을 헛디뎌 넘어지자 거대한 뿔을 지닌 크고 검은 소가 그 사내를 향해 질주해오는 것이 보였다. 그때 나는 안토니오를 보았다. 그는 똘똘 뭉친 신문지를 들고 있었는데 이때 땅바닥에 쓰러진 사내를 향해 달리면서 그 신문지를 펼쳐 소를 향해 "토로! 후우! 토로!" 하고 외쳤다.

소는 쓰러진 사내를 뿔로 한 번 치고는 그 앞에서 신문지를 흔들고 있는 안토니오에게로 방향을 돌렸다. 쓰러진 사내가 일어서서 피한 사이 안토니오는 신문지로 소를 살짝 유인했는데 이때 신문지가 찢어지면서 그의 다리가 드러났고 결국 소의 뿔에 받히고 말았다. 이 순간 어네스트가 울타리를 뛰어넘어 웃옷을 벗어들고는 울타리를 향해 흔들어 보였다. 그의 옷을 향해 돌진하던 소는 어네스트가 살짝 옷을 들자 담 벼락의 널빤지를 뿔로 받고 말았다. 안토니오는 한쪽 다리를 든 채 깡충깡충 뛰면서 반대측 바리케이드로 피했으며 경찰관이 비상문을 열어 그를 무사히 안으로 들어가게 했다.

나는 소 앞을 달리다 말고 안토니오를 보았는데, 그때 나 자신도 열광한 군중의 흐름에 말려들고 있음을 알았다. 달려오는 수많은 소의 뿔을 보고 나는 전력을 다하여 도망칠 수밖에 없었다.

안토니오는 우측 허벅다리를 뿔에 받혀 상처를 입었는데, 이는 투우사에게는 무척 창피스러운 일이기 때문에 그는 전혀 아프지 않은 척했다. 온종일, 그리고 밤늦게까지 그는 줄곧 춤을 추었으며 이튿날 아침에도 자기의 강인함을 증명하기 위해 미치광이 친구들과 함께 다시 달렸다. 다만 그 뒤에 어네스트의 충고를 받아들여 파상풍의 예방을 위해 바논 로드에게 주사를 맞고 지독한 상처를 소독한 뒤 붕대를 감았다.

어네스트가 잠을 잘 틈이 없다고 한 말은 사실이었다. 나도 내 방에 들어간 것은 한 번뿐이었다. 왜냐하면 음침한 분위기의 그 방에 들어가면 바로 옆에 붙어 있는 공동 화장실에서 지독한 소변 냄새가 풍겼기 때문에 아무리 피곤하더라도 그 방에 들어가고 싶지 않았던 것이다. 그 대신 졸리기 시작하면 한 시간 가량을 펜부르크 코랄의 뒷좌석에 눕기로 했다. 때로는 어네스트도 나와 함께 앞좌석에서 잠을 자기도 했다. 어네스트의 말에 의하면 이 축제에는 소매치기가 활약하므로 우리는 돈을 잃어버리지 않도록 철저한 대비를 하기로 했다. 우선 차에서 잘 때는 돈을 바지 안쪽에 간수하기로 하고 투우를 보러 가기 전에 귀중품은 모두 어네스트에게 맡겼다. 그러면 어네스트는 소매치기를 예방하는 홍콩제 웃옷에 그것들을 간수했다.

테리 조와 메어리 도스가 우리의 새로운 멤버가 되었는데 수학 선생인 그들의 영입으로 제일 기뻐한 사람은 헤밍웨이였다. 헤밍웨이는 그들이 콰도릴랴를 지성 있는 곳으로 만들어줄 것이란 기대를 했던 것이다. 그러나 이튿째가 되자 그 동료 가운데 하나가 빠지고 말았다. 그 사람은 바로 앞서 말한 하와이의 머빈 헬리슨이었다. 그 이유는 매우 단순했다. 그가 늦잠을 자는 바람에 그날 오후의 투우를 보지 못함으로써 간신히 구한 입장권이 소용없게 되었고 어네스트가 이 때문에 화가 났기 때문이었다. 그날 밤 어네스트는 소르본에서는 늦잠 자는 법을 가르치더냐고 하면서 야단을 치자 머빈은 어네스트에게서 빌린 돈으로는 소르본에 가지 않았으며, 그 대신 프랑스 어를 배우는 가장 좋은 방법을 발견했음을 고백했다.

"파리에서 프랑스 아가씨를 사귀었습니다. 영어를 전혀 못하는 그녀와 함께 잠자리를 같이 하면서부터 프랑스 어를 배우지 않을 수 없더군요. 외국어를 배우는 데에는 잠사리가 죄고입니다, 파파."

"그렇겠군. 하지만 자네가 그녀에게서 배운 것을 보통의 회화에 써먹으려면 아무래도 곤란하겠구먼."

어네스트가 그 후 그를 어떤 식으로 처리했는지 모르지만 우리는 다시는 머빈을 보지 못했다. 그가 모습을 보이지 않게 되자 어네스트가 간단하게 말했다.

"우리 동지 머빈은 이제 우리와는 완전히 관계없는 사람이 되었답니다. 전사자에 대해서는 더 이상 말을 않기로 합시다, 여러분."

판프로나의 북동쪽에 있는 이라티 강 기슭의 숲은 《해는 다시 떠오른다》의 배경이 되는 곳이었다. 어네스트는 그곳이 옛 모습과 달라지지 않았을까 하고 걱정했으나 그것은 기우였다. 4일 동안 우리는 오후면 그 강을 따라 여기저기 놀러 다녔는데 차츰 산을 향해 높은 곳으로 올라갔다가 정오가 되면 투우 시간에 맞추어 돌아오기로 했던 것이었다. 우리는 세 대의 차에 나누어 타고 각 차에는 오리고기, 치즈, 훈제 숭어에 나바레의 흑포도, 주근깨투성이인 갈색 배와 달걀, 신선한 피망에 껍질을 벗기지 않은 새우며 신선한 안초비를 나누어 싣고 각자 피크닉의 책임을 분담했다. 포도주는 맑은 이라티 강물로 식혔는데 강을 헤엄쳐 상류로 가보니 그 강은 너도밤나무가 우거진 산 가운데 깎아지른 절벽에서 흘러오는 것이었다. 축제의 그 소동에서 30분 거리에 이런 원시적인 고요한 아름다움을 즐길 수 있다는 것이 마치 기적 같았다.

어느 날, 점심식사 뒤에 어네스트와 나는 나무 그루터기에 앉아 경치를 바라보고 있었다. 하늘을 나는 매, 깎아지른 듯이 선 여러 산들, 건너편 기슭에서 햇살로 따스해진 바윗등에 저마다 편한 자세로 누워 있는 아름다운 일곱 여성들이 이 풍경에 포함되어 있었다. 어네스트가 말했다.

"자연이라는 가게의 선반에 예쁘게 장식된 요정들 같군. 참으로 행복한 시간일세."

그는 한 마리 매가 동쪽을 향해 날며 자취를 감추는가 싶더니 퍼덕거리는 작은 먹잇감을 발톱으로 낚아채고는 하늘 높이 똑바로 솟아오르는 것을 지켜보았다. 그는 매를 보면서 말했다.

"안 그런가, 핫치. 지금 이 모든 것이 《해는 다시 떠오른다》보다 훨씬 더 멋지거든."

어네스트는 졸참나무의 그루터기에 등을 기대고 앉아 즐거운 듯이 말하고는 길 잃은 하운드 개를 쓰다듬고 있었다. 나는 그의 모습을 보면서 생각했다. 지금 이 순간 어네스트는 평범한 사람들이 추억을 즐기는 것과는 달리 경험을 즐기고 있는 것이다, 라고. 이 여름에 우리는 《누구를 위하여 종은 울리나》의 무대가 된 에스코리알의 바람 몰아치는 그 언덕으로도 가지 않았으며 스코트 피츠제럴드와 자전거로 여행한 길을 자동차로 느릿하게 가는 일도 하지 않았다. 또 허기진 배를 더욱 괴롭게 만드는 레스토랑의 음식 냄새를 피하여 세느 강 왼쪽 기슭을 걸어다니지도 않았다. 이 해 여름 우리는 여느때의 여름과는 달리 정열적인 나날을 보냈다.

그날 오후, 판프로나에 돌아와서 투우는 보지 못했으나 2통의 전보가 어네스트 앞으로 와 있었다. 하나는 투트 쇼어에게서 온 것으로, '어니, 사천 달러, 어디로 보낼까 보스?'라는 재미있는 내용이었기 때문에 어네스트는 큰소리로 마구 웃어댔다.

"투트 녀석, 자네가 오기 조금 전에 내가 마라가에서 전화를 걸었기 때문에 화가 난걸세. 패터슨 대 요한슨의 권투 시합에 돈을 걸기로 했는데 모두가 사 대 일로 패터슨에게 건다지 않겠나. 그래서 나는 그 스웨덴 인에게 천 달러를 걸겠다고 했지. 그런데 녀석은 그만두라면서 혼자 열심이더군. 나는 이제 권투에는 걸지 않겠네. 새 규칙을 만들었네. 말을 하는 동물에게는 돈을 걸지 말라. 다만 나만은 별도다, 하고 말일세.”

또 하나의 전보는 《무기여 잘 있거라》의 재영화화를 완성한 데이빗 O. 셀즈닉에서 온 것으로, 이 영화에서는 그의 부인인 제니퍼 존즈가 소설의 여주인공 캐더린 버클리를 맡고 있었다. 이 재영화화에 관해 그는 어네스트에게 원작료를 전혀 지불하지 않았다. 그것은 옛날 일이긴 하나 20년대에 재영화화에 관한 아무런 조항도 없이 매절 형식으로 영화화의 권리를 샀기 때문이었다. 이 전보로 셀즈닉은, 법적으로 그럴 책임은 없지만 이 영화가 많은 흥행 수입을 올릴 경우 헤밍웨이에게 오만 달러를 지불하겠다고 세계의 각 보도 기관에 발표했다는 것이었다.

셀즈닉에 대한 좋지 않은 감정을 결코 숨기지 않았던 어네스트는 41세의 셀즈닉 부인이 24세의 캐더린 버클리 역을 맡아서 하는 셀즈닉의 영화가 흥행에 성공하여 오만 달러의 돈을 버는 기적을 일으킨다면 그 오만 달러를 지방 은행에서 몽땅 동전으로 바꾸어 그것을 잔뜩 배에 채우도록 하라는 회전(回電)을 쳤다.

우리는 판프로나를 떠나 마라가로 가기 전에 마드리드에서 며칠 휴양을 취했는데 메어리 우노는 거의 두 달이나 준비하고 있던 생일 파티를 마라가에서 하기로 했다. 7월 21일은 어네스트의 60세 생일이었으며 안토니오의 부인인 칼멘의 생일이기도 했다. 스페인 남안(南岸), 츄리아나에 있는 빌 데이비스의 저택 라 콘스라가 파티의 장소로 결정되었다. 거대하고 우아한 정원으로 되어 있는 부지 한가운데에 세워진 라 콘스라는 마치 공화국 총독 아들의 궁전 같은 우아한 모습을 한 회랑(回廊)이 달린 건물이었다. 바깥문을 들어서면 부지 안에 다시 문이 있고 그 문마다 문지기가 지키고 있으며 안채의 가구며 장식이 모두 빌 데이비스의 디자인으로 스페인의 장인(匠人)이 직접 수공으로 만들었으며 그 기술은 밖의 장식에 이르기까지 통일되어 있었다. 바닥이며 난간, 계단, 테이블 톱, 욕실, 회랑은 모두 대리석이었으며 그 대리석은 수영장 앞에까지 이르고 있었다. 다만 전화만은 없었다.

메어리는 파티를 많이 치러봤기 때문에 파티의 준비에서 운영까지 너무나 잘 알고 있었고 이번에 열릴 파티에 모두가 모이도록 했다. 어네스트의 생일은 그 자신이 협력하지 않았기 때문에 언제나 축하라기보다 일종의 휴식으로 여겨졌었다. 그러나 모두들 이번에야말로 생일을 위해 성대하게 잔치를 베풀 작성이었고 그 작전대로 성공했다.

파리에서는 샴페인을, 런던에서는 중국 요리를, 마드리드에서는 '바카라오'를 주문하여 갖추어놓았고 순회 중이던 어느 서커스 카니발에서 사격장을 빌렸으며 발렌시아에서 불꽃놀이 전문가, 마라가에서는 플라멩코의 댄서, 토레모리노스에서는 음악 연극가를, 또한 각지에서 바텐더며 요리사를 불러들였다.

데이비스의 저택은 침실이 스물다섯 개밖에 없기 때문에 메어리는 토레모리노스 가까운 해안에 신축된 고층 호텔인 페스 에스파라의 2층을 모두 전세냈다. 초대객은 전국 각지에서 20일쯤부터 모여들기 시작했다. 판프로나의 콰도릴랴의 단골 멤버 말고도 어네스트는 판프로나의 수많은 사람들과 마드리드에서도 손님을 초대했던 것이다. 뿐만 아니라 자푸르의 마하라자 내외와 그 아들, 쿠치 베하르 마하라자 내외, 워싱턴에서 온 C. T. '백' 라넘 장군, 본에서 비행기로 온 데이빗 블루스 대사 내외 외에도 마드리드에서의 각계 인사며 어네스트의 파리 시절 친구들, 안토니오의 친구 30명, 그리고 아드리아나의 오빠 잔프랑코 이반치키가 이탈리아 황실에서 산 어네스트의 새 차 바르라타 란치아를 타고 베네치아에서 부인과 함께 왔다.

이 파티에 참석하기 위해 예(例)의 아름다운 포로들인 메어리 도스와 테디 조는 62일 동안에 92개의 도시를 견학하는 AAA 관광여행단에서 이탈하여 이 고장에 남았으며 오너 존즈는 글라스고의 주간지에 써야 할 의무에서 완전한 해방을 누리게 되었다.

파티는 7월 21일 정오부터 시작되어 이튿날인 22일 정오에 끝났는데 어네스트도 이만한 파티는 난생 처음이라고 말했다. 그는 춤을 추었으며 샴페인 마개를 거침없이 따고 손님에게 재미난 이야기를 들려주기도 하고 안토니오나 쿠치 베하르 마하라자에게 담배를 물리고 그것을 쏘아맞추는 소동을 피우며 흥겨워했다. 위층 베란다에서 오케스트라가 판프로나의 축제 음악을 연주하기 시작하자 안토니오와 어네스트는 손님을 모두 모아 리아우리아우를 추게 했으며 모두가 손을 마주잡고 온 정원을 누비며 다녔다. 그러나 이날 밤 모두가 엄숙해진 것은 만찬이 끝난 뒤 어네스트와 함께 전쟁에 참가했던 데이빗 블루스가 간결하지만 성의에 넘치는 인사를 했을 때였는데 어네스트가 아래로 고개를 떨구고 있었기 때문에 누구라도 그가 깊이 감동했다는 것을 느낄 수 있었다.

발렌시아에서 불려온 불꽃놀이 전문가는 아낌없이 불꽃을 쏘아올려 더욱 신바람 나는 분위기를 만들었는데 대형 불꽃들을 일제히 쏘아올렸을 때, 운수 나쁘게도 그 중의 1발이 집 부근의 아름다운 종려나무에 떨어져 나무의 위쪽이 불타기 시작했다. 위험할 정도로 타올랐기 때문에 마라가에서 곧 소방차가 출동했다. 이때 온 소방차나 사다리는 모두가 마치 매크 세넷의 사일런트 희극에서 빠져나온 것 같았는데 타오르는 불길을 보고 어쩔 줄 모르는 소방대원들 때문에 더욱 그런 느낌이 들었다. 그러나 그들은 용감하게 불을 껐으므로 그날 밤의 열기도 다시 살아났다. 소방대원들은 곧 파티에 초대되었으며 안토니오는 소방대장의 헬멧과 방화복을 착용하고는 사이렌을 울리며 온 정원을 뛰어다녔다.

아침 식사가 끝난 뒤 손님들은 돌아가기 시작했고 정오가 되어서야 마지막 손님이 돌아갔다. 이미 츄리아나의 태양도 높이 솟아 무더웠으므로 어네스트와 나는 잠을 자기 전에 헤엄을 치기로 했다.

"파티에서 가장 즐거웠던 것은." 우리가 방으로 물러날 때 어네스트가 말했다. "옛 친구들이 지금도 일부러 찾아준다는 것이었네. 옛 친구라도 이제 그런 일에 올 사람은 별로 없거든."

최초의 '마노 아 마노스'는 발렌시아의 축제 나흘째에 열릴 예정이었다. 축제 사흘째 되던 오후, 안토니오의 친구인 판 루이스가 어네스트와 그의 콰도릴랴를 점심식사와 수영에 초대했다. 그의 소유지는 발렌시아의 가까운 교외 해안에 있었다.

바다는 흰 잔물결이 일어 온화하고 다정스럽게 보였으나 막상 물에 들어가보니 썰물의 흐름이 강했다. 그때, 헤엄치러 나온 여성이 누구였는지 생각나지 않으나 파도 사이로 우리를 향해 소리치며 무너지는 파도에서 "파파……." 하는 소리만이 들렸다.

판 루이스가 곧 바다로 들어가려 하자 어네스트도 판 루이스의 어깨에 손을 얹고 같이 따라들어갔기 때문에 결국 남아 있는 사람만 헤엄치기 시작했다. 우리는 몇 분 동안 파도에 실린 채 헤엄칠 기회를 기다렸으나 우리가 바다 가운데로 나가기 전에 어네스트가 발이 닿는 곳까지 되돌아왔다. 그러더니 그는 해변에 벌렁 누워 앞바다를 바라보았다. 10년 전, 그가 머리 위로 바지를 받쳐들고 지금보다 훨씬 더 거센 파도를 누비며 헤엄쳤던 바라델로 해안에서의 일이 떠올랐다.

어네스트는 아무래도 몸이 떨리는 것을 참지 못하겠다는 듯이 친구들이 모두 몰려 있는 쪽을 향해 해변을 걸어갔다. 모두들 무슨 일이 있었는지를 알지 못했다. 나는 어네스트가 모두 있는 곳으로 돌아가는 것을 지켜보았다. 그의 얼굴에는 이미 핏기마저 없었으며 이미 미소라고는 할 수 없는 어떤 묘한 표정이 감돌고 있었다.

그날 오후에 있었던 마노 아 마노스는 어이가 없었다. 패스를 할 때 도민긴이 무레타를 날려보내는 바람에 루이스 미구엘은 하복부에 깊은 상처를 입었다. 그때까지는 안토니오가 몇 차례에 걸쳐 멋진 투기를 보여 축제의 즐거움을 더해주었으나 기대하던 처남 매부 사이의 경쟁은 이것으로 끝나고 말았다. 미구엘이 바람으로 말미암아 부상을 입은 데 대해 어네스트는 울화가 치밀어 못 견디는 모양이었다. 늘 하는 말이지만 투우사에게 있어서 바람은 최악의 적인 것이다.

또한 도민긴이 각상(角傷)을 입은 며칠 뒤에 파르마 데 마료르카의 투우에서 안토니오마저 우측 가슴을 찔렸다. 이것으로 우리의 투우 관람 계획은 끝나버렸으며, 동분서주했던 우리들의 여행도 중단되었다. 그리하여 어네스트의 콰도릴랴도 해산했으며 그와 빌, 나는 츄리아나의 저택으로 돌아왔다. 어네스트는 아침 시간을 틈타 쓰기로 했던 〈라이프〉의 청탁 원고인 에세이의 내용으로 파리 시절의 회상을 쓰기로 했다.

우리는 일을 할 기분이 들지 않을 때면——나는 다음 시즌에 CBS 텔레비전에서 방영할 예정으로 어네스트의 작품 4편의 각색을 맡고 있었다——코르로바나 지브롤터 혹은 그라나다의 알람브라로 여행을 했다.

어네스트는 집필에만 몰두했기 때문에 이제는 사람과 교제하는 일도 없었으며 빌도 찾아오는 손님을 모두 거절했으나 어느 날 오후에 메어리가 마라가에서 돌아와 여행 도중에 마침 신혼 여행 중이던 유명한 텔레비전 사회자와 동행하게 되었는데 어네스트를 만나고 싶다기에 집으로 초대하기로 했다고 말했다. 어네스트는 텔레비전 관계자와 만나는 것을 선뜻 받아들이지 않았으나 메어리는 이 사회자가 다만 경의를 표하기 위해 올 뿐이라는 식으로 말하여 겨우 동의를 얻었다.

점심식사를 함께 하면서 기품있고 훌륭했던 이 사회자는 어네스트에게 안토니오와 도민긴 사이의 암투에 관해 노골적으로 물었다. 그러나 어네스트는 자신이 앞으로 쓸 이야기에 관해서는 아무 말도 하고 싶지 않다고 말했다. 그것은 자기가 쓰기 전에 남에 의해 자기 글의 내용이 폭로된다는 것은 바람직하지 못하기 때문이라고 했는데 인상 좋은 그 사회자는 공감하면서 투우에 관해서는 아는 바가 전혀 없으며 후학(後學)을 위해 묻는 것은 초대해준 분의 호의에도 어긋나지 않는 일일 것이라고 했다. 그러나 몇 달 뒤에 이 사회자는 이때의 점심식사에서 어네스트와 주고받은 질의 응답을 낱낱이 저은 글을 미국의 집지에 발표했다.

마노 아 마노스는 8월 14일 마라가에서 다시 열리기로 되었는데 두 투우사의 상처는 경기에 출전할 만큼 그렇게 빨리 회복되기는 어려운 듯이 여겨졌다. 상처는 완전히 치유되려면 아직도 멀었으나 두 사람은 투우에 출전했다. 안토니오는 11일에 퇴원했는데 상처가 아직 완전히 아물지 않았기 때문에 휴양 차 12일에 츄리아나로 왔다. 나와 어네스트는 빌의 아들 테오의 야구 방망이로 이제까지 한 번도 야구를 해본 적이 없었던 안토니오에게 야구를 가르쳐주기로 했다. 나는 야구공 대신 테니스 공을 사용하였는데 던지는 내 공의 속력은 무척 빠른 듯했다. 그런데도 안토니오는 훌륭한 운동신경과 순발력으로 내가 최고의 속력으로 피칭을 하는데도 커다란 종려나무를 쉽사리 넘는 히트를 날리는 것이었다.

그날 밤 만찬 때에 어네스트와 안토니오는 안토니오를 야구 선수로 만들어준 답례로 나도 투우사로 만들어주겠다고 했다. 투우사로서의 내 이름은 ‘엘 페카스’ 즉 ‘주근깨’였다.

“엘 페카스는 운동신경이 발달해 있습니까?”

그가 어네스트에게 물었다.

어네스트는 우리가 ‘기분 전환’을 할 때 즉흥의 묘기 —— 포크, 접시, 술집 등의 —— 를 해보였다. 이것으로 나의 반사신경에 안심한 안토니오는 이 다음에 시우다드 레알에서 열리는 마노 아 마노스에서 나를 소브레살리엔테로서 출장시키겠노라고 엄숙하게 선언했다. (소브레살리엔테는 마노 아 마노스에 한 하여 견습 투우사, 또는 예비 투우사로 출장하며 두 명의 정투우사가 부상당 했을 때는 소를 죽일 의무를 진다.) 우리는 그 일을 두고 건배를 했으며 여기서 어네스트는 나의 매니저가 되겠다고 공표했다.

어네스트는 이튿날에 벌어진 마노 아 마노스를 '일찍이 내가 본 것 가운데에서도 가장 위대한 투우의 하나, 아니 최고의 것'이라면서 격찬했다. 안토니오는 소 세마리에 귀가 여섯, 두 개의 꼬리에 두 개의 발굽을 떼냈으며 도민긴은 네 개의 귀에 꼬리 두 개, 발굽 하나를 얻었다.

실로 그들은 이 투우에서 그들이 지니고 있는 뛰어난 기예와 치열한 용기를 유감없이 보여주었다.

시우다드 레알의 투우에 나를 출전시킨다는 이야기는 그냥 흘려버릴 술자리에서의 농담이 아니었다. 8월 17일의 투우가 있기 전에 안토니오의 방에 갔더니 그는 검(劍)을 드는 조수 둘이 필요한데 그 중의 한 사람이 바로 나라고 했다. 안토니오는 격식을 갖춘 투우복 두 벌을 내놓았으며 내 옆에 있던 또 한 사람의 조수는 상아와 검은 의상을 내게 입히려 했다.

나는 소브레살리엔테로서 투우에 임하는 것이었다. 물론 나로서도 복장 정도는 입을 것이라 예상은 하고 있었으나 상상 외로 스페인 관헌은 이러한 위반에 대해서는 엄격해서 몇 해 전에 투우사 리토리의 친구가 투우사의 복장을 입고 투우장에 온 일이 있었는데 결국 그 사람은 투우사를 사칭했다는 혐의로 1년 동안이나 지하 감옥에 유폐되었다는 이야기도 있었다.

"내가 아는 한 그런 엉뚱한 짓을 할 자는 루이스 미구엘밖에 없다네. 알바 대공의 조카 테바 백작을 쾌도릴랴로 만들어 투우장에 내보냈던걸세. 하지만 그건 프랑스에서였네만."

사람들은 모두 내게 옷 입히는 것을 기뻐했으며, 특히 나의 매니저 어네스트는 여간 흐뭇해하지 않았다. 투우사의 방에 묵직하고 엄숙하게 감도는 투우 직전의 분위기 대신 신인 투우사의 첫 등장을 축복하는 분위기가 넘쳐 흘렀다. 투우사의 복장이 얼마나 복잡하며 몸에 꼭 끼는 것인가를 입어보지 못한 사람은 아마 상상조차 못 할 것이다. 모든 것이 새로운 피부처럼 몸에 달라붙어 다 입고서 일어섰을 때는 마치 미라처럼 되어버렸다. 그러나 옷이 바람에 날려 시야를 가리는 일이 없었기 때문에 소가 정면으로 질주해올 때 다른 것에 눈길을 빼앗기지 않는다는 장점이 있었다. 다행히 이런 호들갑스러운 농담이 나의 긴장감을 풀어주어 나는 별다른 두려움이 없이 투우장에 들어설 준비를 할 수 있었다.

어네스트가 말했다.

"알겠나. 처음 입장할 때에 당황하여 나나 투우사의 입장을 곤란하게 만들지 말게나, 페카스 그런 짓을 하면 우정을 망치고 만다네."

인토니오가 말했다.

"자기가 얼마나 위대한가를 생각하면 돼. 우리의 긍지며 신뢰가 모두 자네의 두 어깨에 달려 있으니까."

드디어 투우장에 나갈 시간이 되자 우리만 남겨두고 모두들 나갔다. 안토니오는 늘 그랬듯이 그가 신앙으로 삼는 대상이 즐비하게 놓인 조그만 테이블에 다가가서는 하나하나에 기도를 올리고는 입을 맞추었다. 나는 구석에 서서 나에게도 기도를 할 대상이 있었으면 하는 생각에만 열중했다.

문이 열리자 안토니오의 콰도릴랴 전원이 의상을 입고 홀에 나란히 대기하고 있었다. 안토니오가 모자를 쓰고 의식용 케이프를 드는 것을 보고 나도 내 케이프를 들었다. 그를 따라 방에서 나갔는데 바지가 너무 꼭 끼어 무릎을 굽힐 수 없었기 때문에 걷기에 여간 불편한 것이 아니었다.

그날, 어떻게 해서 투우장에 나갔는지 지금도 잘 기억이 나지 않지만 로비로 나가는 계단에서 자칫하면 굴러떨어질 뻔했다는 것은 너무도 생생히 기억하고 있다──이것은 마치 새 구두를 신은 채로 낡고 가파른 계단을 오리걸음으로 걸을 때와 같았다──그러나 어네스트는 이 역사적인 사건을 다음과 같이 썼다.

"그들이 입장했을 때 안토니오는 변함없이 침착한, 정신을 완전히 집중시킨 투우 직전의 표정을 하고 있었다. 핫치의 주근깨가 유난스러운 옆얼굴은 그야말로 처음으로 큰 시합에 기용되어 극도로 긴장한 노비리엘로의 표정과 흡사했다. (견습 투우사. 헤밍웨이는 《오후의 죽음》에서 경험이 적은 투우사가 위험한 소와 싸우기 때문에 사망하는 투우사의 거의는 노빌랴다에서 있음을 지적하고 있다. 위의 1절은 《위험한 여름》에서 인용한 것.) 그는 근엄하면서도 암울한 표정으로 나에게 고개를 끄덕여 보였다. 핫치가 투우사가 아니라는 것은 아무도 알지 못했으며 안토니오의 옷은 참으로 잘 어울렸다."

우리는 로비에 모여 있던 군중을 헤치듯이 하면서, 안토니오의 콰도릴랴의 차를 밖에서 에워싸며 기다리는 많은 군중 사이를 빠져나왔다. 이 차는 스페인의 험한 길에서도 고장나는 일이 없도록 패널을 짠 조립대까지 준비된 주문 생산된 시보레였다. 나의 매니저가 나를 태우며 옆에 앉았다.

"파파. 나는 어떻게 하면 좋습니까? 정말 투우장에 들어가는 겁니까? 큰 투우장인가요?"

"팔천 명은 입장했네. 마드리드 다음으로 최대라네."

팔천 명의 관중 앞에서 세계 최고의 투우사와 함께 콰도릴랴의 말을 탄 피카도르를 거느리고 입장하는 모습이 머리를 스치자 나는 아찔하도록 현기증이 났다.

"투우사가 해야 할 것은 세 가지밖에 없어. 그것만 알고 있으면 돼. 첫째로 언제나 비극적으로 보여야 한다는 것, 마치 당장에 눈물이 넘쳐흐를 것만 같은 그런 느낌을 얼굴에 담아야 한단 말일세."

나는 그가 말하는 대로 표정을 지어 보였다. 그는 나의 굽힐 수 없게 된 무릎을 툭 쳤다.

"나는 난생 처음으로 투우사의 매니저가 되어 가슴이 두근거린다네. 자네는 어떤가?"

투우장 밖에 붙여놓은 포스터를 본 순간 나의 신경은 최대의 격동을 일으켰다. 올도니에스 및 도민긴이라는 이름 아래 소브레살리엔테 엘 페카스라고 나와 있었기 때문이었다.

우리가 스탠드 아래로 모이자 입장이 시작되면 열릴 커다란 나무 문 위로 투우장을 가득 메운 수많은 스페인 사람이 보였고 나는 갑자기 이곳에서 도망치고 싶은 생각에 사로잡혔다. 그러나 카메라맨들이 갑자기 우리를 찍기 시작했기 때문에 자신을 억제하고 어네스트의 지시에 따르기로 했다. 사진에 찍히기 위해 서 있을 때 무서운 진실이 내 머리에서 이해되었다. 나는 어네스트를 구석으로 끌고가서 말했다.

"안토니오와 도민긴을 보십시오. 그들의 바지 말입니다. 그리고 나의 모습을 보십시오."

어네스트가 살펴보았다.

"나는 미국의 체면을 손상시키게 될 것입니다."

"음, 손수건은 몇 장을 쓰겠나?"

어네스트가 물었다.

“손수건?”

“두 장을 쓰게나. 보통은 두 장을 쓰는 모양이네만 치켈로 2세는 네 장을 썼다고 들었네.”

“손수건을 바지에 넣어두는 겁니까?”

“설마하니 손수건으로 채운 거야 아니겠지.”

“손수건 따윈 알 턱이 없지 않겠습니까? 매니저한테 모두 맡겨두었으니까요.”

“하지만 투우는 이제 익숙해졌으리라 생각했는데……. 투우사의 ‘앞’이 불룩한 걸 어떻게 생각하나?”

“지금까지 생각한 적도 없었어요.”

악대가 연주를 시작하고 나무문이 열리며 피카도르들이 크고 여윈말에게 다가가 말을 탄 향도 들이 투우징에 나가사 나에게 올바른 방향을 가르쳐주었다. 안토니오와 도민긴이 향도를 따라 나란히 걸으면 이런 경우의 습관으로 엘 페카스는 세 걸음 뒤로 물러서서 뒤따르는 것이었다. 다른 전원은 뒤에 부채 모양으로 펼쳐지며 나귀의 팀이 후위(後衛)를 맡는다. 사람들은 엄청난 갈채를 보냈다. 나는 여전히 무릎을 구부릴 수 없었으나 안토니오를 보고는 그가 하듯이 오른팔을 흔들어 보였다. 투우장의 대각선 길이는 4마일은 충분히 되었다.

회장석 앞에 멈추어 경의를 표하기 위해 고개 숙인 뒤 나는 안토니오를 따라 어네스트가 기다리는 카레혼(투우장을 에워싼 나무 울타리, 바렐라와 객석 사이의 통로.)으로 들어갔다.

“어떻게 보였습니까?”

“겸허하면서도 자신감이 적당하게 있어 보이더군.”

“나는 지금 별로 기분이 좋지 않습니다.”

트럼펫이 울려퍼지고 루이스 미구엘의 소가 질주해왔다. 늠름한 근육과 뿔을 가진 채 거대한 살덩이를 휘두르면서. 검을 든 조수인 미겔리료가 나에게 케이프를 건네주었다.

“이제부터 어떻게 하는 겁니까?”

나는 어네스트에게 물었다.

“언제든 케이프를 쓸 수 있도록 하게. 그리고 뭐든지 잘 안다는 얼굴을 지어야 하네. 다만 너무 심각한 표정은 짓지 말게.”

"당신을 아는 체해도 됩니까?"

"별로 잘 알지 못한다는 얼굴을 하게나. 나는 자네의 투우를 본 적이 있기는 하지만 절대 잘 아는 사이는 아니라는 걸 잊지 말게. 자네가 즐거워하면 되는데 그렇다고 체포당하면 곤란해. 스페인의 유치장에는 인신 보호 영장 따윈 없으니까."

루이스 미구엘의 케이프를 다루는 솜씨는 참으로 훌륭했다.

"소를 연구하게나."

어네스트가 말했다.

"내 눈에는 괜찮게 보입니다만."

"그놈의 어디가 나쁜가?"

"소는 대개 뿔이 엄청나게 크군요."

"막상 닥치고 보면 더 크게 보인다네."

"모두가 대담하게 소를 찌르는군요."

"음."

"좀 심하지 않습니까?"

"미구엘을 위해 소를 좀 애먹이고 있는걸세. 마라가에서 다리에 부상을 입었거든."

"약간 절뚝거리는군요."

"자네 다리는 어떤가?"

"떨리기는 합니다만 괜찮습니다."

도민긴은 그의 연기로 귀 하나를 잘라냈는데, 안토니오는 멋진 소를 상대로 호쾌한 솜씨를 보이며 느긋한 '댄스'를 보여주기까지 했다. 댄스란, 마치 소에 최면술을 걸기라도 한 것처럼 상대하며 오전에 줄곧 연습을 계속한 파 드 두를 하듯이 그가 이끄는 대로 소가 답하는 발레 투우 같은 연기에 꼭 어울리는 말이었다. 안토니오는 귀 두 개와 꼬리를 얻었으며 용맹한 소를 투우장에 내세워 명복을 빌어주기를 요구했다.

안토니오는 승리를 획득하여 장내를 한 바퀴 돌고는 우리 앞을 지날 때 어네스트에게 소리쳤다.

"페카스에게 위대하게 보인다고 전해주시오. 죽이는 법은 가르쳤나요?"

"아직."

"가르쳐주시오."

"뿔을 보게나. 검을 찌를 데를 눈여겨 보는걸세. 왼손을 낮게 내리고 오른손으로 찌른 뒤 크게 돌리게나."

"그러고는 어떻게 합니까?"

"자네를 헹가래칠 테니까 땅바닥에 떨어지기 전에 우리 모두가 받쳐주겠네."

루이스 미구엘은 마지막 소와의 싸움에서 졸렬하기 짝이 없는 솜씨를 보였으나 안토니오는 자기 소에 훌륭하게 검으로 맞서, 회장은 그에게 귀와 꼬리, 그리고 최고상으로서 주어지는 발굽을 주었다. 만약 군중이 상을 주었더라면 소를 갈기갈기 찢어 몽땅 그에게 주었을 것이다.

안토니오가 나를 불렀다.

"함께 장내를 돌 생각인 모양이군."

어네스트가 잘 해보라는 듯이 나의 어깨를 툭 치면서 말했다.

안토니오는 내가 살금살금 다가오기를 기다려주었다. 꽃, 샌드위치, 여송연, 사탕, 모자, 술푸대, 구두, 부채, 담배, 핸드백이며 선글라스, 만티랴, 장화, 만년필, 돈, 파이프, 벨트, 티알라 등이 우리 앞에 산더미처럼 쌓여 있었다.

"핸드백과 슬리퍼만을 집어들도록 하시오. 나머지는 부하가 끌어모을 테니까."

한 바퀴 돌았을 때 군중은 너무나 흥분하여 우리에게 무엇이건 닥치는 대로 던졌다. 두 번째로 투우장을 돌았을 때 나는 핸드백이나 여자 신발을 잔뜩 집어들어 무거웠다.

갑자기 안토니오가 수많은 사내들에게 들어올려졌는데, 모두들 그 상태로 투우장에서 호텔까지 거리를 행진하겠다는 것이었다.

나는 사방을 둘러보았다. 콰도릴랴는 모두 보이지 않았다. 나는 투우장의 한가운데에 있었다. 나는 문득 몸에 꽉 달라붙은 옷을 입고도 얼마나 빨리 달릴 수 있는가 하는 생각이 나서 시보레가 발차하기 직전에 차에 뛰어들듯이 돌진했다.

무사히 안토니오의 방으로 돌아와 그 숨막히는 옷에서 벗어난 순간 핸드백이며 신발을 돌려달라고 미녀들이 떼지어 몰려들었다. 술이며 음식을 부엌에서 갖고 온 사람들로 방 안은 가득 찼다. 나는 딱 한 번 거북스런 경험을 했는데 그것은, 매우 아름다운 여성 하나가 악어 가죽 핸드백을 찾으러 왔다가 나에게 영광스러운 상처 자국을 보여달라고 했을 때였다. 그러나 나에게는 하다 못 해 맹장 수술 자국조차 없었다.

나흘 뒤, 빌바오에서 열린 마노 아 마노스는 갑자기 끝나고 말았다. 안토니오의 투우 경기가 워낙 훌륭했기 때문에 이에 부담을 느낀 도민긴이 무리하게 투우 경기를 하다 소의 뿔에 찔리는 사고가 일어난 것이다. 이 사고는 피카도르에게 소를 잠시 맡겼을 때에 일어났다. 투우사는 소를 흥분시키기 위해 경기 개시 전에 기본적인 동작으로 소를 흥분시키는 동작을 연출하게 된다. 그런데 이 과정에서 도민긴은 지나치게 가까운 거리에서 이 동작을 했으므로 잘못하여 소의 뿔에 복부를 찔리고 만 것이다. 도민긴이 내동댕이쳐졌을 때 피카도르가 소를 창으로 찔렀으나 소는 땅에 떨어지는 도민긴을 다시 뿔로 받았고 땅에 떨어진 도민긴을 계속 들이받았다. 결국 키테(소가 투우사에게 위험을 줄 때 이를 떼놓기 위한 행동)가 행해져 그를 구급소로 실어갔다.

그날 밤, 어네스트는 병원으로 그를 찾아갔다. 도민긴은 소의 뿔이 하복부를 관통했기 때문에 생명이 위태로울 정도였다. 어네스트는 침착하고 나지막한 소리로 이야기를 했는데 도민긴은 고개를 끄덕이며 미소를 약간 띠기도 했다.

나중에 호텔로 돌아오면서 어네스트는 말했다.

“그는 용감한 사나이며 아름다운 투우사라네. 훌륭하고 용감한 인간이 다른 누구보다도 먼저 죽어야 한다는 것은 도대체 어떻게 된 것인가?”

도민긴은 겨우 생명을 건지게 되었으나 중대한 것은 그가 투우사로서의 생명이 끝났다는 것이다. 전에 어네스트가 한 말을 나는 기억하고 있다.

“인간에게 있어서 최악의 죽음은, 그의 존재의 중심, 그가 참으로 그다운 것을 잃는다는 것이다. 은퇴란 가장 추악한 말이다. 스스로 선택하건 운명에 따르건 간에 자기가 취하는 행동—— 자기가 그것으로써 자기의 존재를 느낄 수 있는 것에서 물러난다는 것은 살아 있으면서도 무덤에 묻히는 것과 같은 것이다.”

짙은 안개가 끼어 빌바오의 거리는 희끄무레한 빛에 젖어 있었다. 비를 피하려고 트렌치 코트의 옷깃을 세우는 어네스트를 보면 마치 캐더린이 죽은 뒤 병원에서 나오는 헨리 중위와 함께 로잔느의 거리를 걷는 듯한, 가슴 벅찬 감회에 사로잡히는 것이었다.

　이튿날, 우리는 빌바오에서 비스케이 만(滿) 연안의 도시이며 스페인 국경에서 몇 마일 되는 다크스에 가까운 산 헤안 데 루스를 향해 출발했다. 이 도시에서 안토니오는 고르 인(人)의 아피시오나도스(투우 팬) 앞에서 투우를 하기로 되어 있었다. 어네스트가 처음으로 소유한 새 란치아는 스페인의 험한 길에서도 아름답게 달렸기 때문에 어네스트도 무척 우쭐해했다.
　교외의 우아하고 꽃이 만발한, 웅장한 호텔 찬타노에서 멋진 바스크 요리를 먹은 뒤 산 헤안 데 루스에 가서 바스크에서 커피며 그 밖의 음료를 마셨다――메어리와 어니는 빌바오에서 마라가로 돌아갔기 때문에 우리 일행은 빌과 어네스트, 나, 그리고 이 무렵부터 어네스트의 비서로 메모를 하거나 스크랩을 하고 어네스트가 쓰는 〈라이프〉의 기사에 필요한 사진을 찍기로 된 오너 네 사람이었다. 어네스트는 망원경을 손에 집어들면서 말했다.
　"전할 말이 있네. 콰도릴랴는 엘 페카스를 그리워하고 있다네."
　"엘 페카스도 콰도릴랴들을 그리워한답니다."
　나는 대답했다.
　그날 오후에 있는 안토니오의 투우는 발랄하지 못한 편이었는데, 그 뒤 빌이 나를 차로 비아리츠에 데려다주어 나는 '라피데'로 파리에 가기로 되어 있었다. 이튿날 마드리드에서 전보가 왔는데 그 내용은 '신문에 난 기사 때문에 걱정하지 않아도 된다. 란치아가 사고를 일으켰으나 모두가 무사하다. 사인을 사랑하는 파파.'라고 적혀 있었다. 그들이 도착했을 스에시아로 전화를 걸었다. 어네스트의 말로는, 비아리츠에서 떠나 점심식사를 마친 뒤 마드리드로 향했는데 빌이 졸면서 운전을 했기 때문에 란치아는 맹렬한 속력으로 몇몇 시멘트 이정표에 부딪쳐 밭고랑에 굴렀으나 전복하지는 않았으며 모두가 찰과상 정도만 입었다고 했다.
　어네스트가 말했다.
　"결코 빌이 나빴던 게 아닐세. 여름 내내 운전을 무척 잘 해왔기 때문에 이번 일을 나무랄 수는 없는걸세."

"그는 틀림없이 혼쭐이 났을 겁니다."

빌이 운전에 자신이 있다고 자랑하는 것을 나는 알고 있었다.

"음, 혼쭐이야 났겠지만 그대로 일을 해달랄걸세. 그는 괜찮아. 란치아가 부숴진 걸 몹시 미안하게 생각하거든."

10월 하순, 어네스트는 '리벨르테' 호로 뉴욕에 돌아왔다. 그 해 여름 그들이 어떤 식으로 보냈는가는 〈뉴욕 타임즈〉에 실린 기사 이상은 나도 자세히 알지 못했다.

헤밍웨이, 도둑맞은 지갑을
돌려달라고 호소하다

〔마드리드 9월 16일發=UPI〕

지난 주에 무르시아에서 열린 투우에서 소매치기의 피해를 입은 어네스트 헤밍웨이는 지갑에 들어 있던 백오십 달러는 가져가도 좋으니 대신 지갑만은 돌려달라고 호소했다. 이 지갑은 탕가니카 동 아프리카 코로니에 사는 직업적 사냥꾼인 그의 아들 패트릭으로부터 받은 선물이라고 했다.

'성(聖) 크리스토퍼의 상(像)이 든 채로 돌려보내주기 바란다'라고 헤밍웨이는 프에브로 신문에 광고를 냈다. 그리고 '9천 페타(150달러)는 소매치기 씨의 솜씨에 대한 보수로서 증정하겠다'라고.

내가 여객선에서 그를 만났을 때, 그는 다른 일이 마음에 걸리는 모양이었다. 그가 마음에 걸렸던 것은 파리의 카르체에서 메어리를 위해 산 다이어몬드 핀에 대한 것이었다. 메어리가 다이아몬드 귀고리를 원했으나 너무 값이 비싸 사주지 않은 것이 마음에 걸려 이 핀을 화해의 뜻으로 그녀를 위해 샀던 것이었다.

"메어리는 어떻던가?"

어네스트가 물었다.

메어리는 한 달 전에 돌아와 있었는데 쿠바로 향하는 도중 나와 뉴욕에서 잠깐 만났던 것이다.

"네, 건강하더군요. 이번 여름 일로 몹시 화가 난 모양입니다만."

그는 천천히 고개를 끄덕였다.

"음, 소홀했지. 그 점이 나도 마음에 걸렸거든. 나도 좀, 너무 즐기기만 했네…… . 그래, 그녀를 돌봐주지 않고 남자끼리만 어울려다녔으니까. 안토니오의 투우만을 보는데도 메어리는 여러 고장을 옮겨다녀야만 했지. 지방은 멋이 있었지만 그래도 그렇지 않았겠지…… . 물론 나는 여행하자고 권했네만 피로하다느니 흥미가 없다느니 하지 않겠나. 그녀는 다니고 싶어하지 않았고 나도 그녀를 보내고 싶지 않았던걸세."

"하지만 여름은 매우 빨리 지나가지 않았습니까."

"음, 그렇지만 안토니오와 칼멘을 쿠바에 초대해서 함께 케참에 가서 지내기로 했는데 메어리 말로는 귀찮기만 하다는걸세."

"그릴 테죠."

"하지만 무척 즐겁기도 하거든."

"내가 돌아간 뒤의 얘기를 해주십시오."

나는 말했다.

"유감이네만 구월과 시월은 내 계획대로 되지 않았네. 안토니오는 출장 금지된 피카도르를 사용한 혐의로 한 달간 유치장에 들어가 있었어. 때문에 투우는 끝장이 나고 말았지. 더구나 그 직전에 홍콩제의 안전 재킷을 입었는데도 소매치기에게 당하여 몽땅 잃고 말았거든."

"그건 신문에서 읽었습니다."

"그런 일 덕택에 여름을 기쁘게 보내지 못했네. 그 중에서도 가장 놀랜 건 동생 레스터에게서 온 편지 내용이었다네. 아마 나에 관해 책을 쓸 모양인데 다른 일도 있겠지만 내 편지를 넣어야 하니까 인용을 허락해달라는걸세. 그래서 나는 현존하는 인물에 관해 쓸 경우의 일반적 태도를 말해주면서 특히 가족이 같은 가족에 대해 쓸 경우, 더구나 우리 집안처럼 어머니가 바보이고, 아버지가 자살을 한 보기 드문 집안에 대해 쓸 경우를 말해주었네. 동생이 나나 우리 집안에 관한 가장 좋은 기록만을 쓰는 편이 좋겠다는 생각이 드는데 만약 동생이 나에 관한 걸 쓰고, 내가 경험한 말썽을 낱낱이 들춰 쓰기라도 한다면 나는 속수무책일세. 그에게서 소재를 사들여 해결해 버리면 가장 좋겠지만 나는 동생한테 말해줬지. 나는 내 손으로 막을 수 있는 것을 돈으로 해결하지는 않겠다고 말일세.”

어네스트는 뉴욕에서 여러 가지 일의 뒤처리를 하기 위해 며칠을 보냈는데 우울해 보였다. 이제 여름은 끝난 것이다. 다른 해의 여름이 아니라, 생애에서 가장 좋은 시절의 마지막일 터인 그 여름이 지난 것이었다. 불행하게도 이 여름에 생긴 몇 가지 일이 다시금 어네스트를 안타깝게 했다. 언제나 편하게 헤엄쳤던 바다의 흐름이 이번에는 끝없는 바다 저편으로 파도를 밀어붙였던 것이다. 그러나 그는 이것이 그의 생애에서 최고의 여름이었다고 말했으며 아무도 그에게서 그것을 빼앗을 수는 없었다.

공항으로 그를 바래다주는 도중에서도 그는 메어리에 대해 무척이나 걱정했다.

“메어리는 이 핀을 마음에 들어할까?”

그는 물었다.

“그럼요. 마음에 들어하구말구요. 멋진 핀인데요?”

“그렇다면 좋겠네만.”

“틀림없이 좋아할 겁니다.”

“그녀로서는 별로 즐겁지 않았으리라 생각하네. 가엾은 빌에게 신경질이나 부리지 말았으면 싶네만.”

“부인도 즐거워하셨습니다, 무척. 그러니 부인 일로 걱정 마십시오.”

“돌아간 뒤로 그녀는 편지도 하지 않는다네. 더구나 안토니오를 초대해 놓았는데.”

“걱정하지 않아도 돼요, 파파. 모든 게 잘 될 겁니다.”

“그녀가 핀을 좋아해야 할 텐데.”

제 4 부

제13장 아바나 1960년

샌프란시스코 데 파울라의 사람들은 어네스트를 맞기 위해 환영의 깃발을 앞세워 공항으로 몰려들었다. 그는 조그만 마을의 사람들에게 매우 사랑을 받아왔으며 마을 사람들은 그를 마치 봉건 시대의 영주처럼 숭앙했다. 그는 너그럽고 드러나지 않게 자선을 베풀었으며 때에 따라서는 마을 술집에서 20년 이상이나 사귄 지기(知己)들을 상대로 이야기를 나누기도 했다.

어네스트는 나에게 메어리는 편에는 별로 관심을 보이지 않았으나 그에게 다정하게 대해주었으며 안토니오와 칼멘에게도 다정스럽게 대해주었다고 알려왔다. 더구나 어네스트의 책상에는 회답을 기다리는 편지가 92통이나 와 있었기 때문에 비서로서 오너를 데리고 왔다는 것도 승인했다. 이때까지 그는 비서를 둔 적이 없었다.

어네스트와 나는 그가 케참으로 가기 전에 전화로 이야기를 나누었다.

"'핑커'에서의 일은 잘 되고 있다네. 안토니오나 칼멘도 신나게 지내고 있지. 나도 늘 명랑한 얼굴을 하고 있네만 실제로는……아니라네."

"어째서죠? 방금 모든 게 잘 되고 있다고 하셨는데……."

"'핑커'에서는 그렇다네. 하지만 카스트로의 움직임이라든가 그 밖의 여러 가지 사태가 좋지 않네. 미국이 설탕 수입을 제한하지 말았으면 하고 하느님한테 빌고 있네. 그렇게 되면 미국과 쿠바 사이의 관계는 더욱 악화될 것이고 쿠바를 러시아 인에게 선물하는 셈이 돼. 이곳은 정신을 차릴 수 없을 만큼 변하고 있다네. 좋건 나쁘건 말일세. 그러나 좋은 일은 이제 한계에 왔어. 바티스타 정권에서는 그래도 변혁의 기미가 보였지만 지금의 카

230

스트로 정권은 국민의 반미 감정만 불러일으키고 있다네. 정말 그렇게 되면 나는 더 이상 일을 할 수 없게 돼.”

“그럴 리는 없겠죠. 케참에 눌러 계시면 되니까요.”

“일 년, 열두 달이나? 보트도 타지 않고 여름을 보낸단 말인가?”

“키 웨스트에서 여름을 보낼 수 있지 않습니까?”

“아니, 그건 아이들 소유이기도 하고 더구나 유령이 너무 많아서 죽을 지경일세. 그곳은 보트를 타기에는 너무 위험하기 때문에 ‘영업 정지’ 푯말만 걸어놓아야 할 정도라네.”

전화에서 한동안 아무 말도 들려오지 않았다.

“정말 지독한 희생 아닌가?”

어네스트의 말로 안토니오와 칼멘과 함께 자동차로 케참에서 키 웨스트로 간 여행은 신통치 못했음을 알 수 있었다. 케참의 746명 주민 중 이 영주 나으리(헤밍웨이) 이외에는 스페인 어를 알지 못했으며 투우를 본 적도 없기 때문에 그리 반가워하지 않았다. 어네스트는 여러 가지로 대접을 하려고 했으나 안토니오는 예정보다 빨리 스페인으로 돌아가버리고 말았다.

케참에 체재하는 동안 원주민의 무관심 외에도 좋지 못한 일이 일어났다. 어느 날 오후 오리 사냥을 나갔다가 메어리가 넘어져 왼쪽 팔꿈치를 다쳤던 것이다. 바논 로드가 마치 지그소의 퍼즐처럼 접골 치료를 해야만 되었는데 좀처럼 진단을 내리지 않았고 따라서 치료에도 시간이 걸렸다. 어네스트는 육체적인 위기가 닥치면 언제나 그랬지만 정신을 바짝 차려 메어리를 줄곧 간호하며 지휘했다. 내가 12월 초순에 케참에 갔을 때 어네스트는 간호 때문에 하루에 한 번밖에 사냥하러 가지 않을 정도였다.

1월에 어네스트는 쿠바로 돌아와 〈라이프〉 지에 발표할 마노 아 마노스에 관한 글 ‘위험한 여름’을 쓰는 데만 전념했다. 1월부터 6월까지 그가 쓰고 있는 스페인의 여름에 관한 작품을 텔레비전 드라마로 각색하는 일 때문에 나는 자주 그와 전화로 이야기했다. 2월에 그는 일만 칠천 단어의 작품을 완성했다고 알려왔다.

하루는 발간된 지 얼마 안 된 〈에스콰이어〉에 어떤 사람의 문장이 발표되었는데, 〈라이프〉의 편집인은 〈라이프〉에 발표해야 할 것을 〈에스콰이어〉

에 발표한 것이라는 내용의 전화를 걸어왔다. 그 작가는 〈라이프〉로부터 만 달러의 선금을 받고 작품을 썼기 대문에 그로서는 그 작품을 받아낼 권리가 있다는 것이었다. 그러고는 그는 나에게 〈라이프〉의 편집장 에드 톰슨에게 전화를 걸어 그 글을 쓴 사람은 헤밍웨이의 작품을 모방한 녀석에 불과하다는 사실을 설명해달라고 부탁했다.

3월에 어네스트는 전화로 이번 작품이 생각보다 길어져 삼만 단어가 되었으니 〈라이프〉에 전화를 걸어 4월 9일을 마감날로 해달라고 부탁해왔다. 그리고 게리 쿠퍼로부터는 《강을 건너 숲속으로》의 영화화권을 살 준비 교섭에 들어갔음을 알려왔다.

다음에 어네스트로부터 연락이 있었을 때 그의 목소리는 무척 지쳐 있어 긴장감이 엿보였다. 〈라이프〉에 보낼 글이 육만 삼천오백육십이 단어가 되었기 때문에 4월 마감날까지 넘길 수 없었넌 것이다.

"에드 톰슨에게 오늘 편지를 썼는데 어째서 작품이 길어졌는가를 설명했네. 내가 쓰고 싶은 건 그 자체로 가치가 있는 진짜 작품이지 유행을 타 한 번 읽히고 마는 드라마틱한 글은 아니라네. 자네도 기억하겠지만, 이 작품을 처음 쓰기로 했을 때는 주인공 중 어느 한 명이 죽는 단순한 구성이었기 때문에 〈라이프〉도 특집 형태로 짧게 써달라고 했던걸세. 그런데 쓰다 보니 주인공과 또 다른 사내 하나가 차츰 파멸로 몰린다는 복잡한 구성이 되어버렸네. 거기다가 두 사람의 위대한 투우사 사이의 개성이며 그 예술(기량), 기본적인 차이를 써넣어야만 했으며 그런 뒤 그들이 어떻게 됐는가를 써야 하는데 그걸 어떻게 사천 단어로 쓰겠나. 보다 더 짧막하게 쓸 수만 있다면 물론 그렇게 쓰겠네만 두 사람의 생각과 감정을 생생하게 살리고 우리 둘이서 실제로 보았던 그 열광적인 광경을 통일성을 가지고 묘사하여 발표할 수 있어야 하는걸세. 물론 〈라이프〉는 이제 더 이상 새로운 뉴스가 아닌 마노아 마노스에 관한 간단한 에세이를 쓰게 하기보다 원고료를 많이 지불하는 결과가 되겠지만 지금까지만 해도 〈라이프〉는 원고료를 바라고 쓰는 녀석이나 배가 툭 튀어나온 까마귀들에게 얼마든지 쓰게 하지 않았던가. 내가 쓰고 있는 작품은 삼만 달러 이상의 가치가 있는데, 나는 이런 식으로밖에 쓰지 못하고 나로서는 최고의 작품이니까 원고료 따위는 상관이 없네."

"하지만 매수가 많아졌으니까 원고료를 올려달라고 해야 하지 않겠습니까?”

“음, 실상은 마감날을 이미 어겼으면 원고료를 올려달라는 것이 되거든. 톰슨한테는 내가 말한 대로 사월 마감 때까지는 끝내겠다고 했지만 〈라이프〉로서야 실망이지 뭐겠나. 앞으로 확실한 작품으로 완성되려면 한 달은 더 필요하네. 타이핑을 하고 다시 타이핑으로 고쳐야 하거든. 그래서 선불한 원고료를 돌려줄 테니 오월 마감으로 해서 계약을 다시 하자고 했지. 오천 단어로 계약하기보다 사만 단어에 십만 달러로 계약하는 셈이지. 스페인 전쟁 이후로 한 단어에 대한 원고료로는 지금까지 최저로 싼 걸세. 하지만 그쪽에서 물도록 낚싯밥은 그대로 둬야 하거든.”

“그쪽에서도 받아들일 겁니다. 괜찮은 투자니까요.”

“〈스크리브너즈〉의 젊은 사장에게 편지를 써서 《위험한 여름》의 증보판을 가을의 출판 예고에서 빼도록 말해두었네.”

“피곤한 모양이군요.”

“죽을 지경이라네. 좀더 느긋해져야겠는데 그럴 수도 없으니까. 너무 오랫동안 품고만 있었거든. 〈라이프〉의 조건은 괜찮겠나? 삼부작으로 나눌 텐데.”

“적어도 지난번 원고료의 세 배는 받아내도 되겠습니다.”

“더구나 사만 단어니까.”

“언제 완성되겠습니까?”

“오월 말쯤일까. 내 눈이 이상해지지만 않는다면 말이네만. 자네한테까지 걱정을 끼치고 싶지는 않았는데 전에 나빴던 눈이 이월에 다시 악화되었네. 의사 말로는 각막염이라고 하지 않겠나. 눈물샘도 완전히 말라버렸거든. 내가 책을 읽을 수 있는 건 《톰 소여》뿐이라네.”

“그래서 의사는 어떻게 하고 있습니까?”

“치료는 하네만 이번에도 효과가 없으면 일 년 이내에 실명이라네.”

“아니! 설마 그런…….”

“그러니 전처럼 매일이 즐겁지 못하다네.”

“하지만 쿠바의 안과 의사는 못 믿으니까 뉴욕에서 가장 훌륭한 안과 의사한테 진찰을 받으면…….”

“그래서 술은 한 잔, 와인은 두 잔밖에 마실 수 없고 내가 할 수 있는 건

《톰 소여》를 읽는 것뿐이거든. 이건 훌륭한 소설이네만 아홉 번이나 읽었더니 역시 감동이 덜해지더군.”

5월 4일의 이른 아침, 나는 해외 전화 때문에 잠에서 깨어났다. 어네스트는 라디오로 쿠퍼가 보스턴의 병원에서 전립선 수술을 받았는데 상태가 좋지 못하다는 방송을 들었다는 것이었다. 그러나 내가 들은 바로는 병이 악성이 아니기 때문에 쿠퍼는 올 여름에 나폴리에서 영화에 출연할 예정이었다고 말해주었다. 어네스트는 쿠퍼에 대해 여러 가지로 물었는데 나로서는 대답할 수 없는 것뿐이었다. 그는 무척 흥분하고 있었다. 쿠퍼는 그의 오랜 친구 중의 하나로, 자주 만나지는 않았으나 두 사람의 유대는 굉장히 강했다.

어네스트는 또한 《위험한 여름》에 몰두하고 있었다. 이 작품은 구만 이천 사백오십삼 단어나 되었으며 앞으로 십일만 단어까지는 쓸 기세였다. 그기애를 먹는 것은 〈라이프〉를 위해 어떤 식으로 사만 단어를 줄이느냐는 것이었다. 나는 전부 완성하기까지는 삭제를 생각하지 말라고 충고를 했으나 칠만 단어로 줄여야 한다는 생각이 머리에서 떠나지 않아 악몽에 시달린다는 것이었다.

나는 그때 그가 보인 반응을 뚜렷하게 기억하고 있다. 그를 알고 나서 처음으로 그가 자신없어 하는 모습을 보았다. 그는 언제나 자기 작품에 관해서는 완벽한 지배자였으며 자신이 어떻게 쓰며 언제 어디서 작품을 발표할 것인가를 잘 알고 있었다. 그런데 이날 아침의 전화에서 그는 그 통제력이 상실되어 있었다. 쿠퍼의 소식이 그를 동요시켰거나 혹은 눈이 실명되지 않을까 하는 불안 때문이었는지 모른다. 사실 이때만 해도 《위험한 여름》이 완성되어 그는 다시 건강을 되찾을 것으로 믿어 의심치 않았다.

어네스트는 5월 28일에 《위험한 여름》을 완성했는데 그 작품은 십만 팔천 칠백사십육 단어나 되었다. 그는 작품의 마지막 부분에 새로운 것을 써넣기 위해 스페인으로 돌아가야만 했으며 아무도 편지에는 쓰지 않을 어떤 종류의 것을 확인할 작정이라고도 했다. 그가 밝히고 싶었던 것은 도민긴이 상대한 소의 뿔이 날카롭게 연마되어 있지 않았을까 하는 생각을 바탕으로 한 것으로 그러한 일이 과연 아직도 행해지고 있느냐 하는 것에 관련되어 있었다. 더구나 사진을 더 찍어두고 싶다는 희망도 곁들였다.

그러나 우선 급한 문제는 작품을 칠만 단어로 압축하는 일이었다. 어네스트는 6월 1일부터 25일까지 열두 차례나 전화를 걸어왔다. 원고의 삭제에는 능력이 없다는 생각이 그를 불안하게 했기 때문이었다. 〈라이프〉에서는 편집을 하면서 적당히 줄이겠다고 제의해왔으나 그는 편집부의 판단을 믿을 수가 없었다. 21일 동안, 매일 아침부터 작업을 시작하여 어네스트가 삭제한 것은 겨우 이백칠십팔 단어뿐이었다.

25일에 전화를 걸어왔을 때, 그의 목소리는 피로 때문에 쉬어 있었다. "각 페이지마다 열두 번은 읽었다네."그가 말했다. "그런데도 삭제한 건 겨우 오백삼십오 단어일세. 그 밖에는 삭제할 말을 찾을 수가 없었네. 〈라이프〉에서는 이 작품을 이미 선전해버렸기 때문에 계약을 파기할 수도 없고 야단이로군. 하지만 이젠 더 이상 나는 읽지 못하겠네. 핫치, 내 내부에서 모두 능력을 봉쇄해버린 것 같고 눈은 이제 더 쓸 수가 없네. 글자를 읽을 수가 없어——아침에는 읽을 수 있겠는데 열시만 되면 벌써 글자를 알아볼 수가 없거든. 그래서 오늘 아침에 생각했네——이전 일은 그야말로 사기라고는 생각하네만——내게 와서 함께 삭제해주지 않겠나? 자넨 머리도 명석하고 눈도 좋으니 이삼일이면 될 테고 〈라이프〉에 넘겨줄 원고만 마련되면 '필라르' 호를 타고 느긋하게 낚시를 하거나 옛날처럼 해보세."

나는 6월 27일에 아바나로 갔다. 어네스트가 공항에서 기다렸으며 판이 바로 '핑커'로 안내해주었다. 몹시 무더운 날씨였다. 아바나의 거리를 지날 때, 모든 벽마다 반미(反美)의 구호가 씌어 있었으며 '양키, 반대!'란 플래카드가 거리에 넘쳐흐르고 있었다. 7월 4일에는 대규모의 반미 데모를 거항하기로 되어 있으며 그 클라이맥스에는 카스트로가 시(市)의 중앙 광장에서 연설을 할 예정이었다.

어네스트는 늘 그랬듯이 앞좌석에 앉아 똑바로 앞을 응시하며 구호 따위는 거들떠보지도 않은 채 말했다.

"알겠지? 이게 마지막 여름일세."

우리가 샌프란시스코 데 파울라를 지날 때 마을 사람들이 손을 흔들자 그는 미소지으며 손을 흔들어 답례했다. 우리는 천장이 높은 식당에서 메어리와 조용하고도 즐거운 식사를 했는데, 뿔을 단 아름다운 소들이 벽에서 우리들을 굽어보고 있었다.

어네스트는 차가운 과일 수프와 포테이토 요리가 맛있다면서 메어리의 요리 솜씨를 칭찬했다. 그러나 그는 조금밖에 먹지 않았으며 와인 글래스에도 물을 반쯤 타서 마셨다. 눈을 감는 횟수가 많아졌으며 줄곧 손으로 눈을 누르거나 부볐다. 수염도 몇 달씩이나 손질을 하지 않았다. 벗겨진 앞머리를 뒷머리로 교묘하게 가리고 있어 로마 황제 같은 인상을 풍기고 있었다.

식사 뒤 어네스트는 688페이지나 되는 《위험한 여름》의 타이프 원고를 나에게 넘겨주었다. 나는 탑 위의 서재로 가서 읽기 시작했다. 더운 날씨로 땀이 많이 흘렀기 때문에 눈에 스며들지 않도록 손수건을 쥐고 읽어야만 했다. 핑커에는 선풍기나 냉방장치가 없었다. 그날 오후부터 밤에 걸쳐 원고를 읽고 삭제, 수정했다. 밤이 되자 더위는 더욱 극성을 부려 잠을 자기가 어려웠다.

이튿날 오후, 처음 부분의 백 페이지에서 8개 부분의 삭제 리스트를 어네스트에게 주자 그는 내가 탑에서 작업을 하는 동안 침실에 가서 그 부분을 검토했다. 더위가 전혀 가시지 않아 작업의 능률은 떨어지기만 했다. 쿠바에는 몇번이나 왔었건만 여름에 이곳에 온 것은 처음이었다.

다음 날 아침, 어네스트와 나는 그의 침실에서 상의를 했다. 그는 일곱 종류의 색깔이 다른 알약을 꺼내어 사이폰의 물로 하나씩 먹었다. 그러고는 각 부분의 삭제에 대한 반대 의견을 쓴 종이를 나에게 내밀었다.

놀라운 기록이었다. 우선 첫째로 어떤 부분은 뜻을 전혀 알 수 없었다. 이를테면 한 페이지의 5분의 1을 삭제함에 있어서 그 페이지를 그대로 남겨두어야 하는 4가지 이유를 '그러나 여기에 씌어 있는 것이 어디에서건 일어나지 않았다는 효과가 있다'는 결론까지 지어놓았다. 둘째로, 전체가 특징도 없고 지리멸렬했으며 문장은 맥락이 없고 성급한 부분이 많았다. 셋째로, 어네스트가 어째서 이런 것을 애써서 썼으며 더구나 내가 읽어서 지적한 부분에 대해 이처럼 민감한지 알 수가 없다. 우리는 과거에도 《강을 건너 숲속으로》나 《노인과 바다》며 《파리의 회상》, 기타 단편 등의 원고에 관해 상의한 적이 있었다. 그런데 이번 원고는 초고임에도 불구하고 이상하게도 영문을 알 수 없는 내용이었다.

그러나 나는 아무런 논평도 않고 원고를 그대로 받아들였고 그로부터 사홀 동안 어네스트가 납득할 형태로 삭제할 부분을 지적하거나 그가 메모한 주의 사항에 신경을 쓰면서 삭제하는 등으로 원고 수정을 계속했다. 나는 삭제하려고 했던 부분을 어네스트에게 설명했으나 강력하게 삭제를 요구하지는 않았다. 어네스트가 원고를 수정할 것인가 아니면 그대로 적당히 〈라이프〉 지에 넘길 것인가로 고민하고 있다는 것을 알고 있었기 때문이다.

"내가 쓴 문장은 푸르스트의 다의적인 문장과 흡사하다네. 그래서 만약 그러한 세부적인 것을 삭제한다면 그 효과는 파괴되는걸세."

그날 오후 늦게 우리는 많은 사람이 수영하고 있는 넓은 수영장으로 헤엄을 치러 갔다. 물은 열탕의 욕조처럼 가득 차 있었다. 나는 어네스트가 천천히 수영장으로 들어가는 것을 보았다. 여윈 듯이 보였다. 가슴이며 어깨가 힘이 없어 보였으며 팔꿈치 위로는 가늘기만 하고 모양도 볼품없이 마치 거대한 근육을 서투른 칼질로 깎아낸 듯이 보였다.

어느 날 밤 무더워서 잠을 이루지 못했을 때, 나는 20년대 파리에서 출판된 〈금주(今週)〉라는 잡지의 낡은 합본을 방에서 발견했다. 페이지를 넘기다가 분명히 첫 발표로 여겨지는 《커다란 두 마음이 있는 강》과 《패하지 않는 자》의 2편을 보았다. 이 잡지를 편집했던 시인 어네스트 월슈의 에세이도 찾아냈는데 그 가운데에서 그는 이렇게 예언하고 있었다.

"헤밍웨이는 자기의 독자를 선택한다. 그는 많은 수입을 갖게 될 것이다. 그러나 고맙게도 그는 결코 만족하지 않을 것이다. 그는 선택된다. 그는 지배한다. 그가 지치기까지는 오랜 시간이 걸릴 것이다. 더구나 지치기 전에 그는 죽을 것이다."

나흘째 어네스트는 마침내 3페이지의 삭제를 인정했으며 그 뒤로 고통에 몸부림치듯 천천히 삭제를 인정하기 시작해 9일째 가서는 전체적으로 오만 사천구백십사 단어까지 줄였다. 이튿날 어네스트는 더 이상은 눈을 쓸 수가 없다고 했다.

"삭제된 단어가 아직도 내 눈앞에 어른거려 당분간은 눈을 쓸 수 없을 것 같네."

나는 뉴욕으로 원고를 갖고 가서, 여기까지 일단락 지은 오만 삼천팔백 삼십 단어를 다시 〈라이프〉로 하여금 삭제케 할 작정이었다.

"안 그런가, 핫치. 나는 되도록 조심스럽게 행동하네만 마치 카프카의 소설에 나오는 악몽 속에서 살고 있는 듯하다네. 나는 언제나 겉으로는 명랑한 척 행동하지만 사실 그렇지 못하다네. 지칠 대로 지쳐버리고 감정적으로 좌절하고 있다네."

"뭣이 가장 마음에 걸리십니까? 그 카스트로 소동인가요?"

"그것도 있지. 그 녀석이 개인적으로 나를 괴롭히는 건 아니네만. 그들에게는 내 존재가 선전이 되니까 나에게 편의를 제공해주고 있네. 이대로 줄곧 이곳에서 글을 쓸 수 있을지 모르겠네만 무엇보다도 우선 나는 미국인이기 때문에 다른 미국인이 쫓겨나고 나라가 중상 모략을 당하고 있는데 가만히 있을 수는 없는 것 아닌가. 녀석들이 블랙 도그를 죽이던 날 밤, 나의 이 생활도 모두 끝나버렸음을 알았지. 바티스타 파(破)의 수색대가 총을 압수하겠다면서 한밤중에 여기 와서는 총뿌리를 들이대더군. 가엾게도 블랙 도그는 니이들이 제대로 보이시 않는 침침한 눈으로 굳건히 '핑커'의 문을 지키고 있었다네. 그런데 한 병사가 총의 개머리판으로 블랙 도그의 머리를 내리쳐 죽이고 말았네. 가엾은 블랙 도그! 내가 블랙 도그가 없다는 걸 깨달은 것은 아침 일찍 내가 글을 쓰고 있을 때였네. 타자기 옆의 얼룩무늬 양가죽 위에 당연히 앉아 있어야 할 그놈이 없잖은가. 오후에 내가 수영을 할 때면 수영장 옆에서 도마뱀을 잡는 그놈이 안 보였단 말일세. 밤에 내가 책을 읽을 때 내 발등에 그놈의 턱이 올라와 있지 않은걸세. 블랙 도그의 일을 생각하면 죽은 친구를 생각할 때처럼 가슴이 아프다네. 그리고 이번에는 핑커마저 잃게 됐네——자신을 속일 생각은 없네——모든 걸 이대로 두고 철수하게 되었으니 이 손실을 어떻게 되찾으면 좋겠는가? 내가 가진 모든 게 여기 있네. 그림, 책, 훌륭한 작업장, 멋진 추억이 말일세."

"그림 정도는 어떻게 방법을 강구할 수 있지 않겠습니까?"

"밀로와 그리스의 그림 두 장만은 가져가고 싶군."

"액자에서 떼어낼 수 있다면 내 짐과 함께 가져가겠습니다."

"아니, 자네한테 그런 위험한 짓을 하게 할 수야 없지."

"'모던 아트' 미술관에서 작품 전시를 제의해왔다고 하면 어떨까요? 알프렛 바가 밀로의 그림을 빌려달라고 몇 번이고 말했다지 않습니까?"

"해볼 만한 가치는 있겠군. 그에게 편지를 쓰겠네."

"어젯밤 파리를 묘사한 작품 몇 장을 읽어봤습니다——훌륭하더군요.

파파, 파리가. 모두 내 것 같은 기분이 들었답니다. 이번에 파리에 가면 작품에 씌어 있는 대로구나 하고 느끼게 되리라 생각합니다만.”

“가엾은 에즈라에게 다정스럽게 해주라고 국회의원에게 압력을 넣을까?”

“아닙니다. 그 문제는 이제 끝난 겁니다. 지금 국회의원은 에즈라 파운드가 누군지조차 모를 겁니다.”

어네스트는 《위험한 여름》과 《파리의 회상》 중 어느 작품을 먼저 출판해야 할지 판단을 내리지 못하고 있었다. 오랜 시간에 걸쳐 이러쿵 저러쿵 한 끝에 그가 뉴욕에 와서 다시 상의하기로 했다. 뉴욕에 올 날짜를 미리 알려주면 유명한 안과 전문의사의 진찰을 받을 수 있도록 미리 일정을 맞춰놓겠다고 나는 말했다.

이튿날 메어리와 함께 보트를 타고 바다에 나가려고 하자 그레고리오가 바다 날씨가 나빠 나흘 동안 고기를 잡지 못한다고 알려주었다. 그래서 어네스트와 나는 아바나로 차를 몰았으며 플로리디타에서 다이킬리를 한 잔씩 마신 뒤 은행 금고에서 원고를 찾아왔다. 이것은 《바다로 뒤쫓다》라는 중편으로 메어리가 이것을 원작으로 하면 좋은 영화가 되리라고 말했기 때문에 어네스트는 나의 의견을 들어보고 싶었던 것이다.

첫 페이지 제목 위에 자필로 ‘바다, ──주요작, 제3부──’라고 적었다. 이것을 보면 그가 늘 ‘대작(大作)’이니 ‘대형 폭탄’이니 하던 작품의 바다의 부분으로 물, 바다, 하늘의 3부작이 될 것임을 알 수 있다.

그날 밤 나는 그것을 읽었다. 메어리가 말한 대로였다. 제2차 대전 중의 바하마 제도(諸島)를 무대로 한 흥분으로 가득 찬 모험 이야기인데, 침몰한 나치의 보트 승무원을 뒤쫓는다는 소재였다. 실제로──소설에서는 토머스 허드슨인데──어네스트와 ‘필라르’의 승무원이 1943년에 보트를 추적한 그 체험을 살려 소설화한 것이었다. 아직 출판은 되지 않았으나 틀림없이 출판될 것이다.

내가 읽고 난 감상을 어네스트에게 들려주자 그도 원고를 다시 읽어두는 편이 좋을 것 같은 느낌이 든다고 말했다. 오녀가 읽은 뒤 불안한 듯이 말했다.

“《위험한 여름》과 《파리의 회상》을 출간한 이후에 이 원고를 완성시키겠네. 그런데 그럴 재능과 힘이 그때까지 남아 있을지 모르겠군.”

　나를 공항으로 바래다주겠다는 어네스트를 간신히 말렸다. 더위와 지친 마음 때문에 몹시 쇠약했건만 그래도 꼭 바래다주겠다고 고집을 부리는 것이었다.

　“이곳에서 한번 밖으로 나가려면 힘들고 어렵다네. 자네가 무사히 출국했는가를 확인하고 싶어서이네.”

　우리가 항공편을 예약할 수 있었던 것은 쿠바에 있는 어네스트의 한 친구가 항공 회사의 중역이기 때문이었다. 카스트로는 국외로의 취항 수를 하루 두 번으로 제한했다. 그러나 국외로 탈출하려는 사람은 그 취항 수에 비해 어림도 없을 만큼 많았다.

　자동차 안에서 어네스트는 나에게 말했다.

　“핫치, 나는 밤새껏 걱정했다네. 거래는 어디까지나 거래이고 자네도 무척 힘을 써줬으니까 아무 말도 않으려 했네만 나는 도저히 견딜 수 없었네.”

　“내가 할 수 있는 일이라도…….”

　“〈라이프〉와의 계약 말일세. 그건 벌써 계약이 끝나 법률적인 구속을 받는 셈인데, 제기랄! 어쩌자구 그 따위 것에 서명을 했단 말인가? 《노인과 바다》를 발표했을 때보다 세 배나 더 팔릴 텐데. 안 그런가, 내가 한 가지 일로 해서 글을 쓰기 시작했더니 다른 일이 생기고, 또 다른 일이 겹쳐 생기지 않았겠나. 그래서 결국 나는 코너에 몰린 권투 선수 같은 꼴이 된걸세. 금년엔 세금이 듬뿍 나오는 해인데 돈을 어디서 마련해야 할지 모르겠네. 〈스크리브너즈〉에서는 빌리고 싶지 않네. 올드 찰리도 없는 그 출판사에서 어떻게 가불을 하겠나. 이 사만 단어의 작품만이 1960년에 벌어들인 내 수입 전부일세. 그래서 이번에 스페인으로 가서 조금만 더 현대적인 걸 전보로 보내면 약간이나마 원고료를 벌 수 있지 않겠느냐 그 말일세.”

　내가 솔직히 판단한 바를 어네스트는 뚜렷이 마음을 정하여 받아들이긴 했으나 그래도 그것이 마음에 걸려 고민하던 것을 나는 무심코 입 밖에 내고 말았다.

　“그럼 에드 톰슨을 만나 한번 얘기해볼까요?”

 "먼저 《파리의 회상》을 읽어보라고 해주게나. 파리를 찍은 좋은 사진이 있으면 그 작품에 잘 어울릴걸세."
 "파파, 원고료는 어느 정도로 할까요?"
 "칠만오천 달러는 받아야 사만 달러는 세금, 나머지 삼만오천 달러로는 생활을 할 수 있겠지."
 나도 우연히 안 것이지만 어네스트의 구작(舊作) 저작권료의 연수입은 약 10만 달러였으며 주식이며 증권도 많이 갖고 있는데 이것은 2,30년 전부터 사두었던 것이었다. 세금은 그의 연수입으로도 충분히 지불할 수 있는 액수였지만 그는 해마다 벌어들이는 그의 수입으로 충당하려 했던 것이다. 그런 어네스트의 생활 태도를 나는 존경했다. 수입이 불안정스런 문필업의 세계에서 이는 마땅히 지녀야 할 태도이지만 어네스트 같은 대작가의 지위에서라면 현실에서 있을 수 없는 생활 방식이었다. 아마도 그것은 굶주림으로 시달렸던 시기부터 줄곧 견지해왔던 것이리라.
 공항은 사람들로 붐볐다. 매표소 앞은 더욱 붐벼서 뉴욕에서 지하철을 탈 때처럼 사람들을 밀치며 앞으로 나아가야만 했다. 매표소 앞까지 겨우 왔을 때 나쁜 소식이 들려왔다. 카스트로는 앞으로 별도 지시가 있을 때까지 미국의 여객기에 대해 취항 금지령을 내렸던 것이다. 이것은 쿠바의 여객기가 미국에서 연료를 보급받을 경우 현금으로 값을 지불해야 한다는 것에 대한 보복 조치였다.
 우리는 군중을 헤치며 밖으로 나왔는데, 어네스트는 터미널 빌딩에서 여객기를 전세내는 사무실로 나를 데리고 갔다. 30년대 초기에 키 웨스트에서 밀수입한 럼 술을 팔았을 당시부터 어네스트를 아는 사나이가 있었다. 어네스트와 그 사내는 낮은 소리로 한참 상의하더니 사내가 나에게 가방을 들고 사무실과는 반대쪽인 공항의 언덕길로 나가 있어달라고 했다.
 우리가 10분쯤 기다리는 사이에 어네스트는 《위험한 여름》의 노트를 한 긴 종이 다발을 나에게 주며 말했다.
 "마지막 삭제를 했네. 가다가 읽게나. 그리고 키 웨스트에서는 확실히 돌아갈 수 있겠지?"
 "네."
 어네스트의 친구는 아바나 세관의 관심이 뜸한 세스나 비행기로 나를 키

웨스트까지 보내주었다. 키 웨스트부터는 자동차를 전세내어 바다와 마이
애미로 나아가는 사주(砂州)를 똑바로 가로질러 뻗어 있는 훌륭한 고속도
로를 달려 마이애미에서 뉴욕으로 가는 제트 비행기 좌석에 무사히 올라탈
수 있었다.

어네스트가 준 노트를 펼쳐보니 페이지 번호와 그에 해당하는 지시가 적
혀 있었다. 거기에는 전에는 자기도 승인하여 삭제한 부분을 살리도록 하
라는 반대 의견도 있었으나 대부분은 이미 삭제하기로 한 부분을 세밀하게
지시하여 그 설명을 덧붙인 것이었다. 이 설명의 부분만으로도 15페이지의
노트는 되었는데 주로 자기 스스로를 납득시키기 위해 적은 듯했다.

어네스트와 메어리는 7월 13일에 뉴욕으로 돌아왔다. 그가 오기까지 나
는 에느 톰슨과 오찬을 같이하고 우선 올드 그랜드 더드로 기운을 차린 뒤
그에게 불안한 소식을 전했다. 만약 포화 앞에 놓인 편집인의 용감성에 대
해 훈장이 주어진다면 누구보다 우선 에드 톰슨을 수훈자로 추천하고
싶다. 그는 마지막 한 방울의 칵테일을 모두 마시고 나서는 다시 새로 주문
한 뒤 짤막한 한숨을 쉬면서 말했다.

“어네스트 헤밍웨이는 하나밖에 없으며 그의 주장에도 일리는 있겠군.
그러니 온건하게 얘기해주게나.”

나는 10만 달러의 건(件)에 대해 말하고, 〈라이프〉의 스페인 판 저작권을
위해 1만 달러를 양보하겠다는 식으로 해서 9만 달러의 선에서 결말을 지
었다.

내가 아바나에서 떠난 뒤로 거의 매일처럼 어네스트는 어느 작품을 먼저
출판할 것이냐를 상의하기 위해 전화를 걸어왔다. 나는 마지막으로 출판사
의 의견을 묻는 것이 좋겠다고 조언했다. 그가 뉴욕에 온 날 오후, 62번가
의 아파트에서 만났는데 이때 나는 뉴욕에서 가장 큰 병원의 안과 부장에게
어네스트가 진찰을 받을 수 있도록 시간을 예약해두었다. 이 사람은 아주
뛰어난 안과 의사로 다크 아비뉴의 진찰실에서 극히 소수의 개인적인 환자
만을 진찰했다. 그는 각막염은 드문 병으로 실명의 위험도 있을 뿐만 아니
라 대개의 증례(症例)에서는 치명적일 수도 있는 중대한 병이라고 전화로
가르쳐주었다.

찰즈 스크리브너 쥬니어가 편집인인 해리 프레이그 쥬니어를 데리고 아파트에 왔다. 둘은 무삭제판(無削除版)의 《위험한 여름》원고와 《파리의 회상》 사본 2부를 받아 월요일 아침에 어느 쪽을 먼저 출판할 것인가를 상의하러 오겠다고 했다.

그런 뒤 '모던 아트' 미술관의 대표로서 핑커에 가서 밀로의 《농장》을 뉴욕으로 갖고 올 준비를 하고 있자 알프렛 바에게서 연락이 왔다.

나는 〈라이프〉의 원고료와 밀로의 그림에 관한 일이 잘 되기를 빌고 있었으며, 우선은 급한 대로 출판의 문제를 딴 데로 맡겼기 때문에 어네스트는 뉴욕에서 좀 편히 쉬면서 여러 장소를 즐길 수 있으리라 생각했는데 그는 우울한 표정으로 말하는 것이었다.

"술을 마실 수도 없으면서 투트의 가게며 올드 사이델버그나 샴의 술집, 또는 그 밖의 곳을 어떻게 다닐 수 있겠나."

메어리가 요리를 해주어 우리는 거의 아파트에서 식사를 했다. 어네스트는 조심스럽게 산세르의 포도주만 마셨다.

그는 거의 《위험한 여름》에 관한 것만을 화제로 삼았는데, 루이스 미구엘에 대해 완벽하게 공정한 입장으로 보느냐를 걱정하거나 미구엘이 언짢게 여길는지 모른다고 괴로워하기도 했다. 또 스페인 사람이 그들의 영웅 마노레테에 대한 자신의 비판을 어떻게 받아들일 것이냐를 두고 신경을 쓰기도 했으며, 또 안토니오가 체포되었다는 것이며 뿔을 날카롭게 갈았다는 스캔들을 썼기 때문에 그에게 피해가 가지 않겠느냐는 등으로 여간 걱정을 하는 것이 아니었다.

《위험한 여름》의 문제에서 잠시 그를 떠나게 할 작정으로 마침 20세기 폭스의 영화 프로듀서인 젤리 월드가 제안해온 문제를 그로 하여금 생각케 했다. 이 영화사에서는 나의 텔레비전 드라마 '닉 애덤즈의 세계'에서 사용한 단편 7개 이외에 3편의 영화화권을 사서 영화를 만들고 싶다고 했다. 그리고 그 10편에 10만 달러를 지불하겠다는 것이다. 이것이 어네스트를 화나게 했다.

"뭐라구, 한 편에도 그만큼은 지불해왔는데 ! 《킬리만자로의 눈》에서도 그만큼은 내놓았고 《나의 아버지》에서도 그만큼은 내놓았어."

나는 여기서 문제가 되어 있는 것은 매우 짧은 것뿐이며 대부분은 이미 텔레비전에서 했고 영화로서는 한 편의 권리를 사겠다는 것이나 다름없다고 설명했다.

"할리우드에서는 일단 값을 정하면 내릴 수가 없네. 열 편에 구십만 달러라면 팔기도 하겠네."

월요일 아침 찰즈 스크리브너 쥬니어와 해리 브레이그 쥬니어가 돌아왔다. 찰즈 스크리브너 쥬니어는 두 작품이 역시 훌륭하며 〈라이프〉의 발표에 편승하여 《위험한 여름》을 먼저 출판하는 것이 좋겠다고 말했다. 여름이라도 출판시기에는 관계가 없다는 것이었다. 해리 브레이그 쥬니어는 《위험한 여름》을 모두 읽지는 못했으나 자기가 읽은 곳까지의 의견을 말한다면 사장과 같은 생각이라고 했다. 어네스트는 미소를 지으며 자기도 그런 생각이 들기 시작한 참이라면서 정말 기쁘다고 했다. 나는 쿠바 이후 처음으로 어네스트가 미소를 보여 충격을 받았다.

두 사람이 돌아간 뒤 그가 말했다.

"저 친구들도 작품이 마음에 든 모양일세. 이젠 수선하기 위한 재봉틀을 치워도 되는지 모르겠네. 그럼 이제부터 투트의 가게에 가서 요리를 먹도록 하세. 그러면 메어리가 손수 만든 요리가 얼마나 맛있는가를 알 수 있으니까."

어네스트는 투트 쇼의 가게에서 점심식사를 즐겨 먹었다. 술을 두 잔이나 마셨으며 여전히 투트를 상대로 지독한 농담을 하고 레너드 라이언즈나 또는 역시 오랜 친구이며 스포츠 평론가인 지미 캐논을 상대로 즐겁게 시간을 보냈다. 걸어 돌아오는 길에 어네스트는 여러 가게의 쇼윈도 앞에서 걸음을 멈추곤 했다.

"거리를 걷는다는 건 좋은걸세."

그가 말했다. 나는 그가 본래의 정신을 되찾은 것 같아 마음이 놓였으나 불행하게도 이것은 오래 계속되지 않았다.

문 앞에 이르자 전화벨이 울렸다. 전화를 받는 어네스트의 태도로 보아 그 내용을 짐작할 수 있었다. 찰즈 스크리브너 쥬니어는 그가 점심식사를 드는 사이에 《위험한 여름》을 모두 읽고 난 해리 브레이그 쥬니어와 상의한 결과, 이 작품은 잠시 보류하고 《파리의 회상》을 먼저 출판하고 싶다는 것이었다.

어네스트가 투덜대며 말했다.

"하지만 나는 투우의 사진이며 여러 가지 자료를 보내라고 사방에 전보를 쳐놓았다네. 좋은 생각이 아니라는 건 아니야, 찰즈. 하지만 아침엔 귀가 솔깃한 말을 해주고는 오후에 엉뚱한 소리를 하는 건 별로 잘하는 짓이 아니지……. 아니, 자네와 해리가 그런 견해라면 나로선 그걸로도 괜찮다네."

그날 밤 어네스트는 식사를 전혀 들지 않았다. 투트 쇼의 가게에서 돌아오는 길에 산 뉴욕의 모든 신문과 잡지를 끌어안고 일찍부터 잠자리에 들고 말았다. 내가 돌아갈 때에는 노트에 무엇인가를 적고 있었다.

이튿날 그 안과 의사에게로 갔는데 어네스트는 두 시간 가까이나 진찰을 받았다. 어네스트는 아바나에서 진찰받은 안과 의사의 진단서며 의견서, 시험 결과 등이 든 커다란 종이 봉투를 들고 갔다. 대기실에서 두 시간을 기다리는 사이에 여러 가지 안약이 그에게 주입되었다. 어네스트는 이 의사에게 탄복하면서 아바나의 병원은 루이 파스퇴르 때의 병원처럼 철저하다고 말했다.

병원에서 돌아가려 하자 간호사가 어네스트에게 진단서를 떼주었는데 아파트로 도착하기까지 그 진찰의 결과에 대해서는 아무 말도 하지 않았다.

그러다가 그는 간단하게 말했다.

"무척 좋아졌다는 걸 알았네. 아바나의 의사가 진단한 무서운 염증은 이제 없어. 보다 더 도수가 높은 안경이 필요할 뿐일세."

어네스트는 그 이후로 눈의 장애에 대한 것을 입에 올리지 않았다. 그리고 책을 읽는 데 애를 먹는 것 같지도 않았다. 뿐만 아니라 내가 아는 한 그는 도수가 더 높은 안경을 써야 한다는 의사의 진단에도 따르지 않았다.

그날 오후 메어리가 쇼핑을 간 사이에 전화벨이 울려 내가 수화기를 들자 귀에 익은 목소리인 알아듣기에도 어렵게 무척 빠른 말을 쓰는 지기였다. 그녀는 우리의 생활에서 상당히 오래 떠나 있었다.

어네스트가 접속 전화를 받아 우리 셋은 이야기를 나누었다. 지기는 말을 제대로 하지 못했으며 말끝도 또렷이 매듭짓지 못했다. 장거리 전화를 걸었는데도 지금 어디서 거는 것인지도 말하지 않았다. 어네스트와 내가 뉴욕에 언제까지 있을 것인가를 궁금하게 여기면서 오랫동안 만나지 못했기 때문에 만나보러 가고 싶다고 했다. 어네스트는 지기를 만날 수 없어 매우 유감이지만 며칠 사이에 곧 스페인으로 가겠다고 말해주었다.

전화를 끊은 뒤 어네스트는 아무 말도 하지 않았다. 지기가 오랫동안 술에 빠져 있었다는 것을 나는 알았지만 어네스트에게 이것은 충격이었다. 한참 있다가 겨우 그는 입을 열었다.

"내가 바로 처음 그녀한테 술을 가르쳐준 멍텅구리라네. 리츠에 있었을 때 그 위스키 사워를 기억하나?"

"하지만 파파, 당신이 권하지 않았더라도 아마 다른 누군가가 권했을 겁니다."

"그럴는지 모르네만 내가 바로 그 장본인이니 내 머리를 내가 후려치고 싶은 심정이라네."

"파파, 당신은 여러 가지 일을 스스로 떠맡으려 합니다만 이건 다른 문제랍니다. 우리는 어떻든 간에 우리 자신일 뿐입니다. 다른 사람이 어찌 되었건 그건 문제가 아니잖습니까?"

"내게는 문제야! 엄청난 문제라구!"

어네스트는 창으로 다가가서 비가 내리는데도 하늘을 날아다니는 비둘기를 물끄러미 지켜보고 있었다.

찰즈 스크리브너 쥬니어와 해리 브레이그 쥬니어가 이튿날 점심식사 때 어네스트에게 와서는 예정을 변경하여 그의 기분을 언짢게 했음을 사과했다. 그 뒤, 최종적인 결정으로서 우선 《위험한 여름》을 되도록 빨리 출판하기로 했다고 말했다.

어네스트는 이 세 번째의 결정을 조언으로 받아들이겠다고 부드럽게 말함으로써 이 일을 일단락지었다.

어네스트는 이튿날 스페인으로 갈 예정이었으나 원고를 정리하다 보니 3일이 걸렸으며 많은 리스트도 만들었다. 그 리스트에는 떠나기에 앞서 해야 할 일들을 자세히 적은 것이었는데 나에게 건네준 것은 이미 검토를 마친 여러 가지 일들을 잊지 않도록 하기 위한 것이었을 것이며 메어리에게도 다른 내용이 담긴 리스트를 주었으리라고 나는 생각한다.

나에게 준 리스트 중 하나에는 '그의 재요구, 75만 달러로 할 것'이라고 적혀 있었다. 지난 번에 아바나에 가기까지는 미처 생각을 못 했겠지만 전에는 이러한 리스트를 만들지 않았다. 매우 잘 정리된 훌륭한 기억력이 있었기 때문에 리스트 따위는 만들 필요가 없었던 것이다. 내가 생각할 수 있었던 것은 그가 갑자기 자기 기억을 신뢰할 수 없게 되어버렸다는 것뿐이었다.

그 해 가을은 해외에 나갈 계획이 없었으나 내가 《위험한 여름》의 완성을 도운 뒤 마드리드에 가 있던 어네스트는 《닉 애덤즈 스토리》의 영화화로 20세기 폭스와 당장에라도 계약하라고 평소와는 달리 성화가 불 같았다. 지금까지 어네스트는 자기 작품의 영화화에 늘 실망했기 때문에 이번에 이처럼 애가 달아 독촉을 하는 것이 이상할 정도였다.

10월 2일 밤, 나는 마드리드에 도착하여 다시금 어네스트의 친구들——지금은 빌, 오너, 안토니오로 국한되어 있지만——과 즐거운 재회를 누릴 수도 있고 또한 작년 여름처럼 유쾌하게 옛 우정을 나눌 수도 있으리라 생각했다. 나는 스에시아 호텔에 묵기로 하고 어네스트의 방으로 찾아갔다. 문이 열려 있었다. 어니와 오너가 소파에 나란히 앉아 테이블에 놓인 은제 얼음 그릇에 들어 있는 '로사도'의 병에서 술을 따라 마시고 있었다. 조그만 가방에 사진을 넣으려던 빌이 나와 먼저 눈이 마주쳤다. 방 안에는 마치 검정 베일을 친 것처럼 불안이 감돌고 있었다.

빌이 문 앞까지 나와 나를 맞아들이려 할 때 침실에서 어네스트가 뛰쳐나왔다. 그는 그 전처럼 양모로 된 실내복을 입고 애용의 'Gott Mit Uns'라는 글씨가 씌어 있는 벨트를 찼으며 스웨터 차림에 사슴가죽의 슬리퍼, 하얀 테니스 모자를 깊숙이 쓰고 있었다. 어니가 일어서자 나는 실내에 들어서서 그녀를 포옹하며 인사했다. 어네스트가 그녀 앞에 멈추어 서서 마치 나무라는 투로,

"오늘 아침 아홉시 삼십사분부터 땀을 흘렸다네."

하고 말했다.

"바르셀로나를 경유해서 왔기 때문에 이제야 겨우 도착한 겁니다."

"바르셀로나? 나는 여간 걱정한 게 아닐세. 어디선가 술을 마시는 줄로만 알았지. 스페인 항공 회사 녀석들이 아무도 알려주지 않거든. 뭔가를 숨기려 한다네."

어니가 말했다.

"우리는 마치 장례식에 나온 것 같았어요. 어네스트가 어찌나 걱정을 많이 하는지 진짜 장례식에 나온 것 같았다구요. 그럼 이제부터 나도 마음놓고 술에 취하기로 하겠어요."

그녀는 나무라듯이 말했다.

"초상집 밤샘을 했더니 녹초가 되었답니다."

오너가 말했다.

"우리 방에 스카치가 있어."

빌이 그렇게 말하며 나가려고 했다.

그때 어네스트가 고함치듯이 물었다.

"이것 봐, 모두 마시는데 어찌 해야 하지? 나는 머리만 감싸고 있으란 말인가?"

아무도 말을 하지 않았다. 무척 어색한 침묵이 흘렀다. 그래서 빌은 사진을 다시 정리하기 시작했다.

"안토니오는 어떻습니까?"

내가 물었다. 어네스트는 방문 앞으로 갔다. 대답할 생각이 없어 보였으나 겨우 입을 열었다.

"론다에서 투우를 했다네. 타리파에서의 투우는 태풍이 온다 해서 중지되었고, 펠레스 데 라 프론테리의 투우도 중지될 뻔했는데, 시장이 투우를 하지 않으면 형무소에 집어넣겠다고 하는 바람에 겨우 투우를 했지. 안토니오는 마지막 소와의 대결에서 아주 멋있었어. 그리고 살라만카에서는 이틀, 소는 형편없었지. 안토니오는 썩 훌륭했어. 그런 뒤 우리는 신인인 카미소노를 두 차례나 봤다네."

어네스트는 나에게 바싹 다가서듯이 하여 날카롭게 내 눈을 보았다.

"〈라이프〉를 봤나? 그 사진을 봤는가 말일세. 그 따위 것 때문에 모두가 골탕을 먹다니."

"뭐 말입니까? 내가 아는 한……."

"뭐 말이냐구? 〈라이프〉 녀석들, 두 번째에 그 따위 사진을 화려하게 내다니. 자, 보게. 이걸세!"

〈라이프〉에는 투우에서 행해지는 기본적인 패스 동작의 여러 가지를 시범하는 안토니오와 루이스 미구엘의 사진 8매가 실려 있었다.

"내게 작품을 청하길래 두 투우사 모두가 돋보이도록 가장 멋진 장면만 골라 사진을 찍게 하고는 〈라이프〉의 파리 지국에 있는 윌 랭그와 입씨름 끝에 승낙한 사진 가운데 가장 형편없는 사진만 골라 실었지 뭔가. 미구엘 것 한 장은 작년에 바이욘스에서 찍은 거란 말일세……."

"어느 게 그겁니까?"

"파세 아이유다도(역시 투우에서의 패스동작의 하나)라고 나와 있는 사진 말일세 —— 제기랄, 투우사를 협박하기 위해 찍은 사진 같지 않은가. 그토록 몇 시간씩에 걸쳐 검토를 했는데도 말일세."

"하지만 당신이 허락하지 않았습니까?"

"천만에! 투우를 아는 자들이 이걸 보면 나는 웃음거리가 돼. 나는 평생을 두고 사기꾼에 배신자 소리를 듣게 될걸세. 이 사진을 보고 자넨 실망하지 않았단 말인가?"

"파파, 솔직히 말해서 별로 느끼지 못했습니다. 하지만 나는 당신만큼 아는 게……."

"메어리는 아무 말도 않던가?"

"그녀도 좋다고 생각했겠죠."

"그렇다면 자네들에게는 운이 없는걸세. 자네나 메어리, 빌도 마찬가지야. 어째서 자기 눈으로 똑바로 보려고 하지 않을까? 알겠나, 나는 이 페이지의 사진을 봤을 때 지금까지 부상을 입었거나 재수가 없었을 때보다 더 불쾌한 느낌이 들었다네. 잡지에 실릴 사진은 정확하고 훌륭한 최고의 명장면을 골라 찍어야 하는데 이 사진에는 악의가 들어차 있어. 두 사람을 마치 바보처럼 다루고 있을 뿐 아니라 서로 배신하는 것처럼 꾸미고 있지 않은가! 내가 얼마나 주의 깊고 신중하게 사진을 골랐는지를 안토니오와 미구엘이 다 알고 있는데 이런 엉터리 사진들을 한 마디 말도 없이 실다니. 〈타임 라이프〉에서도 살라만카의 사진은 안 실었군그래. 미리 내게 사진에 대해 얘기를 해주었더라면 안토니오에게 설명하여 그에게서 미구엘의 양해도 받아낼 수 있었는데 말일세. 이처럼 기분이 우울한 적은 없네."

"그렇지만 안토니오와 미구엘에게 사정을 설명하여 사과하면 어떻겠습니까?"

"안토니오에겐 전보를 치려고 하네. 아를르에 있거든. 하지만 그가 프랑스에는 하루밖에 있지 않고, 더구나 어쩌면 호텔 대신 친구 집에 묵을지도 모르는데 어떻게 전보를 치나?"

"그러나 해볼 만하지 않습니까. 그렇게 하면 안토니오나 미구엘도 당신이 생각하는 만큼 그 사진에 신경을 쓰지 않는다는 걸 알게 될는지 모르니까요."

"빌도 그렇게 말한다네——기껏해야 몇 장의 사진인데 뭘 그러느냐고. 하지만 그 사진을 찍기까지는 좋았고 나는 제대로 찍게 하려 했는데 나온 결과가 메스꺼울 정도이니. 그 따위 사진을 볼 바에는 차라리 몇 번이고 아프리카에 추락하는 편이 좋겠네."

그는 침실로 들어갔다. 다른 사람들 눈치를 보니 모두 단념하는 듯한 태두인 것으로 보아 지금까지 줄곧 이런 상태였음을 알 수 있었다.

나는 침실로 따라들어섰다.

"파파, 사정이 아무리 나쁘다 해도 죽느니 어쩌느니 하는 그런 지경까지 몰고 가서는 아무 의미도 없습니다. 왜냐면 당신은 그런 것과는 아무 관계도 없으니까요."

내가 말했다. 그는 침대 가장자리에 앉아 있었다.

"나는 성실한 인간이니까 결코 파멸하지 않을 것으로 믿으려 했네만 이젠 쉽지 않다네. 나는 이번 일에 관계된 사람들이 내 부주의나 악의로 이렇게 된 것이 아님을 믿어주기를 바랄 뿐이네. 아프리카에서는 그 사진에 대해 아무도 불평을 하지 않던가?"

"내가 아는 한은 없었습니다."

"레니 라이언즈에게 편지를 써서 솔직한 말을 들어보겠네. 그 녀석은 내게 성실하니까."

"우선 현재로서는 모든 걸 잊고, 카레혼이나 가서 옛날처럼 즐거운 식사를 들도록 합시다."

"글쎄. 요즘은 별로 밖에 나가지 않아서……."

"갑시다. 당신한테도 좋을 겁입니다."

"내일 갈 예정이었네만 루이스 미구엘이 거기 가 있다 해서 취소했지. 〈라이프〉의 사진이 나온 뒤로는 만날 면목이 없거든."

"그럼 이곳 바에서 마실까요? 한 잔쯤은 마셔도 되겠죠? 카레혼에 전화를 걸어 좌석을 예약하죠."

"나는 밖으로 나가는 게 괴롭다네, 핫치. 미안하지만 자네가 빌과 어니, 오너를 데리고 다녀오게나. 오너에겐 별로 낙이 없거든. 내가 아무 데도 나가지 않으니까."

그는 문을 닫고는 내 팔을 잡아끌어 문에서 가장 많이 떨어진 구석으로 나를 데리고 가서 낮고 불길한 목소리로 말했다.

"조심하게나. 모두를 감시하게. 특히 빌을. 그 녀석 또 차와 충돌할 뻔했다네. 처음에 나를 죽이려다 실패하여 분명히 다른 기회를 노리고 있는 걸세. 내가 나가지 않는 이유에는 그것도 있거든. 지난 번에는 나를 벼랑에서 떠밀려고 했다네. 오너에게 상의해도 소용이 없네. 그에 대해 여러 가지로 변명을 하려 들 테니까."

"그만 좀 해둬요, 파파. 무슨 소리를 하는 겁니까? 농담이겠죠?"

내 팔을 잡은 손에 힘이 주어지며 그의 얼굴이 더욱 심각해졌다.

"이런 소리를 농담으로 할 수 있겠나? 그 녀석이 뭘 속으로 꾸미고 있는지는 모르겠네만 카레혼에 갈 테면 차는 타지 말게. 택시로 가게나. 그 녀석이 자네한테는 아무 짓도 하지 않을는지 모르지. 하지만 구월은 줄곧 큰 일을 치렀다네. 되도록 빨리 이곳을 떠날 작정일세. 빌에게 예약해두라고 일러놓았는데 자네도 확인해주게나. 내 이름으로는 예약하지 말 것. 출발하기 직전까지 그건 숨겨두어야 하네."

어니와 오너가 옷을 갈아입는 동안 나는 빌과 함께 바에서 마시고 있었다.

빌은 참고 있었던 말을 꺼냈다.

"자네가 와줘서 다행이네. 앞으로 일주일도 못 갈 것 같다고 생각했지. 이곳에 온 뒤로 어네스트는 정말 정신이 이상해졌다네. 피곤한데도 스페인 여기저기를 돌아다니며 수없이 사진을 모으고는 〈라이프〉에 낼 사진 설명을 밤낮을 가리지 않고 쓰는가 하면 그 쓴 것에 대해 걱정하더니, 이번에는 또 윌 랭그와 말다툼을 하고는 모두에게 신경질을 부리지 않겠나……나는 어찌된 영문인지 알 수 없다네, 핫치. 그가 어떻게 된 건가? 어디, 나쁜 데라도 있나? 신장에 대해 말하더군. 늘 신장에 대한 걱정만 한다네. 어느 한쪽 신장을 두고 하는 말인지 모르겠네만 날만 새면 그 얘기뿐이라네. 주치의가 신장에 대해 나쁜 소식이라도 전하던가? 웃는 얼굴도 안 보이고 즐거운 듯한 눈치가 전혀 없거든. 여행을 하면 언제나 시골이며 송아지, 옛날 일이며 그가 싸웠던 장소, 그런 얘기를 쉴새없이 했는데, 기억 나지? 지금의 그는 전혀 그런 말이 없다네. 한 마디도 말일세. 그저 앉아 있거나 똑바로 앞을 노려보기만 한다네. 처음에 나는 말을 걸어 그가 입을 열도록 노력했지. 송아지에 대한 것이며 옛날 일이며 그가 싸웠던 장소 등을 말일세. 그런데 제대로 대답도 않으니 단념할 수밖에. 더구나 술푸대조차 갖고 다니지 않거든. 술푸대를 지니지 않은 채 앞좌석에 앉아 있는 어네스트를 상상이나 할 수 있겠나?"

음산한 만찬이었다. 모두가 별로 먹지 않았다. 어니는 어네스트에게 중대한 신장 장애가 있다고 믿고 있있다. 나는 어네스트가 자기 눈에 대해 무엇인가를 호소하지 않았느냐고 물어보았다. 오너는 눈에 대한 말은 한 번도 없었다고 했다.

"하지만 지금의 그는 전에 눈을 앓을 때 그랬듯이 신장에 대한 걱정만 한다우."

그녀가 말했다.

"미국으로 돌아가도록 해야겠군."

빌이 말했다.

"예약만 한다네——내 이름으로 말일세——그러고는 생각이 곧 달라져 버리거든. 더구나 마노레테에 대해 그런 식으로 썼기 때문에 스페인 사람이 자기를 이상하게 본다고 생각한다네. 사실 스페인 사람이 그를 어떻게 대하는지 아나? 그가 〈라이프〉에 마노레테는 얄팍한 속임수를 사용했다고 썼기 때문에 많은 스페인 사람들은 그의 투우에 대한 안목이 바뀌었다고 여기고 있다네. 마노레테는 가장 존경받는 그들의 영웅이기 때문에 외국인이 그의 무덤에 침을 뱉는 것은 보통 일이 아니지. 어네스트는 봉변을 당하기 전에 이 나라에서 도망쳐야 하는걸세."

"다만 피로해 있을 뿐예요. 지독하게 지쳐 있어 제대로 생각을 하거나 식사를 하고 잠을 자고 무엇인가를 어떻게 해본다는 그 자체를 생각도 할 수 없는 거예요. 빌이 말한 그대로죠. 투우와 루이스 미구엘, 그 밖의 모든 일에서 떼어놓아야겠어요. 당신 말이라면 들을는지 몰라요. 우리는 이제 도저히……. 다시 말해서 그에게 이제 흥미를 느낄 수 없어요. 그를 도와주세요, 핫치.”

어니가 설명했다.

“빌과 자동차 일로 무슨 말인가 하더군요.”

오너가 말했다.

“그래요.”

빌이 시인했다.

“늘 그 말을 해요.”

오너가 말했다.

“그때 그 사고까지 거슬러올라가서 말입니다.”

빌이 말했다.

“자동차 따윈 타지 않는 게 가장 좋은 거예요.”

오너가 말했다.

“어네스트에게 이상이 있는 것일까?”

어니가 물었다.

“때때로 그가 무서워져요. 정말 무서워진다우. 그분, 도대체 어찌 된 거예요?”

이튿날 아침 일찍 어네스트가 내 방으로 찾아와 아침식사를 함께 들었다. 신장 때문에 밤새껏 잠을 자지 못했다고 하소연하는 그의 그릇을 드는 손이 떨고 있었다. 영화화의 조건에 대한 것이며 쿠퍼가 기획하는 일이 얼마나 진행되고 있는가를 몹시 궁금히 여겼다. 금년은 운이 나쁜 해가 될 것 같다면서 경제적인 불안이 자신을 짓누른다는 것이었다. 나는 20세기 폭스가 내어놓은 조건은 25만 달러가 한계라고 전해왔음을 알렸다. 이것이 또 그를 무척 화나게 만들었다.

“파파, 이 말은 애당초에 없었던 것으로 하겠다고 그쪽에 말해줬습니다만 아예 포기해버리는 게 어떻겠습니까?”

“천만에! 그럴 수는 없네!”

“어째서죠?”

“돈이 필요해. 자네한테 시나리오를 쓰게 하여 돈을 벌게 해주고 싶기도 하고 이십오만 달러를 그대로 놓칠 수도 없네.”

“하지만 파파. 저에게 일이라면 얼마든지 있습니다. 요즘은 시나리오까지…….”

“얼마 내겠다고 하던가?”

“칠만 오천 달러입니다.”

“그걸 놓치다니 말이나 되나. 그쪽 보고 오십만 달러까지 깎아주겠다고 하게나. 그쪽에선 값이 싸기만 하면 달라붙을 테니까. 영화를 하는 녀석들은 그런 식으로 살거든.”

“그쪽에선 내놓지 않을 겁니다. 나는 벌써 통고도 했고…….”

“해보게나. 얘기가 어떻게 변할는지 알게 뭔가. 하지만 십이만 오천 달러를 요구하게나.”

우리는 게리 쿠퍼가 기획하는 《강을 건너 숲속으로》의 영화화에 대해 서로 상의하여 마침 런던에 있던 쿠퍼에게 내가 전화를 걸기로 했다. 어네스트는 항공표의 예약을 조사하여 빌의 이름으로 되어 있는가를 확인해달라고 나에게 부탁했다. 말을 하면서도 오른손가락으로 우측 신장 부분을 문지르고 있었다. 쿠퍼와 전화가 연결되어 어네스트는 그와 통화를 했는데 목소리도 생생했고 몇 번인가 웃기까지 했다. 전화를 끊을 때는 약간이나마 그의 원래 모습을 되찾은 듯이 보였다.

“쿠퍼는 건강한 모양일세. 그의 말에 의하면 전립선이 안 좋다는 진단이 내린 건 아닌 모양이더군. 그 친구, 캔트웰 대령 역을 맡긴 나이가 좀 많겠지?”

“아닙니다. 레나타를 이탈리아의 여배우에게 맡기면 될 겁니다.”

“누구 말인가?”

“소피아 로렌.”

“누군가, 그 여자는?”

“본 적 없나요? 들은 적도 없고요?”

“내 생활은 한정되어 있으니까.”

“그렇게 되기까지에는 여러 가지 일이 있었습니다.”

그는 눈망울을 굴리며 나를 노려보았다.

“그 넋두리는 《싸우는 자》에서 따온 거지? 알면서 한 소리인가?”

그의 목소리가 격해져 나는 어찌할 바를 몰랐다. 나는 무슨 특별한 말이라도 했나 싶은 생각이 들었다.

"미안하네. 나는 좀처럼 내 작품에 쓴 대화로 농담을 하는 일이 없거든. 좀 이르긴 하지만 모두 카레혼에 가서 점심식사라도 할까? 소의 간 구이는 신장에 좋을는지 모르니까."

나는 이번 여행에 어네스트의 단편집 하나를 갖고 왔다. 20세기 폭스사에서 영화권을 사려고 하는 닉 애덤즈를 주인공으로 하는 작품이 들어 있기 때문이었다. 나는 《싸우는 자》의 한 대목을 읽어 갔다. 그것은 펀치가 이상해진 권투선수와 그의 동료인 박스라는 흑인을 킬로 가까운 야영지에서 닉이 만나는 장면이었다.

"어디서 왔나?"

"시카고."

닉이 말했다.

"거긴 좋은 도시지." 하고 그 흑인이 말했다. "나는 당신 이름을 듣지 못했는데."

"애덤즈. 닉 애덤즈."

"이 친구는 마음이 변한 적이 없다네, 박스."

애드가 말했다.

"그렇게 되기까지에는 여러 가지 일이 있었거든."

흑인이 말을 했다.

나는 그 책을 덮고는 짐 속 깊숙이 넣었다.

카레혼에서의 점심식사는 즐겁게 시작되었다. 아름다운 가을 날씨에 마드리드 번화가의 분주하고도 흥미로운 거리를 걸어서 그 레스토랑에 갔던 것이다. 우리가 갔을 때, 카레혼의 주인은 이미 어네스트를 위해 자리를 잡아두었다. 어네스트는 소의 간 구이를 즐겁게 먹고는 물을 타지 않은 채 '비노 틴토'를 마셨다. 옆에 앉은 오너, 마주앉은 어니와 이야기를 나누는 그의 모습은 그 전처럼 즐거운 모양이었다.

　사건이 일어난 것은 샐러드가 나왔을 때였다. 어떻게 해서 그렇게 되었는지 지금도 그 상황은 잘 모르겠다. 나는 빌과 이야기를 하고 있었는데 눈 깜짝할 사이에 어네스트가 종업원의 소매를 잡고 처음에는 영어로 다음에는 스페인어로 야단을 치는 것이었다. 종업원은 파랗게 질려 있었다. 어네스트가 잡고 있는 소매를 뿌리치려는 한편 큼직한 샐러드의 나무 접시를 놓치지 않으려고 쩔쩔 맸다. 이날 나는 끝내 종업원이 왜 그런 일을 당했는지를 알지 못했다. 어쩌면 종업원 자신도 알지 못했을 것이다. 그 소란에서 어네스트는 종업원에게 이름을 대라고 했다. 그 종업원의 이름은 '폴로크'라고 들린 것 같았는데, 어네스트가 스페인 인이냐 폴란드 인이냐며 다그치자 폴란드 인이라고 한 것이 또 그를 화나게 했다.

　레스토랑은 붐볐는데, 모두가 먹다 말고 어네스트만을 지켜보고 있었디. 어네스트가 마드리드에 온 이후로 알고 지냈던 주인이 말리러 왔으나 어네스트는 그에게도 화를 냈다. 자난 번 여름에 어네스트는 나와 함께 루퍼트 벨빌을 뒤쫓아 카레혼에서 술을 실컷 마셨을 때 그가 구두쇠가 되어버렸다면서 비난한 적이 있었다. 곧 런던에 가서 진찰을 받아야 하기 때문에 밤이 되기 전까지 비행기값을 내라고 어네스트가 주인에게 말했고 주인은 비행기값을 선불했으나 어네스트의 태도는 만족한 것 같지 않았다. 나는 어네스트가 4년을 알고 지내는 동안 오랜 세월에 걸쳐 쌓인 혐오감도 있고 해서 이런 짓을 한 것임을 알 수 있었다. 갑자기 종업원과의 말다툼이 그쳤다. 어네스트는 테이블에 막대한 금액의 페세타를 내동댕이치고는 나갔다. 그리고 다시는 그 가게로 발길을 돌리지 않았다.

　카레혼에서 호텔로 돌아온 그날 오후 어네스트는 옷을 벗고 침대에 들자 나흘 동안을 계속 누워만 있었다. 매일 뉴욕으로 돌아갈 예정을 짜기는 했으나 또한 매일 출발을 연기했다. 카레혼에서의 그 일이 있던 이튿날 아침 그는 우리들——빌과 어니, 나 셋은 거실에서 사진을 정리하고 있었다——을 불러 무서운 일을 생각했다고 말했다. 이베리아 항공이 국외로 갖고 나가는 소지품의 초과 제한을 하여 그의 사진을 압수한다는 것이었다.

　나는 귀를 의심했다. 그를 알고 지낸 오랜 세월 동안 그는 항공 여행에 규정된 제한량을 훨씬 초과하는 짐을 갖고 여행을 했기 때문이었다. 언젠가는 아바나에서 뉴욕으로 돌아왔을 때 짐이 36개나 된 적도 있었다. 나는 그 문제를 지적했다.

"그건 그렇네만 심야편은 제트 비행기가 아니며 프로펠러 비행기는 제한량의 초과를 허락하지 않을는지도 모르네. 사진을 못 갖고 갈 바에는 나도 돌아가지 않겠어."

어네스트는 수많은 투우 사진을 수집하여 3개의 조그만 가방에 간수해두었다. 우리가 염려없다고 안심시킬수록 어네스트는 고집스러워졌기 때문에 차라리 항공 회사에 전화로 직접 알아보는 것이 어떻겠느냐고 권했다.

"좋아. 그 전에 먼저 짐 전체의 중량을 알아볼 필요가 있네. 종합 중량을 물어볼 테니까 정확히 해야지."

빌과 나는 얼굴을 마주보았다. 그러고는 어네스트가 앓고 있는 신장에 회로를 대고 있는 동안에 짐을 꾸리기 시작했는데 1시간 이상이나 걸렸다. 모든 것을 전부 큼직한 여행용 가방에 넣고 프론트에 빌이 전화를 걸어 보이 둘을 오라고 했다. 짐을 모두 아래층의 짐 싣는 곳으로 갖고 가서 중량을 달아보았다. 어네스트는 많은 팁을 주고는 다시 몇 킬로의 짐을 추가했다.

빌은 침실 전화로 이베리아 항공에 전화를 걸어 어네스트가 탑승할 예정의 비행기 번호를 알린 뒤, 그 비행편의 승객은 짐의 중량이 제한선을 초과해도 여행을 인정받을 수 있느냐를 물었다. 대답은 물론 인정받을 수 있다는 것이었다. 어니와 오너는 우리 짐과 함께 꾸렸기 때문에 어네스트의 소지품을 짐에서 꺼내기 시작했다.

"누구와 얘기했나?"

어네스트가 물었다.

"이베리아 항공입니다."

빌이 말했다.

"어느 말 뼈다귀인지도 모를 녀석일 텐데 아무것도 모르는 놈이 되는 대로 지껄인 거야. 막상 내가 가면 쫓아보내려는 속셈이지."

아무리 설득을 해도 어네스트의 마음에 깃든 이 새로운 의심을 풀 수는 없었기 때문에 그날 오후 나는 이베리아 항공의 매표소에 가서 마드리드 사무소 소장의 서명으로 된 문서를 받아왔다. 짐의 중량이 초과되어도 여객은 여행할 수 있음을 확인한 것이었다. 어네스트는 그 문서를 조심스레 접어서 여권 안에 간수했다.

어네스트가 타겠다고 주장한 비행기는 마드리드에서 대서양을 나는 극소수의 논제트 비행기였다. 제트 비행기 같으면 7시간 걸릴 것을 14시간이나 걸려서 가야 하는 낡은 콘스텔레이션 비행기였다. 나는 어네스트에게 그것을 타지 말라고 설득했으나 그 여객기는 아무도 자기를 감시하지 않아 ‘훨씬 안전하다’고 우기면서 기왕이면 재앙이나 고난도 늦으면 좋지 않겠느냐고 말하였다.

그가 돌아가기 전날 밤 뜻밖에도 안토니오가 찾아왔다. 안토니오가 왔을 때 어네스트는 침대에 앉아 책을 읽고 있었다. 침대 가장자리에 앉아 어네스트와 이야기를 나누면서 서로 다시 만나게 된 것을 기뻐했다. 안토니오는 창백한 듯했으며 어네스트도 독서용 스탠드이 불빛에 보니 무척 늙어 보였다. 어네스트가 안토니오에게 신장이 나쁘다는 이야기를 하자 안토니오는 자기가 간장을 앓았을 때 이야기를 하고는 서로 위로했다. 이윽고 안토니오는 《위험한 여름》에 대해 칭송하기 시작했다.

“그 사진을 봤나？”

어네스트가 물었다.

“네, 멋졌어요.”

“루이스 미구엘도 봤을까？”

“네, 우리가 니임에 가 있었을 때.”

“그래서 마음에 들었나？ 두 번째 것 말이네만. 그리고 파세 아이유다도 것은 어땠나？”

“모두 훌륭하다고 생각했습니다.”

안토니오가 돌아간 뒤——빌과 나는 그들 둘을 둔 채 거실에 있었는데——어네스트가 들어오더니 어깨를 늘어뜨리며 맥없이 우리 앞에 앉으며 말했다.

“안토니오는 은퇴를 생각하고 있네. 내 조언을 들은 뒤에.”

“이유를 말하던가요？”

빌이 물었다.

“지친 거야. 요즘은 투우에 나가기 위해 자기 스스로를 끊임없이 채찍질한다고 하더군. 간장이 나빠져 에너지도 그 전만은 못한 모양일세. 더구나 이러다가는 틀림없이 소한테 당하고 만다는걸세. 그걸로 괴로워하더군."
"그에게 뭐라고 말해줬습니까?"
내가 물었다.
"자신의 결정에 따르라고 말해줬네. 자기의 육체만큼 올바른 충고를 해
주는 건 없거든. 하지만 자기가 제1인자일 때는, 그것이 자기에게서 떠나기
를 기다리기보다는 그 절정에서 스스로 내려오는 게 좋지. 모두가 그걸 이
해하고 있으니까, 라고 말해줬다네."

어네스트가 탈 여객기는 그날 밤 11시에 출발할 예정이었으나 12시가 지
나기까지 이륙하지 않았다. 마지막 순간까지 어네스트는 오너, 어니와 차
에서 기다렸으며, 나는 그 사이에 빌과 함께 이베리아 항공의 카운터에서
명의 변경이며 여권에 관련된 여러 가지 수속을 마치기에 정신이 없었다.
어네스트가 사진이 든 손가방을 좌석으로 들고 가겠다고 우겨 약간의 말썽
이 있었으나 이것은 결국 그대로 두기로 했다.
우리가 자동차로 돌아오자 어네스트가 말했다.
"변호사 녀석이 그런 짓을 한 뒤라 뉴욕으로 돌아가기가 정말 싫다네."
"뭘 했는데요?"
"이곳에 오기 전에 아바크론비의 셈을 청산해두라고 했는데, 어제 편지
로 아바크론비의 청구서가 미불인 채로 케참에서 전송돼왔단 말일세. 사십
년 동안 거래한 단골이지만 지불이 밀린 적은 지금까지 한 번도 없었거든.
총기 판매점에 가서 총을 보거나 신발이며 털실 양말을 살 작정이었는데 그
녀석이 그 따위 식으로 일을 처리해놓았으니 아무것도 할 수 없잖은가."
백화점의 청구서는 지불이 끝난 뒤에도 보내오는 수가 있으며, 더구나
미불의 청구서가 오는 것은 어쩌면 당연한 것으로 그의 단골손님으로서의
신분과는 아무 관계도 없다고 말해주었으나 그는 믿으려 하지 않았다. 나
는 그 청구서를 보여달라고 했다.
"파파, 날짜를 보십시오. 구월 일일 날짜로 되어 있지 않습니까. 지금이
시월이니 돌아가시면 벌써 끝나 있을 테니 염려마십시오."
"글쎄, 만약 그런 식으로 돼 있다면 모든 걸 내가 처리해야만 되겠구먼."
빌이 손짓으로 탑승할 시간이 되었음을 알리자 모두 여객기를 향해 걸

었다.

"파파. 모두에게 심하게 굴지 마세요. 당신 친구들은 누구 할 것 없이 모두 옛날 그대로의 친구이니까요. 당신은 지금 피로해서 신경이 날카롭지만 케참으로 돌아가서 산의 맑은 공기를 마시면 다시 건강해질 겁니다. 그렇게 되면 모든 게 또 좋게만 보이지 않겠습니까."

"글쎄. 어떨는지, 핫치."

"아니, 정말입니다. 사냥 시즌도 이미 시작됐으니까요."

"음, 그러나……여러 가지로 해야 할 일도 있고……그렇지, 방에 스카치 병을 두고 왔네. 돌아올 때 잊지 말고 갖고 오게나."

우리는 비행기 앞까지 왔다.

"런던에 도착하면 쿠프(게리 쿠퍼)에 대해서 알아보고 되도록 빨리 진보를 치겠습니다."

내가 말했다.

"오만 달러에 관한 것도 알려주게나."

"안녕히 가십시오, 파파. 좋은 여행이 되기를."

"아바크론비의 청구서 문제는 정말 괜찮을까? 총을 사고 싶은데."

나는 다시 한 번 그를 안심시켜주었다.

호텔로 돌아오자 마자 곧 위스키 병을 가지러 갔다. 그것은 집필용 테이블 위에 있었다. 스에시아의 여러 잡무가 적혀 있는 종이 위에 체재 중에 해야 할 일의 메모와 종이 몇 장도 있었고 타자기 종이에는 예쁘장하고 비스듬하게 경사가 진 글씨로 《위험한 여름》에 나왔던 문장이 적혀 있었다.

우리가 처음으로 마라가 위의 회색 산맥으로 차를 몰아 마드리드로 가는 길의 고원(高原)이 나왔을 때만큼 즐거웠던 적은 없었으며, 그 해 우리는 몇 번이고 자동차로 여행을 했다. 아침마다 신문에 나온 것을 읽으면 글을 쓸 기분이 들지 않는다. 어쩌면 도덕(道德)이란 투우사와 관계가 있어서는 안 되는지도 모른다. 나는 일찍이 그것을 매우 잘 알고 있기는 했으나 두 번 다시 그것을 배워서는 안 된다는 것도 알고 있다고.

제14장 로체스터 1960년

1960년 10월 22일, 게리 쿠퍼를 만나고 뉴욕으로 돌아오자 어네스트의 전보가 기다리고 있었다. 두 가지 용건이었다. 월드가 닉 애덤즈 시리즈의 영화화를 간절히 원한다는 것과 '우리의 손님이 도착하면 경제적인 걱정도 없고 마음에 걸리는 것도 없음'을 전하라는 것이었다.

설마 하니 '손님'이라는 우회적인 표현이 마침 뉴욕에서 생활하기로 했으면서도 아직 돌아오지 않은 오너를 두고 하는 말이라고는 생각하지 않았다. 쿠바에 있을 때부터 오너는 뉴욕에 가겠다는 이야기를 했으며, 메어리도 좋은 연극학교에서 공부하라고 권했고 어네스트는 수업료를 부담하겠다는 말까지 했던 것이다.

케참의 어네스트에게 전화를 걸어 쿠퍼의 일은 잘 되었으며 할리우드에서 계약하기로 되었다고 전했다. 그러고는 오너가 아직 돌아오지 않았다는 말을 꺼내자 그는 급히 내 말을 막으며 전화로는 오너의 이름을 들먹이지 말라고 못박는 것이었다.

"우리 손님의 연극 학교 수업료로 천오백 달러의 수표를 자네에게 막 보낸 참이라네." 그가 말했다. "그리고 그녀는 이번 학기 중에 그녀가 공부의 원조를 받고 있다는 것을 알기를 원하지 않네. 뉴욕에서의 생활은 엄청나게 돈이 들거든. 방뿐만 아니라 제대로 식사를 하려면 말일세."

어네스트는 마치 공식 발표라도 하듯이 약간 호들갑스런 투로 말했다. 내가 사냥을 좀 하느냐고 묻자, 아직은 외출할 기회가 없으나 내가 오면 함께 가자고 했다. 나는 오랜 여행으로 일이 밀렸기 때문에 사냥하러 가지 못할 것 같다고 전했다. 이 말이 그는 무척 마음에 걸리는 모양이었다. 내가 오기를 손꼽아 기다렸기 때문에 내가 오지 못하면 이 가을엔 사냥을 한 번도 하지 못한 채 끝나버릴 것이라고 했다. 부디 와달라는 그의 목소리로 보아 몹시 애가 타고 난처한 눈치였다. 나는 '우리의 손님'이 돌아오면 곧 전화를 하겠다고 약속했다.

오너는 며칠 뒤에 마드리드에서 왔다. 내가 어네스트에게 전화로 우리의 손님은 바르비존(^{파리 근교에 있는 마을로 코로, 밀레 등의 풍경화}
가가 이 마을의 이름을 붙여 한 유파로서 불린다)에 들른 뒤 이미 아메리
칸 아카데미 오브 드라마틱 아트의 사람들에게 면접을 받으러 갔었음을 말
하는 동안에 장거리 전화의 음악 소리가 나더니 전화는 끊기고 말았다. 몇
분 뒤에 다시 어네스트에게 전화를 걸자 그는 몹시 초조해 있었다. 이젠 더
이상 이야기할 필요도 없이 당장에 와달라는 것이었다.

  "도착할 날짜와 시간을 전보로 알리게. 전화는 이제 더 걸지 말고."
  그로부터 뒤이어 편지가 왔는데, 오너는 뉴욕에서 무엇을 하며 여행 비
용은 누가 부담했는지에 대해 누군가가 오너에게 물은 적이 없는지 확인해
달라는 것이었다. 필적이 전과 달랐다. 글씨가 무척 커졌으며 세세한 조심
성이 없었다. 이를테면 'i'를 쓸 때도 직선이 무척 비뚤어져 있었으며 't'의
가로로 그은 선도 거의가 흐트러져 있었다.

  그날 밤 9시에 도착할 예정이었던 '폴란드 로즈' 호가 몇 분 빨리 쇼쇼니
에 도착했다. 나는 케참을 향해 긴 거리를 드라이브하기 전에 언제나 그랬
듯이 역 앞의 술집에 가서 한 잔 마시기로 했다. 왜냐하면 어네스트가 그곳
까지 나를 맞으러 올 것을 알고 있었기 때문이었다.
  그는 역시 나를 마중나와 있었다. 듀크 맥머랜과 함께였다. 그러나 늘 그
랬듯이 바에 걸터앉는 대신 빨리 마시고 밖으로 나가자고 했다. 나에게 말
을 하면서도 카운터며 테이블에 있는 남자들에게 겁먹은 듯한 눈길을 계속
주고 있었다. 술을 그대로 둔 채 계산을 하고는 듀크의 자동차가 있는 데까
지 뒤따라갔다. 듀크는 외향적인 사내였는데 이때는 몹시 침울해 보여 마
치 장례식에 온 손님을 맞듯이 나를 맞아들였다.
  차를 타고 가는 도중 짓누를 것만 같은 침묵을 깨기 위혜 어네스트에게
쿠퍼와의 계획——이것은 밝은 전망이었다——에 관한 것이며 20세기 폭
스와의 진행 상황——십사만 오천 달러 이상은 되지 않았다——을 이야
기하려 하자 어네스트는 갑자기 내 말을 막고는 이렇게 말하는 것이었다.
  "바논 로드가 따라오겠다는 걸 따돌렸다네."
  "어째서죠?"
  "연방 경찰일세."
  "네엣?"

"연방 경찰이 우리를 줄곧 따라다닌다네. 듀크에게 물어보게나."

"네에……헤일리 밖 우리 차 뒤에 차가 한 대 있었습니다만……."

"그래서 그 바에서 당장 나오고 싶었던걸세. 그런 장소에서 체포당하면 곤란하니까."

"하지만 어네스트, 그 차는 파블로로 가던데요."

듀크가 말했다.

"뒷길을 지나서 올는지도 모르지. 시간이 걸릴 테니까 그들이 오기 전에 쇼쇼니에서 나오고 싶었네."

"그렇지만 파파, 어째서 연방 경찰 수사관이 당신을 조사한다는 겁니까?"

나는 자신을 억제하면서 말했다.

"정말 지독하지 뭔가. 지독한 정도가 아니지. 그 녀석들은 뭐든지 의심하거든. 그래서 지금 듀크의 차를 쓰고 있다네. 내 차는 감시당하고 있어. 모든 걸 감시하고 있거든. 전화도 쓸 수 없네. 우편물은 검열을 받고. 그래서 그동안 자네한테 전화도 못 걸었네. 언젠가 전화 끊긴 걸 기억하겠지. 도청을 하고 있었지 뭔가."

"장거리 전화는 잘 끊긴답니다. 어째서 그게……."

"헤일리의 전화국에 친구가 있거든. 전화의 접속이 끊긴 이유를 조사해 주더군. 끊은 건 뉴욕이 아니라 이곳 전화국이었어."

"그게 어떻다는 겁니까?"

"이것 봐, 핫치. 머리를 쓰게나, 머리를. 자네가 그 전화를 걸지 않았나. 전화가 끊기면 자네 쪽에서 끊겨야 하지 않은가. 그런데 접속이 끊긴 건 이곳이었어. 헤일리란 말일세. 전화가 연결되어 있는 거야. 다시 말해서 연방 경찰이 이곳으로 걸려오는 전화를 모니터한 거지. 그러니 그게 바로 끊긴 원인이라네."

그는 몹시 흥분하고 있었다. 나는 자동차 뒤의 어두운 구석으로 물러앉았다. 길 양쪽에 자동차는 보이지 않았으나 듀크는 엄청난 속력으로 차를 몰았다. 어네스트가 어째서 미행을 당하며 감시당하고 또는 어째서 역에 바논과 동행하지 않았는지를 물어보고 싶었으나, 나는 어두운 좌석에 앉아 헤드라이트의 뿌연 광망(光芒)을 지켜보며 우울해지는 것을 느꼈다.

우리는 전혀 입을 열지 않은 채 몇 마일이나 차로 달렸다. 어네스트는 내가 잠이 들었나를 확인하기 위해 불쑥 물었다.

"우리의 손님은 뭐라고 하던가? 누군가가 말을 하던가? 귀찮게 따라다니며 질문하는 녀석은 없었나?"

"없었습니다, 아무도."

"여권 문제로 해서 소환되지 않았나?"

"아닙니다."

"이민국에서 누가 찾아오거나 심문하는 일은 없었나?"

"하나도 없었습니다."

"녀석들은 틀림없이 그녀를 매수한걸세."

"뭘 말입니까?"

"그 여자는 거짓말을 하고 있는 기야. 그쪽 편에 가담한걸세."

"그런 터무니도 없는 일을. 아무도 그런……."

"그녀는 국가의 증인으로서 심문을 받은 거야. 편지로 그녀와는 절연하기로 하고 이젠 잊도록 하겠네. 이젠 그 여자에 관해선 듣고 싶지 않네."

우리의 차는 케참으로 향하는 간선 고속도로로 나왔다. 그때가 11월 14일이었기 때문에 아직 스키어가 스키를 즐기러 올 정도로 눈이 내리지 않아 도로에는 인적이 없었다. 케참은 첫눈이 내려 산 발리의 리프트가 가동하기 시작할 때까지는 동면 상태가 된다. 술집은 하나뿐이며 식당에는 몇몇 손님이 있었으나 그 밖에는 어둡기만 한 거리 풍경이었다.

듀크가 길로 나와 내가 묵을 크리스티아니 모터 롯지로 향하자 어네스트가 무척 나지막한 소리로 말했다.

"듀크, 되돌아가. 라이트를 꺼."

어네스트는 창을 내려 길 반대쪽의 은행을 엿보듯했다. 은행에는 불이 켜져 있고 카운터 뒤에 일하는 두 남자가 보였다. 어네스트는 머리를 약간 창에서 내밀며 그 모습을 응시했다. 그리고 조심스럽게 길을 둘러보고는 은행 옆의 어두운 상점 정면을 살폈다. 창을 닫은 뒤 듀크는 헤드라이트를 켜고 차를 몰았다.

"왜 그러십니까?"

내가 물었다.

“회계 검사관이군. 내 재산을 조사하는 거야. 꼬리를 잡으려고 할 때는 그야말로 송두리째 조사해야 하니까.”

“하지만 그 사람들이 그렇다는 걸 어떻게 안다는 겁니까? 더구나 재산은 당신 것이잖습니까?”

“한밤중에 뭣 때문에 둘씩이나 회계 검사관이 일을 하겠나? 내 재산을 조사하려는 게 뻔하잖아.”

“당신이 도대체 뭘 했길래……. 그리고 뭘 찾아낼 수 있다는 겁니까?”

“핫치, 녀석들이 노리기 시작한 이상은 무슨 수를 써도 소용이 없다네.”

우리는 크리스티아나에서 차를 세웠다. 이곳은 차크 어트킨슨의 수퍼마켓 옆에 있으며 이곳도 그가 경영하는 곳이었다. 듀크가 내 짐을 옮겨주는 동안 어네스트는 차에서 기다리고 있었다. 듀크가 심각하게 말했다.

“핫치, 당신이 어떻게 좀 해야겠습니다. 전혀 아무 일도 않기 때문에 누군가가 해야겠습니다.”

“뭘 해야 한다는 거지, 듀크?”

“그를 보면 아시겠죠? 모두가 수군거린답니다……. 아아!”

차로 돌아왔을 때 어네스트는 내일 아침 되도록이면 빨리 식사를 하러 오라고 말했다.

“기다릴 테니까.”

그가 말했다.

“일찍 가겠습니다.”

내가 말했다.

케참에 도착한 직후의 며칠 동안은 어네스트의 친한 친구들이 그에 대해 걱정하며 하소연했다. 그는 무척이나 변해 있었다. 암담한 기분에 빠진 듯이 보였다. 사냥하러 가는 것도 거절했으며 옛 친구들을 성가시게 생각했다. 이젠 권투를 보기 위해 금요일 밤에 모두를 초대하지도 않았다. 심각한 상태였다.

처음 한동안 나는 1개월 전에 그의 짐의 중량 제한에 대한 불안을 빌과 내가 제거해주었듯이 이번에도 어네스트를 잘 달래면 될, 정상적인 상태로 받아들이려 했다. 그러나 그의 집이며 내가 묵는 크리스티아나의 내 방도 도청당하고 있다는 이유로 나에게도 말을 하지 않기 때문에 재킷을 입고 그의 집 옆으로 뻗은 언덕을 올라 급류가 흐르는 우드 리버 기슭을 통나무가 보일 때까지 걷기만 했다. 어네스트는 전날 밤에 말한 것만을 되풀이했다. 연방 경찰이 오너의 일로 해서 그를 추궁하기 시작했다는 것이다. 이 연방 경찰은 이민국에 관계된 수사관으로 그를 노리고 있다고도 했다. 이유는 미성년자를 부도덕에 빠뜨렸다는 것이었다. 나는 그와 오너가 미국에서 함께 있었던 적이 없었고——스페인과 쿠바에서는 함께 있었다——따라서 설사 그것이 사실이라 해도 아메리카 이민국은 그러한 이유로 그를 추궁할 리가 없다고 말해주었으나, 그는 초조하게 통나무 둘레를 빙빙 돌면서 그녀는 비서로서 고용했을 뿐이며 그러한 혐의를 받을 만한 일은 절대로 없었건만 그들이 추궁해오기 때문에 이대로의 상태로 쫓기기보다는 법으로 결말을 내기로 결심했다고 말하였다. 나는 그의 추측이 논리적이 못 된다고 말했으나, 내가 설득할수록 그는 나에 대해 짜증을 내면서 자신을 위협하는 것으로 굳게 믿는 위험과 대결하겠다는 것이었다. 마지막으로, 나는 그가 말하는 이른바 미성년자를 도덕적으로 타락시킨다 어쩌구 하는 말은 실질적인 의미가 아니라 그 말에 혐오스런 어감이 있기 때문에 사용한다는 것을 알았다. 그 말은 바로 '범의(犯意)에 의한 살인'이라든가 '잔인한 계획의 기도(企圖)로써'와 같이 어떤 식으로 말해도 연방 경찰이 그의 목에 감을 무서운 교수형의 밧줄이 되는 셈이었다.

　오너와 그에 관해 내가 이민국의 심문을 받았느냐고 묻기에 그런 일은 없다고 대답하자 그는 힐끗 나를 보더니 얼굴에 철저한 불신의 빛을 떠올렸다. 나마저 이제는 음모에 가담한 것으로 여기는 어네스트의 눈을 보고 나는 극심한 충격을 받을 수밖에 없었다.

　어네스트는 여전히 통나무에 걸터앉아 있었다. 전에 요한슨의 권투 내기에서 딴 사천 달러의 돈에 대해 변호사와 상의했는가를 그는 다시 물었다. 그것은 그의 환부금에 포함되어 있다고 나는 말했다.

　"아니, 이젠 너무 늦네. 그 은행의 회계 감사원을 봤겠지. 그 녀석들은 그 일을 들춰내고 있는걸세."

　나는 그러한 위법 행위는 있을 수 없으며, 그 수입은 금년에 신고하면 되는 일이고, 또한 수입은 그 정도의 세금을 낸다 해서 없어지는 것이 아니고 무엇보다 우선 은행에 있던 남자들은 그 돈의 출처에 대해 관심을 가질 턱이 없다고 말해주었다. 어네스트는 내가 잘못 생각하고 있는 것이라고 단호히 말했다. 도박으로 딴 돈은 손에 들어왔을 때에 신고해야만 되는 것인데 그것이 신고 누락으로 처리되었기 때문에 그 증빙 서류가 연방 경찰로 넘어갔다는 것이다. 그러고는 바논 로드에게는 이 건에 대해서 절대로 말하지 말라고 당부했다. 지금껏 성가신 일을 잘 돌봐주었는데 이런 일에까지 그를 끌어들이고 싶지 않기 때문이라는 것이었다. 그래서 나를 마중하러 갔을 때에도 바논을 데리고 가지 않았다고도 했다.

"하지만 파파. 바논은 당신의 주치의입니다. 당신이 무슨 말을 해도 그는 법률로 묵비권을 행사할 수 있도록 돼 있습니다. 그에 대해 걱정한다는 자체가 이상합니다."

그는 연방 경찰의 재판에서는 의사에게 허락된 환자의 비밀을 지킬 권리며 의무는 인정되지 않기 때문에 그에 대해서 걱정하는 것이라고 말했다. 나는 이것을 구실삼아 어네스트를 설득하리라 작정했다. 내가 단기간이긴 하나 법률을 공부한 적이 있음은 어네스트도 알고 있기 때문에 적어도 이 한 가지만이라도 그의 불안이 기우에 불과하다는 것을 무슨 수를 써서라도 이해시켜야만 했다. 의사는 연방 재판소건 어떠한 법정에서건 환자의 비밀을 누설할 수 없다는 법률을 강조하면 할수록 어네스트는 나의 의견에 반박했다. 그의 주장은 연방재판소가 마치 국가 기밀을 관장하는 참모본부이기라도 한 것처럼 주장하는가 하면 나의 법률 지식을 공격하고 나아가서는 그에 대한 나의 우정마저 의심하는 것이었다.

그러나 나는 이 논점(論点)만은 양보하지 않았다. 나는 결코 그를 달래는 식으로는 대하지 않았다. 우리는 통나무에서 일어나 걷기 시작했다. 마지막으로 그는 나를 똑바로 노려보며 무섭게 비난을 퍼부었다.

"핫치, 분명히 해두세. 자넨 나를 거짓말쟁이로 만들 생각인가 아니면 미치광이로 만들 작정인가. 어느 쪽인가?"

그는 머리를 앞으로 내밀듯이 하고 있었다. 머리 언저리가 이완되고 낯빛은 흙빛깔이었다.

"정말 미안합니다. 기분을 좀 푸시고 산책이나 즐기며 이번 일은 없던 것으로 해주십시오."

우리는 집으로 발길을 돌렸다.

나는 어네스트를 사냥에 데리고 가려 했으나 그는 매일 근거가 빈약하거나 또는 멋대로 날조한 이유를 대고는 외출을 하지 않았다. 변호사나 출판사에 편지를 쓴다는 것도 외출하지 않는 이유가 되었다. 만약 집에서 끌어내어 근심을 잊게 하고 그가 가장 좋아하는 것 가운데 하나를 하게만 한다면 마음을 완전히 돌릴 수 있으리라고 생각했다. 가을 고원의 아름다움, 크고 멋진 새를 뒤쫓는다는 것이 그로 하여금 여유있는 마음을 되찾게 할 것이며 해결책이 막연하기만 한 우리의 긴장된 분위기를 바꿀 수 있으리라고 생각했다. 나는 꿩사냥을 가지 않겠느냐고 슬쩍 떠보았으나 이것이 내가 할 수 있는 마지막 노력이라는 어두운 결론에 도달할 수밖에 없었다.

나는 그와 친했던 사냥 친구들을 불러들였다. 버드 퍼디, 파피 아놀드, 돈 앤더슨, 그리고 차크 어트킨슨. 시원스런 벌판에서 꿩사냥을 하려면 친구들이 되도록 많은 편이 좋다. 이번 가을에는 꿩의 수가 적었으나 우리는 피카소로 사냥을 하러 갔으며 버드 퍼디가 잘 아는 한 농부가 밭에서의 사냥을 허락해주었다. 광대한 밭으로 거기에는 시든 옥수수밭이 있었으며 전에 경험한 바에 의하면 꿩은 이런 데에 많이 몰려들었었다.

목적지에 도착하여 엽총을 장진하고 밭을 보호하는 철조망을 넘었는데 그때 갑자기 어네스트가 겁을 먹었다. 밭에 들어가는 것은 불법 침입이며 더구나 총에 잘못 맞기라도 하면 큰일이라는 것이었다. 버드가 소유자를 잘 알고 더구나 승낙을 받았으며 이 일대는 사냥 금지 구역이 아니므로 아무 상관 없다고 했으나 막무가내였다. 더구나 어네스트는 연방 경찰에 꼬리 잡히는 일은 하고 싶지 않다는 것이었다. 자기는 자동차에서 기다릴 테니까 모두 사냥하러 가라고 했다. 그를 사냥터에 끌어내는 데 30분이나 걸렸으나 그래도 그는 떨떠름한 얼굴이었다.

파피 아놀드가 산새 한 쌍을 최초로 쏘았으나 거리가 약간 멀었다. 어네스트가 누군가가 사격한다고 항의해올는지 모르니 기다려야 한다고 하는 바람에 모두가 달려들어 그를 설득하는 일로 다시 30분이 지체되었다. 우리는 부채꼴로 서로 30야드의 거리를 두고 흩어졌는데 어네스트는 좌익에서 약 1시간이나 밭을 구석구석까지 누볐으나 결국 사냥감을 찾아내지는 못했다. 이때 그야말로 멋진 수꿩이 어네스트가 있는 데에서 10야드 이내의 거리에서 세 마리나 후드득거리며 날고 있었다. 어네스트 정도의 솜씨라면 당장에 명중시킬 수 있는 거리였다. 그는 안전 장치를 풀고 어깨에 개머리판을 올리고는 한순간에 새를 뒤쫓아 총을 돌려 그 멋지고도 유려한 흐름의 동작으로 사격 자세를 취했다. 그러나 그는 쏘지 않았다. 꿩은 순식간에 날아 자취를 감추었다.

"기껏해야 두 마리 정도를 쏘아맞추고는 불법 침입으로 총알에 맞으면 아무 소용도 없잖아."

그는 이렇게 말하며 총을 내려놓더니 총알을 빼는 것이었다.

우리는 잠시 아무 말도 하지 못한 채 그 자리에 멍청하게 서 있기만 했다. 버드가 멀리 지평선에 지붕이 보이는 농가로 가서 다시 한 번 승낙을 받아오는 것이 좋겠다고 말했다. 어네스트도 그 말에는 찬성이었다. 도중에 꿩은 전혀 눈에 띄지 않았으나 설사 날았다 해도 아무도 쏘지 않았을 것이다.

버드가 부엌의 문을 노크하자 그 농부의 아내가 나와 버드에게 인사하고 버드는 어네스트를 비롯한 우리를 부인에게 소개해주었다. 그녀의 남편은 트윈 폴즈 시장에 갔으며 밭에서 사냥을 해도 상관없다고 말했다. 그러고는 집에서 멀지 않는 옥수수밭에 꿩이 많이 있다는 말까지 해주었다.

우리는 다시 사냥을 시작했다. 옥수수밭에 저마다 흩어져 꿩을 찾아다녔는데 한 마리가 차크의 발치에서 날아올랐다. 그놈을 차크가 쏘아맞추자 어네스트가 죽은 꿩을 보러 왔다. 그는 아직도 사냥하기에는 불안했는지 비록 농부의 아내에게서 승낙은 받았지만 농부가 돌아와서 모두가 밭에서 사냥하는 것을 보면 불법 침입으로 여겨 발포할는지 모른다고 말하는 것이었다. 그러고는 더 이상 사냥을 해서는 안 되며 농부가 돌아올 때까지 저 농가에서 기다려야 한다고 강조했다.

나는 실망감에 기분이 몹시 우울했다. 이 오후의 일뿐만 아니라 며칠 전부터 아니 지난 번 가을 그리고 여름에도 그는 나를 실망시켰다. 나는 비로소 어네스트의 일로 해서 중대한 현실에 직면한 것이었다. 다른 사람이 내 생각을 눈치챌 것 같아서 나는 고개를 떨구어 메마른 흙을 보았다. 다른 친구들도 어찌할 바를 몰라 입을 다물고 있었으나 마음씨 착한 버드만은 이 분위기를 짐작하여 입을 열었다.

"어네스트, 솔직히 말해서 여기에는 별로 꿩이 없는 모양일세. 집에 가서 사이다나 마십시다."

그날 밤, 메어리는 요리를 만들기가 매우 힘겹다는 이유로 최근에 문을 연 크리스티아나 레스토랑에서 식사하고 가자고 제의했고 어네스트는 이에 찬성했다. 그가 돌아온 뒤로 밤에 외출한 것은 이것이 처음이었다. 그러나 이때도 그 카레혼에서 식사했을 때와 똑같은 소란이 벌어지고 말았다.

어네스트는 식사와 함께 칵테일 한 잔, 그리고 와인 한 잔을 마시고는——많은 사람들이 지켜보고 있었다——편한 기분으로 옛날 케참에서 있었던 재미난 이야기를 들려주었다. 당시는 도박이 한창 유행하여 마치 황금 경기의 거리처럼 개방적인 곳이었다, 라고 말하려다가 갑자기 말끝을 흐리더니 당장에 돈을 치르고는 돌아가자고 했다. 오랜만에 외출을 한 메어리는 무척이나 기뻐하고 있었으며 또 식사 도중이기도 해서 왜 그러느냐고 물었다. 어네스트는 바를 향해 약간 고개를 저어 보였다.

"바에 FBI 녀석들이 있어."

메어리가 어떻게 FBI 사람들임을 알 수 있느냐고 묻자 어네스트는 그녀에게 말소리를 낮추라고 했다.

"내가 FBI 녀석들을 못 알아볼 줄 알았나?" 그는 말했다. "이곳에서 나가세, 핫치."

나는 종업원을 부르려고 자리에서 일어나다가 식사를 하러 와 있던 차크 어트킨슨 내외를 보았다. 나는 차크에게 그 바에 없는 두 남자를 아느냐고 물었다.

차크가 대답했다.

"알고말고. 세일즈맨이라네. 벌써 오 년 가량을 한 달에 한 번은 찾아오지. 설마 하니 어네스트가 저 친구들에게 신경을 쓰고 있는 건 아니겠지?"

그는 가슴 아프다는 듯이 고개를 저었다. 그 친구들은 세일즈맨이라고 말해주자 어네스트는 코웃음을 쳤다.

"그야 물론 세일즈맨이지. FBI 친구들은 변장이 서투르니까 알 수 있다네. 그 녀석들의 태도를 어떻게 생각하나. 영낙없는 피아니스트 같지 않은가? 어서 갑시다, 메어리. 커피 같으면 집에서도 마실 수 있으니까."

메어리는 내가 온 뒤로 나와 상의하고 싶어했으나 어네스트 때문에 그럴 사이가 없었다. 자기에 대한 반응에 무척 민감해져 누군가가 메어리에게 말이라도 걸면 곧 자기에 관해 말하는 것으로 믿어버렸다. 실제로 그렇긴 하지만 메어리도 눈에 보이게 신경질적이 되어 지칠 대로 지쳐 있었다. 스페인에서 돌아온 이후로 심해지기만 하는 어네스트의 불안을 한 몸에 떠맡고 있으며 그를 더 이상 달랠 수 없다는 생각에 시달려온 터였다. 그날 밤, 메어리는 크리스티아나에서 돌아오는 길에 겨우 어네스트 모르게 나에게 말을 할 기회를 만들게 되었다. 이튿날 아침 11시에 수퍼마켓으로 함께 쇼핑을 하러 가기로 했던 것이었다. 우리는 곡물 선반 뒤에 쇼핑 카드를 놓고는 이야기를 했다. 메어리는 절망스럽다고 말했다. 그러고는 전날 어네스트의 책상에서 찾아낸 편지를 보여주었다. 보낼 곳은 그의 거래 은행인 뉴욕의 모건 갤란티로 되어 있었다. 첫머리의 인사말과 첫 구절만은 빈틈이 없었으나 그 뒤는 마치 전혀 새로운 언어를 실험이라도 하듯이 야릇하고도 종잡을 수 없는 문장이었다.

근본적으로는 《이동축제일(移動祝祭日)》의 원고로 끝없이 시간을 들였을 때부터 작업 능력이 퇴화되고 더구나 이 작품에 실질적으로는 힘을 기울일 수 없게 되어버렸던 것이다. 쓸 수 없다는 것 말고도 어네스트는 핑커를 잃은 일로 해서 한없이 실망했으며, 메어리가 파리나 베니스에 아파트를 얻자고 했을 때나 새 보트로 바다 여행을 하자고 제의했을 때도 어네스트는 반응을 보이지 않았다. 그리고 언제나 마음의 미망(迷忘), 환각에 시달려 암흑의 세계에서 몸을 빼낼 수 없게 된 것이었다. 자살을 암시하는 말을 자주 입에 올리게 되었으며 이따금 총가(銃架) 앞에 서서 창을 집어들고는 멀리 산맥을 향해 창 너머로 눈을 돌리는 일도 있었다.

나는 메어리에게 어네스트는 하루속히 철저하게 정신병리적 진찰을 받아야 하며 메닌저(칼 메닌저 박사는 미국 정신병리학자)에게 상의하는 것이 좋겠다고 권했으나 메어리는 그렇게 되면 매스컴에서 떠들어댈 것이 아니겠느냐고 우려했다. 그래서 나는 그녀만 좋다면 내가 곧 뉴욕에 가서 내가 아는 훌륭한 정신분석의에게 연락을 취하겠다고 했다. 그녀도 되도록 빨리 그런 조치를 취해주기를 원했으며 이제는 어네스트가 자살할지 모른다는 공포 때문에 그녀 자신이 못 견딜 지경이라고 했다.

나는 출발에 앞서 바논 로드를 만나기로 했다. 어네스트가 치료를 받는다 해도 그의 동의와 찬성이 있어야만 하며, 이것이 잘 될는지는 바논의 설득에 달렸다고 생각했다. 바논은 어네스트로부터 그가 체포된 뒤에 개봉하라면서 노트를 주었었다고 나에게 말했다. 그는 그 노트를 이미 읽었는데, 그 내용은 메어리의 생활에 대한 보장과 어네스트가 처형된 뒤에 바논을 옹호하기 위해 자신과 바논은 아무 관계가 없음을 적은 내용이었다. 노트의 어떤 부분은 글자 모양이 마구 흩어져 뜻을 알아볼 수 없었다고 말하면서 그는 메어리와 마찬가지로 어네스트의 상태를 몹시 우려했다.

"나는 시골 의사니까요." 그가 말했다. "더구나 이런 일에는 풋내기입니다. 어네스트가 나로서는 할 수 없는 치료를 받을 필요가 있음을 알고 있었다는 것으로 책임이 있습니다만. 그렇습니다. 나는 여러 가지 진정제를 복용케 했고 또 전문지에 소개된 신약마저 여러 종류를 사용했습니다만……사실 어네스트는 나 같은 자의 진단으로는 어림도 없는 심각한 상태에 있습니다. 더구나 최근 몇 주 동안은 날마다 두드러지게 악화되고 있습니다. 뉴욕의 정신병리학 선생의 진찰을 받을 수 있다면 정말 좋겠습니다만."

나는 바논에게 이 다음에 어네스트의 혈압을 측정할 때, 혈압이 비정상적으로 높아졌는지를 알 수 있겠느냐고 물었다.

"그러니까 어네스트가 혈압 때문에 심각한 상태란 말씀인가요?"

"네, 그러니까 어네스트가 치료를 꼭 받아야 한다고 믿을 정도로 과장해서 말해주셨으면 합니다. 뉴욕의 선생한테 자진해서 갈 생각이 들도록 해달라는 것입니다만."

"그건 효과가 있을 것 같군요. 그는 혈압에 신경을 쓰고 있어요. 혈압 그래프를 낱낱이 기록하고 있답니다. 오늘 오후에 이곳으로 진찰받으러 오기로 되어 있습니다. 되도록 해보겠습니다. 얄궂게도 그가 몇 년이나 걸려——감식을 하거나 금주를 하면서까지—— 건강한 몸을 제대로 갖춘 이 시기에 정신 위생상의 장애가 생겨나다니요."

뉴욕의 정신분석의, 여기서는 리너운 박사라고 부르기로 하겠는데 그는 신속하게 행동했다. 어네스트의 전반적인 상태를 울질박해망상(蔚質迫害妄想)으로 진단하여 바논 로드와 전화로 상의한 결과 효과가 있을 것으로 생각되는 모든 종류의 신약(新藥)을 권하고 입원 치료는 당분간 보류하기로 했다. 리너운 박사가 처음에 입원을 권한 곳은 메닌저 병원이었는데, 바논은 병원의 이름으로 미루어보건대 어네스트가 진찰받으러 갈 가능성은 전혀 없다고 판단했다. 나도 메닌저 병원이라면 세상에서 어네스트의 병상(病狀)에 관심을 가지려 하는 것을 극력 피하려는 메어리가 반대할 것이라고 말했다.

그러자면 내과와 정신과가 모두 갖추어져 있어 어네스트의 진짜 병을 숨기고 단순한 치료를 받는다는 식으로 꾸밀 수 있는 병원은 하나밖에 없었다. 이러한 이유로 리너운 박사는 메이어 클리닉을 추천했던 것이다. 바논은, 어네스트가 우리가 예상했던 것처럼 자신의 혈압 상태 그래프를 보고 놀랐다면서, 혈압 검사와 그 밖의 특별한 강압 치료를 받아야 한다고 말하면 어네스트를 메이어 클리닉에 입원시킬 수 있을 것 같다고 했다. 리너운 박사는 어네스트의 입원 준비를 모두 마치고 메이어의 전문 의사와 전화로 전반적인 병태(病態)의 의견을 나누었다.

11월 30일 바논은 어네스트를 따라 조그만 전세 비행기로 미네소타 주의 로체스터로 갔는데, 그날 오후 어네스트는 메이어로 갈 것을 승낙했고 바논 로드의 이름으로 성(聖) 마리아 병원에 들어갔다.

어네스트는 전화를 받거나 걸거나 또는 편지 쓰는 것 등을 금지당했다. 그래서 12월 중에 칼러 호텔에 묵으며 매일 어네스트의 병실로 찾아가는 메어리에게 나는 전화로 늘 그의 병상(病狀)을 물었다. 그녀는 이 고장에서는 매우 고독했기 때문에 크리스마스를 보내는 것이 괴로웠다. 그리하여 내 딸은 그녀를 격려하기 위해 여린 소녀다운 선물을 상자에 담아 보내기로 했다.

12월에 어네스트는 전문적으로는 ECT로 불리는 전기 충격 요법을 포함하는 11종류의 치료를 받았다. 메어리는 그것이 어네스트에게 있어서 얼마나 무서운 것이며 그러한 치료를 받음으로써 심리적보다는 육체적으로 얼마나 고통스러운가를 나에게 이야기해주었다. 그러나 그나 주치의들도 잘하고 있는 것처럼 보였으며 주치의들도 그가 완쾌되는 중이라고 보고했다. 하기야 그녀만큼 그를 알지는 못하기 때문에 그 점에서는 의사들에게 불리하다는 것이었다.

1월의 첫 주에 ECT 요법은 갑자기 중단되었다. 바로 그 직후에 어네스트는 의사들에게 나와 전화로 통화해도 되겠느냐고 물어 승낙을 받았다. 입원한 뒤로 처음 외부와 연락을 하는 것이기 때문에 어네스트로서는 매우 중대한 일이었다. 전화의 내용에 제한은 없었다. 이 전화는 특별한 날 특별한 시간에 걸려왔다.

교환수가 잠시 기다려달라고 한 뒤 로드 씨가 나왔다. 그 동안의 안부 인사가 있은 뒤 어네스트가 말했다.

"카톨릭의 병원에서 이런—— 로드(신 즉 그리스 도를 뜻한다.)라는—— 이름이 붙은 건 참으로 어려운 일이라네. 더구나 나는 타락한 카톨릭이거든."

그의 목소리는 활기가 넘쳐 있었으며 약간의 억제된 느낌이었으나 얼마 전까지만 해도 없었던 진정이 담긴 말소리였다. 며칠 사이에 입원한 뒤 처음으로 글을 읽을 수 있게 되었는데 그가 읽는 것은 우리의 친구인 조지 프린프턴의 새 작품 교성쇄였다. 제목은 《친구에게서 떠나며》였는데 어네스트는 매우 재미있다고 했다.

"하지만 모든 게 다 즐겁다는 건 아닐세. 아무튼 온갖 인간들이 들락거리고 문에는 열쇠를 채우지 않나, 더구나 무뚝뚝한 기계를 상대로 하니 고상하게 굴 필요도 없거든."

그에게서 이런 말을 듣는 것은 놀라운 일이었는데 그것은 그가 병실에서 그 전처럼 태연한 얼굴로 생활하고 있으리라는 것은 상상조차 할 수 없었기 때문이었다. 병문안하러 가는 것을 주치의들이 허락해주겠느냐고 나는 물었다. 그는 알아본 뒤 대답을 하겠다고 했는데, 로체스터는 병문안을 하러 오기에는 너무 멀다고 했다.

"물론 자네가 와주면 무척 기쁘겠지만."

그는 말했다.

15분 정도 이야기했는데 얼마 전까지 보였던 그 착란 상태에 빠진 듯한 말은 한 마디도 나오지 않았다. 《파리의 회상》에 대해서도 무척 많은 말을 하여 가을에 출판하기로 결정했기 때문에 다시 그 작업을 시작했다고도 말했다. 병원의 교환수가 나와 "로드 씨, 죄송합니다만 전화를 끊어야겠습니다."라고 말하자 그는 서둘러 작별 인사를 했다.

메이어 클리닉 자체에는 입원치료의 시설이 없다. 그러나 이 도시의 성

274

마리아 병원과 제휴하고 있는 이 병원은 카톨릭의 수녀가 헌신적으로 경영하고 있었으며 클리닉의 의사는 이 병원에 입원한 환자를 진찰하는 것이었다.

나는 1961년 1월 13일에 로체스터로 갈 계획을 세웠다. 10일에 어네스트로부터 노스웨스트 항공이 파업에 들어갔기 때문에 캐피틀 항공으로 미네아폴리스로 직행한 뒤 다시 브라이니프나 오저크에서 로체스터로 향하든가 아니면 허들에서 4시간마다 떠나는 1시간 반 걸리는 제퍼슨 트랜스포테이션 리무진을 타든가 해야 한다는 전보를 받았다. 또한 이 전보에는 체중이 173파운드 반이 되었으며 다시 만나게 되었음을 기뻐한다고도 적혀 있었다.

이러한 친구에 대한 배려, 친구에 대한 미세한 점에 이르기까지의 주의로 보아 나는 지난날의 그가 되살아난 것이라고 여겼다. 나는 메이존 글래스로 벨거 캐비어의 큰 병을 사서 캐피틀 항공으로 뉴욕에서 비행했다. 운 나쁘게도 캐피틀 비행기의 조리장은 시카고에서 격리되었기 때문에 냉장고에 넣어둔 나의 캐비어는 행방불명이 되고 말았다. 나는 메어리를 위해 그 랜드 퀴진 드 로체스터에서 배달시킬 작정이었다.

칼러 호텔에서 숙박 수속을 마친 나는 곧 병원으로 직행했다. 어네스트는 무척 수척해 있었다. 지금까지 평균 211에서 220은 되었던 체중이 173파운드로 줄어든 것이었다. 얼굴 모양이 달라졌으며 눈이며 코마저 딴 사람 같은 느낌이 들었다. 그는 나에게 간호사를 소개해주었는데, 몸집이 크고 아름다운 젊은 여성으로 그에게 호의를 갖고 있는 것이 분명했다. 그 뒤 의사들에게도 나를 소개했는데 모두가 이미 완전한 '친구 관계'가 되어 있었다. 식사 때면 그들의 집에 가며, 한 의사의 이야기로는 지난 번 일요일에는 그 의사 친구가 여럿이 찾아와서 식사를 한 뒤 뒤쪽에서 스키트 사격을 즐겼다고 했다. 우리는 어네스트의 방에 앉아 있었다. 작지만 쾌적하게 방이 꾸며져 있어서 하마터면 창 밖에 처진 쇠창살을 잊을 뻔했다. 어네스트는 의사를 기쁘게 해주기 위해 오뤼유의 경마에서 돈을 딴 이야기며 내가 투우사 노릇을 했을 때 이야기를 꺼내며 농담을 하거나 웃었으며 갖가지 옛날 일들을 떠올리는 등 확실히 이젠 회복된 듯했다. 그러나 의사들이 환자로서가 아니라 명사(名士)로서 그를 다루는 데에는 불안스런 느낌이 있었다.

의사들은 돌아갈 때 어네스트에게 옷을 갈아입고 산책을 해도 된다고 했다. 간호사가 옷을 갖고 와서 갈아입는 사이에 옷장 위에 산더미처럼 쌓인 편지를 가리키며, 자기는 언제나 편지의 답장을 잘 쓰는데 이 편지에 답장을 쓰지 못하는 것이 유감이라고 했다. 니타(화니타 옌센은 아바나 주재 미국 대사관에 근무하면서 어네스트를 위해 시간제로 일을 하고 있는 사람임.)가 있으면 구술(九述)을 할 수 있겠는데, 라고 말했다.

나는 칼러 호텔에 일반 속기사를 매일 오후에 한두 시간씩 부르면 되지 않겠느냐고 했는데, 이 말이 그를 안심시킬 수 있었다.

"여기있는 편지를 처리하고 싶어서 그러네. 그렇게만 하면 케참에 돌아가 곧 작품을 쓸 수 있겠어."

그 뒤 나는 뉴욕을 출발한 이후로 궁금하면서도 겁이 나 묻지 못했던 애기를 꺼냈다.

"쿠퍼의 집안은 어찌되었습니까?"

게리 쿠퍼는 카우보이가 나오는 텔레비전 프로의 비디오 테이프를 찍기 위해 1월 초순에 뉴욕에 와서 나와 점심식사를 같이한 적이 있었다.

"그는 파파의 작품 건을 확인하고 싶네. 주치의가 내가 무슨 수술을 받았는지 가르쳐주더군. 암이었다네. 너무 오래 지체할 수는 없다는걸세. 나도 정말 그렇다네."

그의 고통이 심해진 크리스마스 전후에 의사의 말을 듣고 그는 직접 부탁을 한 것이었다. 이때는 고통이 심해 무슨 수를 써도 1시간 이상을 카메라와 마주할 수 없게 되어 있었다.

"메이어의 파파 상태는 어떤가?"

바논 로드의 변명이 탄로가 나서 전국의 신문이 어네스트의 병상을 보도해버린 것이다.

"건강합니다."

"정말로 어디가 나쁜 건가, 핫치?"

"혈압이 높아져서요. 하지만 이젠 조절할 수 있게 됐습니다."

어네스트의 진짜 병을 그에게 가르쳐주어 근심이라도 하게 되면 큰일이었다.

"내 안부를 잘 전해주게나. 우리는 언제나 솔직하게 숨김없이 털어놓고 지내왔고 나도 그가 다른 자들이나 신문에 알려지기를 원하지 않네. 전화를 걸었는데 바꿔주지도 않고, 그렇다고 이런 일로 편지를 쓰기는 괴롭거든."

그래서 지금 나는 어네스트에게 말을 꺼낸 것이었다. 그는 아무 말도 하지 않았다. 나에게 배신당한 듯한 눈길을 주었을 뿐이었다. 그러고는 점퍼를 천천히 입고는 사냥용 모자를 쓰고 병실에서 나갔다.

거리의 중앙에서 걸으면 교외로 곧 나갈 수 있었다.

"주치의들은 모두 좋은 사람들 같군요."

내가 말했다.

"내게 스키트 사격을 시킬 정도로 신용하기 때문인가?"

"네, 당신을 여기까지……."

"그런 충격 요법의 의사는 작가에 대해서 알지 못하며 자책감이라든가 죄악감 같은 것, 그게 어떤 식으로 작용되는가를 모르지. 정신분석의사를 대학의 창작과에서 공부시킨다면 작가에 대해 조금은 알겠지."

"치료는 그만둔 겁니까?"

"음, 내 자본인 두뇌를 파괴하고 기억을 말살시키며 작업을 못 하게 하는 것에 무슨 의미가 있겠나? 멋진 치료이긴 했지만 인내심이 없어졌네. 지독하다네, 핫치. 무섭기도 하고 말일세. 나를 석방시키기 위해 주(州) 당국에 전화를 걸었네만 그놈들은 죄명도 모르지 뭔가."

나는 심장이 멎는 줄로만 알았다. 귀를 의심했다.

"나를 이곳에 끌고 온 건 연방 경찰의 짓인 줄 이미 알고 있었고, 자넨 착각하고 있거나 아니면 나를 속이려 하고 있는걸세. 더구나 특권은 주어져 있지 않고 녀석들은 바논을 골탕 먹일 수도 있거든. 아무튼 지금의 나는 그것을 속이기 위해 로드의 이름을 사용하고 있으니까. 그러니 나는 아무 소리 않고 참는다네. 그런데 오너는 만났나?"

또다시 그는 오너의 일이며 이민국의 조사원 같은 무익하고 피로하기만 한 질문을 계속하는 것이었다. 그 착각에는 변화도 없었으며 없어진 것도 아니었다. 방에는 도청 장치가 달려 있고 병원의 전화도 도청되고 있으며,

병원의 한 인턴은 FBI가 변장을 한 것이라고 의심하고 있었다. 나는 그의 말을 듣지 않기 위해 되도록 빨리 산책을 끝내기로 했는데 그래도 끝없이 계속될 것만 같은 느낌이 들었다.

그날 밤 호텔 식당에서 메어리와 함께 식사를 들었다. 로체스터에 온 지도 6주나 되었으나 병원에서 돌아온 뒤 자기 방에서 혼자 식사를 하지 않는 날은 오늘이 처음이라고 했다. 우리는 어네스트가 의사가 있을 때의 태도와 우리에게 보이는 태도가 다르다는 점을 이야기했다. 메어리도 이 일을 두고 의사와 상의했으나 주치의한테 나도 말을 해준다면 좋은 결과가 나올는지 모르겠다고 했다.

주치의들은 어네스트가 아직도 어떤 종류의 착각에 사로잡혀 있음을 알고는 있었으나, 작업을 하고 싶다는 의욕이 높아진 것은 회복의 전조(前兆)라고 했다. 나는 그의 체중이 우러된나고 말한 뒤 식사를 더 늘리고 술도 약간은 마시도록 허락해줄 수 없겠느냐고 물었다. 어네스트처럼 평생을 두고 상당한 술을 마셔온 사람에게 알코올을 완전히 끊게 한다는 건 육체적으로는 유익하겠지만 심리적으로는 해롭지 않겠느냐고 물었다.

주치의들은, 그가 현재로서는 매우 순조로우며 체중도 그 전처럼 회복시키고 싶을 뿐만 아니라 하루에 두 잔 정도의 포도주는 마셔도 된다고 말했다. 나는 다시 대단히 외람된 말이지만 어네스트는 정상인과는 다른 사람으로 '규범(規範)'이라는 것을 전혀 무시하므로 일반 환자로서 보거나 다뤄서는 안 되며, 따라서 이번 치료에서 전기 충격이나 그것과 비슷한 일은 작가인 그를 고려해서 해줄 수 없겠느냐고 했다. 여기서도 나는 다시금 나의 이러한 지나친 참견에 대해 사과했으나 이 말만은 꼭 해두고 싶었다.

이튿날 다시 어네스트를 만났다. 메어리도 함께 있었는데, 그는 그녀에 대해 매우 복종적이며 그녀가 진정으로 자신을 돌봐주는 데에 감사하는 마음인 것 같았으나 겉으로는 메어리에게 잔인할 정도의 욕설을 내뱉고 있었다. 그러한 욕설을 들을 때면 메어리는 일단 자리를 피하기가 일쑤였다. 홀로 나갔다가 나중에 돌아왔을 때의 그녀 눈은 빨갛게 부어올라 있었다. 그때 의사 둘이 오자 어네스트는 내가 어제 목격했던 그 급격한 변화를 보였다.

일에 대한 흥미와 능력은 결정적인 형태로 어네스트의 내면에서 뒤흔들리고 있었다. 그는 편지를 처리하기 위해 오후만 일을 해줄 속기사를 구해 놓고 답장을 구술(口述)하는 작업에만 몰두했다. 뿐만 아니라 조지 프린프 턴의 저서 홍보 때에 쓰기 위해 이미 추천문마저 써두었던 것이다.

훌륭하게 관찰되고 믿을 수 없을 만큼 고찰하여 스스로에게 부과한 이 시련의 양(量)에는 참다운 악몽의 전율할 성격이 있다. 이것이야말로 월 터 미티의 달의 다크 사이드(표면)이다.

이리하여 헤밍웨이에 있어서의 불행과 행운은 바야흐로 어느 쪽이 지배 하는지 뚜렷한 징후를 갖지 못하고 서로가 밀치고 밀치는 격한 상태가 계속 되었다.

이날 아침, 새 대통령이 된 케네디가 개인적인 손님으로서 그와 메어리 를 초대한다는 전보가 왔다. 어네스트는 이 초대를 무척 기뻐했으나 우리 는 사양할 이유를 생각하기 위해 머리를 써야만 했다.

내가 돌아가는 여객기에 탑승할 시간이 되었을 때 어네스트는 엘리베이 터까지 바래다주고는, 엘리베이터가 와도 문을 잡은 채 나와 헤어지고 싶 지 않는 눈치를 보이면서 말했다.

"이번 봄에는 오튀유에 가세. 헴핫치 상회가 진출하면 경마 예상가들이 질려버릴걸세."

그는 킥킥거리며 웃었다. 그리고 내 어깨를 치면서 말했다.

"내가 내기에서 딴 돈을 세고 있을 때, '역시 이걸 전문으로 하시는 분인 줄 알았습니다.'라고 하던 그 경마 예상가를 기억하나? 자넨 좋은 녀석일 세, 핫치. 무척이나 나를 많이 도와줬어. 안 그런가?"

"아닙니다. 지금까지 정말 즐거웠습니다."

"이번 일도?"

"그래요, 파파. 전에 말씀하신 적이 있죠. 멀리 떨어져 있으면 때로는 가 슴이 철렁 내려앉는 느낌이 들 정도라고요. 전에도 헤어진 적이 있지 않습 니까."

"그랬지. 하지만 나는 혼자 있을 때에도 꼭 세시에는 일어났네."

"일 때문이었겠죠."

"음, 그러나 이번에는 여섯시나 일곱시가 될지도 모르지."

"지금은 여덟시죠."

"그렇군. 하지만 이런 때에 버드가 있는 데로 가서 카나르에서 사격을 하
고 싶군. 그렇지만 나와 봄에 오튀유에 가는 것만은 약속하게. 돈을 모아두
게나, 핫치. 바티클랑 같은 경마가 또 있을지 모르니까."

엘리베이터의 부저가 쉴새없이 울렸다. 어네스트의 간호사가 그의 뒤에
서 있는 것이 보였다. 나는 엘리베이터에 들어섰다.

"찾아와줘서 정말 고마웠네."

그가 말했다.

제15장 케참 1961년

놀랍게도 내가 그를 만난 9일 뒤인 1월 22일에 어네스트는 메이어 클리닉
에서 퇴원을 해버렸다. 그는 케참으로 돌아가 일을 할 수 있게 되어 기쁘다
면서 할리우드에서 전화를 걸어주었다. 또 돌아간 이튿날, 사냥을 가서 오
리 여덟 마리, 기러기 두 마리를 잡아 부엌의 창 밖 장작더미 위에 매달아
두었다고 말하는 그는 건강해 보였다.

그가 그 감옥에서 나와 자기 본래의 장소로 돌아간 것에 대해 안도의 느
낌이 들기도 했으나 산책을 하면서 우리가 나누었던 대화를 생각하니 불안
이 엄습해왔다.

며칠 뒤 어네스트는 《닉 애덤즈 스토리》의 건으로 20세기 폭스가 일찍부
터 제의해온 조건을 받아들이기로 결정했다. 2월 중의 그의 편지며 전화는
간결하고 사무적인 것이었다. 우리는 매주 전화로 연락을 취했는데 그의
걱정거리는 체중이 170파운드밖에 안 되기 때문에 그 전처럼 건강하게 일을
못 하는 것이라고 했다. 나는 체중을 늘리도록 열심히 권했으나 그는 주치
의에게 명령받은 엄격한 감식의 제한을 지키기 위해 1칼로리라도 많이 섭
취하는 것을 거부하는 것이었다. 어네스트는 이 감식을 군사적인 명령처럼
받아들였다. 그 주치의들도 아마 명령에 이토록 엄격히 복종하는 환자는
보지 못했을 것이다.

2월 18일, 어네스트는 뉴욕에 있는 나에게 전화로 영화화의 저작권을 십이만 오천 달러의 처분에 대해 상의를 해왔다. 그가 무엇보다 걱정하는 것은 세금 문제였다.

"회계사와 전화로 얘기했네만 칠십 퍼센트는 세금, 삼십 퍼센트는 예금으로 넣어달라고 했는데 그쪽에선 이 비율이 너무 높다고 생각하는 모양이네. 이번 가을에 책을 내지 않을 거라는 걸 알고서 하는 말이지. 그렇게 되면 세금이 또 얼마나 오를지."

"그렇게 많이 오르진 않을 겁니다, 파파."

나는 해마다 누적되는 세금에 시달리는 어네스트의 고민에 동정했다.

"내 인생에서 실패한 것이 있다면 그것은 세금을 줄이는 일뿐이었네. 세금으로 칠십 퍼센트 지출하고 회계사에게 십 퍼센트를 주고 나면 예금할 돈은 겨우 이만 이백오십 달러밖에 남는 게 없다네. 열 편의 소설을 팔아서 받는 금액치고는 얼마나 한심스러운가."

3월 초순에 들어서자 어네스트의 자체(字體)는 다시 달라졌으며 내용도 변화했다. 쓴 것을 알아보기가 무척 힘들어졌으며 글자가 너무 작고 명확치 못하여 무슨 말인지 식별하기가 어려웠다. 편지에는 불평만 많아졌으며 작업에 대하여 언급하는 일이 적어졌다.

이 무렵 어네스트는 편지를 자신에게 직접 보내지 말고 산 발리의 바논로드 앞으로 전송해달라고 했다. 내가 그 편지에서 O로 시작되는 이름을 쓰면, 바논은 그 편지가 어네스트 앞으로 오는 것으로 안다는 것이었다. 오너에게도 같은 방법으로 편지를 쓰도록 내가 전해주기로 했다.

3월의 마지막 주에 어네스트에게 전화를 걸었을 때 그는 안정감이 없었을 뿐 아니라 용기마저 잃는 듯한 느낌이었다.

"무슨 계획이든 세울 수만 있으면 좋겠네만 파리의 작품을 완성할 때까지는 아무런 계획도 세울 수 없다네. 매일 건강진단을 받으러 가야 하고 체중은 급격하게 줄어드니까 말이야. 메어리에게도 이젠 더 걱정을 끼치고 싶지 않네. 이제 나도 내 걱정을 해야 될 때가 아닌가. 백육십사 파운드라고 해서 건강하지 않다는 건 아니지만 이거야 너무 가벼워 불안스럽기만 하거든. 자네에게 이런 말을 하는 것도 사실을 밝혀둬야 할 것 같기 때문이라네."

말소리가 무척이나 노쇠한 듯이 마지막 부분에 가서는 말을 마칠 기운조차 없어진 듯했다.

"의사가 하는 말을 정확하게 지키고 혈압도 괜찮다네. 하지만 체중이 아무래도 신통치 않아 곤란하다네."

"좀더 살이 찌는 건 불가능한 겁니까? 바논은 뭐라고 하던가요?"

"내가 지친 줄로 알고 기분전환을 해서 좀 편하게 지내면 된다는걸세. 언제나 즐겁게 지내왔으니까 말일세."

4월 초순, 어네스트는 다시 전화로 한 이야기에 몹시 신경을 쓰기 시작했는데 오너에 대한 것은 편지로나 전화로도 전혀 언급하지 않았다. 전화로 그와 이야기하는 것은 점점 어려워졌다. 자기가 쓴 글이 마음에 들지 않는 것인지 아니면 쓰다가 벽에 부딪치기 때문인지 뚜렷하지는 않았지만 그것 때문에 무척 속이 상한 듯했다. 나는 친구들 소식을 그에게 전하려 했으나 그는 흥미를 보이지 않았다. 그리고 내가 쓰는 닉 애덤즈의 시나리오 구상을 상의하려고 했는데 그것에도 흥미를 나타내지 않았다.

4월 18일 하베이 브리트가 뉴욕에서 조지 프린프턴이 출판 기념 파티를 열어 나도 참석했다. 훌륭한 사람들이 모인 좋은 파티였는데 중간에서 하베이가 어네스트에게 전화를 걸어 모두 함께 이야기를 나누자고 제의했다. 즐거운 칵테일 파티에 찬물을 끼얹는 것 같아 어네스트가 이야기를 할 상태가 못 된다는 말을 하고 싶지 않았기 때문에 어네스트의 전화 번호를 집에 잊고 온 체하여 전화를 못 걸게 하려고 했는데 유감스럽게도 하베이의 주소록에는 전화 번호가 적혀 있었다.

처음은 하베이, 다음은 조지가 전화로 어네스트와 통화를 했는데 두 사람 모두 매우 유쾌해했으며 조지는 판매 성적이 좋다는 자랑까지 그에게 털어놓았다. 그러나 내가 전화를 바꾸자 어네스트는 이런 전화는 걸지 못하게 하라고 말하는 것이었다. 목소리에는 힘이 없었으나 그 말은 우물에 떨어지는 돌처럼 내게 무너져내려왔다.

"무척 힘겹다네. 아직 저 저주스런 작품이 완성되지 않았거든. 나는 그걸 어떤 식으로 써야 하는지를 알면서도 쓰지 못한다네."

하베이와 조지가 즐거운 얼굴로 나를 주목하고 있었기 때문에 나는 아무렇지도 않은 듯 웃는 얼굴을 지었으나 눈은 전화만을 응시하고 있었다.

그런데 나는 그만 어리석은 소리를 하고 말았다.

"그래도 그 정도까지 갈 수 있었으니 이젠 괜찮습니다."

"핫치, 나는 그 책을 완성할 수 없어. 할 수가 없는 거야. 나는 이 저주스런 작업용 책상을 온종일 마주하고 있네. 그래서 써낸 것이라곤 한 구절 정도라네. '조그만 더 쓰자.'라고 생각은 하지만 그게 안 되거든. 어떠한 말도 안 나온다네. 알겠나. 이젠 더 이상은 안 된다네. 〈스크리브너즈〉에는 책의 출판 중지를 통고했네. 가을에 나올 준비를 모두 갖추어놓았는데 취소해야만 했거든."

"그렇다면 봄에 내면 되잖습니까?"

"아니, 어림도 없네, 그쪽에서 말일세. 완성하지 못했으니까. 이번 가을도 그렇고, 내년 봄도 그렇고, 십 년 후라도 소용없네. 나는 끝장이야. 아주 멋진 작품인데도 완성할 수가 없어. 알겠나?"

전화가 끊겼을 때 하베이가 말했다.

"그 양반, 건강하지 않은가?"

이것은 4월 18일의 일이었다. 4월 23일 일요일 아침 11시에 케참에서 전화가 걸려왔다. 어네스트는 산 발리 병원에 입원하여 3시간마다 소디움 아미타르의 진정제를 다량으로 맞고 있고 간호사는 시계만 지켜보고 있다는 것이었다.

그날 아침, 메어리가 거실로 들어가자 어네스트는 총가(銃架)가 있는 방 앞에 서서 한 손에는 산탄총(散彈銃)을 들고 다른 손에는 두 발의 총탄을 쥐고 있었다. 총가의 선반 위에는 유서가 놓여 있었다. 그날 바논 로드가 어네스트의 혈압을 측정하러 오기로 되어 있었기 때문에 메어리는 그가 올 때까지 어네스트의 관심을 그쪽으로 돌리려고 노력했다. 그가 쓸 수 없게 되어 암담한 정신 상태에 빠져 있다는 것은 알았으나 그러한 행동을 취할 만큼 궁지에 몰려 있으리라고는 여기지 않았던 것이다. 어네스트는 침착해 보였으며 총알을 장전할 눈치가 보이지 않아 메어리는 총에 대해서는 언급을 않고 유서에 적힌 것만을 물었다. 어네스트는 그것을 보여주는 것은 거부했으나 내용의 몇 군데를 읽어주기는 했다. 그 내용은 주로 메어리에 대한 고마움에 대한 것인데 그녀는 조심스러운 표정을 지어 보이지 않았다. 거기에는 또한 3만 달러를 그녀의 예금 구좌에 옮겼다고 씌어 있었다. 그리고 그 유언과는 관계없이 그가 최근에 와서 고민하기 시작한 이 문제, 즉 앞으로 이 여자에게 부과될 그 많은 세금을 어떻게 감당할 것이냐를 두고 이야기했다. 그가 여성의 세금을 지불했기 때문에 연방 경찰에 틀림없이 체포될 것이라는 말을 되풀이하는 사이에 바논이 왔다. 바논이 총을 달라고 하자 어네스트는 별 말 없이 넘겨주었다.

바논은 곧 메이어 클리닉에 전화를 걸고, 또한 나에게도 리너운 박사에게 연락해서 병태에 관해 지시를 받을 수 있겠느냐고 물어왔다.

바논의 전화는 그날 오후 4시 반에 걸려왔다. 메이어의 전문의는 어네스트가 스스로 로체스터에 올 것을 지시했으나 어네스트가 절대로 그렇게 하지 않을 것이라는 것을 알려왔다.

"제가 리너운 박사에게 전화를 걸겠습니다. 메이어에 전화를 건 뒤에 당신한테 꼭 전화하라고 전하겠습니다."

"벌써 연락이 왔었습니다. 메이어에서는 어네스트의 병을 치료하기 위해 모든 조치를 취해놓고 있고, 또 그렇게 하면 어네스트도 순순히 병원에서 치료받을 것으로 생각하는 모양입니다만 그것은 상황을 잘못 파악하고 있는 겁니다. 이미 어네스트에게는 건강한 정신에서 솟아나는 자유로운 행동 욕구가 소멸되었습니다. 도대체 지금 무엇을 하고 있는 겁니까? 나는 오슬리 박사와 함께 그를 치료하고 있습니다만 이미 그의 병세는 우리의 한계를 넘었습니다. 한시바삐 적당한 곳에 수용하지 않으면 그는 틀림없이 자살해버릴 정도로 심각한 상태란 말입니다. 그는 작품을 쓸 수 없고 쓸 희망도 없어졌다고 몇 주일 동안 내내 한탄만 하고 있습니다. 작가로서의 생명이 끝났다고 생각하는 지독한 자괴지심이 그를 무력하게 만든 원인입니다. 적어도 외적인 상황으로 본다면 말입니다. 나는 내과 전문의가 아니므로 속병에 대해서는 잘 모르지만 적어도 내가 볼 때는 어네스트의 작가로서의 절망감이 가장 큰 이유인 것 같습니다. 아무튼 신경 안정제를 주사했습니다만 이런 상태로 계속 둘 수는 없습니다. 그는 내 친구일 뿐만 아니라 미국의 자랑인 어네스트 헤밍웨이란 말입니다. 무슨 일이 있어도 메이어로 데려가 치료를 받게 해야 합니다."

그날 온종일 뉴욕과 케첨, 할리우드, 로체스터 등으로 전화를 주고받았는데 메이어의 의사들은 케첨으로는 왕진을 갈 수 없다, 환자는 스스로의

284

의사로 클리닉에 와야만 한다는 등 끈질기고도 확고부동한 규칙에서 추호도 벗어나지 않았다.

리너운 박사는 바논 로드에게 몇 가지 요법을 지시했다. 나도 케참으로 응원하러 가려고 했으나 리너운 박사는 바논이 실패했을 경우를 생각하여 제2진으로 대기하는 것이 좋겠다고 했다.

이튿날 걸려온 메어리의 전화에서 그녀는 무척 동요하고 있었다. 악몽 같은 일이 있었던 것이다. 바논은 메이어에 재입원한다는 동의를 간신히 어네스트에게서 받아내어 헤일리에서 전세 비행기를 내도록 했다. 그런데 어네스트가 떠나기에 앞서 갖고 갈 것이 있다고 했다. 바논은 메어리가 갖고 가도록 하겠다고 했으나 어네스트는 자기가 직접 갖고 갈 것이며, 만약 그것을 갖고 가지 못할 경우에는 메이어에 입원하지 않겠다고 했다. 그래서 바논은 하는 수 없이 승낙하고 돈 앤더슨을 동행케 했다——이 사람은 6피트 3인치에 200파운드나 되는 사람이다——바논은 이 사람 외에 간호사와 메어리도 동행케 했다.

다섯이 차를 타고 집으로 돌아와 어네스트가 문으로 향하자 우선 돈이 뒤따르고 그 뒤에 간호사와 메어리, 그리고 바논이 따라갔다. 그런데 어네스트가 갑자기 뛰기 시작하더니 돈이 문 앞에 다다르기 전에 문을 안쪽에서 걸어버렸다. 돈이 황급히 다른 문으로 해서 집안에 뛰어들자 어네스트는 총가(銃架) 앞에 서 있었다. 서둘러 탄환을 장진하는 참이었다. 돈은 어네스트에게 달려들어 그를 쓰러뜨렸다. 총을 빼앗기 위한 격렬한 격투가 벌어졌다. 바논도 여기에 가세했다. 다행히 안전 장치가 되어 있어 총은 발사되지 않았다. 어네스트는 다시 다량의 주사를 맞고 병원으로 되돌아왔다.

그는 메이어에 가지 않겠다고 다시 우기기 시작했는데, 바논은 어네스트의 결심을 바꾸려고 산 발리 비행장에 비행기를 대기시켜두고 그 사이에 메닌저 병원의 의사들과 상의했다. 이튿날 아침 메어리에게서 온 전화로 어네스트가 갑자기 동의하여 비행기는 로체스타로 떠났음을 알았다. 바논과 돈 앤더슨이 동행했다. 바논이 도착하면 곧 전화를 하기로 하고 메어리는 눈물을 머금고 남기로 했다.

한밤중이 지났을 때 전화가 왔다. 바논의 말로는 출발 전에 어네스트에게 다량의 진정제를 주었는데 이륙 직후에 어네스트가 비행기의 문을 열고 밖으로 뛰어내리려 하여 그것을 저지하느라 격렬하게 싸웠다고 했다. 그를 떼어놓기 위해 바논과 돈은 안간힘을 다했으며 그는 바논이 안정제를 다량으로 주사하여 곧 반수 상태(半睡狀態)에 들어갔다고 했다.

그런데 얼마 뒤 이 작은 비행기의 엔진이 이상해지기 시작하여 하는 수 없이 와이오밍 주의 카스파에 불시착을 해야만 되었다. 비행기에서 내리자 어네스트는 회전하는 프로펠러를 향해 가려 했는데 돈이 어네스트의 팔을 잡아 프로펠러에 가까이 다가가지 못하도록 했다. 그때 자칫 잘못하면 어네스트는 돈을 회전하는 프로펠러로 밀쳐넬 뻔했다.

정비에 2시간이나 걸려 우리는 다시 하늘을 날기 시작했다. 이윽고 사우드 다코타의 상공에서 1시간쯤 잠을 자는 체하던 그는 다시금 비행기에서 뛰어내리려 했다.

로체스터에 도착하자 메이어의 의사들이 대기하고 있었는데 어네스트는 그들을 보자 곧 유순해져 의사들에게 옛 친구를 대하듯이 인사를 했다. 곧 성 마리아 병원으로 수송된 그는 특별실로 옮겨져 전일감시(全一監視)를 받게 되었다.

"오늘이 며칠인지 아십니까? 이십오일이죠?"

"그렇습니다. 지난 번에 퇴원한 후로 삼 개월이 지났습니다."

"별로 오랜 회복기는 아니었군요?"

5월 첫 주에 나는 쿠퍼를 만나러 갔는데 이것이 그와의 마지막 대면이 될 줄은 미처 몰랐다. 병이 덜 위중했던 2월과 3월에 그는 평소처럼 생활을 즐기고 있었다. 어느 날 오후, 발로다 드라이브에 새로 지은 멋지고도 근대적인 그의 집 정원에서 벌어진 5명의 당수(唐手) 전문가의 솜씨를 보이는 자리에 나를 불러준 것이었다. 쿠퍼의 집에서는 가끔 이런 디너 파티가 열렸으며 옛 친구들은 쿠퍼의 건강이 썩 좋은 것처럼 대했다.

그러나 4월에 들어서 암이 더 악화되어 5월의 어느 날 오후에 내가 갔을 때 그는 수척한 모습으로 어두운 방에서 꿈쩍도 않고 누워 있었다. 부인이 방으로 들어왔다가 우리만을 남기고 다시 나갔다.

쿠퍼는 말을 할 때마다 고통이 심해 한 마디 한 마디를 쉬어가면서 천천히 말했다.

"이주 전에 파파에게서 전화가 왔었네. 그도 병들었다지 않은가. 이번에는 내가 틀렸다 해서 그와 내기를 걸었다네."

미소를 지으며 눈을 감아 마치 가볍게 잠이 든 것 같았다.

"라디오로 그가 입원한 소식을 들었지."

그는 눈을 몇 번 꿈벅이다가 다시 말했다.

"그런데 입원한 것이 정말인가?"

"네."

"가엾은 파파."

그는 다시 눈을 감았지만 내가 지난번 시즌 케참에서의 사냥이며 쿠퍼도 아는 케참의 사람들 소식을 들려주자 지그시 듣고 있는 것 같았다.

그는 격렬한 고통을 참으려는 듯 그의 얼굴이 일그러지더니 진땀이 쉴새없이 솟아나왔다. 고통이 멎자 쿠퍼는 베드테이블에 손을 뻗쳐 그리스도 수난상을 집어들어 볼에 대고는 말했다.

"파파한테 내 말을 전해주게. 중요한 일이니까 잊지 말게나. 나는 이제 그와 얘기를 못 할 테니까. 이렇게 말해주게……내 생각이 과연 옳았는지 어떤지를 몰라 괴로워한 적이 있었다고 말일세. 하지만 나는 내가 해왔던 것 가운데서 가장 좋은 일을 해왔다고 말일세."

"그렇게 말씀드리겠습니다."

"잊지 말게."

"걱정마십시오, 쿠프스. 꼭 전하겠습니다."

10일 후에 그는 숨졌다.

메이어의 주치의들은 메어리에게 로체스터에 오지 말라고 했다. 어네스트가 외부와의 접촉을 하지 않는 것이 좋겠다는 생각에서였다. 그 때문에 메어리는 케참에 남아 전화로 주치의들과 연락을 취하고 있었다.

어네스트가 입원한 지 2주 뒤에 메어리가 나에게 전화를 걸어왔다.

"파파에게서 편지가 왔어요. 첫 편지예요. 장문의 편지인데 글씨도 좋아지고 그 전보다 훨씬 명확해졌군요. 하지만 아직도 경제적인 것만을 걱정하고 있어요——더구나 다시 근심거리가 생겨서, 미안해요. 하지만 당신한테 상의하고 싶어요. 가엾은 핫치. 파파가 옷을 사고 싶다는군요——그

야 필요한 건 뭐든지 발 팩에서 보내주고 있긴 하지만——더구나 일을 해
야 하니까 되도록 빨리 이곳에서 나가고 싶다는 거예요.”

“그 편지, 부치기 전에 주치의가 보았나요?”

“글쎄요. 하지만 나는 이곳 일들을 모두 적어서 보냈어요. ‘의사가 완전
히 회복되었다고 하시기 전까지는 집에 돌아오기 위해 의사를 속이는 일은
마세요. 우리는 케참에서의 그 무서운 삼 개월을 되풀이하고 싶지 않으니
까요.’라고요. 하지만 핫치, 그가 다시 똑같은 일을 되풀이할 것 같아 걱정
이에요. 더구나 그에게 편지를 보내는 건 역시 좋지 않을 것 같기도 하구
요. 내가 얼마나 감정적인가를 아시죠. 하지만 파파에게 그런 편지를 쓰면
파파는 나를 단죄하는 꼴이 되죠. 전 그렇게 되는 게 견딜 수 없는 거예
요.”

“직접석으로 말하는 것은 최선의 수단이 못 된다고 나도 생각합니다만,
그곳 의사들이 어떤 조치를 취하고 있는지 알 수가 없군요.”

“그래요. 그래서 당신한테 부탁하고 싶은 건 이 일로 리너운 박사와 상의
해 보면 어떻겠느냐는 거예요. 당신 시간을 빼앗기는 싫고 걱정 끼치는 것
도 싫어요. 하지만 이번에는 아무 소식도 듣지 못하고 있거든요. 나 스스로
도 어떻게 해야 할지 모르겠어요. 더구나 파파가, 그 착란의 원인을 충분히
파악하지 못하고 있는 게 걱정이에요. 처음 메이어에 입원했을 때는 주치
의가 그를 직접적인 환각에서 깨어나게 해줄 줄로 알았는데 지금껏 아무런
효과가 나타나지 않는 걸 보면 원인이 보다 더 깊은 데에 뿌리박고 있는 게
아닐까요? 그런 전기 충격 요법이 어떤 결과를 가져오느냐에 대해서도 박
사님으로부터 전혀 듣지 못했거든요.”

“다시 충격 요법을 하고 있답니까?”

“마지막으로 얘기를 나누었을 때 의사들은 계속하겠다고 했어요. 하지만
박사님은 하루에 몇 번이나 그 치료를 하는지 횟수조차도 말해주지 않아
요. 그러나 내가 두려워하는 건 파파가 집에 돌아가겠다느니 어쩌니 하고
말하기 시작했다는 거예요. 한 가지 분명한 것은 저번에 일어났던 삼 개월
동안의 그 일이 다시 되풀이된다면 나는 정말 못 견딜 것 같아요. 이건 협
박이 아니라 사실이에요. 그러니 당신께서 닥터 리너운 박사와 상의해주세
요. 나한테 전화를 해주시긴 하지만 나를 직접적으로는 알지 못하니까 이

런 문제는 말하기가 거북한 모양이에요. 파파를 메닌저로 옮기는 것도 다시 해볼 만한 것인지 모르겠어요. 그 점에 대해서도 리너운 박사님에게 물어봐줘요.”

내가 리너운 박사를 자주 찾아가자 그는 나에게 어네스트의 병상(病狀)에 대해 가르쳐주었다. 리너운 박사는 처음에는 강박관념, 착란 등에 관해 매우 일반적인 이야기로 서두를 꺼내더니 갖가지 징후——강박관념, 병적 공포성, 억울증(抑鬱症), 환상, 인격의 탈락 현상, 불안감이며 기타——와의 상호 관계에 관해서는 별로 알려져 있지 않음을 설명하고, 오늘 하나의 현상이 두드러지면 다음날은 또 다른 현상이 나타나는 등 여러 가지 변화가 강조된다는 것, 그러나 고전적인 징후의 여파는 강박관념을 비롯하여 망상에 이르기까지 온갖 형태를 취한다는 것이었다. 하나의 강박관념은 심리에 고정된다. 환자는 그 논리적 근거의 결여를 깨닫고, 그것을 자신의 자아 내면과는 이질적인 것으로 여겨 이에 도전하거나 무시함으로써 경험하는 불안을 피하기 위해 그것에 굴복한다. 착각이라는 것은 그 허망성의 논리적 사실에 바탕을 둔 데몬스트레이션에 무감각하고 그릇된 신념이라고 리너운 박사는 설명을 계속했다. 어떤 증례(症例)에서는 이 선이 그어지면 다른 방향으로 다시 그어지는 그러한 상태가 되기 때문에 하나의 영역에서는 강박관념에 사로잡힌 행동이 되고 또 다른 영역에서는 착각이 된다고 박사는 말하는 것이었다.

이러한 일반적인 설명에 보충하여 어네스트의 특별한 행동은 지난 해 10월에 마드리드에서 어네스트가 짐의 중량 제한에 무척 신경을 썼던 일이며 이름의 표기를 기피했고, 검사를 피하기 위해 속력이 느린 낡은 여객기를 택했다는 것 등이 모두 그 강박관념에서 비롯된 것이었다고 리너운 박사는 말했다. 그러나 전화가 도청되고 있다든가 연방 경찰이 미성년자를 도덕적으로 타락시켰다든가, 실제로는 존재하지 않은 세금을 내지 않았다는 이유로 체포된다는 등의 불안한 행동들은 착각이라고 했다. 강박관념은, 짐의 중량 제한이라는 불안을 달램으로써 제거할 수 있었다는 것이 그 좋은 예로서 논리적으로 뚜렷이 납득시키면 제거된다. 그러나 지금 예로 든 강박관념이 착각으로까지 강화되면 아무리 논리적으로, 그리고 증거를 제시하여 설득해도 어네스트에게는 효과가 없다. 이 강박관념은 마치 견고한 하나의 핵(核)에 둘러싸여 있는 것과 같기 때문에 이 착각의 핵을 무너뜨리기 위해서는 전기 요법이 불가피하다는 것이었다.

전기 충격 요법을 리너운 박사는 구식 치료 방법이라고 말한다. 현대 요법으로는 환자를 주사로 잠들게 하여 충격 요법의 초기에 특징적인 경련을 피하게 한다. 지난날의 그 무서운 경험은 이제 주사를 맞을 때의 통증 이상은 못 되어 몇 시간 후에 환자가 잠에서 깨어났을 때는 기억이 없으며 두통을 가끔 느낄 정도라는 것이었다. 환자는 흔히 서너 가지 치료법에 반응을 보이며 그 회복을 추진시키기 위해 10회에서 20회를 계속하는 수는 있어도 20회를 초과해서는 안 된다. 만약 이 요법으로 1,2주 사이에 효과가 있으면 그 후의 상태는 호전된다. 병이 재발할 징후가 보이면 1주간의 치료가 다시 몇 주 더 계속되는데 이 치료 요법은 대개는 좋은 결과를 가져온다고 리너운 박사는 말했다.

나는 리너운 박사에게 전기 충격은 뇌의 특별한 부분에 대해 주어지느냐고 물었다. 그는 전기 요법의 효과에 대해서는 유기적인 이론과 정신 역학적인 이론이 반반씩 있는데 애당초부터는 모르고 지나게 마련이라고 했다. 그리고 치료를 위해 여러 가지 약을 쓰는데 심장질환에는 거기타리스, 당뇨병에 인슐린을 쓴다고 했다. 전기 요법은 전극을 양쪽 관자놀이에 대고 전류를 보내면 뇌 전체에 영향을 준다. 어떤 부분에 기억이 축적되어 있는지는 아무도 모르지만 어쩌면 세포의 분자 화학(分子化學)에 밀접한 관련이 있을 것 같다는 것이다.

어네스트가 충격 요법으로 말미암아 기억이 손상된다고 불평했던 것에 대해 그에게 확인해보았다. 그의 대답으로는, 전기 요법의 2차적인 현저한 효과는 두 가지가 있는데 그것은 기억과 혼란의 소실(消失)이 모두 매우 빠른 것이라고 했다. 실제로 병의 세부에 대한 세부적인 증세와 입원했다는 것은 기억에 되돌아오지 않는다. 이것은 치료의 효과이거나 병 그 자체 때문인데 어느 쪽이나 이렇게 해서 사라지는 세부적인 사실에 관해서는 중대한 것이 못 된다는 것이었다. 그러나 치료가 일단 끝나면 발병 이전의 사실이나 경험의 전부는 뚜렷이 언제이건 되돌아온다는 것이었다.

어네스트가 육체적, 법률적으로 불모가 되는 것을 두려워하여 위기감에 사로잡히는 것은 어쩌면 작가로서의 한계를 느끼고 자기 자신과 자기의 지위에 위기를 느낀다는 것과 관련된다고 리너운 박사는 설명했다. 그의 정신병리적인 증후군은 이것을 시인하지 않으려는 방어라고 그는 생각하는 것이었다. 그것이 매우 지배적이므로 전기 요법으로 중화되기까지는 정신분석 치료를 받지 않는 것이었다.

5월 중에 어네스트는 몇 번이나 충격 요법을 받았는데 5월 말에 그 치료가 끝났을 때 메어리는 3일 동안만 어네스트를 면회할 수 있었다. 어네스트는 지난 번보다 이 치료법에 격렬한 분노를 보여, 기억이 완전히 파괴되고 작가로서의 멸망만이 남았다고 강력하게 메이어의 의사에게 항의를 함으로써 마침내 ECT를 중지시켰음을 알려왔다. 어네스트와 의사들과의 싸움 원인은 그가 이런 야만적인 치료를 받아야 할 병임을 인정하지 않았다는 것에 있었다. 주치의들은 문제가 얼마나 심각한가를 그로 하여금 직면케 할 수가 없었던 것이다.

그는 메어리에게 자살에 관한 것만 얘기를 했으며 실제로 줄곧 자신은 자살만을 생각해왔다고까지 말했는데, 그 착각만은 여전히 사라지지 않았다. 이제 그것은 바논 로드나 메어리 자신에 대한 적의로까지 확대되고 있었다. 메어리가 찾아간 첫날에 그는 재산을 가로채기 위해 메이어에 자신을 입원시켰다면서 그녀를 비난했다. 그러나 이튿날에는 그녀에게 다정스럽고 감사한 태도를 보였다. 그는 이렇듯 기분이 자주 바뀌었을 뿐만 아니라 새로운 착각이 나타나기 시작하여 케참에 대한 반감으로 표현되었다. 즉 그가 주(州)에 납부해야 할 세금을 내지 않아 그 지방 사람들이 그를 형무소에 집어넣으려 한다면서 이제 케참에는 돌아가지 않을 것이며 메어리도 은밀히 그들과 협력하여 자신을 그들 손에 넘겨주기 위하여 억지로 그를 케참에 돌려보내고자 한다는 것이었다.

"자기 자신이 그럴 필요가 없다고 생각하는 치료법을 우리가 강요할 수 있나요? 병이 얼마나 심각한가를 인식시켜 자기가 그런 병에 걸려 있기 때문에 메이어의 의사들이 고치려 한다는 것을 어떻게 그에게 이해시켜야 하나요? 그곳 사람들은 충격 요법이 어째서 필요한가조차 이해시키지 못하는 모양이에요. 우리가 힘을 합치면 할 수 있을지 몰라요. 더구나 하루 종일 갇혀서 밖에도 나갈 수 없고 어쩌다 밖에 나와도 간호사가 따라다니며 감시하니 얼마나 고통이 심하겠어요. 어디 밖으로 나갈 수 있는 곳이 없을까요? 파파가 야외를 얼마나 좋아하는지 아시잖아요. 외국에 놀러 갈 얘기를 하더군요. 스페인이나 프랑스의 친구들한테 전보 칠 것도요. 그러니 여기보다 자유로운 스위스나 어디 딴 병원에 입원할 수는 없을까요? 도와줄 사람은 얼마든지 있는데 그가 받아들이지 않고 있어요. 무슨 방법을 강구해야겠어요."

　어네스트의 정신은 참으로 도망갈 곳이 없는, 견디기 어려운 두꺼운 벽으로 외부와 차단되어 있는 듯했다. 아바나의 집으로 돌아갈 수 없다는 현실에서 떠나버린 채 착각이 그런 두꺼운 벽을 만들어버렸다. 즉 기억이 파괴되기 때문에 로체스터에도 있을 수 없다, 뉴욕의 아파트는 그 시(市)에서 생활하는 미성년자를 타락시킨다는 이유로 체포될 테니까 돌아갈 수 없다, 케참에는 세금을 내지 않았으니 갈 수 없다는 것이었다.

　거의 같은 시기에 메이리는 어네스트와의 면회 허락을 받았다. 치료소측은 나에게 지금 어네스트에게 전화해도 무방하다는 언질을 주었으나 나는 메어리가 통화하는 전화 내용을 옆에서 듣기로 했다. 어네스트의 말에는 망상에 관한 언급이 많았는데 그런 점으로 볼 때 그는 내가 메어리 곁에서 그의 목소리를 듣고 있는 것을 희미하게나마 알았던 것 같다.

　이 전화에서 그의 마음을 사로잡고 있었던 것은, 무슨 일이 있어도 《강을 건너 숲속으로》를 영화화하겠다는 갑작스레 새로 나타난 내적 충격이었다. 10년 동안, 그는 줄곧 자기 작품의 영화화를 거부해왔다. 그 중 가장 열렬히 제의해온 사람은 제일리 월드였으며 한번은 콜럼비아 영화사에서 5만 달러의 옵션 수표가 왔는데 되돌려보낸 적도 있었다. 그가 이 작품의 영화화를 기획할 것을 인정한 것은 사실이었으나 그것은 영화로 만들겠다는 희망보다도 쿠퍼에 대한 호의를 보이기 위해서였다. 그런데 이번에는 그 영화화가 중대한 문제로 등장한 것이다. 50세의 캔트웰 대령 역을 누구에게 맡겼으면 좋은지를 나에게 묻고 싶다는 것이었다. 그는 스위스에 살면서 제일리 월드가 주역으로 발탁할 뜻이 있는 배우가 있는데 이름이 기억나지 않는다고 했다. 나는 그 배우의 이름을 가르쳐주었다. 그는 그 배역에 가장 적당치 못한 배우가 바로 그 배우라고 했다. 그러면서 그는 그 역을 할 수 있는 두 배우의 이름을 들려고 했는데 이것도 이름이 생각나지 않자 병원 덕택에 기억이 엉망이 되었다고 분격했다.

전화에서의 어네스트는 매우 사무적이며 그답지 않게 능률적이었다. 상의할 것을 메모하여 눈앞에 두고 말하고 있음이 분명하다는 인상을 받았는데 나의 대답에는 별로 관심을 기울이지 않은 채 잇달아 상의만 했다. 마치 메모만 해놓으면 그것으로 처리된 거나 마찬가지라는 투였다. 더구나 그는 원래 느릿한 말투였는데 지금 그의 말소리는 녹음기에 건 테이프를 매우 빨리 회전시킬 때 나오는 그런 말소리였다. 《강을 건너서 숲속으로》에 대해서는 나도 생각해보겠다는 말만 하고 전화를 끊었으나 이제는 고려의 여지가 없었다.

6월 초순에 할리우드에서 돌아오는 길에 나는 미네아폴리스에서 차를 빌려 아름다운 봄 풍경이 펼쳐져 있는 로체스터까지 90마일을 달렸다. 이 거리는 녹음이 우거진 나무들로 해서 지금까지의 황폐한 인상이 약간이나마 부드러워진 듯이 보였다. 어네스트가 입원한 이유는 이미 널리 알려져 있었다. 〈타임〉에서는 병원에 잠입하여 극비서류를 뒤졌으며, 어네스트가 받은 충격 요법의 횟수를 포함한 진료 기록 카드의 내용을 몇 페이지에 걸쳐 특종으로 폭로했다. 사실이 파악되지 않은 부분은 〈타임〉의 장기인 추측으로 보완되었다.

어네스트의 방에 들어가자 어네스트는 병원의 높다란 테이블에서 신문을 펼쳐보고 서 있었다. 문이 열려 있었으나 한순간 나는 발을 들여놓을 수가 없었다. 전에 내가 병문안을 왔을 때는 무척이나 여위어 있었으나 지금은 그때의 모습조차 찾아볼 수 없었기 때문에 지금 내 앞에 서 있는 사람이 누구인가 잘 살펴야 했다.

그는 매우 반가워했고 어떤 특별하면서도 이해되지 않는 의미로 내가 병문안을 왔다는 것이 자랑스러웠던 모양이다. 그는 간호사를 비롯하여 그 병동의 관계자를 불러서는 나를 소개하면서 나의 과거와 현재 및 미래를 열심히 설명했다. 의사들이 회진을 왔을 때 어네스트가 드라이브하기를 염원하자 그들은 흔쾌히 승낙했다.

자동차 안에서, 최초의 직업을 갖게 된 오너의 소식을 어네스트에게 들려주려고 했으나 그는 황급히 말을 가로막았다. 지난번과 마찬가지로 자동차에도 도청 장치가 있으며 방도 도청되고 있다는 것이었다. 그렇다고 그러한 그를 두고 모든 것을 단정짓기에는 너무나 가슴이 아팠다. 그의 지시에 따라 조그만 길로 들어서자 거기서부터는 숲이 이어졌으며 우리는 언덕의 꼭대기를 향해 천천히 올라갔다. 우리는 차를 세우고 오솔길을 따라 숲 속으로 약간 걸어 전망이 좋은 곳으로 나왔다. 여기서는 그 부근의 4분의 3을 한눈에 굽어볼 수 있었으며 짙은 녹음의 상쾌한 공기를 마실 수 있었을 뿐 아니라 구름 한 점 없는 하늘에 새들이 자유롭게 날아다니는 것도 볼 수 있었다.

그러나 어네스트는 그러한 것에 전혀 관심이 없었다. 그는 곧 자신의 비참한 상태를 계속 나에게 말하기 시작했다. 우선 경제적인 궁핍, 이어서 은행이며 변호사, 주치의, 자신이 신뢰해온 사람들에 대해 비난한 뒤 적당한 옷이 없음을 호소하기도 하고 세금에 대한 얘기도 했다. 이런 말들을 하면서도 그는 같은 말을 수없이 되풀이했다.

나는 그가 미음찟 지낄이넌 그의 내부에 축적된 압박에서 해방되리라고 생각했다. 그러나 그가 걸어다니며 고개를 떨구고 비참한 일들을 떠올리는 얼굴을 보고 있는 사이에 나의 내부에서는 일종의 분노 같은 것이 치밀어 마침내 억제할 수 없게 되고 말았다. 그래서 무의식중에 나는 그의 앞을 가로막고 말았고 순간 그의 눈과 마주치게 되었다. 나의 이런 행동을 변명하기 위해 나는 "파파, 이젠 봄이란 말입니다." 하고 말았다.

그는 나를 낡은 안경 너머로 의아한 듯 쳐다보았다.

"오튀유에는 또 못 갔군요."

현실. 그를 나의 세계로 불러들여야 한다. 다시 한 번 현실에 발을 디디도록 해야 하는 것이다.

"오튀유에는 또 못 갔단 말입니다. 파파."

그의 눈동자가 빙빙 돌았다. 그리고 양손을 주머니에 찔러넣었다.

"이젠 못 가, 갈 수 없어. 어떻게 가나."

그가 말했다.

"어째서."

내가 그의 말을 꺾었다. 나는 내가 박은 쐐기를 빼고 싶지 않았다.

"어째서 이번 가을에도 못 간단 말입니까? 가을에 즐겁게 노는 것이 왜 안 된다는 겁니까? 바타클랑이 가을의 낙엽 질 무렵에 달리지 못한다고 누가 말하던가요?"

그 연상으로 교묘히 그의 관심을 돌려야 했다.

"핫치, 이제 봄은 오지 않는다네."

"그런 일이 어디 있습니까. 나는 맹세코……."

"가을도 오지 않네."

그는 온몸에서 힘을 빼고는 석벽의 무너진 돌 조각에 다가가 걸터앉았다. 나는 옆에 있는 바윗덩이에 한쪽 다리를 걸치고 그의 앞에 섰다. 지금 나는 무언가 말을 꺼내야 한다고 생각했다. 그래서 매우 부드럽게 이렇게 말했다.

"파파, 어째서 스스로를 매장하려 합니까?"

그는 한순간 당황한 빛을 보였으나 지난날의 그 조심스런 투로 다시 말하기 시작했다.

"육십이세가 되어 자신에게 이것만은 쓰겠다고 약속했던 장편이나 단편을 쓸 수 없게 되어버렸음을 깨달았을 때 그 사람이 어떻게 되리라고 생각하나? 지난날의 그 좋은 시절에 자기 자신에게 약속했던 다른 일마저 할 수 없게 돼버렸다면 그런 인간은 어떻게 해야 하나?"

"하지만 어떻게 그런 식으로 말할 수 있습니까? 파리 시절의 아름다운 장편을 쓰지 않았습니까. 누구나가 쓰고 싶다고 생각할 만큼 아름답게 말입니다. 그 작품을 어떻게 잊을 수 있겠습니까?"

"내가 전에 쓴 작품으로는 최고였지. 하지만 지금은 미완인 채로 있다네."

"그러나 그건 틀림없이 완성된 작품입니다. 다만 파파 혼자 그렇게 생각하고 계실 뿐입니다."

"핫치, 내가 나 자신의 언어로 실존하지 못한다면 앞으로의 내 실존도 불가능하다네. 알겠나? 나는 철저하게 내 실존 방법으로 살아왔단 말일세."

"그렇지만 지금은 글 쓰는 걸 잠시 쉴 수 없겠습니까? 보통 파파는 한 장편을 완성하고 다음 작품에 착수하기까지 오랜 기간을 두지 않았습니까. 《가진 자와 못 가진 자》와 《누구를 위하여 종은 울리나》는 십 년의 차이가 있고 더구나 《강을 건너서 숲속으로》를 쓰기까지 또 십 년이 걸렸습니다. 조금만 시간을 더 두면 어떻겠어요. 자기 스스로에게 억지로 강요하지 말고 말입니다. 그렇게 서두른다고 안 되는 게 되는 건 아니지 않습니까? 지금까지 그런 일도 없었구요.”

“그렇게는 안 돼.”

“분명히 말씀드리지만 파파는 1938년에 쓰신 단편집 서문에서 앞으로 장편을 셋, 단편 스물다섯 편을 쓸 만큼의 시간을 더 살고 싶다고 하시지 않았습니까. 그게 바로 당신의 야심이었습니다. 그리고 과연 《누구를 위하여 종은 울리나》, 《강을 건너 숲속으로》, 《노인과 바다》, 그리고 아직 출판이 되지 않은 장편 외에도 스물다섯 편의 단편뿐만 아니라 파리의 회상기마저 쓰셨습니다. 스스로에 대한 약속을 지켰으니 이제 쉬어도 되지 않습니까?”

“그건 말일세. 자기가 쓸 수 있는 게 내부에 확고하게 있기만 하면 하루이건 일 년이건 십 년이건 쓰지 않아도 시간의 길이는 문제가 아니지. 그러니 나는 이세 쓸 수 있는 게 없어. 뚜렷한 확신을 갖지 못할 하루는 어쩌면 영원히 기나긴 시간이 될지도 모르는걸세.”

“그렇다면 쓴다는 데에서 탈바꿈을 하는 게 어떻겠습니까? 은퇴하면 안 되나요? 당신은 은퇴해도 괜찮을 만큼의 일을 하셨습니다.”

“그러고 나면 뭘 해야 하나?”

“자신이 좋아하고 즐거운 일이라면 무엇이건 좋지 않습니까? 전에 세계 일주를 할 수 있을 만큼의 커다란 보트를 입수해서, 멋진 바다에서 바다고기를 낚자고 하신 적이 있지 않습니까. 그것 좋지 않습니까. 더구나 케냐로 사냥 여행을 간다는 계획은? 인도에서 호랑이를 사냥한다는 얘기도 있었습니다——바이어의 초대로——그것도 좋죠. 그리고 언제였던가. 안토니오와 함께 소를 기르는 목장에 가자고 얘기한 일도 있었죠. 참으로 파파가 할 일은 여러 가지가 있답니다.”

“은퇴? 작가가 어떻게 은퇴할 수 있나? 디마지오는 기록이 남고 테드 윌리엄즈도 마찬가지였지만, 그런 때는 특별히 좋은 시절인데 그런 좋은 시절은 차츰 없어져 마지막에 가서야 그만두게 돼. 마르치아노도 그랬지. 그런 식으로 해서 챔피언은 밖으로 나가야만 돼. 안토니오처럼 말일세. 챔피언이란 자는 인간처럼 은퇴할 수 없는걸세.”

“당신의 경우, 서재에 책이 있습니다…….”

“그렇지. 내가 이겨야겠다고 선언한 작가들의 책이 여섯 권 있지. 그리고 나는 그 작가들에게 지지 않을 만한 것을 썼지. 그러나 야구 선수나 권투 선수, 투우사와는 달라서 작가는 은퇴할 수 없다네. 다리를 총에 맞았다든가 반사 신경이 둔해졌다는 따위는 아무도 인정해주지 않네. 어디를 가건 그 짜증스런 질문에 부딪쳐——지금 뭘 쓰고 계십니까, 하고 말일세.”

“하지만 그런 질문을 누가 신경이나 씁니까? 그런 뻔한 인사말에 당신은 아랑곳도 않고 여태껏 지내오지 않았습니까? 어째서 우리들의 협력을 마다하시는 겁니까? 메어리는 당신이 가라고 하시면 어디든 가며 하라고 하면 뭣이든 합니다. 그녀를 소외시켜선 안 됩니다. 그녀는 지금 몹시 상처를 입고 있습니다.”

“메어리는 훌륭하다네. 언제나, 그리고 지금도. 정말 훌륭해. 매우 용감하고 멋진 여자지. 내게 지금 남겨진 것은 그녀가 전부일세. 그녀를 사랑하네. 정말로 사랑한다네.”

눈물이 흘러내려 나는 더 이상은 아무 말도 할 수 없었다. 어네스트는 나를 보고 있지 않았다. 풀이 우거진 곳에서 먹이를 찾는 작은 새를 물끄러미 지켜보고 있었다.

“언젠가 내가 한 말을 기억하나? 그녀는 남이 상처입었다는 걸 모르네. 사실은 내 실수였지. 그녀는 그걸 알고 있어. 내가 얼마나 상처 입었는가를 말야. 나를 도우려다가 자기 자신도 상처입었지. 그녀의 고통을 내가 떠맡아줄 수 있다면, 하고 진정으로 생각한다네. 안 그런가, 핫치. 무슨 일이 일어나도…… 무슨 일이라도……그녀는 강하고 훌륭하네만 아무리 강한 여자라도 도움이 필요하다는 걸 기억해두게나.”

나는 더 이상은 견딜 수가 없었다. 좀 떨어진 곳으로 걸어갔다. 그가 다가와서 내 어깨에 손을 얹으며 말했다.

“가엾은 핫치. 정말 미안했네. 자아, 이걸 자네에게 주겠어.”

파리에서부터 한시도 몸에서 떼지 않고 지니고 다녔던 경마의 부적인 밤알이 그의 손에 쥐어져 있었다.

“하지만 파파, 이건 당신의 행운의 부적이 아닙니까?”

“자네가 갖고 있기를 바라네.”

“그럼 당신한테는 다른 걸 드리겠어요.”

“좋아.”

　내가 밝은 빛깔의 갖가지 조약돌을 주으려고 몸을 굽히자 어네스트가 말렸다.

　"여기 것은 그만두게나. 미네소타 주, 로체스터에는 행운을 가져다 줄 아무것도 없으니까."

　나는 딸에게서 받은 열쇠를 갖고 있었다. 여기에는 목각 인형이 달려 있었는데 나는 그것을 떼어 그에게 주었다.

　"내가 이곳에서 나와 케참으로 돌아가면……자네 딸한테 안부 전해주게나."

　"네, 파파. 전하구말구요. 스스로 하고 싶은 것, 생각하고 싶은 것만을 열심히 생각하고, 언짢은 일 따위는 모두 잊도록 하십시오. 그게 당신에게는 가장 좋은 겁니다."

　"음, 그렇구말구. 인생에서 가장 좋은 것괴 띤 댄스홀의 여자에 관한 것. 그렇지만 어떤가? 남자가 마음에 걸리는 건 무엇일까? 건강하다는 것, 일을 잘 한다는 것, 친구들과 마시거나 먹거나 하는 것, 잠자리에서 즐기는 것. 이런 것들이 이제 모두 없어졌네. 자네가 짐작이나 하겠는가, 그 짜증스러움을? 이제 아무것도 내겐 남아 있지 않다네. 내가 지금부터 재미난 일을 생각하여 온 세계에서 모험을 하려고 계획을 세우는 사이에 내 마음에서 그 연방 경찰에 대한 것을 누가 몰아내준다는 건가? 더구나 작품을 쓰고 작품료를 받지 않으면 무슨 수로 세금을 낸단 말인가? 자네는 나를 격려하여 기운을 내게 하려는 모양인데 자네나 바논 로드나 다른 친구들도 모두 마찬가지로 국가기밀을 노려 그놈들한테 밀고하려 한다는 걸 다 알고 있네."

　나는 그에게 달려갔다.

　"파파, 파파. 무슨 말을! 제발 그만둬요! 그렇게까지!"

　무서운 전율이 그의 온몸에 치달았다. 수척하고 사랑스러운 노인의 모습으로 잠시 한손을 눈에 대더니 느릿하게 오솔길을 되돌아 자동차로 갔다. 병원으로 돌아가는 도중에 우리는 아무 말도 하지 않았다.

　나는 그의 병실에서 몇 시간을 보냈다. 그는 즐거운 듯했으나 마음은 다른 곳으로 떠나 있었다. 여러 책이며 스포츠에 관한 이야기를 했는데 사적인 이야기는 전혀 없었다. 나는 그날 늦게서야 미네아폴리스로 돌아갔다.

그 뒤 나는 그를 다시는 만나지 못했다.

뉴욕으로 향하는 비행기 안에서 나는 어네스트가 치료를 받으면서 좋은 공기와 전망을 즐길 수 있을 만한 곳이 없을까 하고 메어리와 상의했던 일을 생각했다. 지금의 그에게는 그것이 허락될 수 있으리라고 나는 생각했다. 그 언덕 위에서 나와 애기를 나누었을 때의 그는 일시적이나마 명석했으며 자신의 갈등에 대해서도 평온했다. 여객기에 앉아 나는 그가 한 말 중에서 그를 좌절케 한 것이 어떠한 것인가를 알아내려 했다. 그는 용기있는 인간이었고 용기없이는 살아가지 못했다. 쓰는 용기, 육체적인 용기, 성적인 용기, 마시거나 먹거나 하는 용기 등이다. 그러한 힘이 사라져버렸을 때 그의 마음은 일그러지긴 했으나 자기 방어의 태세를 취할 계획을 세웠던 것이다. 그러나 용기가 전혀 중요성을 지니지 못하는 생활에 자기를 적응시킬 수밖에 없다면⋯⋯.

나는 그의 말, 인간은 비록 파괴되는 수는 있어도 패배하지는 않는다던 그 말을 생각하고 있었다. 설사 지금의 어네스트가 그 반대 입장에 놓여 있다 해도 언젠가는 그의 말 그대로가 될는지 모른다. 어네스트 월슈의 말이 되살아났다.

"그가 지치기까지는 오랜 시간이 걸릴 것이다. 더구나 지치기 전에 그는 죽을 것이다."

메어리는 지금 뉴욕에서 생활하면서 어네스트가 원했던 적당한 곳을 리너운 박사와 상의했다. 그는 카나디카 주 하트포드의 '생명의 집'을 권했다. 조그만 요양원이었으나 멋진 전망이 펼쳐진 논밭이 있고 치료를 맡은 담당자도 노련했으며 장기간의 철저한 치료가 전문인 곳이었다. 메어리는 비행기로 직접 그곳을 알아보러 갔으며 그곳 소장과 상의했다.

그녀는 이 시설 전체가 어네스트에게 매우 좋다고 생각하여 안내서를 얻어가지고 돌아와 나에게 보여주었는데 이곳에서도 어네스트의 동의가 없으면 입소할 수 없다는 문제에 부딪쳤다. 이곳은 정신 분석 전문 시설이었기 때문에 어네스트에게 이 사실을 속일 수는 없으며 그가 저항하리라는 것도 뻔했다. 그녀는 메이어의 주치의에게 편지를 써서, 어네스트를 설득하기 위한 협력을 요청했으나 그러한 전지요양은 환자에게 바람직하지 못하기 때문에 협력할 수 없다는 회답이 왔다. 한편 요양소측에서도 메이어를 크게 의식하여 어디까지나 수동적인 입장을 취하려 했다.

6월 14일 밤, 메어리가 나의 아파트에 와서 만찬을 들었다. 메어리는 메이어의 주치의들과 전화로 상의하려 하니 그쪽이 전화를 걸어오면 연결 전화로 함께 그 내용을 들어달라고 했다. 메이어의 의사는 어네스트가 현저하게 회복되고 있기 때문에 지금 전지요양을 하게 되면 자신이 신뢰받고 있지 않다고 여겨져 마음이 상하리라고 말했다. 메어리는 현저한 회복이 무엇을 뜻하느냐고 물었다. 그가 매일 수영을 한다는 것, 옷차림에 이제는 신경을 쓰지 않는다는 것, 책을 읽기 시작했다는 등의 사실이 증명하듯이 커다란 정신적 노력을 보이고 있다는 것——입원하여 6주가 지나 처음으로 독서를 한 것이었다——그리고 그 책에 관해 노트를 하고 있다는 것 등을 전해들었다. 메어리는 그 책의 제목을 가르쳐달라고 했다. 그 책은 조지 프린프턴의 《친구를 떠나서》라고 했다. 주치의들은 표지에 어네스트가 추천문을 썼다는 것을 알지 못했으며 메어리도 그 말은 하지 않았다. 주치의들은 어네스트가 케참에 돌아가 작업을 시작한다는 것에 강한 흥미를 보이기 시작한 것은 좋은 징후라는 것이었다. 메어리가 앞으로도 충격 요법을 계속할 계획이냐고 묻자 그들은 애매한 대답을 했는데, 나의 느낌으로는 이제 충격 요법은 하지 않을 것으로 여겨졌다.

메어리는 또한 여름에는 케참으로 갈 작정인데 도중에 어네스트를 만나러 가고 싶으니 그를 흥분시키지 않고 면회할 수 있겠느냐고 물었다. 좋다는 대답이었다. 그녀를 만나본다는 것은 어네스트에게는 매우 좋으며 여름 이후로 정말 작업을 할 수 있을 것인가를 확인한다는 것도 나쁘지는 않으리라는 것이었다. 메어리는 이 말투에 매우 곤혹스러워 그런 책임을 지고 싶지 않으며, 어네스트의 편지로는 집으로 데려가도 안전할 정도로 회복했다는 눈치가 보이지 않았음을 호소했다. 어네스트가 그러한 조건으로는 병원에 가고 싶지 않다고 우겼던 것이다. 주치의들은 아무 말도 하지 않더니 회복되기까지는 어네스트를 집으로 돌려보내지 않겠다고 했다.

나는 유럽으로 떠날 준비를 하고 있었는데, 메어리와 나는 출발하기 전에 마지막으로 만나서 어네스트에 대해 상의하기로 했다. 그녀의 이야기로는 메이어에 전화를 건 뒤 리너운 박사와 상의하여, 어네스트가 이런 상태로 케참에 돌려보내진다면 얼마나 무모한 일인가를 호소했다. 메이어의 주치의와 열심히 전화로 이야기한 결과 주치의는 전기 요법이 아직 끝나지 않았다는 것과 그 요법을 중간에서 중지했기 때문에 불안정한 상태에 놓여 있어 치료를 끝까지 받도록 열렬히 권하며 그 뒤에 만약 필요하다면 1주에 한 번 충격 요법을 병용하면서 정신분석 요법을 시도해보도록 하자고 했다.

그러나 메이어의 의사들이 이 제안에 반대했기 때문에 주치의는 메어리에게 다시 한 번 '생명의 집'으로 옮기도록 노력하는 것이 어떻겠느냐고 권했다. 그러나 그녀는 그렇게 되면 세상에 센세이셔널한 나쁜 소문이 번질 것이 두렵다고 호소했다. 메어리의 말로는, 그때 리너운 박사는 어네스트가 만약 그 시설에 들어가면 신문에서 3면 기사로 쓸 사건인데 자살로 해서 1면의 톱 기사가 되기보다는 낫지 않겠느냐고 했다 한다.

내가 유럽으로 출발할 무렵의 형편은 이러했다. 6월 하순 메어리에게서 온 편지에 의하면, 그녀가 로체스터에 도착해보니 메이어의 주치의들은 어네스트를 케참으로 데리고 가도록 압력을 넣었다는 것이다. 실제로 주치의들은 어네스트에게 퇴원을 통고했으며 그는 그것을 손꼽아 기다렸던 것이다. 의사의 주장으로는, 어네스트는 새로운 반응 시기에 들어갔기 때문에 케참에서 무엇을 할 수 있는지 스스로가 확인해볼 필요가 있다는 것이었다. 메어리는 다시 그 전지요양에 대한 것을 제의했으나 메이어측의 의견은 그 전지요양으로 어네스트는 결정적으로 악화될 것이며 그러한 일은 도저히 생각할 수 없다는 것이었다. 다시 말해서 그런 짓을 하면 그들이 간신히 쌓아올린 새로운 신뢰를 파괴해버릴 터라는 것이었다. 그들의 주장에 의하면 어네스트의 정상적인 자아는 60에서 70퍼센트 사이이며 그를 지탱하기에는 그것으로도 충분하다는 것이다. 메어리는 그 의견에 항의하려고 했으나 정신 분석에 대한 지식이 빈약하여 하는 수 없이 물러설 수밖에 없었다. 그녀는 자동차를 전세내어 조지 브라운에게 비행기로 뉴욕에 나와달라고 하여 부부의 주(州)를 지나 케참까지 돌아왔던 것이다.

7월 2일, 나는 마라가에서 마드리드를 비행하여 이튿날 아침의 로마행 제트 비행기를 타기 위해 마드리드에서 하룻밤을 보냈다. 오전 3시, 공항으로 가려고 호텔의 엘리베이터에서 내렸을 때 빌 데이비스가 급히 로비로 들어

왔다. 밤을 새워 스페인을 줄곧 종단하여 어네스트가 엽총으로 자살했음을
알리러 찾아온 것이었다. 그러고는 나를 수행할 작정이었던 것이다. 나는
그가 와준 것을 기뻐했다. 그러나 어네스트가 그러한 행동을 취한 것이 그
때는 그토록 심각하게 받아들여지지 않았다. 오히려 일어나야 할 일이 일
어난 것 같은 기분이었다.

  로마로 비행하는 도중 자세한 사정을 신문으로 읽었다. 리너운 박사가
예상했듯이 어디를 가거나 모든 신문이 제1면에 큼직한 제목으로 그 사실
을 보도하고 있었다. AP통신에 의하면 어네스트는 북부 각 주를 3일간에
걸쳐 드라이브했을 때는 명랑했으며 즐기는 듯이 보였다는 것이다. 집으로
돌아온 첫날 밤 즐거운 식사를 마치고 메어리와 둘이서 좋아하는 민요의 하
나인 〈모두가 나를 브런드라고 하네〉를 노래할 때도 함께 불렀을 정도였다
고 한다. 그리고 메이리의 증인에 의하면 이튿날 이른 아침에 총성이 울
렸다고 했다. 메어리는 아래층으로 뛰어내려갔다. 어네스트는 총을 손질
하다가 우연히 폭발 사고를 일으켜 사망한 것이라고 그녀는 말했다.

  메어리가 사실을 숨기려 한 점을 나는 책할 수가 없다. 그녀는 그때 일어
난 일을 받아들일 준비가 되어 있지 않았기 때문에 어떻게 된 것이냐는 질
문을 받자 그런 식으로 대답한 것이었다. 이렇게 답하는 일이 진실과 어느
정도의 차이가 있겠는가? 진실을 말한다 해서 죽은 자가 되살아나기라도
한다는 말인가? 그 고통이 없어질 것인가?

  언젠가 '펠리페 2세' 호에서 독일인 저널리스트가 따분하게 계속한 인터
뷰 가운데의 한 질문이 생각났다.

  "헬 헤밍웨이, 죽음에 관한 심정을 요약해줄 수 있겠습니까?"

  그때 어네스트는 이렇게 대답을 했다.

  "음. 이것 역시 매음 같은 거지."

  나는 메어리에게 장문의 전보를 쳤으나 케참의 장례식엔 가지 않았다.
나는 다른 사람들이 있는 곳에서 어네스트에게 영결을 고할 수는 없었다.
장례식에 참석하는 대신에 나는 산타 마리아 소프라노 미네루바——그가
다니던 교회——로 갔다. 바로 그 자신의 장소에서 고별(告別)하고 싶었던
것이다. 나는 사람이 없는 제단 한 구석에 무릎을 꿇고 우리가 함께 보냈던
그 좋은 나날을 떠올리며, 처음 아바나의 플로리디타에 겁을 먹은 채 그를

찾아갔을 때의 일을 상기하고는 오랫동안 그곳에 앉아 있었다.

그러나 그곳을 떠날 시간이 되었을 때, 내가 하고 싶었던 말은 오직 '굿 럭키 파파.(파파, 행운이 있기를)'라는 것뿐이었다. 내가 얼마나 그를 사랑했는가를 그가 알아주리라 생각했기 때문에 장황하게 늘어놓을 말도 없었다. 촛불을 켜고 헌금 상자에 돈을 넣고는 그날 밤 홀로 로마의 그리운 거리들을 헤매면서 보냈다.

어네스트는 바로 자기 스스로 해결책을 찾았던 것이다. 인간은 패배하기 위해 창조되지는 않았다. 인간은 비록 파괴될지언정 패배하지는 않는 법이다.

헤밍웨이의 죽음을 생각하며

1

1961년 7월2일, 어네스트 헤밍웨이는 아이다호 주 케참의 자기 저택에서 엽총을 손질하다가 오발(誤發)로 사망했다고 보도되었다.

부인인 메이리 헤밍웨이의 회상에 의하면 '차분하고 고급스러운' 저녁식사를 한 뒤 메어리는 침실로 들어갈 때 몇 년 동안을 두고 생각나지 않았던 인디언 민요인 〈모두가 나를 브런드라고 부르네(Tutti Mi Chiamano Bionda)〉를 나지막하게 부르며 홀을 가로질러 남편의 방으로 갔다.

"나는 말했습니다. '당신한테 드리는 선물이에요.' 하고. 남편은 내 노래를 듣고 이를 다 닦은 뒤 마지막 가사를 함께 불렀습니다."

이튿날 오전 7시를 좀 지난 시각에 잠옷을 입은 헤밍웨이는 아래층으로 내려가 총가(銃架)에서 그가 아끼는 산탄총을 집어들었다. 이것은 그에게 있어서 보통 물건이 아니라 간절한 추억이 담긴 기념품이었다. 은(銀)으로 상감된 20구경에 더블 바렐의 산탄총으로 특별히 헤밍웨이를 위해 만들어진 것이었다.

헤밍웨이는 그 산탄총을 입에 물고 양쪽 방아쇠를 당겼다. 탄환은 그의 머리를 산산조각냈으며 입과 턱, 두 볼의 일부만을 남겨놓았다.

경찰의 진술에서 메어리 헤밍웨이는 남편의 죽음이 자살이 아니라 어디까지나 사고사라고 주장했다. 이것은 1년 뒤에 있은 마릴린 몬로의 죽음을 두고 아서 밀러가 끝까지 몬로의 죽음은 자살이 아니라 사고사라고 주장했음을 생각나게 해준다. 그러나 헤밍웨이의 죽음은 메어리의 강력한 부인에도 불구하고 자살이었음은 의심할 여지가 없다.

그 당시 헤밍웨이는 병든 몸이었으며 상당히 오랜 기간에 걸쳐 신경 장애에 시달리고 있었기 때문에 언제나 침울한 기분에 사로잡혀 있었다. 혈압이 높아 주치의는 당뇨병의 치료를 위해 조치를 취하는 터이기도 했다. 그토록 미식가였으며 술을 좋아한 헤밍웨이에게 식사와 술은 철저히 제한되고 있었으며 언제나 소년 같은 긍지를 지녔던 늠름한 육체는 40파운드의 감량(減量)을 강요당하고 있었던 것이다. 〈파리 르뷔〉의 비평가이며 그와 회견한 적이 있는 조지 프린프턴의 보고에 의하면 이 당시의 헤밍웨이는 몹시 불안에 사로잡혀 있었고 언어도 분명치 못했으며 자기 자신의 현재의 창작력이 고갈되었다고 믿고 있었을 뿐만 아니라 과거의 자기 작품에 대한 평가마저 의심했다고 한다. 프린프턴은 《작가의 비밀(Writers at work)》에서 그에 대한 예의로 이 사실을 숨기고 있었으나 조심스런 독자라면 그 한 구절에 프린프턴의 의미심장한 암시가 숨겨져 있었음을 놓치지 않았을 것이다. 헤밍웨이가 창작 활동에 관해 말하는 것을 곤란하게 여겼다는 것 즉 창작에 관해 질문을 받는 것을 그를 '위협하는' 일로 여겼던 것 등이.

헤밍웨이의 거의 절필(絶筆)이라고도 할 수 없는 문장은 이 조지 프린프턴을 위해 씌어졌다. 프린프턴이 그 작품의 추천을 그에게 부탁했던 것인데 그것은 다음과 같은 것이었다.

"훌륭하게 관찰되고 믿을 수 없을 만큼 통찰하여 스스로에게 부과한 이 시련의 양(量)에는 참다운 악몽 같은 전율의 성격이 있다. 이것이야말로 월터 미티의 '달의 이면(裏面)'이다."

나는 이 문장 자체에 무척 흥미를 느낀다. 어쩌면 헤밍웨이답지 못한 문장이라고도 할 수 있겠는데 이때의 헤밍웨이 자신이 말하자면 악몽의 세계에서 살아야만 하는 '월터 미티'가 아니었을까.

그는 치칠 대로 지쳐 있었으며 언제나 불안감에 사로잡혀 있었고 마치 무슨 저주 같기도 한 말을 늘 중얼거렸다. 이제 희망은 허망(虛妄)에 불과했다. 자신의 세속적인 성공이며 문학적인 달성 자체에 대한 무서운 회의에 시달렸으며 자신이 세계에 무엇을 기여했느냐고 의심스러운 듯이 스스로를 언제나 규탄하고 있었다. 그는 인생에 패배한 자기 자신을 생각했으며 자기 스스로에 대해서나 자기의 모든 작품에 대해 초조한 부정(否定)으로써 임했다.

그는 메이어 클리닉에 두 번씩이나 입원을 해야만 했다. 우리가 두 번째의 입원을 안 것은 1961년 1월 26일이었는데 그때의 사정이 약간이나마 뚜렷이 밝혀진 것은 A.E. 하치너의 회상에 의해서였다. 우리는 처음으로 헤밍웨이의 비참한 모습을 안 것이었다.

메이어 클리닉에 처음으로 입원했을 때의 사정은 메어리 쪽에서의 증언이 없는 이상 아직은 정확하다고는 할 수 없겠으나 그가 이 시기에 충격 요법을 받은 사실만은 역시 부정할 수 없는 것 같다. 그런 만큼 그가 재입원을 계속 거부해온 이유는 짐작하겠으나 결국 우울증의 상태가 악화되었기 때문에 입원에 동의한 것이었다. 이것은 하치너의 증언에 따를 수밖에 없겠는데 소형 비행기를 전세냈을 때 헤밍웨이는 구실을 만들어 자기 방으로 돌아가 엽총 자살을 꾀했다. 곧 그를 뒤따른 돈 앤더슨의 만류로 그때는 무사했으나 그 비행기에 탑승한 뒤에도 비행기의 문을 열고 뛰어내리려 했나. 이 비행기는 도중에 엔진의 경미한 사고로 와이오밍 주 카스파에 불시착을 했는데 착륙했을 때 헤밍웨이는 회전하는 프로펠러에 뛰어들려고도 했다. 이번에도 돈 앤더슨이 그를 가로막았는데 이때 돈은 비행기의 뒷날개에 부딪쳐 경상을 입었다. 기체의 정비를 마친 뒤 다시 비행기는 로체스터로 향했으나 헤밍웨이는 사우드 다코타의 상공에서 다시금 투신 자살을 꾀했던 것이다.

이 비참한 사실은 무엇을 말하는 것일까. 메이어 병원에서 요양 중에 그는 피부암의 공포에 사로잡혔으며——나는 이 부분에서의 하치너의 증언을 별로 중요시하지는 않으나——그를 더욱 절망에 몰아넣은 것은 친구 게리 쿠퍼의 죽음이었다. 영화화된 《누구를 위하여 종은 울리나》에 주연한 이후 친교가 두터웠던 이 영화배우는 헤밍웨이가 입원 중에 암으로 사망했다.

2

확실히 헤밍웨이만큼 죽음을 늘 의식했던 작가는 없다. 그가 묘사하는 세계의 갖가지 상황, 온갖 등장인물은 모두 예외없이 언제나 죽음과 이웃하고 있다. 쉴새없이 다가오는 파멸을 의식하는 인간 바로 그것이다. 그 전형적인 상황에서 절망적인 위험과 그것에 대한 과감한 투쟁, 그리고 어느 순간에 갑작스레 나타나는 돌연한 죽음, 헤밍웨이 자신이 그러한 세계에서 언제나 떳떳이 살아왔기 때문에 그가 뜻하지 않은 횡사를 경험하게 된 것도 우연은 아니다.

그러나 우리는 어디까지나 문학적인 문제로서 그의 자살을 생각해야만 한다. 자살, 즉 하나의 생명의 이야기를 확실히 끝내는 방법으로서의 자살이 그의 문학에 어떻게 관련되는 것인가. 죽기 전날에 인디언의 민요를 부인과 함께 부르건 애용하는 산탄총을 사용하건 그러한 것은 문학과 아무런 관계도 없다. 여기서 우리는 그토록이나 인간의 비참한 죽음에 남다른 관심을 가졌던 헤밍웨이가 죽음의 수단으로 자살을 선택한 용기에 관해 생각해보아야 한다. 그것은 깊이 관조하고 믿을 수 없을 만큼 철저히 통찰된, 그리하여 스스로에게 부과한 시련이며 그 행위에는 참으로 악몽이 지니는 전율 같은 성격이 숨겨져 있기 때문이다. 그것이야말로 바로 '월터 미티'가 보지 못했던 '이면(裏面)'이라고 할 수 있을 것이다.

헤밍웨이는 인간의 참담하고 추악하고 무참한 죽음에 대해서는 거의 편집적(偏執的)인 관심을 품어왔다. 이것은 모든 비평가가 예외없이 지적하는 바인데 여기서 한 가지 커다란 사실을 상기할 수 있다. 헤밍웨이의 아버지 클라렌스 헤밍웨이가 자살했다는 사실이다. 이 의사의 죽음은 지금까지 거의 표면에 나타나지 않았으나 극도의 정신적 긴장과 당뇨병에 시달려 1928년에 산탄총으로 자살했음이 밝혀졌다. 이때는 헤밍웨이가 《남자만의 세계(Men Without Women)》를 발표한 시기로서 클라렌스의 죽음이 어떠한 의미에서건 헤밍웨이에게 충격을 주지 않았을 리가 없다. 감히 말한다면 인간이 어떤 식으로 죽느냐에 관심이 있던 헤밍웨이는 아버지의 죽음에서도 하나의 시련을 보았음에 틀림없다. 이것은 《누구를 위하여 종은 울리나》의 로버트 조단이 자살한 아버지에 대해 '총을 잘못 다룬 사내'라고 하여 그를 겁쟁이라고 부르고 있음을 보아도 알 수 있다. 용기와 겁이 헤밍웨이에게 커다란 주제(主題)였음은 널리 알려진 그대로이나 그렇다면 헤밍웨이 자신은 아버지의 뒤를 따름으로써 겁쟁이의 죽음을 택했던 것일까.

조금만 주의 깊은 독자라면 그가 한편에서는 자살에 있어서 겁이란 없다고 단정하고 있음을 알 수 있을 것이다. 다만 시간이 걸리는 무참한 죽음을 택하기보다는 그 죽음을 빨리 끝내는 수단으로서이긴 하지만. 여기에서 그의 사생관(死生觀)을 볼 수 있다. 죽기 몇 해 전에 아버지 클라렌스가 사용했던 남북전쟁 당시의 권총을 어머니가 선물한 적이 있었다. 그때, 그의 가슴을 스친 것은 총을 잘못 다룬 겁쟁이로서의 아버지 모습이었을까, 아니면 믿을 수 없을 만큼 깊이 생각한 끝에 스스로에게 부과된 시련으로서 죽음을 받아들인 불명확한 사람으로서의 아버지 모습이었을까.

헤밍웨이의 누나인 머슬린의 회상에 의하면, 자살하기 전의 아버지 클라렌스는 활동적이었는데 그것은 나약한 성격이 갑작스레 현저히 변화한 모양이다. 클라렌스는 초조하고 시의적(猜疑的)인 성격이 되었다. 화를 잘 내고 타인의 행위의 성실성을 믿으려 하지 않게 된 것이다. 문을 꼭 닫고는 자기 방에서 나오려 하지 않았다. 책상의 서랍이며 옷장에 열쇠를 채웠다. 헤밍웨이의 어머니 그레이스는 남편의 불신 때문에 괴로워했다.

클라렌스가 자살한 동기는 아무도 알지 못했다. 다만 이에 관련하여 쿨트 징거는 다음과 같이 쓰고 있다.

"어네스트는 차츰 말이 적어졌다. 거의 입을 열지 않았으며 눈물도 흘리지 않았다. 그는 복받치는 느낌을 참으며 모든 것이 글로써 씌어질 시기가 오기를 기다렸다."

이것은 얼핏 보아서는 그럴듯하다. 그러나 쿨트 징거의 저열한 날조이다. 그는 헤밍웨이가 죽은 직후에 재빨리 평전(評傳) 비슷한 시기물을 쓴 저널리스트인데 이 짤막한 기술에서도 커다란 오류뿐만 아니라 헤밍웨이에 대한 철저한 무식과 그 자신의 몰염치가 나타나 있다.

헤밍웨이 스스로가 아버지에게 언급한 단편은 《우리들의 시대》 가운데의 《인디언 마을》, 《의사와 그 아내》 두 편과 《승자(勝者)에게는 아무것도 주지 말라》에서의 《아버지와 아들》을 들 수 있다. 자세히 살펴보면 앞서의 2편은 헤밍웨이의 처녀작이라고 할 수 있는 단편이며 《아버지와 아들》은 단편작으로서는 마지막 작품이라고 할 수 있겠다. 이런 말을 하면 《킬리만자로의 눈》이나 《나비들과 탱크》, 또는 전후(戰後)의 우화 등을 단편으로 생각하지 않느냐는 반론이 나올 것이다. 그렇다면 이렇게 바꾸어 말할 수도 있다. 단편 작가 헤밍웨이는 아버지에 대한 묘사로 출발하여 아버지를 묘사함으로써 그의 작가 인생을 마쳤다고.

이 가운데에 《병사(兵士)의 집》을 포함해보자. 그리고 나가서는 아들의 입장에서 본 아버지의 이미지를 이를테면 전후의 우화인 《착한 사자(獅子)의 이야기》에서 볼 수 있다. 헤밍웨이는 결코 모든 것을 쓰지는 않았으나 모든 것을 쓸 시기가 오기를 기다리지도 않았던 것이다.

여기서 헤밍웨이의 단편을 논할 생각는 없으나, 《인디언 마을》이 어떠한 작품인가를 잠시 알아보기로 한다. 의사인 아버지를 따라 한 소년이 호수 건너편 기슭의 인디언 마을로 간다. 아버지가 왕진을 가는데 소년을 데리고 가는 것은 출산(出産)을 보여주기 위해서이다. "이 여자는 아기를 낳는단다, 니크."라고 하는 아버지에게 "나도 알아" 하고 소년은 대답하나 "알긴 뭘 알아?"라는 핀잔만을 듣는다. 결국 소년은 산모의 진통의 비명 소리를 들을 뿐만 아니라 제왕절개를 하는 아버지 곁에서 수술용 세면기를 들고 서 있어야만 하게 된다. 수술에는 상당한 시간이 걸렸다. 소년은 아버지의 수술을 보지 않으려고 고개를 돌렸다. 수술이 끝나자 소년의 호기심은 벌써 없어진 지가 오래다. 그 뒤, 인디언의 남편이 자살했음을 알게 된다.

오해를 무릅쓰고 감히 말한다면 헤밍웨이는 훨씬 초기의 작품에서 자살을 커다란 주제로 삼고 있었다. 여기서는 탄생과 부조리와의 투쟁 및 죽음이라는 삼위일체가 이미 확실한 모습을 드러내고 있다. 이 소설을 소년의 감정 교육을 위한 죽음에의 통과 의례로 보는 비평가도 많으나 그 죽음이 자살이었음에 주의해야 한다.

"그 남자는 어째서 자살했죠, 아빠?" 하고 소년이 묻는다.

"글쎄, 모르겠구나 니크야. 아마 참을 수 없었던 것이겠지."

"아빠, 자살하는 사람은 많은가요?"

"니크야, 그렇게 많지는 않단다."

이른 아침의 공기를 마시며 소년은 아버지가 젓는 보트 안에서 나는 절대로 죽지 않겠다고 자신에게 다짐을 한다.

그러나 이 소년 '니크'를 중심으로 하는 작품 계열들은 전쟁, 투쟁, 혁명 같은 죽음의 세계를 소재로 하고 있다. 헤밍웨이 작품에 나타나는 상황의 배후에는 파멸의 필연, 또는 어쩔 수 없는 파멸의 예감이 무서운 그림자를 떨구고 있다. 《킬리만자로의 눈》의 '하리', 《가진 자와 못 가진 자》의 '헤일리 모건'처럼 스스로는 어쩔 수 없는 부조리한 죽음을 받아들이는 인간들이나 혹은 《우리의 시대》에서 《노인과 바다》에 이르기까지 그 어떤 등장

인물을 보아도 자기 자신이 사는 세계가 얼마나 잔혹한가를 알면서도 오로지 그 잔인함과 맞서는 인간들인 것이다. 그러나 나는 여기서 하나의 읽는 방법을 시사(示唆)할 수 있으리라 생각한다. 헤밍웨이의 등장인물을 필립 영의 연구 이후로 이른바 코드 히로와 그렇지 않은 주인공들을 나누어 생각하는 것이 관심으로 되어 있는데, 그들이 이 세계의 부조리며 허망을 응시하며 부동의 자세를 취할 때 그것은 바로 자살일 수밖에 없지 않겠는가. 《누구를 위하여 종은 울리나》의 마지막 장(章)에서 '로버트 조단'은 이런 의미에서의 자살을 감행한다고 할 수 있다. 《프랜시스 매코머의 짧은 행복한 생애》의 주인공 행동은 타살이라기보다 자살로 볼 수 있지 않겠는가. 《분수령(分水嶺) 밑에서》에서 전선을 이탈하는 병사, 벽만을 응시하며 누워 있는 권투 선수, 그들 역시 자살한 사람들이라고 해야 하지 않겠는가.

여기 바로 그의 사생관(死生觀)이 있나고 나는 생각한다. 결코 죽지 않겠다고 자신에게 다짐하는 소년은 전쟁으로 말미암아 격렬한 시련을 받아야만 할 것이다.

"소년 시절에 전쟁에 나간다면 나는 결코 죽지 않는다는 멋진 환상을 품는다. 다른 인간은 죽어도 자신은 죽지 않는 것이다…… 그러나 처음으로 중상(重傷)을 입기라도 하면 환상은 사라지고 자기도 역시 죽는 수가 있구나 하고 깨닫는다……나는 지독한 꼴을 당하여 비로소 인간 전체에 닥쳐오는 일이라면 자신에게도 닥치는 법이라는 것을 깨달았다."

———《싸우는 병사들》의 서문에서———

헤밍웨이에게 죽음은 이러한 인식으로 일관되어 있다. 제왕절개 수술에 입회하여 인간의 탄생을 본 소년이 역시 인간의 자살을 보았다면 그 소년의 눈에 이 세계는 어떻게 비쳤을까? 이것은 전쟁을 겪고 제대한 '니크'가 《커다란 두 개의 마음이 있는 강》에서 말할 수도 없이 음산하면서도 행복한 모습을 보이고 있음을 상기하면 충분할 것이다. 자기만은 죽지 않았다고 하는 인식이 고요하고 행복으로 가득 찬 평온을 가져다주는 동시에 이미 그의 내면에는 죽음의 짙은 그림자가 드리워져 있다. 혹은 자기만은 죽지 않았다는 인식을 갖지 않을 수 없게 되었을 때 어째서 그는 스스로의 죽음이나 자기 자신에 관해 생각하지 않을 수 있겠는가.

노벨상을 받았을 때 헤밍웨이는 그 소식을 알려준 사람에 대해 "나는 앞으로 오 년 이상 살지 못할 것이기 때문에 서둘러야만 해."하고 말했는데, 이 말에는 수상(受賞)의 기쁨과 동시에 죽음에의 의식이 노골적으로 드러나 있다.

그 죽음의 의식에 관해서 조금만 더 말해야만 하겠다. 1935년에 아프리카에서 두 차례에 걸쳐 비행기 사고가 일어났을 때, 전세계에는 헤밍웨이가 사망했다는 오보(誤報)가 전해졌다. 이때의 일을 그는 다음과 같이 쓰고 있다.

"전부가 그렇다는 것은 아니나 거의 모든 사망 기사는 내가 평생을 두고 죽음을 추구해왔다고 강조하고 있다. 평생을 두고 죽음을 추구하는 인간이 54세까지 살아 있겠는가. 죽음의 바로 옆까지 접근하여 죽음이 무엇인가를 조금이나마 안다는 것과 죽음을 추구한다는 것은 별개의 것이다. 죽는 것뿐이라면 매우 간단하며 그 정도의 방법은 나도 안다. 교통 소통이 극심한 장소에서 조금만 부주의한다면 그녀(죽음)와 친해질 수 있으며 세코날 한 병을 마셔도 그녀를 만날 수 있을 뿐만 아니라 어떤 타입의 안전 면도로도 그녀를 만날 수 있다."

——《크리스마스 선물》

죽음이 무엇인가를 안다는 것, 그러기 위해서는 새로운 위험을 추구해야만 하며 당당히 죽음과 맞설 필요가 있다. 의미를 상실한 세계에 사는 어리석음을 날카롭게 의식하면 할수록 직접 죽음과 대결한다는 결정적인 자격에 있어서 자신의 인식을 확인하는 수밖에 없을 것이다. 즉 그것이 헤밍웨이의 윤리가 된다.

자기도 역시 죽는다고 하는 인식뿐이라면 그것은 별로 신기할 것도 없다. 그러나 만약 이것이 의지로 전환된다면 어떻게 되겠는가. 헤밍웨이의 작품에 나오는 인물은 허무의 세계에서 무의미로까지 보이는 행동을 함으로써 자기 회복을 꾀하려 한다. 말하자면 그것으로써 죽을 수 있는 원리를 허무라고 본 인간의 복권(復權) 의지가 이 인식에 깔려 있다. 행동이 가혹한 것일수록 거기에서 얻어야 할 자기 회복에의 기대가 커진다. 그것을 잔인한 구제(救濟)라고 부르는 것은 허락되지 않으나 자기도 역시 죽는다고 하는 인식에서 출발하는 행동은 일종의 마약 작용과 비슷하여 꾸준히 그 양을 늘려야만 할 것이다. 이윽고 그것은 갖가지 의미가 부재(不在)에 도달할 뿐만 아니라 삶의 의미가 완전히 결여된 곳으로까지 간다.

'로버트 조단'은 다리가 폭파했을 때 부상을 입어 그의 동지들과 사랑하는 '마리아'와 헤어져야만 했다. 그는 말했다. "안 돼, 울어선 안 돼, 연인이여, 잘 들어요. 우리는 이제 마드리드에 갈 수 없게 됐어. 하지만 나는 언제나 당신과 함께 있는 거야. 알겠지?" 혹은 "이것만은 사람과 함께 할 수 없는 일이야. 나 혼자서 꼭 해야만 돼. 하지만 당신이 가주면 나도 당신과 함께 가는 거야. 나도 간다는 건 그런 것이야."

이것이 헤밍웨이의 모든 작품 가운데에서 가장 올바른 삶의 의미에 대한 고찰이라고 할 수 있겠다. 죽을 때는 혼자이나 살아 있는 한 타인과 함께 있다. 우리는 타인과 더불어 살아야 하는 숙명 속에 놓여 있으므로 우리 몸에 타인의 정신이 깃들 수도 있으며, 마찬가지로 다른 사람이 '가는' 곳에 우리도 갈 수 있다. 이런 정신은 젊은 날의 헤밍웨이 작품인 《가신 자와 못 가진 자》에 나타났던 단편적인 주제가 심화된 것으로, 헤밍웨이가 자살이라는 폭력적인 방법으로 고독하게 생을 마감한 이유의 하나가 될 것이다. 즉 헤밍웨이는 더불어 살아야 하는 인간의 숙명을 자살이라는 단독적인, 그러나 참된 용기를 가진 행동으로써 인간의 숙명을 역설적으로 웅변하고 있는 것이다.

"만약 네가 기다려서 잠깐 사이라도 적을 막을 수만 있다면, 혹은 장교라도 사살할 수 있다면 얘기는 전혀 달라진다. 일이 잘만 된다면……."

이 부분은 지금까지 반(反)파시스트의 영웅적인 자기 희생으로서 해석되어 왔다. 그러나 나는 오히려 헤밍웨이의 자기 회복의 한 비전으로서 보고 싶다. 참된 용기를 필요로 할 때 인간은 이 세계에서 고독한 존재이며 또한 타인 앞에 서서 서로가 고독함을 확인하는 것이다. ――이 마지막 장면에서 '로버트 조단'이 다시금 아버지의 자살에 언급하고 있음은 매우 암시적 사실이라고 하겠다――헤밍웨이는 연애나 행동을 통하여, 이를테면 로버트와 마리아, 켄트웰과 레나타가 일치하여 그들에게 닥쳐오는 사건이 그들의 인식이나 혹은 의지에 부응하는 순간을 썼다. 그것은 바로 헤밍웨이적인 열정이며 섬광이며 승리의 순간으로서 모든 것을 보상하고도 남음이 있는 '영광의 순간'――마리아의 말이지만――인데 그것은 또한 헤밍웨이 자신에 의해서 처벌될 것이다. 헤밍웨이는 그들이 죽음과 마주했을 때의 모습이며 어떤 식으로 죽었느냐 하는 그때의 상황을 그들에게 강요하기 때문이다. 나는 《노인과 바다》가 처음 구상될 때에는 산티아고의 자살로 끝날 예정이었다는 데에 흥미를 느끼지 않을 수 없었다.

3

예술가에게 자살이란 무엇을 뜻할까. 나는 다른 어떠한 죽음보다도 자살에 관심을 갖는다. 그러나 그것은 어디까지나 예술가의 자살에 대한 관심으로써 일반적인 자살이라는 사회 현상에 대해서가 아니다. 그리고 또한 자살이라는 수단에 호소하지 않을 수 없었던 동기에 대해서는 별로 관심이 없다. 만약 자살이라는 비극적인 죽음의 원인을 추구해본다면 제각기의 시대에 따라 그 추이를 볼 수 있을 것이며 사회 제도, 혼인 관계, 가족 구성 같은 외적인 요인이나 혹은 사상적인 문제, 경제적인 궁핍, 사랑에 얽힌 불안, 초조 등 복잡다양한 요인을 지적할 필요가 있을 것이다. 그리고 또한 자살자의 성격이며 또는 성격적 소인(素因)을 지적하여 여기에 외적인 요인이 결합되었을 경우에 그것이 커다란 중압이 되어 견딜 수 없게 되는 무참한 종국(終局)이 될 것이다.

그러나 나는 이러한 검증에 자신이 없다. 그러한 것은 정신 병리학이나 사회학이라고 불리는 것에 맡겨두자. 아닌 게 아니라 자살은 그 사람의 의지나 감정 등 일정한 인내력이 외적인 압박을 감당할 수 없어 저항력을 잃었을 경우에 일어나는 행위로 그 바닥에는 정신의 이상 현상이 있을는지 모른다. 다만 나로서는 그것이 문학적인 주제로서 고찰되지 않는 한 작가의 자살을 논할 수 없다는 태도를 지지한다.

이미 말했듯이 죽음에 대한 통과 의례가 자살이었음은 엄격한 종교적 가정 출신의 소년에게는 그야말로 악몽 같은 경험이었음에 틀림없다. 전쟁, 혁명 등이 모두 악몽이며 헤밍웨이는 말하자면 악몽 속을 걸어다닌 것이나 다름없다고 하겠다. 이탈리아 전선의 풋사르타 디 피아베에서 부상했을 때부터 죽음은 하나의 집념이 된다. 이러한 옵세션이 명령과 단련의 의식인 투쟁에 대한 관심이 되고 혹은 사냥에서의 죽음의 위험에의 접근, 낚시에서의 비극적인 운명의 발견 같은 것이 되리라. 그리고 또한 그것이 옵세션으로서 정착할 때 인생은 어떠한 구제도 없는 비극적인 신념으로 나타난다. 나는 암울하고 절망적인 헤밍웨이의 모습을 그리려 하는 것은 아니다. 인생에는 어떠한 구제도 없음을 통절하게 느꼈을 때 그를 처벌할 복수의 신은 오직 하나밖에 없다. 그것은 '불운(不運)'이다. "나는 잘 되고 있었다네." 하고 《패하지 않는 자》의 투우사 마누엘은 말한다. "운이 없었던 거야. 그뿐일세."

또 《노인과 바다》의 산티아고는 이렇게 말한다. "나는 이제 운이 없어." 《무기여 잘 있거라》의 브레데릭, 《누구를 위하여 종은 울리나》의 로버트, 《가진 자와 못 가진 자》의 할리, 이 모두가 그 네메시스 '복수의 신'에게 처벌된다.

강건한 육체라는 표면 속에는 형이상학적인 '어찌할 바를 모르는' 나약한 모습이 숨이 있다. 처음부터 구제를 허망으로 생각하고 더구나 운이 없다고 인식하면 그뿐이라는 단언(斷言)의 상쾌함이 어떠한 것인지 알 수 있을 것이다. 이것 또한 운명애일까. 아니 네메시스가 숙명으로서 모습을 드러낼 때 헤밍웨의 작중 인물은 그런 것은 생각하지 말라고 말하는 것이다.

이것은 바로 일종의 판단 유보(判斷留保)라고 하겠는데 헤밍웨이의 세계에서는 남자나 여자가 무엇인가를 저지르는 것은 아니며 복수의 신은 사건으로서 그늘을 덮치므로 오히려 강한 수용으로 보아야 할 것이다. 되풀이해서 말하거니와 헤밍웨이의 작품에 나오는 인물은 무엇인가를 얼으키지는 않는다. 그 '무엇인가'는 언제나 닥쳐오는 것이다.

《살인 청부업자》라는 유명한 단편을 보자. 누구나 알다시피 이 단편은 '닉 애덤즈 스토리'에 속하여 중서부의 서미트라는 조그만 도시를 무대로 하여 일어나는 사건을 그린 것이다. '닉'에게 어느 날 갑자기 사건이 닥쳐온다. 두 살인 청부업자에게 묶인 닉은 그 뒤 그들이 노리는 권투 선수 올앤더슨에게 가서 다급함을 알린다. 그러나 올은 옷을 입은 채 침대에 누워 닉이 사정을 설명해도 벽을 응시한 채 움쩍도 않는다. 닉은 식당으로 되돌아가 조지라는 요리사에게 이 이야기를 한 뒤 "나는 이 도시에서 나가겠다. 그 사내는 자기가 살해되는 줄 알면서도 방에서 기다리다니. 생각만 해도 견딜 수 없어."라고 말한다. 조지가 "그런 건 생각하지 말라."고 말하는 것

314

으로 이 단편은 끝나고 있다.

나는 앞서 올 앤더슨의 태도를 '자살'로 보았다. 이 단편은 《살인 청부업자》에 의해 폭력과 죽음의 세계, 올 앤더슨의 패배와 허무의 세계, 그리고 오욕(汚辱)으로 가득 찬 현실 세계의 모습을 모르는 소년의 순수함이 날카롭게 대비를 이룬다는 견해가 정설(定說)로 되어 있으나, 닉이 허무나 절망에 빠지지 않는 불확실한 사람으로서의 자세를 보이기 시작하고 있다는 것과 그 닉이 10여 년 뒤의 올 앤더슨이 아니라고 누가 보증할 수 있겠는가. 그러나 너무 비약된 연상은 하지 않는 것이 좋을 것 같다. 나는 다만 파멸을 회피하려 하며 파괴를 향하는 세계에 스스로를 던지면서도 로맨틱한 환상에서 고통으로 찬 별리(別離)를 해야만 하는 '헤밍웨이적 영웅'과 올 앤더슨 같은 타입의 '코드 히로'——올 앤더슨을 '코드 히로'로 본다는 것에는 틀림없이 반론이 없겠지만——에는 그토록 두드러진 차이는 없다고 생각한다.

어쩔 수가 없었던 것이다. 내가 할 수 있는 것은 아무것도 없다. 다시 말해서 운이 없었다. 그뿐만이 아니다. 헤밍웨이의 작품에 나오는 인물들은 자기가 사는 세계가 너무나 잔인하며 그 인물들은 언제나 무의미한 결정론적인 세계를 오로지 받아들이려고만 하는 것이다. 나는 어떤 노트에서 헤밍웨이의 작중 인물은 언제나 속죄양으로 도스토예프스키와 마찬가지로 자기 자신 대신에 작품에 나오는 인물을 처벌한다고 지적한 바 있거니와 이것을 단순히 패배니 허무니 하고 단언할 수는 없다.

아버지 클라렌스에 관해서 "매우 운이 나빴으며 그 불운은 반드시 전부가 그의 책임일 수는 없다. 그는 약간의 함정을 만드는 것을 도왔을 뿐이건만 그 함정에 걸려 죽었다. 《아버지와 아들》을 쓴 바 있으며 여기엔 불운과 헤밍웨이 스스로의 단죄가 있다. 이것을 뒤집어 말한다면 만년의 헤밍웨이도 매우 운이 나빴으며 그 불운은 반드시 모두가 그의 책임일 수는 없었던 것이다.

노먼 메일러는 마릴린 몬로가 자살했을 때 그녀의 죽음과 동시에 헤밍웨이의 죽음을 떠올렸다. 그들은 '나에게 있어서는 미국에서 가장 아름다웠던 두 사람'이라고 하면서. 그러나 그는 이렇게 계속한다.

"나는 헤밍웨이가 마지막에는 우리를 증오했다고 생각한다. 자살이냐 사고사냐 하는 따위는 문제가 안 된다. 세상 사람들이 자살일 것이라고 말할 것을 염두에 두지 않고 총신을 물고는 사고를 저지르는 인간은 없다. 어네스트, 자기 자신의 명성에 대단한 분노를 느꼈던 사나이. 그의 죽음은 저주스럽다. 그렇다면 그렇게 말하게 하라. 루즈벨트의 죽음 이후로 미국에서 가장 어려운 죽음이었다고. 사람들은 헤밍웨이의 죽음에서 아직 회복되지 못하고 있다. 아니 회복하지 못할 것이다."

그러나 몬로는 다르다. 그녀는 우리에게서 떠나간 것이다. 몇 년씩이나 시간이 걸리기는 했으나 우리에게서 떠나간 것이다. 그녀의 행동은 해마다 걷잡을 수 없이 나빠져가고 있었다고 지금은 쉽사리 말할 수 있다. 나는 《황마(荒馬)와 여자》에 나온 그녀를 별로 좋아하지 않았다. 그녀는 마침내 너무나 삭막해져버려 그녀의 감정을 내보일 때 매력이 적어지고 말았다. 그러나 이미 그녀는 무척 오랜 옛날에 우리에게서 떠나간 것이었다."

여기에서 메일러의 증오와 착잡한 애도를 볼 수 있다. 메일러는 다시 계속해서 말한다.

"헤밍웨이는 영원 속에서 나는 네 놈을 결코 믿지 않는다고 외친다. 네놈은 지금 나를 찾아내야만 한다. 영원이여, 나는 박살이 난 거다, 하고."

마릴린 몬로의 죽음과 헤밍웨이의 죽음은 몇 가지 상황에서 매우 비슷하다고 생각한다. 그러나 둘의 정신적인 유사함을 정확히 파악하기는 무척 어려운 일이다. 그러나 몬로와 헤밍웨이의 사물과 상황을 인식하는 차이점에서 둘의 비극적인 종말의 유사점을 찾기는 쉬운 일이다. 자기 행위의 실체를 상실한 몬로는 얄궂게도 나체로 죽었다. 그러나 자기 행위의 실체를 상실하지 않았던 헤밍웨이는 두부를 잃었다. 그뿐에 불과하다. 그러나 이 두 사람이 남긴 것은 실존에 직면한 인간의 삶의 무의미에 대한 경종이었다. 그와 그녀의 죽음은 일상적인 것이 아니라 우리의 삶에 대한 '충격적인 저주가 아니라고 누가 말할 수 있겠는가. 이러한 죽음이 스핑크스 같은 인성상(人性上)의 수수께끼적인 의미를 지니는 한 그야말로 우리는 그들의 죽음의 의미에서 회복하지 못할 것이다."

역자 후기

▨ 헤밍웨이의 A.E. 호체너

A.E. 호체너의 《파파, 헤밍웨이》는 내용을 읽으면 알 수 있듯이 1948년 이후 그가 엽총 자살로 막을 내린 그의 인생의 한 시기를 가까이 접촉했던 저널리스트의 개인적인 회상으로서, 공개되지 않은 비화(秘話) 등을 풍부하게 담은 흥미있는 읽을거리라고 할 수 있겠다. 여기에 씌어진 것이 메어리 헤밍웨이에 의해 사생활의 침해로 간주되어 호체너가 메어리와 법정에서 싸워야만 했던 것은 불행한 일이었다.

호체너는 이 회상기로 작가로서의 위치를 확립했다고 할 수 있겠는데 그 비평은 오빌 플레스콧을 비롯하여 존 메이슨 브라운, 베지니어 카커스 등에게 호평을 받았다. 그러나 헤밍웨이 연구에 새로운 분야를 개척한 필립 영이 과연 소장(少壯) 비평가답게 호체너에 대해 준엄한 비평을 시도했다는 것 또한 기억할 만한 일이다.

필립 영의 공격은 A.E. 호체너가 헤밍웨이의 사생활을 침해했다는 것에서 시작하여 이 《파파, 헤밍웨이》를 날카롭게 고발하고 있다. 과연 당대에 으뜸가는 헤밍웨이 연구가인만큼 그의 비판은 우선 호체너가 헤밍웨이의 생애와 작품에 관해 기본적인 지식이 결여되어 있음을 지적하고 호체너가 묘사한 헤밍웨이의 모습은 모순으로 가득 찼을 뿐만 아니라 이 평전적(評傳的) 회상기에 다루어진 사실 가운데 몇 가지는 실제로 있었던 것이 아니라 호체너의 창작에 불과하다고까지 극론을 펴고 있다.

그러나 호체너를 변호하는 것은 아니나 헤밍웨이가 좌담에서 허풍쟁이였기 때문에 거기에 모순이나 자가 당착(自家撞着)이 생겨나는 것은 그다지 부자연스럽지 않다. 그리고 필립 영이 비판한 것 가운데 하나인 갖가지 자료를 교묘히 이용했기 때문에 과연 그럴 듯한 헤밍웨이의 모습이 부각되었다는 견해에 대해서도 역자로서는 헤밍웨이가 자주 같은 이야기를 되풀이하며 들려주었기 때문에 호체너가 쓴 글에서 다른 자료와 유사한 부분이 나타난 것은 당연하리라는 생각이 든다.

그리고 마지막으로 이 책을 읽은 독자는 문자의 난해함과 대화의 모순 등에 상당한 곤혹을 느꼈으리라 생각된다. 역자로서는 되도록이면 원문의 뜻을 그대로 살리고 싶어 번역의 한계 내에서 원의(原意)의 전달에 힘썼던 것인데 미흡한 결점을 널리 사과를 드리는 바이다.

헤밍웨이의 생애

발행 1995년 3월 10일　　 값 10,000원

지은이　A. E 호체너

옮긴이　김　심　온

펴낸이　남　　　용

펴낸데　一信書籍出版社

121-110 서울 마포구 신수동 177-3
등 록 : 1969. 9. 12. No. 10-70
전 화 : 703-3001~6
FAX : 703-3009
대체구좌 / 012245-31-2133577

ISBN 89-366-1519-X